専門士課程 建築構造

福田健策＋小杉哲也 [著]

学芸出版社

はじめに～「建築構造」を学ぶ人たちへ

　建築学科の基本教科として，建築計画，建築施工，建築法規，建築構造と建築製図の5教科に大別される．これらの基本教科について，はじめて建築を学ぶ人のために適した教科書が少なく，多くの専門学校の現場から，平易でわかりやすく，なお二級建築士の教材としても活用できるテキストが求められてきた．この本では，著者自らが教壇に立ち，また長年にわたる二級建築士受験指導の経験に基づいて，私たち自身が使いやすいテキストづくりを目指した．

　これから初めて建築を学ぶ諸君は，ともすれば建築学は学ぶ範囲が広範で，なおかつ高い理数系の能力を必要とするように思われがちであるが，それは大きな誤解だと思ってもらいたい．建築は日々の生活行動と密接に関連している．その生活行動を，それぞれの分野ごとに詳細な検討を加えていくことで，今まで難解と思われていた事項も理解が安易なものとなる．

　また二級建築士受験を目指す諸君は，一次試験では4教科を受験した後に，二次試験の建築製図試験にのぞむことになる．近年，建築士試験は一級，二級とも非常に厳しい試験となり，合格率も一段と下がった．この本では，学科の基本解説の後に，各章ごとに過去の関連問題をのせた．この関連問題には，詳しく解答解説も加えてあるので，この部分も教材としてしっかりと活用してもらいたい．

　建築構造は，構造力学と一般構造に分かれている．
　本書で扱う構造力学は，二級建築士試験問題に対応する内容であり，構造力学の基本となる部分をしっかり押さえている．一般的には，構造力学を苦手にする人も多いが，本書では，図版を多くのせ，できるだけ平易に解説している．
　また，一般構造は建築法規と関連している部分も多く，本シリーズの『建築法規』と合わせて学習することで，より理解が深まるものと思われる．

目　次

1　力 ……………………………………8
　1・1　力とは ………………………8
　1・2　力の種類 ……………………8
　1・3　力の合成と分解 ……………10
　1・4　力のつりあい ………………14
　　　　例　　題 ………………………16

2　構造物 …………………………18
　2・1　構造物 ………………………18
　2・2　荷重 …………………………18
　2・3　反力 …………………………18
　2・4　構造物の安定・不安定 ……20
　2・5　静定構造物の反力の算定 …22
　　　　例　　題 ………………………32

3　静定構造物の応力 ……………34
　3・1　応力の種類 …………………34
　3・2　静定ばりの応力算定 ………36
　3・3　静定ラーメンの応力算定 …46
　3・4　静定トラスの応力算定 ……54
　3・5　その他の静定構造物の応力算定 …60
　　　　例　　題 ………………………64

4　断面の性質 ……………………66
　4・1　断面の諸係数 ………………66
　4・2　断面1次モーメント ………66
　4・3　断面2次モーメント ………66
　4・4　断面係数 ……………………68
　4・5　断面2次半径 ………………68
　4・6　断面極2次モーメント ……70
　　　　例　　題 ………………………70

5　応力度 …………………………72
　5・1　応力度 ………………………72
　5・2　部材の変形 …………………74
　5・3　座屈 …………………………78
　　　　例　　題 ………………………82

6 不静定構造物の応力 ……………84
- 6・1 不静定構造物 ………………84
- 6・2 不静定ばり …………………84
- 6・3 不静定ラーメン ……………86
- 例 題 ……………………90

7 構造設計 …………………………92
- 7・1 構造計画 ……………………92
- 7・2 荷重計算 ……………………92
- 7・3 設計応力 ……………………98
- 7・4 構造計算 ……………………98
- 例 題 ……………………102

8 地盤と基礎 ……………………104
- 8・1 地盤 …………………………104
- 8・2 基礎 …………………………108
- 例 題 ……………………112

9 木構造 …………………………114
- 9・1 木構造の特徴 ………………114
- 9・2 各部の構造 …………………114
- 9・3 接合部 ………………………122
- 9・4 部材の設計 …………………124
- 9・5 主要構造部以外の構造 ……126
- 9・6 枠組壁工法 …………………130
- 例 題 ……………………132

10 鉄筋コンクリート構造 …………134
- 10・1 鉄筋コンクリート構造の特徴 …134
- 10・2 部材の設計 …………………136
- 10・3 定着及び継手 ………………146
- 10・4 鉄筋のあきとかぶり厚さ ……148
- 10・5 ひび割れ ……………………148
- 10・6 壁式鉄筋コンクリート構造 …148
- 例 題 ……………………150

11 鉄骨構造 …………………………152
- 11・1 鉄骨構造の特徴 ……………152
- 11・2 部材の設計 …………………152
- 11・3 部材の接合部 ………………160
- 11・4 その他の鉄骨構造 …………166
- 例 題 ……………………168

12 その他の構造 …………………170
- 12・1 補強コンクリートブロック構造 …170
- 12・2 鉄骨鉄筋コンクリート構造 …172
- 12・3 プレストレストコンクリート構造 …172
- 12・4 組積造 ………………………174
- 例 題 ……………………175

13 建築材料 …………………………176
- 13・1 木材 …………………………176
- 13・2 コンクリート ………………180
- 13・3 金属材料 ……………………186
- 13・4 その他の材料 ………………190
- 例 題 ……………………196

解答編 ……………………………198

〈専門士課程〉建築構造

1 力

1・1 力とは

重い物体を持ち上げようとする時に「力がいる」と表現されるように，日常生活の中で物体を持ち上げたり，移動する時に我々は何気なく「力」を使っている．

たとえば，自転車を運転する時，ペダルを踏み込んで「力」をかけてこがなければ，自転車は動かない．ペダルに「力」をかけると，その「力」が回転運動となり，車輪に伝わり，はじめて自転車は動き出す．こぐ「力」が強ければ強いほど，自転車は速く動くことは簡単に想像することができる．このように，「力」とは物体に作用して，その速度や形を変えさせることのできるもの，と定義されている．

力の働きは，
　①大きさ
　②作用する方向
　③作用する点（線）

といった，3つの要素を明確にする必要がある．この3つの要素のことを力の3要素という．この3要素は図1・1のように図示することができ，力を視覚的に扱うことができる．

この3要素が明確でないと，力は決定できない．たとえば，右へ引張る力と左へ引張る力の2つがあったとき，引張る力が同じでも，前者は右へ動くし，後者は左へ動くといったように動作が異なる（図1・2）．また，引張る場所（作用点）が変わると回転する方向が変わる（図1・3）．したがって，図1・2，1・3の力は大きさこそ同じであるが，作用が異なるので同じ力ではない．

なお，力の単位としては〔N〕〔kN〕を用いる（1,000〔N〕=1〔kN〕）．1〔N〕とは1〔kg〕の物体を1〔秒〕あたり速度1〔m/s〕加速させる力である．地球上には通常，重力という力がかかっており，その力が1〔kgf〕=9.80665〔N〕≒9.8〔N〕となっている．

1・2 力の種類

①移動させる力

図1・4のように力 P が作用すると，物体はその方向に動く．また，図1・5のように同一作用線上であれば，押しても引いても物体は同じように動く．このように力は，同一作用線上であれば移動できる，という性質がある．

②回転させる力

図1・6のように，棒のB点を固定してA点に力 P を作用させると，棒はB点を中心として時計回りに回転する．この回転させる力を，B点に関する力 P のモーメントといい，次の式で表される．

　　　$M_B = P \times l$ 〔N・m〕〔kN・m〕〔N・cm〕

　　　P：力の大きさ

　　　l：モーメントを求める点（図1・6の場合，B点）から力 P の作用線までの垂直距離

単位は力の単位〔N〕〔kN〕と距離の単位〔m〕〔cm〕をかけ合わせたものとなっている．

また，このモーメントは時計回りと反時計回りで性質が異なる．それを区別するため，正負の符号を付ける．一般に，時計回りを正（＋），反時計回りを負（－）で表している．

図1・1　力の3要素

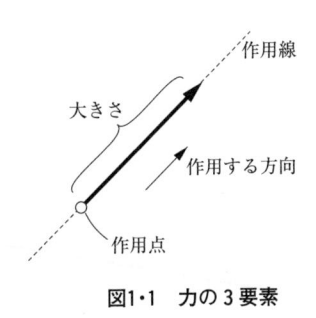

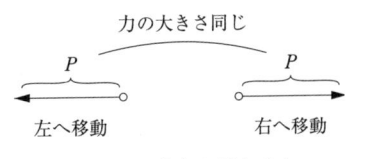

図1・2　方向の異なる力

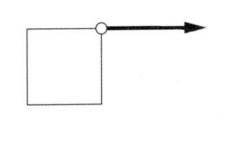

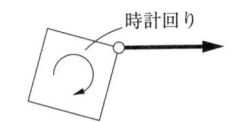

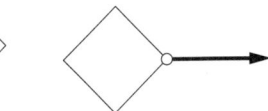

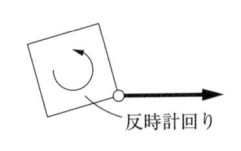

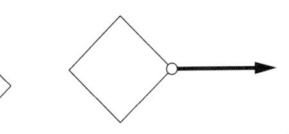

図1・3　回転作用の異なる力

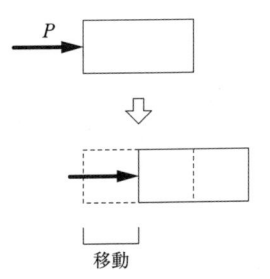

図1・4　移動させる力

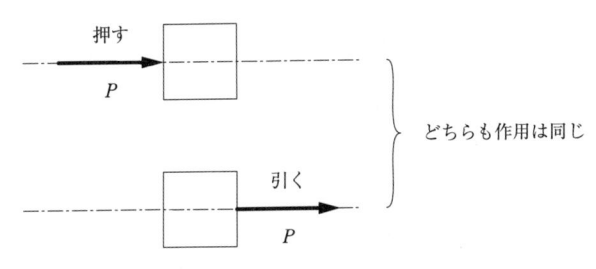

図1・5　同一作用する押す力と引く力

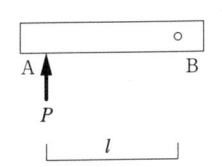

図1・6　回転させる力

③偶力のモーメント

　図1・7(a)のように，ある物体に，力の向きが反対で大きさが等しい力Pが，同一作用線上に加わると，その物体は動かないことは容易に理解されよう．しかし，図1・7(b)のように作用線がずれると，その物体は移動せず，その場で回転する．このような一対の力は「偶力」と呼ばれ，力学上，特別な力として扱う．

　この偶力の大きさは，どのような点に対しても常に一定で，次の式で表される．

$$M = P \times l \ [\text{N}\cdot\text{m}] \ [\text{kN}\cdot\text{m}] \ [\text{N}\cdot\text{cm}]$$

たとえば，図1・7(b)のA〜C点についてモーメントを求めると，

　　A点のモーメント：$+P \times l = +P\cdot l$

　　B点のモーメント：$+P \times l/2 + (+P \times l/2) = +P\cdot l$

　　C点のモーメント：$+P \times 2\cdot l - P \times l = +P\cdot l$

となり，どの点に関しても偶力は同じ大きさの力として作用している．

1・3　力の合成と分解

　物体に1つの力がかかったとき，その物体は押された一方向に動く（図1・8(a)）．では，物体に多数の力がかかると，どのように動くのであろうか（図1・8(b)）．

　実は，物体に多数の力がかかっても，その物体は一方向にしか動かない．それは1つの力でその方向に押した力と同じ作用である．

　このように，多数の力と同じ作用をもつ1つの力に置き換えることを，力の合成といい，合成された力を合力という．

　また，反対に1つの力と同じ作用をもつ2つ以上の力に分けることを，力の分解といい，分解された力を分力という．

(1) 1点に作用する2力の合成

(a) 図式解法

　図1・9のように，力の平行四辺形，力の三角形を用いて合成を行い，合力を求める．

(b) 数式解法（算式解法）

　図1・10の2力の合成を考える．合力Rは，図上の$P_1 + P_2$の移動距離と等しいから，その距離を求めてやればよい．力P_1，P_2のなす角度がθであるとき，$\overline{OB}$と$\overline{AC}$は平行であるので，C点からP_1の作用線に垂線をおろした点をD点とすると，$\angle CAD$のなす角度もθである．三角形ODC，三角形CADはそれぞれ直角三角形であるので，以下の関係が成立する．

$\overline{OB} = \overline{AC}$　　　　　　　　　　：四角形OBCAが平行四辺形であるので

$\overline{AD} = \overline{AC} \cdot \cos\theta = P_2 \cdot \cos\theta$

$\overline{DC} = \overline{AC} \cdot \sin\theta = P_2 \cdot \sin\theta$

$\overline{OC}^2 = \overline{OD}^2 + \overline{DC}^2$　　　　　：ピタゴラスの定理から

$R^2 = (P_1 + (P_2 \cdot \cos\theta))^2 + (P_2 \cdot \sin\theta)^2$

$\therefore R = \sqrt{(P_1 + (P_2 \cdot \cos\theta))^2 + (P_2 \cdot \sin\theta)^2}$　となる．

また，P_1と合力Rのなす角度をθ_Rとすると，

$R \cdot \cos\theta_R = P_1 + P_2 \cdot \cos\theta$

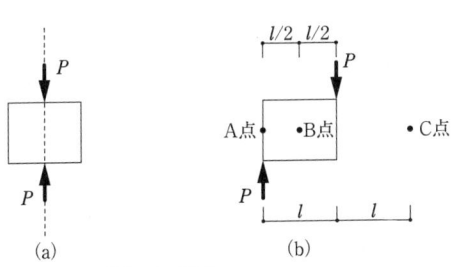

図1・7 偶力

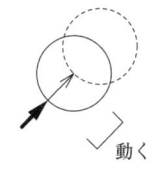

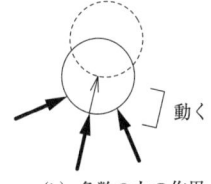

図1・8 1つの力の作用と多数の力の作用

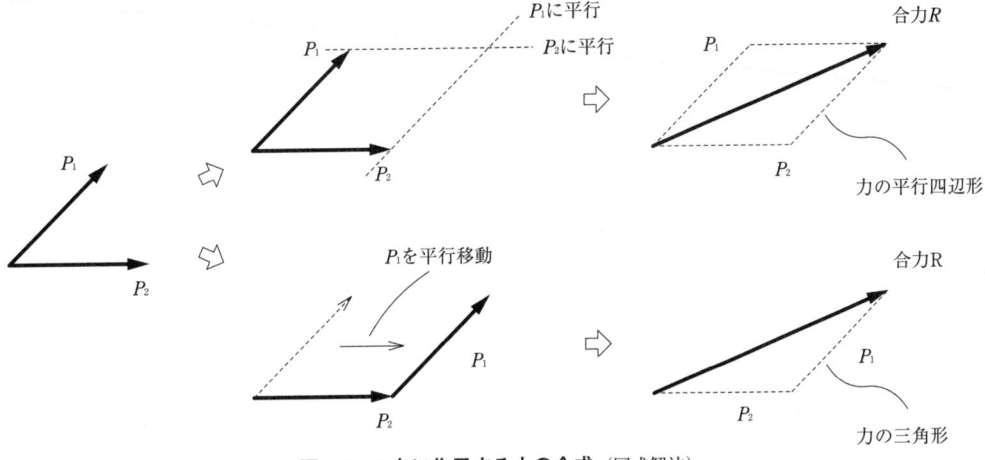

図1・9 1点に作用する力の合成（図式解法）

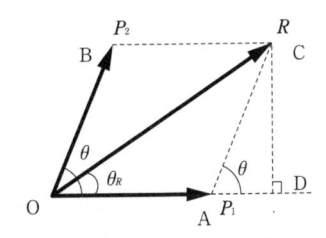

図1・10 1点に作用する力の合成（数式解法）

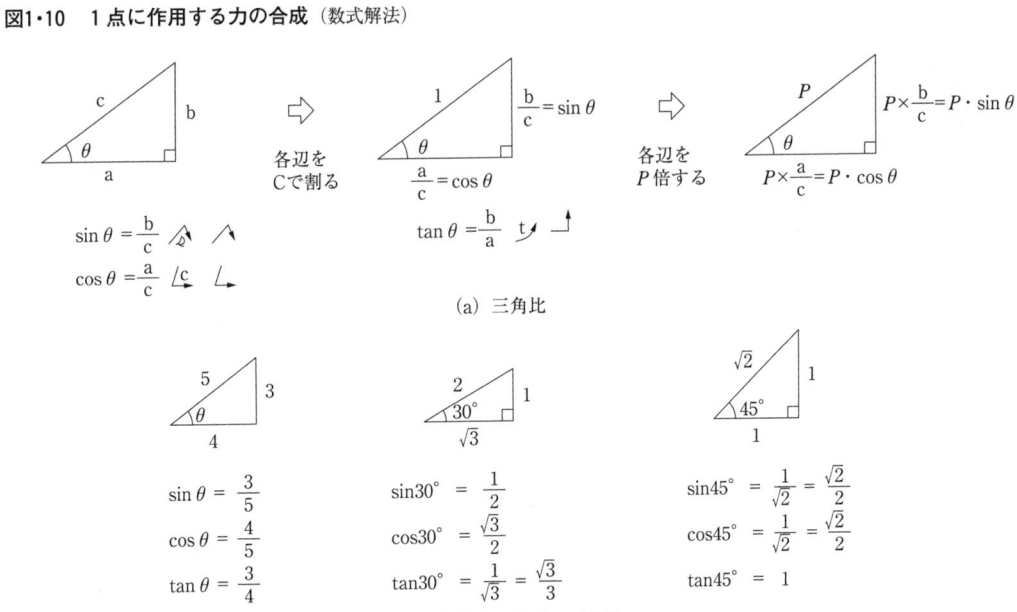

$\sin\theta = \dfrac{b}{c}$
$\cos\theta = \dfrac{a}{c}$
$\tan\theta = \dfrac{b}{a}$

(a) 三角比

$\sin\theta = \dfrac{3}{5}$
$\cos\theta = \dfrac{4}{5}$
$\tan\theta = \dfrac{3}{4}$

$\sin 30° = \dfrac{1}{2}$
$\cos 30° = \dfrac{\sqrt{3}}{2}$
$\tan 30° = \dfrac{1}{\sqrt{3}} = \dfrac{\sqrt{3}}{3}$

$\sin 45° = \dfrac{1}{\sqrt{2}} = \dfrac{\sqrt{2}}{2}$
$\cos 45° = \dfrac{1}{\sqrt{2}} = \dfrac{\sqrt{2}}{2}$
$\tan 45° = 1$

(b) 代表的な三角形の三角比

図1・11 三角比

$$R \cdot \sin \theta_R = P_2 \cdot \sin \theta$$

が成立する(三角比については図1・11(a)参照)．なお，図1・11(b)に代表的な三角形の三角比を示す．

(2) 1点に作用する力の2方向への分解

(a) 図式解法

図1・12のように力の合成の逆の作業を行えばよく，力の平行四辺形，力の三角形を用いて分解を行い，分力を求める．

(b) 数式解法（算式解法）

数式解法も，合力の数式解法を逆に当てはめて分解するが，ここでは，図1・13のように直交する2方向へ分解する例を記す．

図1・13において，X方向，Y方向へと力 P を分解する場合，三角形 OAC が直角三角形であるので三角比を用いて，以下のように分解する．

$$P_X = P \cdot \cos \theta$$
$$P_Y = P \cdot \sin \theta$$

(3) 1点に作用する複数の力の合成

(a) 図式解法

1点に複数の力が作用している場合，前述の力の平行四辺形や力の三角形を利用して順次合成する方法と，力の多角形（示力図）を利用する方法がある．それらの方法を図1・14に示す．図の例は3つの力であるが，それ以上あっても同様にして合力を求める．

(b) 数式解法（算式解法）

数式を用いて合力を求める場合，通常，水平方向を X 軸，垂直方向を Y 軸とした直交座標系を利用する．このとき，X 軸では右方向，Y 軸では上方向を正（＋）と定める（図1・15）．

図1・16において $P_1 \sim P_3$ の合力を求めるとき，それぞれ X 軸方向，Y 軸方向へ分解して，各力の X 成分，Y 成分を求め，その成分ごとに合計したものが合力 R の X 成分，Y 成分となる．図1・16では，P_1 の X 軸方向の移動距離は左方向（－）へ P_{1X}，Y 軸方向の移動距離は上方向（＋）へ P_{1Y} である．また P_2 の，X 軸方向の移動距離は右方向（＋）へ P_{2X}，Y 軸方向の移動距離は上方向（＋）へ P_{2Y}，P_3 の，X 軸方向の移動距離は左方向（＋）へ P_{3X}，Y 軸方向の移動距離は 0 である．それらのことを数式化すると，以下のようになる．

$$R_X = \Sigma P_X = -P_{1X} + P_{2X} + P_{3X}$$
$$R_Y = \Sigma P_Y = P_{1Y} + P_{2Y} + 0$$
$$R = \sqrt{(\Sigma P_X)^2 + (\Sigma P_Y)^2}$$

(4) 1点に作用しない力の合成

(a) 図式解法

前述の力の多角形（示力図）の他に，連力図というものを描いて合力を求める．示力図の他に連力図を用いるのは，示力図では合力の大きさ，及び方向と向きしか求まらず，合力の作用線の位置が求められないからである．図1・17に合力を求める手順を示す．

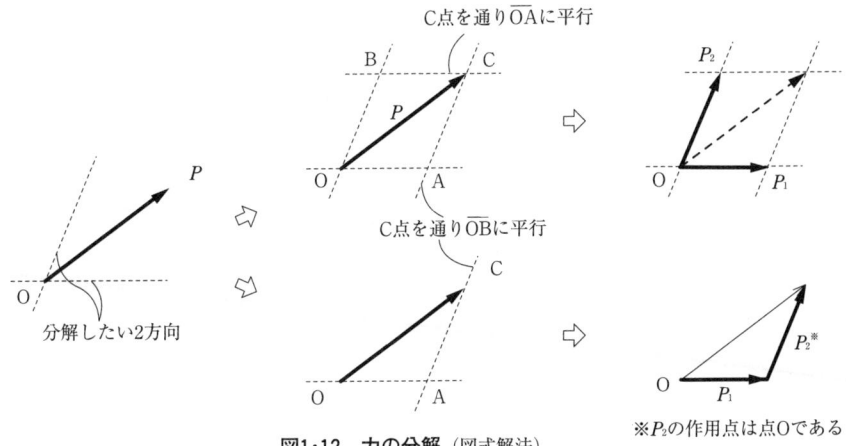

図1・12 力の分解（図式解法）

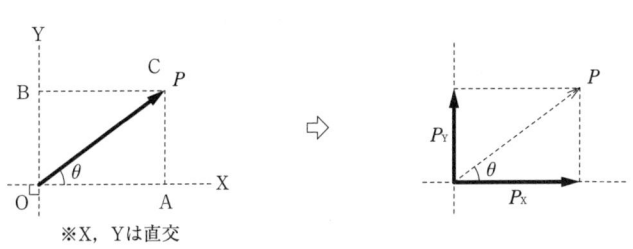

C点を通り$\overline{OA}$に平行
C点を通り$\overline{OB}$に平行
分解したい2方向
※P_2の作用点は点Oである

図1・13 直交する2方向への力の分解

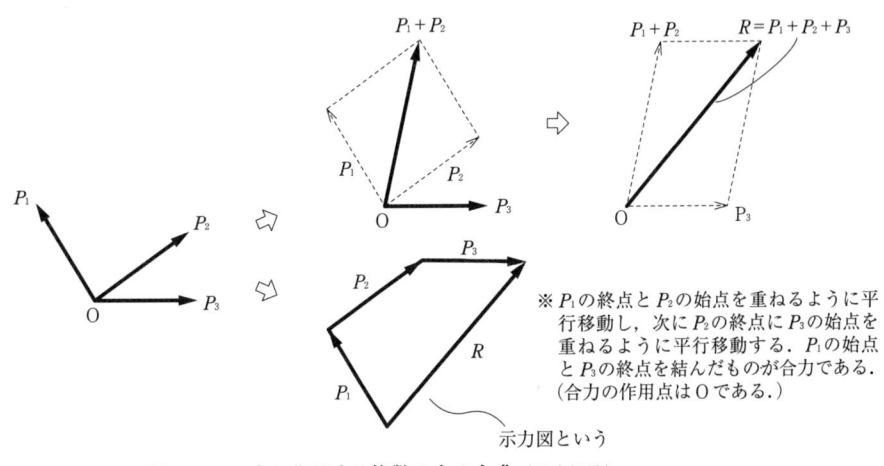

※X, Yは直交

図1・14 1点に作用する複数の力の合成（図式解法）

※P_1の終点とP_2の始点を重ねるように平行移動し，次にP_2の終点にP_3の始点を重ねるように平行移動する．P_1の始点とP_3の終点を結んだものが合力である．（合力の作用点はOである．）

示力図という

図1・15 直交座標

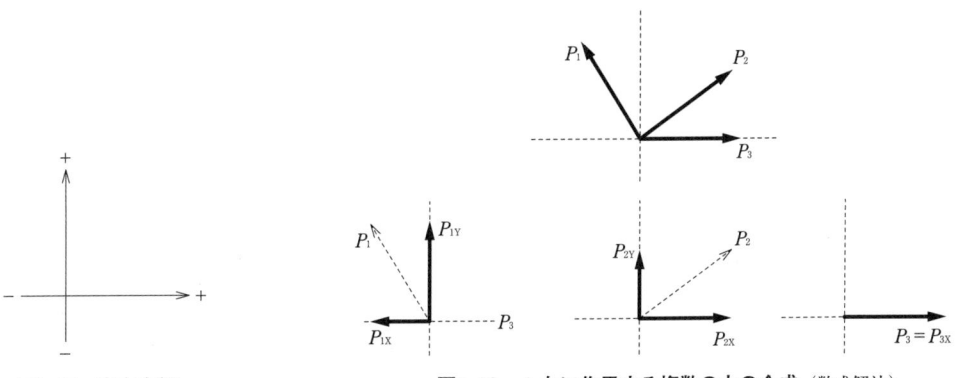

図1・16 1点に作用する複数の力の合成（数式解法）

(b) 数式解法（算式解法）

合力の大きさは代数和によって求め，作用線の位置はバリニオンの定理を用いて求める．

※バリニオンの定理：任意の点に対する複数の力のモーメントの和は，それらの合力がその点に対するモーメントと等しい．

$$\text{合力のモーメント} = \text{分力のモーメントの和}$$

これを数式化すると，以下のようになる（図1·18）．

$$R \cdot x = \Sigma M_O = P_1 \cdot x_1 + P_2 \cdot x_2 + \cdots + P_n \cdot x_n$$

x：合力 R と任意の点Oとの距離

この式を変形して，

$$x = \frac{\Sigma M_O}{R} = \frac{P_1 \cdot x_1 + P_2 \cdot x_2 + \cdots + P_n \cdot x_n}{R}$$

となり，合力 R の作用する位置が求められる．

1·4 力のつりあい

物体に複数の力が作用しているにもかかわらず，その物体が移動も回転もしない状態であるとき，それらの力はつりあっているという．力がつりあうためには，次の条件を満たす必要がある．

- 合力　$\Sigma P_i = 0$　　　　　　　　　　　　→移動しないための条件
  - 力のX成分の和　$\Sigma x_i = 0$
  - 力のY成分の和　$\Sigma y_i = 0$
- 任意の点に作用するモーメントの和　$\Sigma M_i = 0$　　→回転しないための条件

(1) 1点に作用する力

(a) 図式解法

合力は，力の平行四辺形，力の三角形，示力図などで直接の移動距離で示されたが，力がつりあっているということは，この移動距離が0，すなわち始点に戻るということである．図1·19(a)において P_1，P_2 の合力が R とすると示力図は図1·19(b)のようになるが，合力 R が大きさ・方向が同じで向きが反対の力 R' の3力が作用すると始点に戻る．このような状態を示力図が閉じるといい，力はつりあった状態となる．

(b) 数式解法（算式解法）

1点に力が作用するときは合力もその点に作用するので，その点に対するモーメントは0である．したがって，上記のつりあい条件のうち，移動しないための条件である以下の2式を満たせばよい．

$$\begin{cases} \Sigma x_i = 0 \\ \Sigma y_i = 0 \end{cases}$$

(2) 1点に作用しない力

(a) 図式解法

図1·20のように P_1～P_3 の力が作用するとき，図1·20(a)と図1·20(c)の示力図は共に図1·20(b)のようになり，示力図は閉じる．しかし，図1·20(a)のように P_3 の力が，P_1，P_2 の合力 R と大きさと方向が同じで向きが反対のときは連力図は閉じるが，図(c)のように P_3 の力が合力 R の作用線

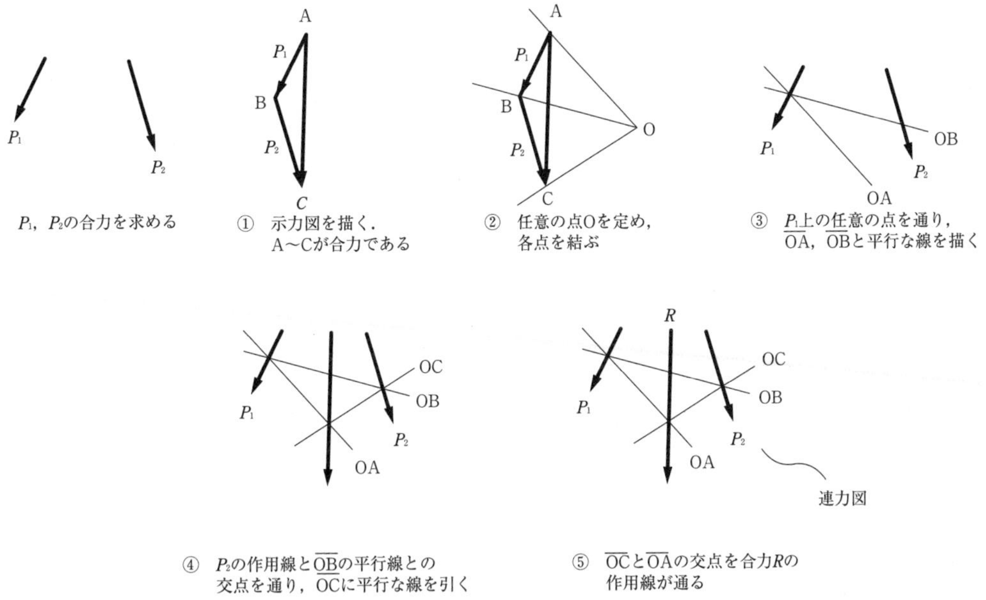

P_1, P_2の合力を求める

① 示力図を描く．
A〜Cが合力である

② 任意の点Oを定め，各点を結ぶ

③ P_1上の任意の点を通り，$\overline{OA}$, $\overline{OB}$と平行な線を描く

④ P_2の作用線と$\overline{OB}$の平行線との交点を通り，$\overline{OC}$に平行な線を引く

⑤ $\overline{OC}$と$\overline{OA}$の交点を合力Rの作用線が通る

連力図

図1・17　図式解法による合力の算出手順

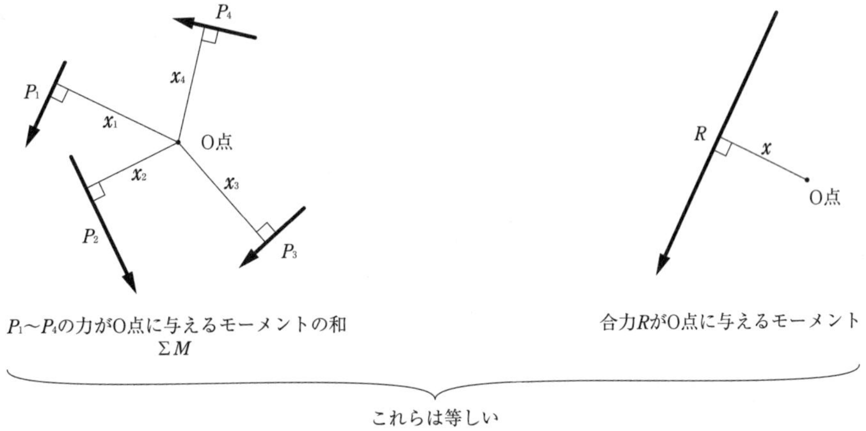

P_1〜P_4の力がO点に与えるモーメントの和
ΣM

合力RがO点に与えるモーメント

これらは等しい
図1・18　バリニオンの定理

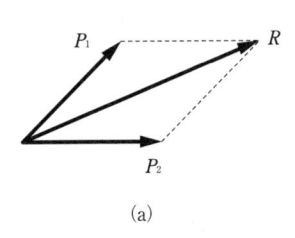

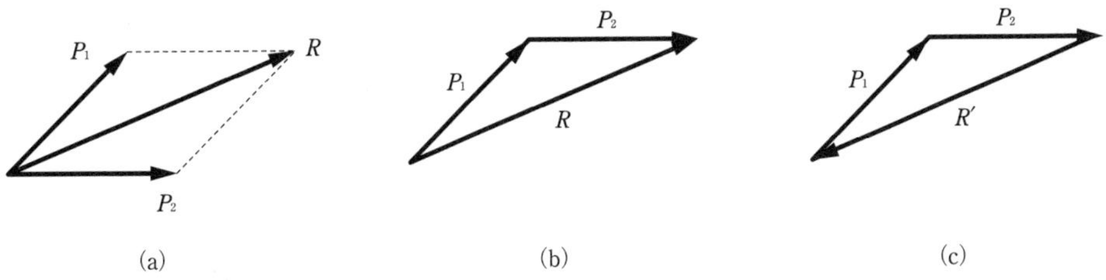

(a)　　　　　　(b)　　　　　　(c)

図1・19　力のつりあい

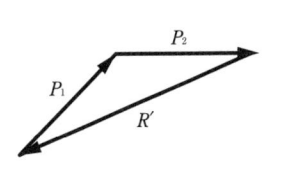

とずれていると，連力図は閉じず，P_1 と P_2 の合力と P_3 は合成することのできない力（偶力）となり，P_1〜P_3 の力によって回転が生じてしまう．

以上のように，1点に作用しない力がつりあうには，示力図が閉じるという条件の他に，連力図が閉じるという条件が必要である．

(b) 数式解法（算式解法）

移動しない条件と回転しない条件，共に満たす必要がある．

$$\left.\begin{array}{l}\Sigma x_i = 0\\ \Sigma y_i = 0\end{array}\right\} \longrightarrow 移動しないための条件$$

$$\Sigma M_i = 0 \longrightarrow 回転しないための条件$$

【問題1】 下図において，R は平行な2力 P_1，P_2 の合力である．R が作用する点を P_1 より x としたとき，x の値で正しいものは，次のうちどれか．

1. 3.0m
2. 3.2m
3. 3.4m
4. 3.6m
5. 3.8m

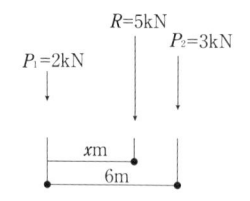

【問題2】 下図に示すように，$P_1 = 3$kN，$P_2 = 3$kN，$P_3 = 5$kN のとき，P_1，P_2，P_3 の合力 R の大きさと，O点についての合力のモーメント M_O の大きさの組合せのうち，正しいものはどれか．

	R	M_O
1.	3kN	-3kN·m
2.	3kN	4kN·m
3.	5kN	5kN·m
4.	8kN	3kN·m
5.	8kN	-3kN·m

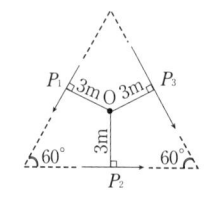

【問題3】 下図に示すように，$P_1 = 6$kN，$P_2 = 2$kN，$P_3 = 4$kN のとき，O点についてのモーメント M_O の大きさで，正しいものは，次のうちどれか．

1. 16kN·m
2. 21kN·m
3. 31kN·m
4. 36kN·m
5. 40kN·m

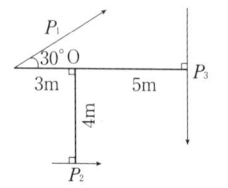

【問題4】 下図のように，平行な力 P_1，P_2，P_3 とつりあうように，AおよびBの線上に P_A および P_B を作用させる場合，その組合せとして，正しいものは，次のうちどれか．

	P_A	P_B
1.	上向き5kN	上向き4kN
2.	下向き5kN	上向き4kN
3.	上向き4kN	下向き5kN
4.	下向き4kN	上向き5kN
5.	上向き6kN	上向き3kN

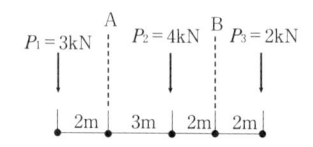

【問題5】 図のような平行な2つの力 P_1，P_2 による A，B，C の各点におけるモーメント M_A，M_B，M_C の値の組合せとして，正しいものは，次のうちどれか．ただし，モーメントの符号は，時計回りを正とする．

	M_A	M_B	M_C
1.	-13.5kN·m	-13.5kN·m	-25.5kN·m
2.	-13.5kN·m	-13.5kN·m	-13.5kN·m
3.	13.5kN·m	-13.5kN·m	25.5kN·m
4.	13.5kN·m	13.5kN·m	13.5kN·m
5.	13.5kN·m	13.5kN·m	25.5kN·m

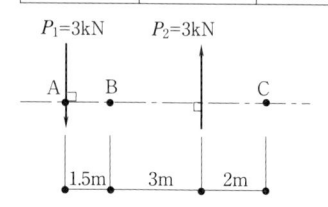

【問題6】 図のように，4つの力（P_1〜P_4）がつり合っているとき，P_2 の値として，正しいものは，次のうちどれか．

1. 10kN
2. 20kN
3. 30kN
4. 40kN
5. 50kN

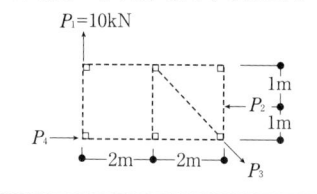

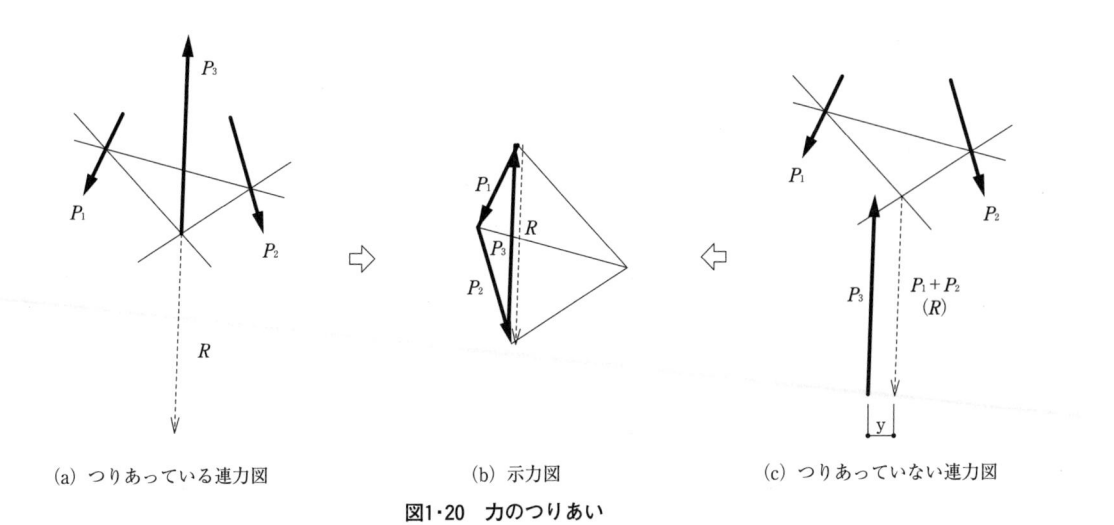

(a) つりあっている連力図　　　(b) 示力図　　　(c) つりあっていない連力図

図1·20　力のつりあい

2 構造物

2・1 構造物

建築物は通常，図2・1に示すような構造になっている．人や物品が載る床をはりが支え，そのはりにかかった力が柱を通って基礎に伝わる．この柱やはりを部材といい，部材によって組立てられたものを骨組という．そして，その骨組と床や壁などの板状材で立体に組み立てられたものを，構造物という．

これらの部材には本来，幅・せいなどの断面があるが，構造力学でモデル化する場合は，断面の図心を通る線で表示する．

2・2 荷重

構造物は外部からいろいろな荷重（外力）を受ける．たとえば建物そのものの自重である固定荷重，建物の中に入る人間や物品などの積載荷重，地震による地震荷重，風による風荷重などがある．構造力学では，そのような荷重を作用状態により，以下のようにモデル化して計算を行う．

(1) 集中荷重

部材のごく狭い範囲に作用する荷重を，1点に集中的に作用する荷重として考え，図2・2(a)のように矢印で力の大きさと作用点を示す．

記号：P または W，単位：〔N〕〔kN〕

(2) 等分布荷重

部材の広い範囲に均等に分布して作用する荷重である．図2・2(b)のように図示する．

記号：w，単位：〔N/m〕〔kN/m〕

(3) 等変分布荷重

一定の割合で，分布している荷重の大きさが変化して作用する荷重で，図2・2(c)のように図示する．

記号：w，単位：〔N/m〕〔kN/m〕

(4) モーメント荷重

部材の一点で，部材を回転させるように作用する荷重で，図2・2(d)のように図示する．

記号：M，単位：〔N·m〕〔kN·m〕

2・3 反力

(1) 反力

構造物は図2・3のように，地盤あるいは他の構造物で支えられている．この構造物を支えている点を支点という．支点には構造物に作用する外力に対してつりあうような力が生じ，このつりあいの力を反力という．もし，この反力が外力につりあわず小さければ，建物は沈んでいく．外力と反力がつりあっているために，建物は安定して静止しているのである．

なお，この反力には，(ⅰ) 水平方向（X方向）の反力，(ⅱ) 垂直方向（Y方向）の反力，(ⅲ) モーメント（回転）の反力の3種類が存在する．支点はすべての力に抵抗するのではなく，ある特定の力のみに抵抗するような構造となっており，次の3種類があり，図2・4のように図示する．

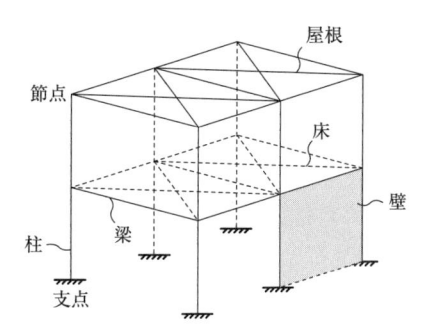

図2・1　構造物

(a) 集中荷重　　PまたはW [N] [kN]
(b) 等分布荷重　　w [N/m] [kN/m]
(c) 等変分布荷重　　w [N/m] [kN/m]
(d) モーメント荷重　　M [N・m] [kN・m]

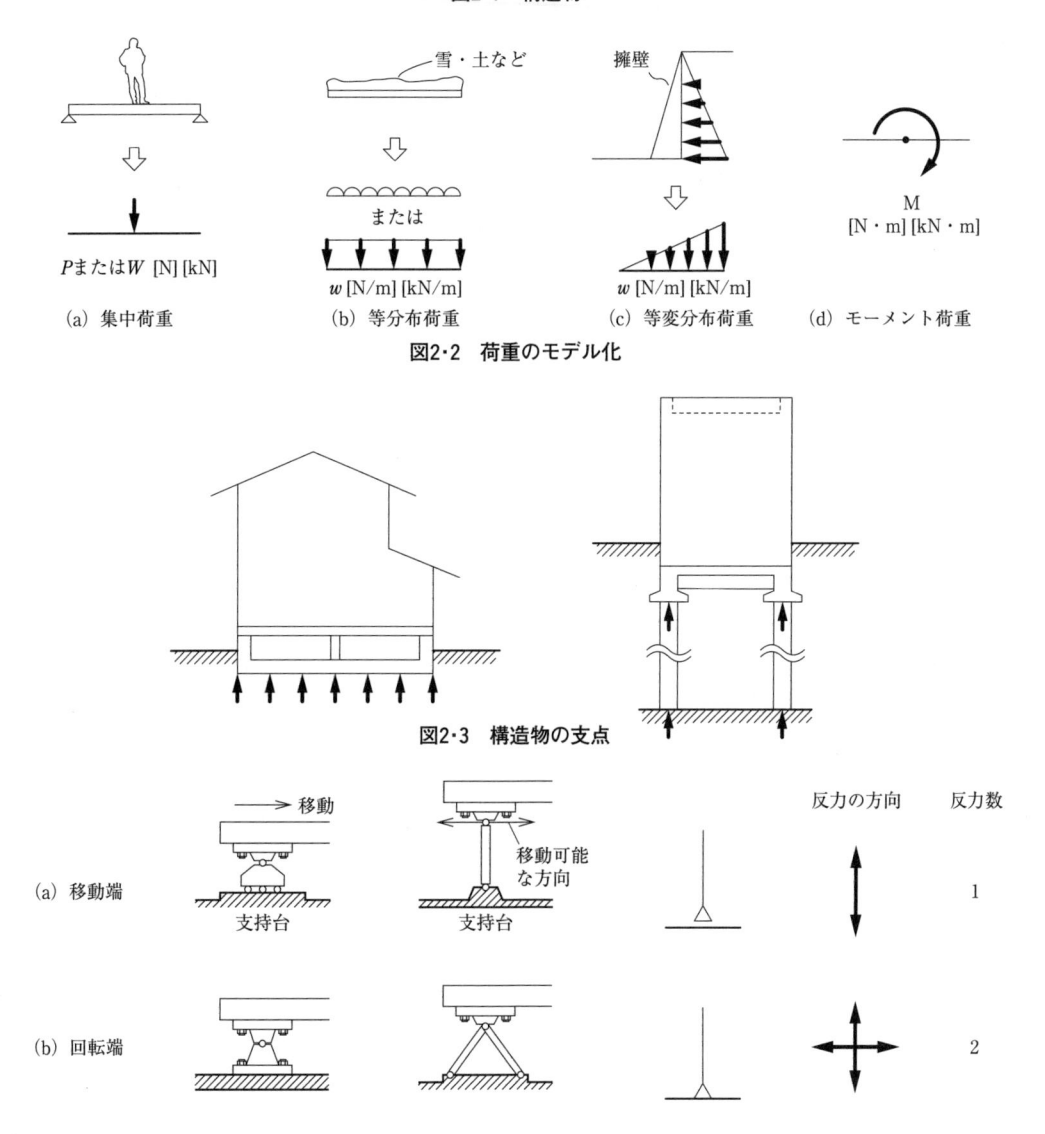

図2・2　荷重のモデル化

図2・3　構造物の支点

				反力の方向	反力数
(a) 移動端				↕	1
(b) 回転端				↕↔	2
(c) 固定端				↕↔↻	3

図2・4　支点の種類と反力

(a) 移動支点（ローラー支点）

この支点は鉛直方向のみ抵抗する構造で，鉛直方向は拘束されているが，水平方向に対しては移動し，回転に対しても抵抗することができず，反力は鉛直方向のみに生じる構造となっている．

(b) 回転支点（ピン支点）

この支点は鉛直方向及び水平方向の力に抵抗する構造で，鉛直方向，水平方向ともに拘束されており，鉛直方向，水平方向ともに移動することはないが，回転に対しては抵抗することができず，反力は鉛直方向，水平方向の2つとなる．

(c) 固定支点

この支点は鉛直方向及び水平方向の力に抵抗する他に，回転（モーメント）に対しても抵抗する構造である．したがって，移動することも回転することもなく，反力は鉛直方向，水平方向，回転（モーメント）に対しての3つとなる．

(2) 節点

構造物は，柱やはりといったいろいろな部材を組み合わせてできているが，その部材相互の結合点を節点という．この節点には，図2·5のように滑節点（ピンまたはヒンジ）と剛節点（フィックス）がある．

滑節点は図2·5(a)のように部材相互に拘束力がなく，自由に回転する．そのため節点での力の伝達は，鉛直方向，水平方向ともに可能であるが，回転するため，モーメントの伝達はできない．

一方，剛節点は節点自体は回転しても節点付近の部材相互のなす角度はまったく変わらない．そのため，節点では鉛直方向，水平方向の他に，モーメントの伝達も可能である．

2·4 構造物の安定・不安定

(1) 構造物の種類

構造物には，その組み合わせ方により，次のように分けられている．

(a) はり

水平部材のみで構成される構造物で，その支え方により図2·6のように単純ばり，片持ばりなどがある．

(b) ラーメン

直線材を剛に接合して組み立てられた構造物で，図2·7のように片持ばり系ラーメン，単純ばり系ラーメン，3ピンラーメンなどがある．

(c) トラス

直線材を図2·8のように滑節点（ピン）のみで互いに接合した構造物で，各部材には軸方向の力しか生じない．

(d) アーチ

図2·9のように，曲線材から構成されている構造物をいう．

(2) 安定と不安定

図2·10(a)の構造物に水平力 P が作用すると，点線のように簡単に変形し崩壊する．また図2·11(a)のように，支点のすべてがローラー支点となっていると，外力 P が作用したとき，点線のよう

(a) 滑節点（ピンまたはヒンジ）　　　　　　　　(b) 剛節点（フィックス）

図2・5　節点の種類

(a) 単純ばり　　　　　　　　　　　　　　　　(b) 片持ばり

図2・6　はり

(a) 片持ばり系ラーメン　　　　(b) 単純ばり系ラーメン　　　　(c) 3ピンラーメン

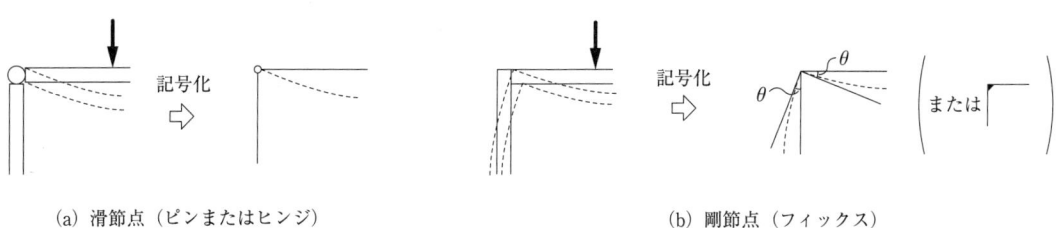

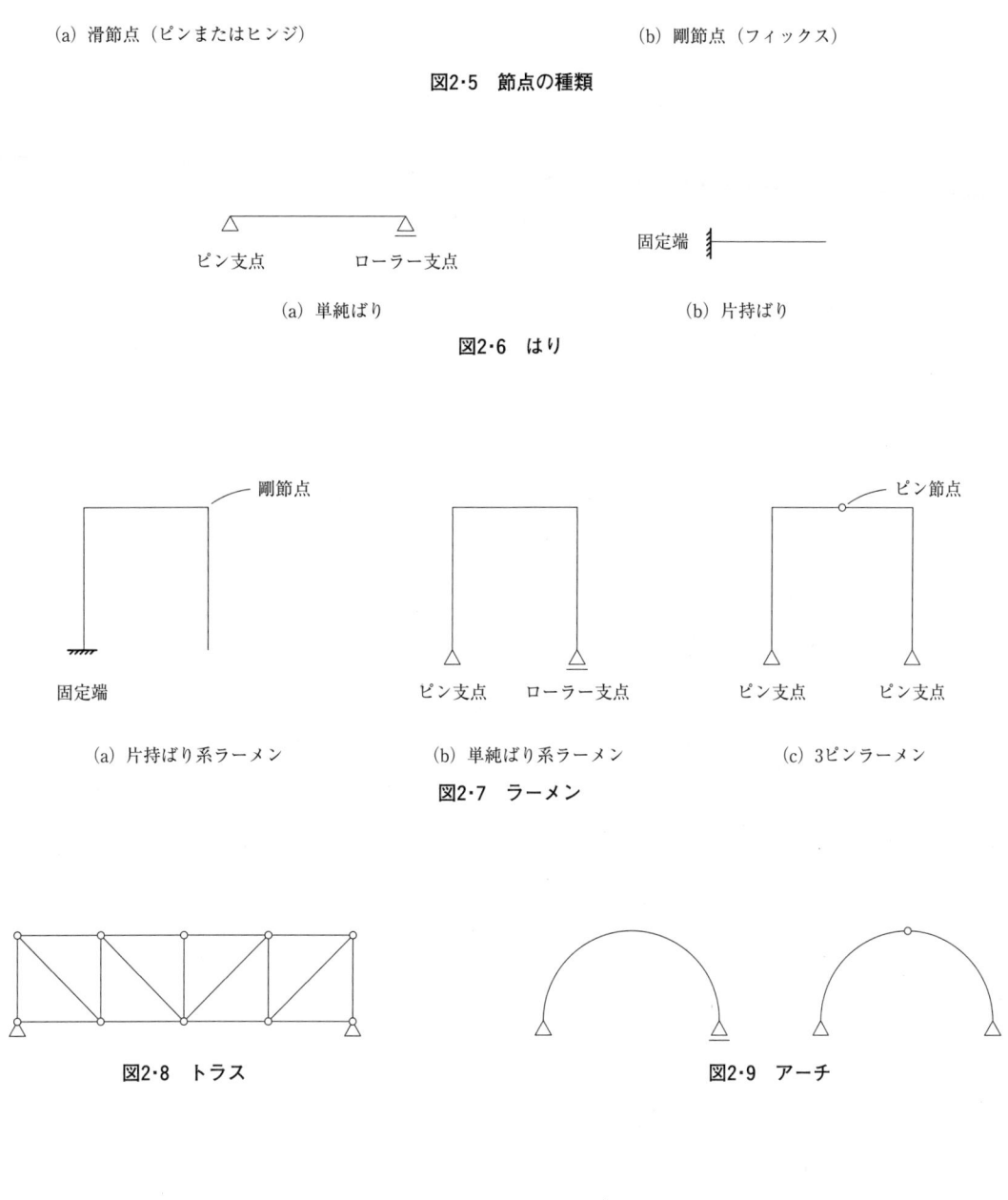

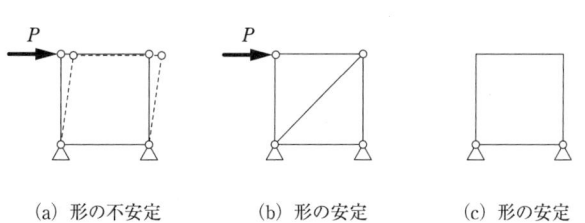

図2・7　ラーメン

図2・8　トラス　　　　　　　　　　　　　　　図2・9　アーチ

(a) 形の不安定　　　(b) 形の安定　　　(c) 形の安定

図2・10　形の安定・不安定

に移動する．このように外力が作用することにより，容易に大きく変形したり移動したりする構造物を，不安定構造物という．前者を内的不安定構造物，後者を外的不安定構造物というように，さらに細かく分類されることもある．

ところで，図2·10(a)の構造物に図2·10(b)のように斜材（筋かい）をいれたり，図2·10(c)のように節点の一部を剛節点にすると，外力Pが作用してもこの構造物は崩壊しない．また，図2·11(a)の構造物の一方の支点をピン支点にすると，外力Pが作用しても移動しない．このように外力に対して，その位置や形状を維持できる構造物を安定構造物という．建築物にはいろいろな力が作用する．その力に対して容易に崩壊したり移動してはならないので，建築物は安定構造物でなければならない．

(3) 静定と不静定

構造物に外力が作用したとき，支点に生ずる反力や骨組みの各部材の中に生じる力を計算しなければならないが，安定構造物のなかには，つりあい条件式のみで算出できる構造物と，つりあい条件式のみでは算出できず，部材の変形条件などを利用して算出する構造物がある．前者のつりあい条件式のみで算出する構造物を静定構造物といい，後者を不静定構造物という．静定，不静定及び不安定かは，次の判別式でおおよそ判別できる．

$$N = (m + r + p) - 2k$$

　　m：部材数（それぞれの支点及び節点（自由端も含む）間，ならびに節点と節点との間の部材を1部材と数える）
　　r：支点の反力数
　　p：剛接合材数（それぞれの節点で1つの材に剛接されている材の合計：図2·12参照）
　　k：総節点数（自由端や支点も節点として数える）

判定　　$N < 0$ ： 不安定
　　　　$N = 0$ ： 安定（静定）
　　　　$N > 0$ ： 安定（不静定），Nは不静定次数を表す

図2·13の構造物を判定すると，以下のようになる．

　　(a) $(1 + 3 + 0) - 2 \times 2 = 4 - 4 = 0$ ： 安定，静定
　　(b) $(1 + 4 + 0) - 2 \times 2 = 5 - 4 = 1$ ： 安定，1次不静定
　　(c) $(4 + 3 + 0) - 2 \times 4 = 7 - 8 = -1$ ： 不安定
　　(d) $(5 + 9 + 4) - 2 \times 6 = 18 - 12 = 6$ ： 安定，6次不静定
　　(e) $(6 + 4 + 4) - 2 \times 6 = 14 - 12 = 2$ ： 安定，2次不静定

2·5　静定構造物の反力の算定

構造物に外力が作用すると，反力が生じ外力とつりあう．したがって，外力と反力の関係は，力のつりあい条件式を満足しなければならない．反力を求めるには，次の手順で行う．

①反力を上向き，右向き，時計回り（座標で正（＋）となる方向）に仮定し，構造物の図に記入する．
②力のつりあい条件式より方程式を立て，反力を求める．

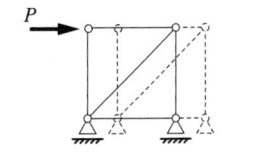

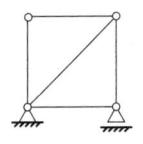

(a) 支持の不安定　　(b) 支持の安定

図2・11　支持の安定・不安定

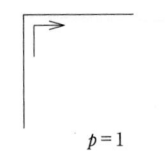

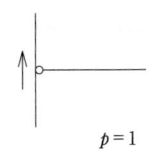

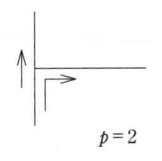

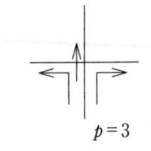

$p=1$　　$p=1$　　$p=2$　　$p=3$

図2・12　剛接合材数

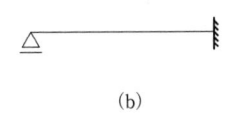

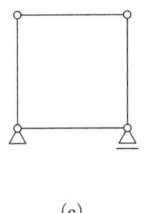

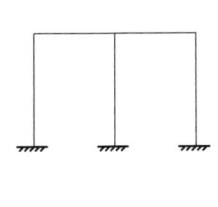

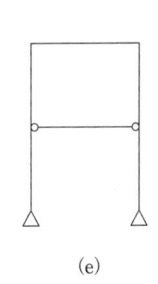

(a)　　(b)

(c)　　(d)　　(e)

図2・13　構造物の判定や計算例

(1) 片持ばり

図2・14の片持ばりの反力を求める．

① 反力を図2・14(a)のように仮定する．固定端なので，反力は鉛直反力，水平反力，回転反力の3つが生じる．それぞれ右向き，上向き，時計回りに仮定する．

② つりあい条件式を立てる．

はりの一方向から力をもらさず拾っていくと，拾い残しが少なくなる（この例では，はりの左側から力を拾っている）．

$\Sigma X = 0$ ： $+20^{kN} + H_B = 0$ ∴ $H_B = -20^{kN}$ （仮定の逆方向：左向き）

$\Sigma Y = 0$ ： $-30^{kN} + V_B = 0$ ∴ $V_B = +30^{kN}$ （仮定の方向：上向き）

$\Sigma M_B = 0$ ： $-30^{kN} \times 5^{m} + M_B = 0$ ∴ $M_B = +150^{kN \cdot m}$ （仮定の方向：時計回り）

以上のように仮定方向はどちらに決めても良いが，その答えの正負（＋－）が重要で，図2・14(b)のように，実際の反力を把握する．

(2) 単純ばり

図2・15の単純ばりの反力を求める．

① 反力を図2・15(a)のように仮定する．ピン支点には鉛直反力，水平反力の2つ，ローラー支点には鉛直反力のみの1つが生じる．また，外力は30°の角度をなして作用しているが，図2・15(b)のように鉛直方向と水平方向に分解する．

② つりあい条件式を立てる．

$\Sigma X = 0$ ： $+H_A - 15\sqrt{3}^{kN} = 0$ ∴ $H_A = +15\sqrt{3}^{kN}$ （仮定の方向：右向き）

$\Sigma Y = 0$ ： $+V_A - 15^{kN} + V_B = 0$ ∴ $V_A + V_B = +15^{kN}$ ‥‥①

$\Sigma M_A = 0$ ： $+15^{kN} \times 2^{m} - V_B \times 6^{m} = 0$

$6 \cdot V_B = +30^{kN \cdot m}$ ∴ $V_B = +5^{kN}$ （仮定の方向：上向き）

①式に代入して $V_A + 5^{kN} = +15^{kN}$ ∴ $V_A = +10^{kN}$ （仮定の方向：上向き）

したがって，実際の反力は図2・15(c)のようになる．

(3) はね出しばり（単純ばり）

図2・16のはね出しばり（単純ばり）の反力を求める．

① 反力を図2・16(a)のように仮定する．

② つりあい条件式を立てる．

$\Sigma X = 0$ ： $-4\sqrt{3}^{kN} + H_A = 0$ ∴ $H_A = +4\sqrt{3}^{kN}$

$\Sigma Y = 0$ ： $-4^{kN} + V_A + V_B = 0$ ∴ $V_A + V_B = +4^{kN}$ ‥‥①

$\Sigma M_A = 0$ ： $-4^{kN} \times 1^{m} - V_B \times 4^{m} = 0$

$4 \cdot V_B = -4^{kN \cdot m}$

∴ $V_B = -1^{kN}$ （仮定の逆方向：下向き）

①式に代入して $V_A - 1^{kN} = +4^{kN}$ ∴ $V_A = +5^{kN}$

実際の反力は，図2・16(b)のようになる．

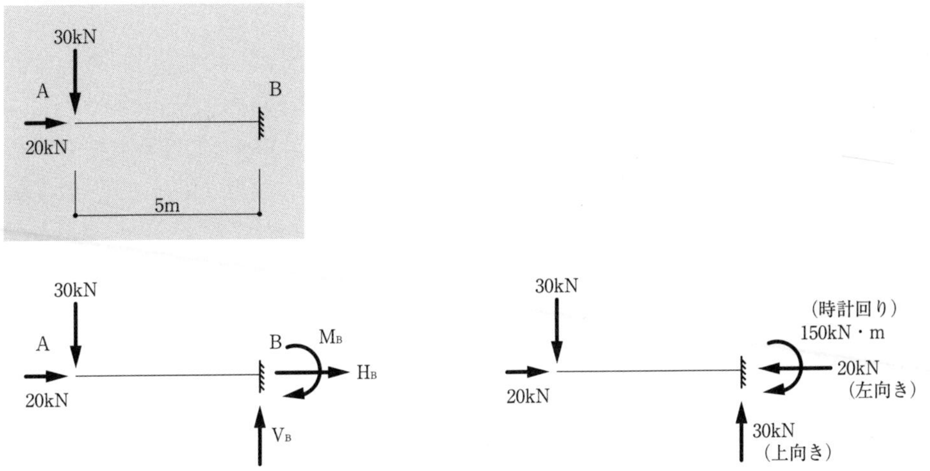

(a) 反力仮定　　　　　　　　　　　　(b) 実際の反力

図2·14　片持ばりの反力の算出

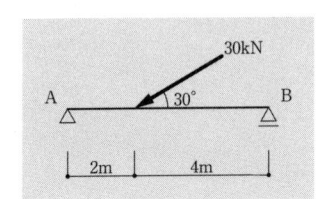

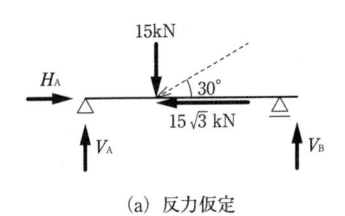

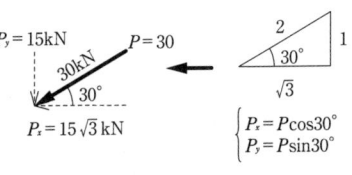

(a) 反力仮定　　　(b) 外力の鉛直方向・水平方向への分解　　　(c) 実際の反力

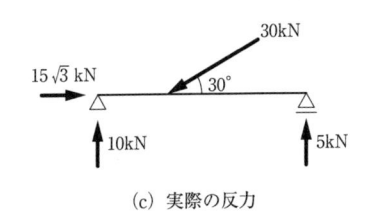

図2·15　単純ばりの反力

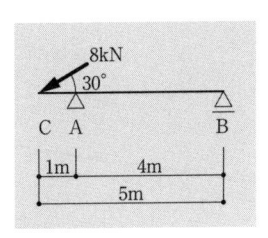

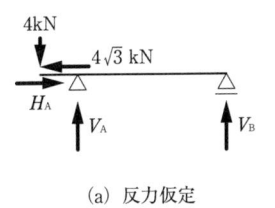

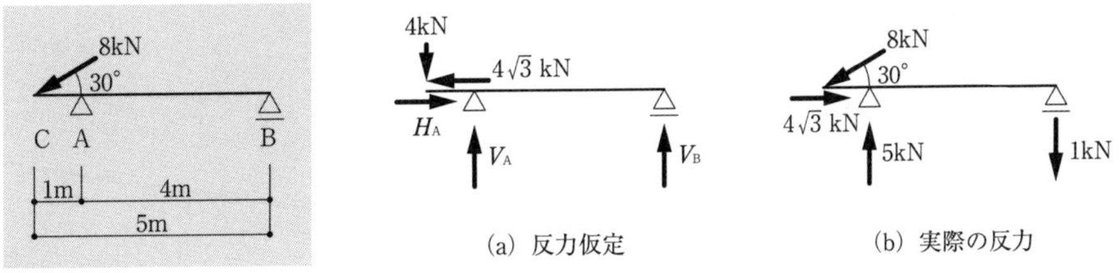

(a) 反力仮定　　　　　　　(b) 実際の反力

図2·16　はね出しばりの反力

(4) 片持ばり系ラーメン

図2・17のような支点が片持ばりと同様に固定端1つのみで，はりだけではなく，柱・はりを構成している構造物を，片持ばり系ラーメンと呼ぶ．この構造の反力を求める．

① 反力を図2・17(a)のように仮定する．はりからラーメンという構造物に変わっても，支点の反力は支点の種類により定まる．この例では固定端であるので，反力は鉛直反力，水平反力，回転反力の3つが生じる．

② つりあい条件式を立てる．

$\Sigma X = 0$ ： $+H_D = 0$ 　　　　　　　　　$\therefore H_D = 0^{kN}$

$\Sigma Y = 0$ ： $-20^{kN} + V_D = 0$ 　　　　　$\therefore V_D = +20^{kN}$ 　（仮定の方向：上向き）

$\Sigma M_D = 0$ ： $-20^{kN} \times 1.5^{m} + M_D = 0$ 　$\therefore M_D = +30^{kN \cdot m}$ （仮定の方向：時計回り）

実際の反力は図2・17(b)のようになる．

(5) 単純ばり系ラーメン

図2・18のように支点が単純ばりと同様，ピン支点とローラー支点で支えられ，柱・はりを構成している構造物を，単純ばり系ラーメンと呼ぶ．この構造の反力を求める．

① 反力を図2・18(a)のように仮定する．

② つりあい条件式を立てる．

$\Sigma X = 0$ ： $+H_A = 0$ 　　　　　　　　　　　$\therefore H_A = 0^{kN}$

$\Sigma Y = 0$ ： $+V_A - 30^{kN} + V_B = 0$ 　　　　$\therefore V_A + V_B = +30^{kN} \cdots$ ①

$\Sigma M_A = 0$ ： $+30^{kN} \times 2^{m} - V_B \times 3^{m} = 0$

　　　　　　　　　$3 \cdot V_B = +60$ 　　　$\therefore V_B = +20^{kN}$ （仮定の方向：上向き）

①式に代入して　$V_A + 20^{kN} = +30^{kN}$ 　$\therefore V_A = +10^{kN}$ （仮定の方向：上向き）

したがって，実際の反力は図2・18(b)のようになる．

(6) 3ピンラーメン（スリーヒンジラーメン）

図2・19のように支点が2つで，その両方がピン支点であり，ラーメン構造のどこか1カ所（図2・19におけるE点）にピン接合された構造物を3ピンラーメン（スリーヒンジラーメン）と呼ぶ．この構造の反力は，両支点がピン支点であるため，それぞれ鉛直方向と水平方向の計4つの反力が生じる．今までのつりあい条件式では3式しか式を立てることができず，求めることができない．

しかし，E点がピン接合でモーメントが生じないという条件がある．したがって，E点のモーメントが0（ピンより左側半分または右側半分のつりあい：図2・19(b)）であるという条件で，もう1つ式を立てて求める．

① 反力を図2・19(a)のように仮定する．

② つりあい条件式を立てる．

$\Sigma X = 0$ ： $+H_A + H_B = 0 \cdots$ ①

$\Sigma Y = 0$ ： $+V_A - 30^{kN} + V_B = 0$ 　　　$\therefore V_A + V_B = +30^{kN} \cdots$ ②

$\Sigma M_A = 0$ ： $+30^{kN} \times 1^{m} - V_B \times 3^{m} = 0$

　　　　　　　　　$3 \cdot V_B = +30$ 　　　$\therefore V_B = +10^{kN}$ （仮定の方向：上向き）

②式に代入して　$V_A + 10^{kN} = +30^{kN}$ 　$\therefore V_A = +20^{kN}$

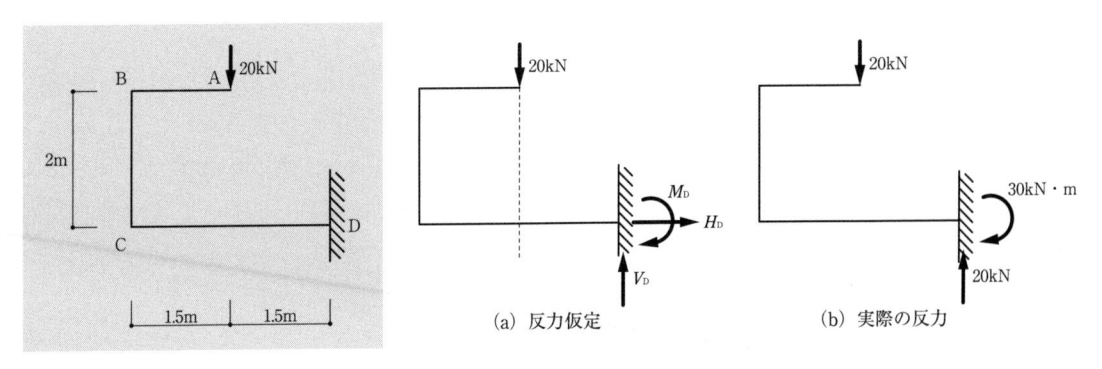

図2・17 片持ばり系ラーメンの反力

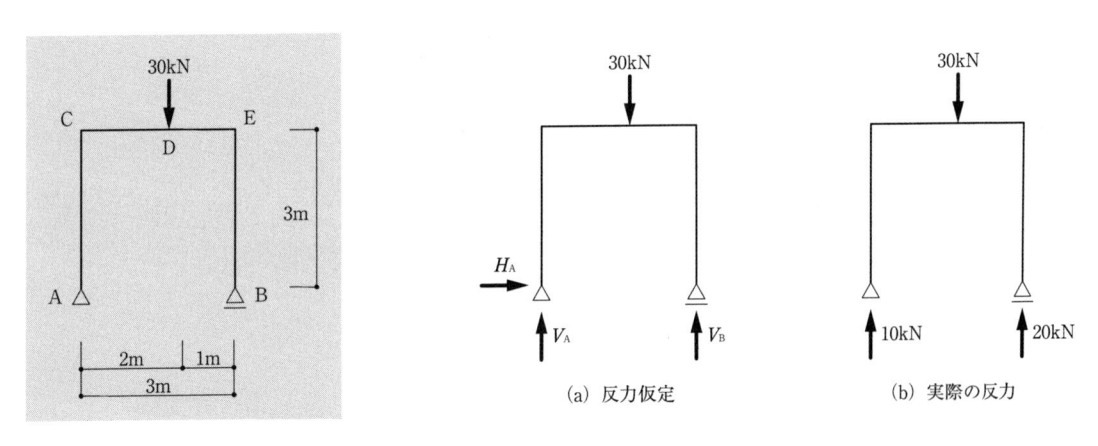

(a) 反力仮定
(b) 実際の反力

図2・18 単純ばり系ラーメンの反力

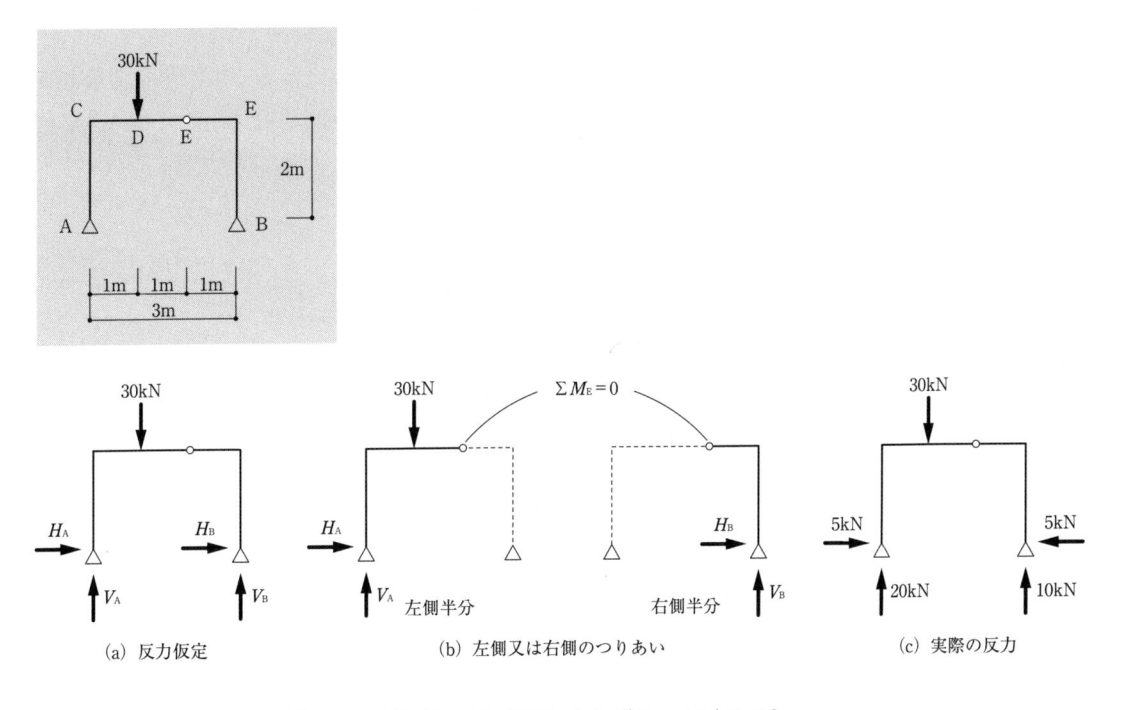

(a) 反力仮定
(b) 実際の反力

図2・19 3ピンラーメン（スリーヒンジラーメン）の反力

(a) 反力仮定
(b) 左側又は右側のつりあい
(c) 実際の反力

E点の右側半分のつりあいを考える．

$\Sigma M_E(右) = 0 ： -V_B \times 1^m - H_B \times 2^m = 0 \cdots ③$

$V_B = +10^{kN}$であるので，③式に代入して，

$-10^{kN} \times 1^m - H_B \times 2^m = 0 \quad \therefore H_B = -5^{kN}$（仮定の逆方向：左向き）

①式に代入して，$+H_A - 5^{kN} = 0 \quad \therefore H_A = +5^{kN}$（仮定の方向：右向き）

したがって，実際の反力は図2・19(c)のようになる．

(7) 等分布荷重が作用する場合の反力

等分布荷重とは，部材の広い範囲に均等に分布して作用する荷重であるが，この荷重を実際の構造物に当てはめて計算する場合は，集中荷重に置き換えて考える．置き換える方法は，図2・20のように作用する位置は等分布荷重がかかっている範囲の中心に作用し，その大きさは，

等分布荷重の大きさ(w)×等分布荷重のかかっている範囲の長さ（l）

となり，この集中荷重が構造物に作用していると考え，反力を求める．

(a) 片持ばり

図2・21のように，等分布荷重が作用している片持ばりの反力を求める．

①等分布荷重を集中荷重に置き換えて，反力を図2・21(a)のように仮定する．

②つりあい条件式を立てる．

$\Sigma X = 0 ： +H_B = 0 \quad \therefore H_B = 0^{kN}$

$\Sigma Y = 0 ： -8^{kN} + V_B = 0 \quad \therefore V_B = +8^{kN}$（仮定の方向：上向き）

$\Sigma M_B = 0 ： -8^{kN} \times 2^m + M_B = 0 \quad \therefore M_B = +16^{kN \cdot m}$（仮定の方向：時計回り）

したがって，実際の反力は図2・21(b)のようになる．

(b) 単純ばり

図2・22の単純ばりの反力を求める．

①等分布荷重を集中荷重に置き換えて，反力を図2・22(a)のように仮定する．集中荷重に置き換えたとき作用する点は，等分布荷重の作用している範囲（同図の部材 AC 間）の中心に作用すると考えるので，A点から 1 m の所に作用すると考える．

②つりあい条件式を立てる．

$\Sigma X = 0 ： +H_A = 0 \quad \therefore H_A = 0^{kN}$

$\Sigma Y = 0 ： +V_A - 4^{kN} + V_B = 0 \quad \therefore V_A + V_B = +4^{kN} \cdots ①$

$\Sigma M_A = 0 ： +4^{kN} \times 1^m - V_B \times 4^m = 0$

$4 \cdot V_B = +4 \quad \therefore V_B = +1^{kN}$（仮定の方向：上向き）

①式に代入して $V_A + 1^{kN} = +4^{kN} \quad \therefore V_A = +3^{kN}$（仮定の方向：上向き）

したがって，実際の反力は図2・22(b)のようになる．

(c) 単純ばり系ラーメン（鉛直方向の等分布荷重）

図2・23の単純ばり系ラーメンの反力を求める．

①等分布荷重を集中荷重に置き換えて，反力を図2・23(a)のように仮定する．

②つりあい条件式を立てる．

$\Sigma X = 0 ： +H_A = 0 \quad \therefore H_A = 0^{kN}$

$\Sigma Y = 0 ： +V_A - 6^{kN} + V_B = 0 \quad \therefore V_A + V_B = +6^{kN} \cdots ①$

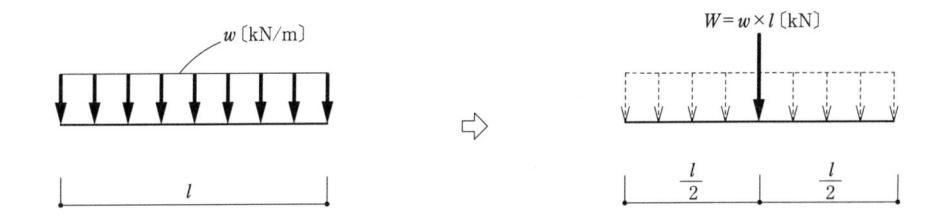

図2・20　等分布荷重の集中荷重への置き換え

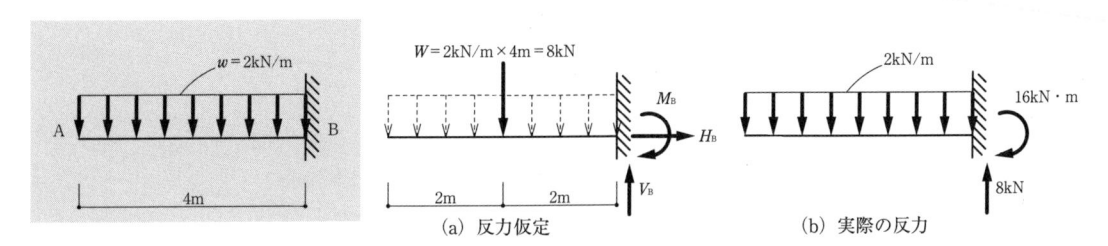

図2・21　等分布荷重が作用する片持ばりの反力
(a) 反力仮定
(b) 実際の反力

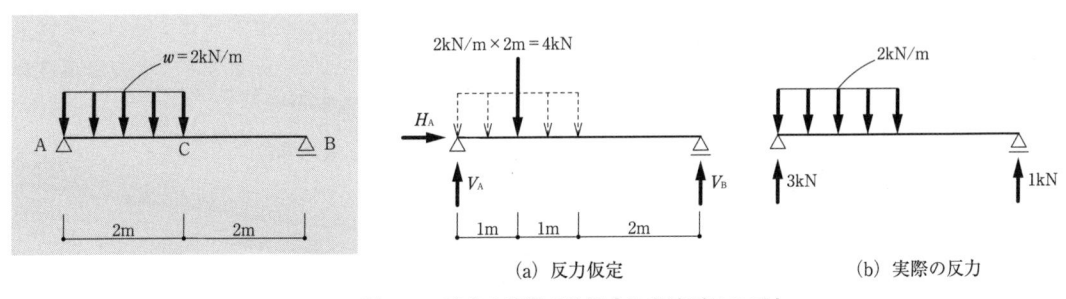

図2・22　等分布荷重が作用する単純ばりの反力
(a) 反力仮定
(b) 実際の反力

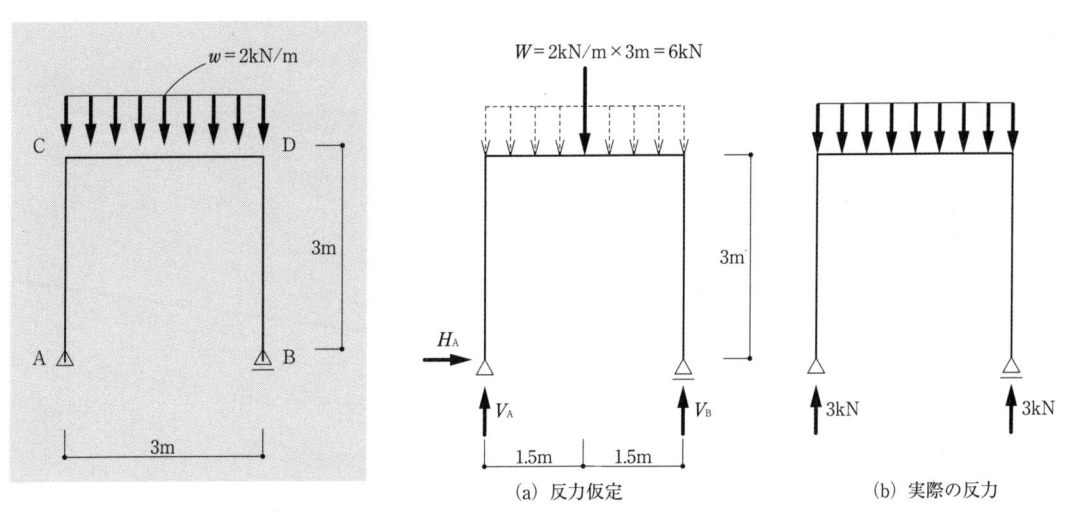

図2・23　鉛直方向の等分布荷重が作用する単純ばり系ラーメンの反力
(a) 反力仮定
(b) 実際の反力

$\Sigma M_A = 0$: $+6^{kN} \times 1.5^m - V_B \times 3^m = 0$

$\qquad\qquad 3 \cdot V_B = +9 \qquad \therefore V_B = +3^{kN}$ （仮定の方向：上向き）

①式に代入して $V_A + 3^{kN} = +6^{kN} \qquad \therefore V_A = +3^{kN}$ （仮定の方向：上向き）

したがって，実際の反力は図2・23(b)のようになる．

(d) 単純ばり系ラーメン（水平方向の等分布荷重）

図2・24のように，水平方向の等分布荷重が作用する単純ばり系ラーメンの反力を求める．

① 等分布荷重を集中荷重に置き換えて，反力を図2・24(a)のように仮定する．

② つりあい条件式を立てる．

$\Sigma X = 0$: $+H_A + 6^{kN} = 0 \qquad \therefore H_A = -6^{kN}$ （仮定の逆方向：左向き）

$\Sigma Y = 0$: $+V_A + V_B = 0 \cdots$ ①

$\Sigma M_A = 0$: $+6^{kN} \times 1.5^m - V_B \times 3^m = 0$

$\qquad\qquad 3 \cdot V_B = +9 \qquad \therefore V_B = +3^{kN}$ （仮定の方向：上向き）

①式に代入して $V_A + 3^{kN} = 0^{kN} \qquad \therefore V_A = -3^{kN}$ （仮定の逆方向：下向き）

したがって，実際の反力は図2・24(b)のようになる．

(8) 等変分布荷重が作用する場合の反力

等分布荷重と同様に，集中荷重に置き換えて考える．置き換える方法は図2・25のように，等変分布荷重が作用している部分を底辺とした三角形の重心を通る位置に作用し，その大きさは高さを荷重の大きさとした三角形の面積となる．この集中荷重が構造物に作用していると考え，反力を求める．

(a) 片持ばり

図2・26のように，等変分布荷重が作用している片持ばりの反力を求める．

① 等変分布荷重を集中荷重に置き換えて，反力を図2・26(a)のように仮定する．

② つりあい条件式を立てる．

$\Sigma X = 0$: $+H_B = 0 \qquad \therefore H_B = 0^{kN}$

$\Sigma Y = 0$: $-6^{kN} + V_B = 0 \qquad \therefore V_B = +6^{kN}$ （仮定の方向：上向き）

$\Sigma M_B = 0$: $-6^{kN} \times 1^m + M_B = 0 \qquad \therefore M_B = +6^{kN \cdot m}$ （仮定の方向：時計回り）

したがって，実際の反力は図2・26(b)のようになる．

(b) 単純ばり

図2・27の単純ばりの反力を求める．

① このようにA点からB点にかけて分布荷重が変化し，A点の分布荷重が0でないときは図2・27(a)のように等分布荷重と等変分布荷重に分けて，それぞれの合力を算出し，反力を求める．反力を図2・27(b)のように仮定する．

② つりあい条件式を立てる．

$\Sigma X = 0$: $+H_A = 0 \qquad \therefore H_A = 0^{kN}$

$\Sigma Y = 0$: $+V_A - 6^{kN} - 3^{kN} + V_B = 0 \qquad \therefore V_A + V_B = +9^{kN} \cdots$ ①

$\Sigma M_A = 0$: $+6^{kN} \times 1.5^m + 3^{kN} \times 2^m - V_B \times 3^m = 0$

$\qquad\qquad 3 \cdot V_B = +15 \qquad \therefore V_B = +5^{kN}$ （仮定の方向：上向き）

①式に代入して $V_A + 5 = +9 \qquad \therefore V_A = +4^{kN}$ （仮定の方向：上向き）

したがって，実際の反力は図2・27(c)のようになる．

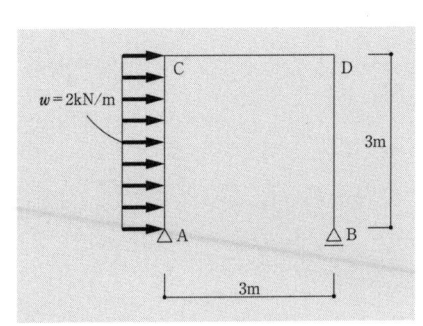

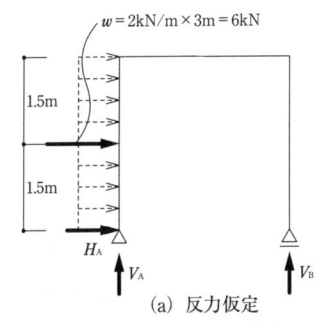

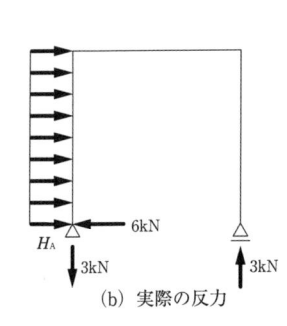

図2·24 水平方向の等分布荷重の作用する単純ばり系ラーメンの反力

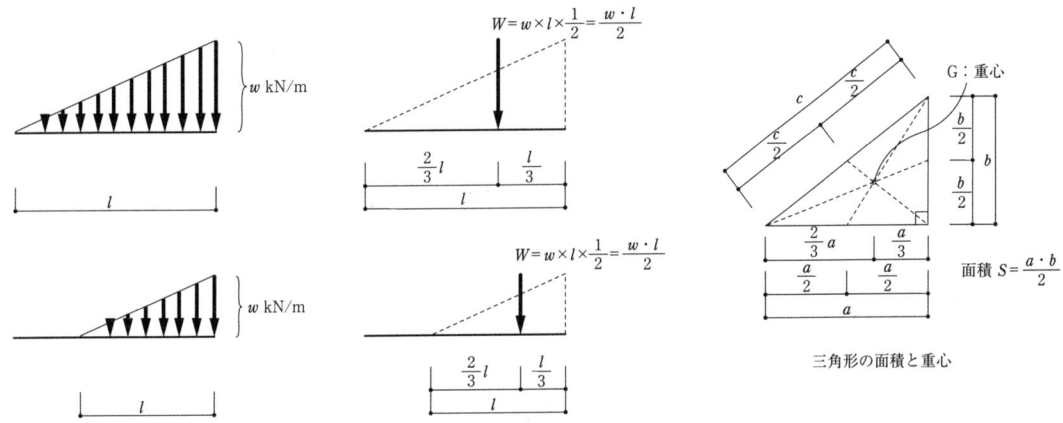

図2·25 等変分布荷重の集中荷重への置き換え

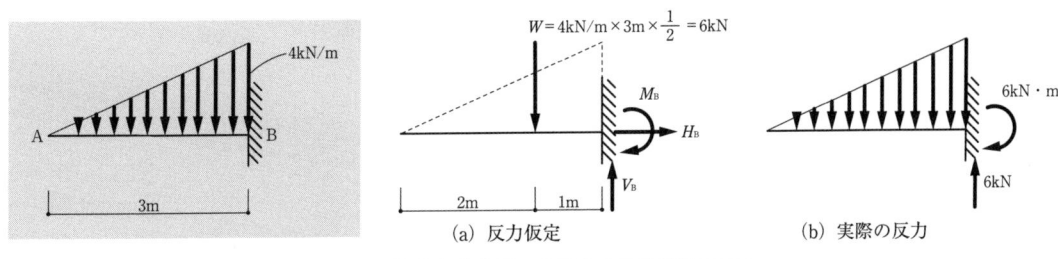

図2·26 等変分布荷重の作用する片持ばりの反力

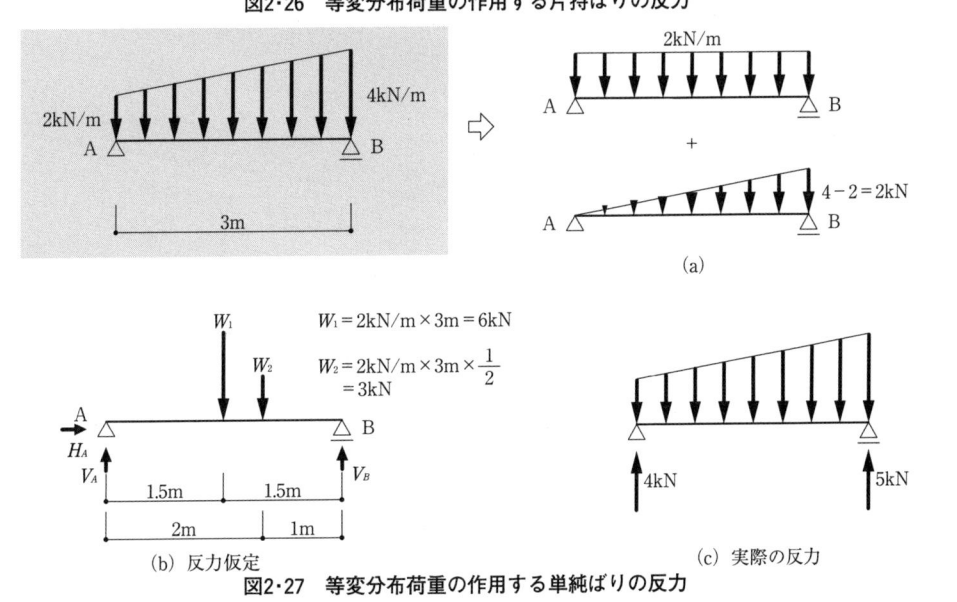

図2·27 等変分布荷重の作用する単純ばりの反力

(9) モーメント荷重が作用する場合の反力

外力にモーメント荷重が作用している場合，作用した位置には関係なくつりあい条件式を立て反力を求める．

(a) 片持ばり

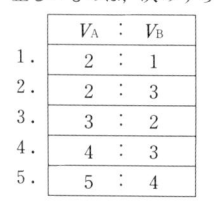

図2·28のように，モーメント荷重が作用している片持ばりの反力を求める．

① 反力を図2·28(a)のように仮定する．
② つりあい条件式を立てる．

$\Sigma X = 0$ ： $+H_B = 0$ ∴ $H_B = 0^{kN}$

$\Sigma Y = 0$ ： $+V_B = 0$ ∴ $V_B = 0^{kN}$

$\Sigma M_B = 0$ ： $+6^{kN·m} + M_B = 0$ ∴ $M_B = -6^{kN·m}$（仮定の逆方向：反時計回り）

↑距離に関係ないことに注意

したがって，実際の反力は図2·28(b)のようになる．

(b) 単純ばり

図2·29の単純ばりの反力を求める．

① 反力を図2·29(a)のように仮定する．
② つりあい条件式を立てる．

$\Sigma X = 0$ ： $+H_A = 0$ ∴ $H_A = 0^{kN}$

$\Sigma Y = 0$ ： $+V_A + V_B = 0 \cdots$ ①

$\Sigma M_A = 0$ ： $+8^{kN·m} - V_B \times 4^m = 0$

$4 \cdot V_B = +8$ ∴ $V_B = +2^{kN}$（仮定の方向：上向き）

①式に代入して $V_A + 2 = 0$ ∴ $V_A = -2^{kN}$（仮定の逆方向：下向き）

したがって，実際の反力は図2·29(b)のようになる．

【問題1】 図のような分布荷重が作用するとき，A点から荷重の合力の作用線までの距離として，正しいものは，次のうちどれか．

1．3.0m
2．3.2m
3．3.4m
4．3.6m
5．3.8m

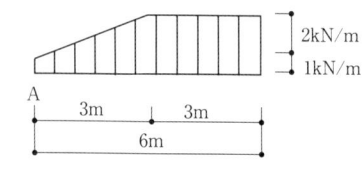

【問題2】 図のような荷重を受ける単純ばりの支点Bにおける反力の値として，次のうち正しいものはどれか．ただし，反力の方向は，上向きを（＋），下向きを（－）とする．

1．＋1.0kN
2．－1.0kN
3．＋1.2kN
4．＋1.6kN
5．－1.6kN

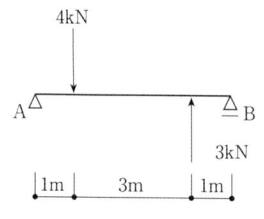

【問題3】 図のような単純ばりにおける荷重の比を $P_1 : P_2 = 5 : 4$ としたとき，支点反力の比（$V_A : V_B$）として，正しいものは，次のうちどれか．

	V_A : V_B
1.	2 : 1
2.	2 : 3
3.	3 : 2
4.	4 : 3
5.	5 : 4

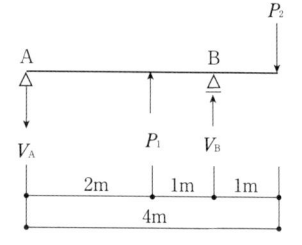

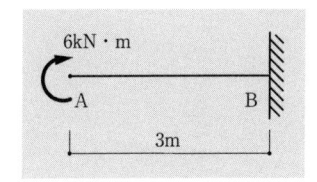

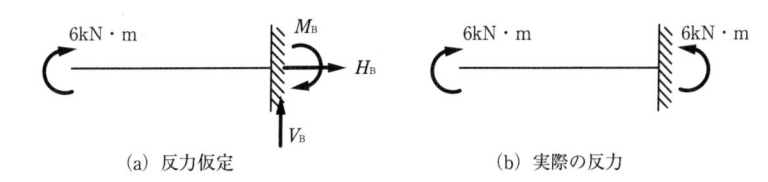

図2・28 モーメント荷重の作用する片持ばりの反力

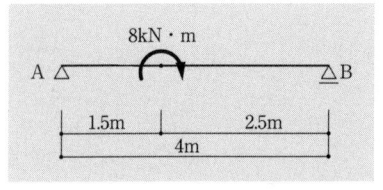

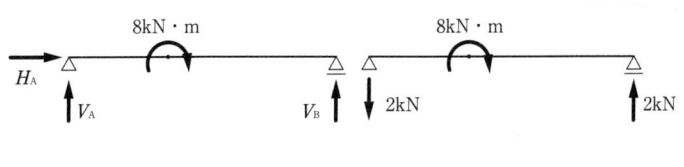

(a) 反力仮定　　　　(b) 実際の反力

図2・29 モーメント荷重の作用する単純ばりの反力

(a) 反力仮定　　　　(b) 実際の反力

【問題4】 図のような荷重を受ける骨組の支点 A, B に生じる鉛直反力 R_A, R_B の値の組合せとして，正しいものは，次のうちどれか．ただし，鉛直反力の方向は，上向きを「＋」，下向きを「－」とする．

	R_A	R_B
1.	−1kN	+4kN
2.	0kN	+3kN
3.	+1kN	+2kN
4.	+2kN	+1kN
5.	+3kN	0kN

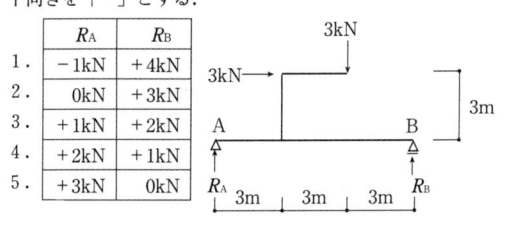

【問題5】 図のような荷重を受ける静定ラーメンの支点 A に生じる垂直反力の向きと大きさの組合せとして，正しいものは，次のうちどれか．

	向き	大きさ
1.	上向き	1.5P
2.	上向き	1.0P
3.	上向き	0.5P
4.	下向き	0.5P
5.	下向き	1.5P

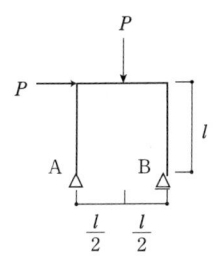

【問題6】 図のような荷重 P を受ける静定ラーメンの支点 D に生じる水平反力を H_D，鉛直反力を V_D としたとき，それらの比 ($H_D : V_D$) として，正しいものは，次のうちどれか．

	H_D	:	V_D
1.	1	:	1
2.	1	:	2
3.	2	:	1
4.	5	:	6
5.	6	:	5

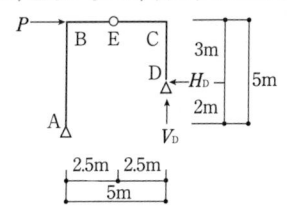

3 静定構造物の応力

3・1 応力の種類

構造物に荷重が作用すると反力が生じ，静止状態を保っていれば，その構造物はつりあっている．その状態の時，それらの外力（荷重，反力）は部材の中を通って伝わっているため，部材の各部分をひずませようとして働いている．このひずませようとする力を応力（内力）といい，軸方向力（引張，圧縮），せん断力，曲げモーメントの3種類がある（図3・1）．

①軸方向力（N）

材軸と同じ方向に作用する応力で，引張に作用するものを正（＋），圧縮に作用するものを負（－）として扱う．記号はNで表す．

②せん断力（Q）

材軸と直角方向に作用する応力で，右側下がりに作用するものを正（＋），左側下がりに作用するものを負（－）として扱う．記号はQで表す．

③曲げモーメント（M）

部材の各部分に対する，外力によるモーメントによって生ずる応力で，下側に凸を正（＋），上側に凸を負（－）として扱う．記号はMで表す．

構造物に外力が作用し，つりあっているという状態のとき，部材の任意の点において外力と上記の応力とがつりあっている．そのとき，図3・2のように，部材の各部は，常に大きさが等しく，向きが反対の一対の力，またはモーメントを受けている．

また，構造物を材軸のみで表現した図に，これらの応力の値を図示したものを応力図といい，軸方向力図（N図），せん断力図（Q図），曲げモーメント図（M図）がある．描き方は，応力の値を材軸に直角で，応力の大きさに比例した長さで，図3・3のように水平部材では正負を区別して描く．なお，曲げモーメントに関しては，正負の符号を区別はしているが，実際は凸になる側（引張側）に表示するため，どちらが凸側になるか把握することが重要である．

なお，この応力の正負と今まで学んだ合力やつりあい条件の正負とは，性質がまったく異なるものなので，混同しないようにする．合力やつりあい条件の正負は，力が全体的にどちらを向いているか判断するために決めているもの（上向き，右向きを正）で，応力の正負は，部材の中が引張られているか圧縮されているか，右下がりか左下がりか，下側引張か上側引張か，といったように上下左右の方向は関係なく，部材に作用している力の性質で正負を区別しているのである．

応力は原則として，以下のような手順で求めていく．

①反力を求める．

②応力を求める．

- 材端から任意の距離xmの点Xにおける切断面を考える．
- 軸方向力Nx，せん断力Qx，曲げモーメントMxを，それぞれ別々に求める．
- どちらの材端から求めても応力は同じ値となるので，計算しやすい方から求める．

※節点から節点，節点から外力の作用する点等々，力の作用が変化する区間でひとくくりとし，場合分けをして計算していく．

	記号及び単位	符号	変形	模式図
軸方向力	N 〔N〕〔kN〕	引張（＋） 圧縮（－）		
せん断力	Q 〔N〕〔kN〕	右側下り （時計回り）（＋） 左側下り （反時計回り）（－）		
曲げモーメント	M 〔kN·m〕 〔N·m〕 〔N·cm〕	下側凸（＋） （下側引張） 上側凸（－） （上側引張）		

※曲げモーメントの正負はそれほど重要ではない．どちらが凸側（引張側）になるか把握することが重要である．

図3·1 応力の種類

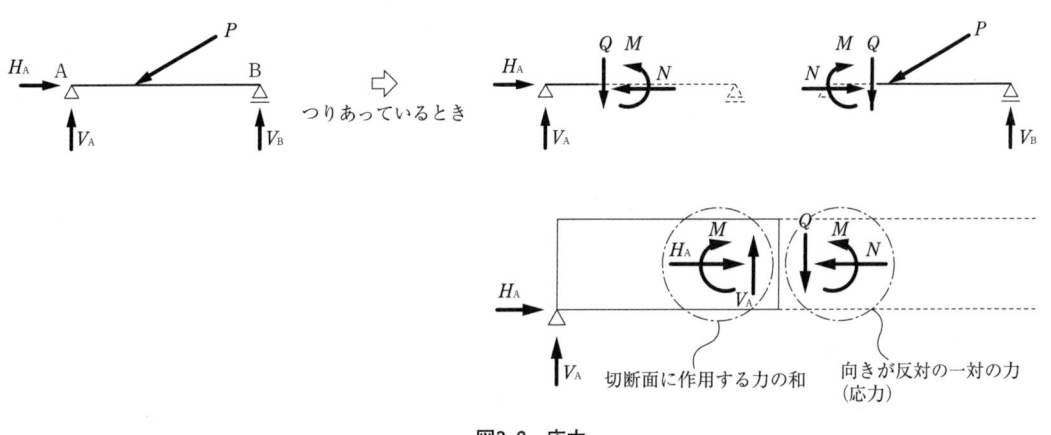

図3·2 応力

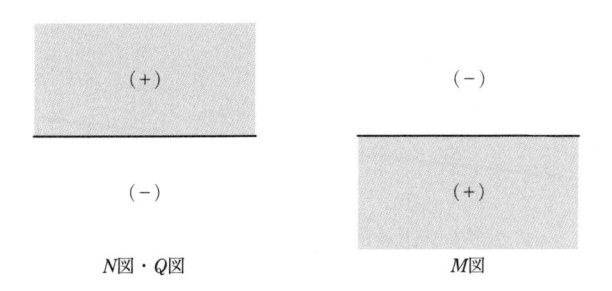

図3·3 応力図の正負

③応力図を描く．

軸方向力図（N図），せん断力図（Q図），曲げモーメント図（M図）を，それぞれ別々に描く．

3・2　静定ばりの応力算定

(1) 片持ばり
(a) 集中荷重が作用している場合

図3・4の片持ばりに，集中荷重が作用している構造物の応力を求め，応力図を描く．

①反力を求める（図3・4(a)参照：反力の計算は図2・14の例題と同じなので省略する）．

②応力を求める．

自由端より距離xmのX点に作用する応力を考える（図3・4(b)参照）．

○軸方向力：

図3・4(c)のように，X点より左側に作用する外力の，軸方向の力の和は右向きに20^{kN}である．これとつりあうためには，反対向きで大きさが同じ力，すなわち左向きに20^{kN}の応力が作用していればつりあうことになる．したがって，応力は圧縮（－）（模式図：→｜←）となり，その大きさは，自由端からの距離に関係なく，-20^{kN}が材の全体にわたって作用していることになる．

○せん断力：

図3・4(d)のように，X点より左側に作用する外力の，材軸と直角方向の力の和は下向きに30^{kN}である．これとつりあうためには，反対向きで大きさが同じ力，すなわち上向きに30^{kN}の応力が作用していればつりあうことになる．したがって，応力は反時計回り（－）（↓｜↑）となり，その大きさは，自由端からの距離に関係なく，-30^{kN}が材の全体にわたって作用していることになる．

○曲げモーメント：

図3・4(e)のように，X点より左側に作用する外力の，X点に対するモーメントの和は反時計回りに$30 \cdot x^{kN \cdot m}$である．これとつりあうためには，反対向きで大きさが同じ力，すなわち時計回りに$30 \cdot x^{kN \cdot m}$の応力が作用していればつりあうことになる．したがって，応力は模式図が⌒のようになり，上側引張（上に凸）で負（－）となる．また，自由端からの距離が遠くなると，大きくなる．$x=1^m$の時は$Mx=-30^{kN \cdot m}$，$x=2^m$の時は$Mx=-60^{kN \cdot m}$，$x=3^m$の時は$Mx=-90^{kN \cdot m}$……$x=5^m$の時は$Mx=-150^{kN \cdot m}$というように，その大きくなる割合は1次関数的で，曲げモーメントの大きさは直線的に変化する．

③応力図を描く．

②で算出したことをふまえ，応力の符号に注意して応力図を描くと図3・4(f)のようになる．

(b) 等分布荷重が作用している場合

図3・5の片持ばりに，等分布荷重が作用している構造物の応力を求め，応力図を描く．

①反力を求める（図3・5(a)参照：反力の計算は図2・21の例題と同じなので省略する）．

②応力を求める．

自由端より距離xmの点Xに作用する応力を考える．等分布荷重が作用する場合は，反力を求めたときと同様，等分布荷重の合力を求め，図3・5(b)のように集中荷重に置き換えて考える．

(a) 反力

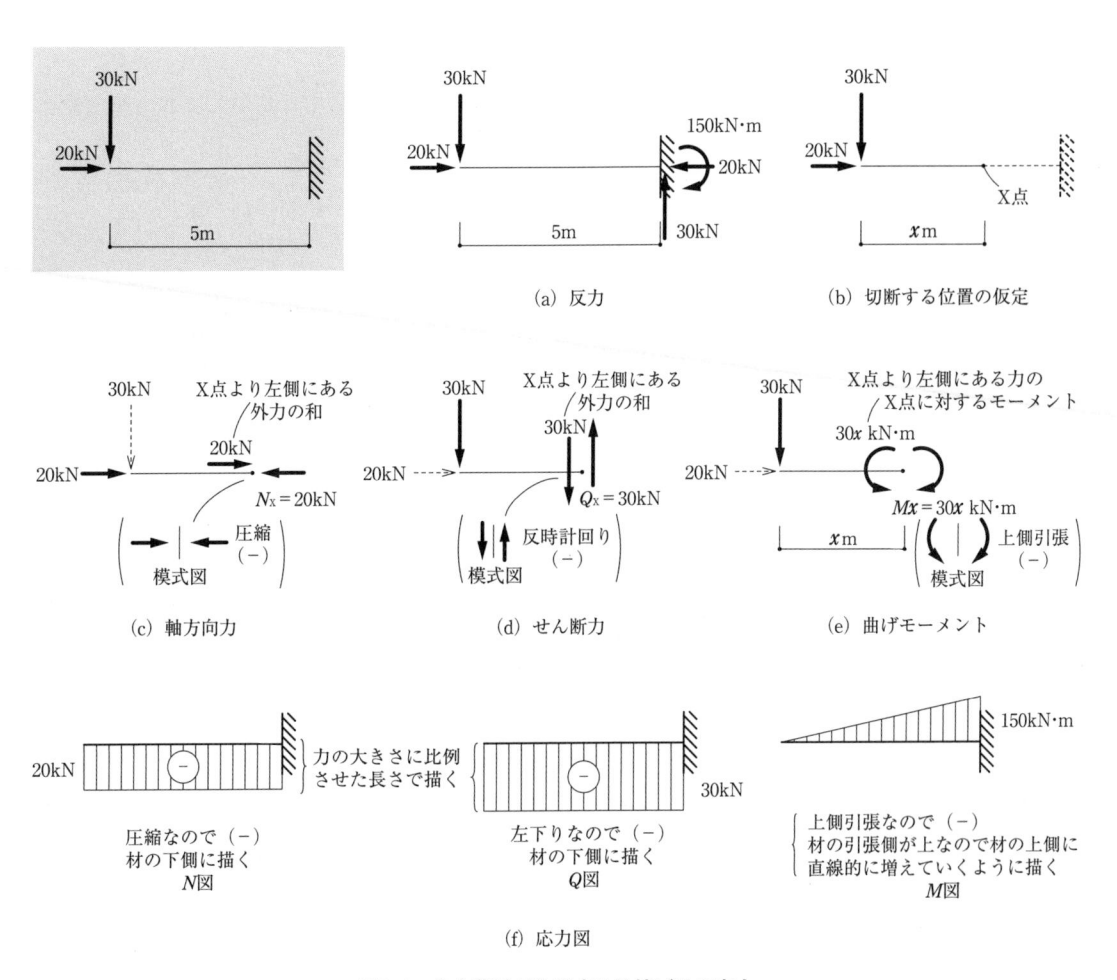

(b) 切断する位置の仮定

(c) 軸方向力

(d) せん断力

(e) 曲げモーメント

(f) 応力図

図3・4　集中荷重が作用する片持ばりの応力

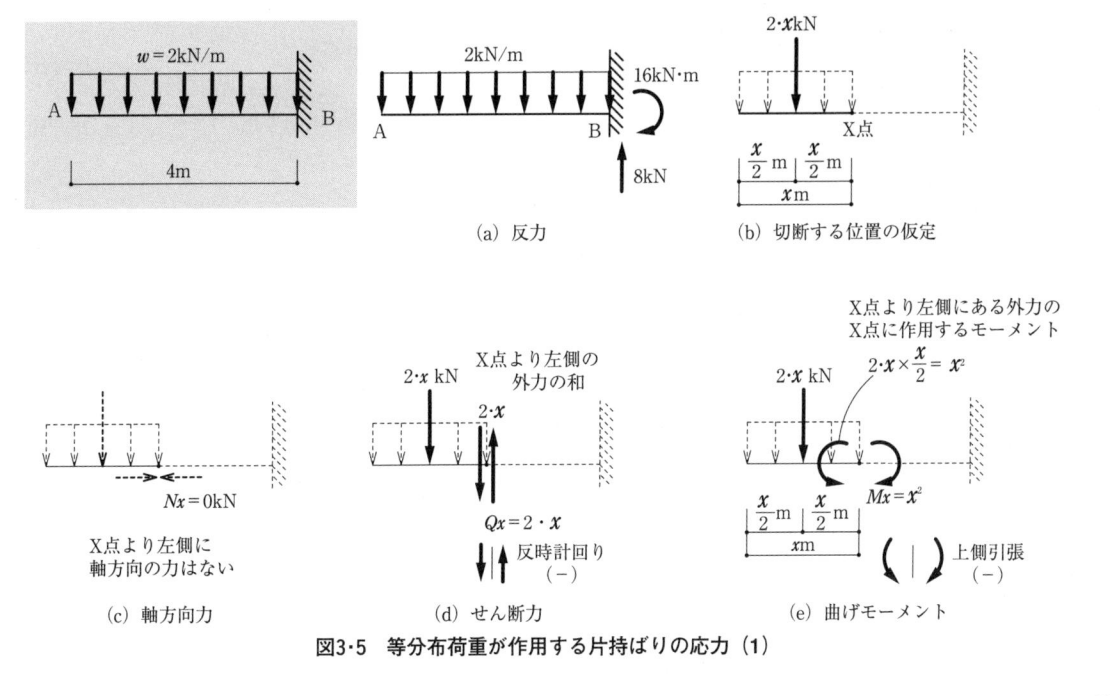

(a) 反力

(b) 切断する位置の仮定

(c) 軸方向力

(d) せん断力

(e) 曲げモーメント

図3・5　等分布荷重が作用する片持ばりの応力（1）

37

○軸方向力：

図3·5(c)のように，X点より左側に作用する外力の，軸方向の力は作用しておらず，その和は0^{kN}である．したがって，軸方向力は作用していない．

○せん断力：

図3·5(d)のように，X点より左側に作用する外力の，材軸と直角方向の力の和は下向きに$2 \cdot x^{kN}$である．これとつりあうためには反対向きで大きさが同じ力，すなわち上向きに$2 \cdot x^{kN}$の応力が作用していればつりあうことになる．したがって，応力は反時計回り（−）（↓｜↑）となり，その大きさは自由端からの距離が遠くなると大きくなり，その大きくなる割合は1次関数的で，せん断力の大きさは直線的に変化する．代表的な値を算出すると，$x=0$mの時は$Qx=0^{kN}$，$x=4$mの時は$Qx=-8^{kN}$となる．

○曲げモーメント：

図3·5(e)のように，X点より左側に作用する外力の，X点に対するモーメントの和は反時計回りにx^2 kN·mである．これとつりあうためには，反対向きで大きさが同じ力，すなわち時計回りにx^2 kN·mの応力が作用していればつりあうことになる．したがって，応力は模式図が⌒のようになり，上側引張（上に凸）で負（−）となる．また，自由端からの距離が遠くなると大きくなるが，$Mx=-x^2$と2次式となるので，その大きくなる割合は2次関数的で，曲げモーメントの大きさは2次曲線的に変化する（2次曲線については図3·5(f)参照）．代表的な値を算出すると，$x=0$mの時は$Mx=0^{kN·m}$，$x=4$mの時は$Mx=-16^{kN·m}$となる．

③応力図を描く．

②で算出したことをふまえ，応力の符号に注意して応力図を描くと，図3·5(g)のようになる．

(c) モーメント荷重が作用している場合

図3·6の片持ばりに，モーメント荷重が作用している構造物の応力を求め，応力図を描く．

①反力を求める（図3·6(a)参照：反力の計算は図2·28の例題と同じなので省略する）．

②応力を求める．

自由端より距離xmの点Xに作用する応力を考える．

○軸方向力：

図3·6(c)のように，X点より左側に作用する外力の，軸方向の力は作用しておらず，その和は0^{kN}である．したがって，軸方向力は作用していない．

○せん断力：

図3·6(d)のように，X点より左側に作用する外力の，材軸と直角方向の力は作用しておらず，その和は0^{kN}である．したがって，せん断力は作用していない．

○曲げモーメント：

図3·6(e)のように，X点より左側に作用する外力の，X点に対するモーメントの和は時計回りに$6^{kN·m}$である．これとつりあうためには，反対向きで大きさが同じ力，すなわち反時計回りに$6^{kN·m}$の応力が作用していればつりあうことになる．したがって，応力は模式図が⌣のようになり，下側引張（下に凸）で正（＋）となり，自由端からの距離に関係なく，その値は$Mx=+6^{kN·m}$というように一定の値となる．このように，構造物にモーメント荷重が作用した場合は，X点がどこにあっても常に一定の値（この例では$Mx=+6^{kN·m}$）である．

したがって，モーメント図を描く場合，それは一定の値となる．

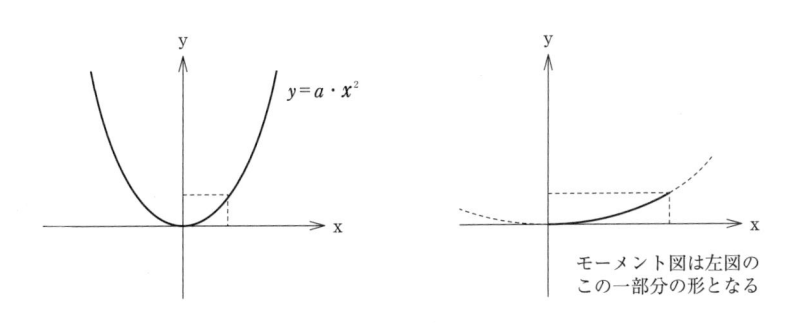

(f) 2次関数のグラフ

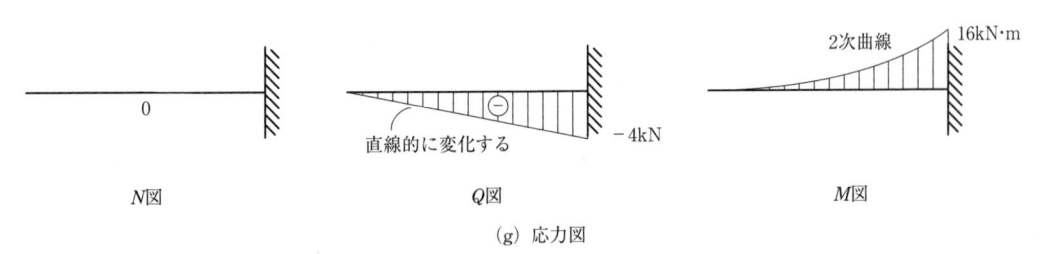

*N*図　　　*Q*図　　　*M*図

(g) 応力図

図3・5　等分布荷重が作用する片持ばりの応力（2）

(a) 反力　　　(b) 切断する位置の指定

(c) 軸方向力　　　(d) せん断力　　　(e) 曲げモーメント

$M_x = +6\text{kN}$
上側引張
(−)

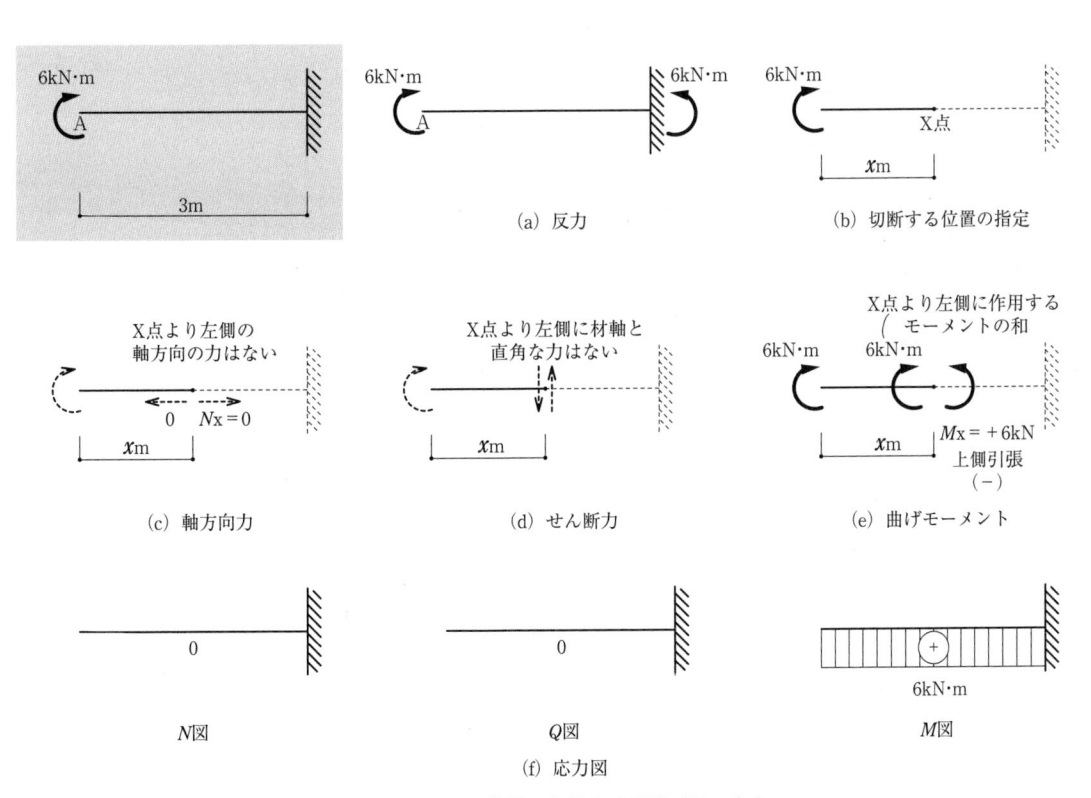

*N*図　　　*Q*図　　　*M*図

(f) 応力図

図3・6　モーメント荷重の作用する片持ばりの応力

③応力図を描く．

②で算出したことをふまえ，応力図を描くと図3·6(f)のようになる．

(2) 単純ばり

(a) 集中荷重が作用している場合①

図3·7の単純ばりの応力を求め，応力図を描く．

①反力を求める（図3·7(a)参照：反力の計算は図2·15の例題と同じなので省略する）．

①応力を求める．

材の途中のC点で外力が作用しているので，A～C間とB～C間というように分けて考える．A点よりC点までの間に任意の点X_1をとり，その距離をx_1m（$0 \leq x_1 \leq 2$），C点からB点の間に任意の点X_2をとり，その距離をx_2m（$2 \leq x_2 \leq 6$）として，点X_1，X_2に作用する応力を考える（図3·7(b)）．

● A～C間

○軸方向力：

図3·7(c)のように，X_1点より左側に作用する外力の，軸方向の力の和は右向きに$15\sqrt{3}$ ^{kN}である．よって，応力は左向きで（→ | ← ：圧縮（−））となり，$Nx_1 = -15\sqrt{3}$ ^{kN}が材のA～C間全体にわたって作用していることになる．

○せん断力：

図3·7(d)のように，X_1点より左側に作用する外力の，材軸と直角方向の力の和は上向きに10^{kN}である．よって，応力は下向きで（↑ | ↓ ：時計回り（＋））となり，$Qx_1 = +10^{kN}$が部材のA～C間全体にわたって作用していることになる．

○曲げモーメント：

図3·7(e)のように，X_1点より左側に作用する外力の，X_1点に対するモーメントの和は時計回りに$10 \cdot x_1$ $^{kN·m}$である．よって，応力は反時計回りで（ ：下側引張（＋））となり，$Mx_1 = +10 \cdot x_1$ $^{kN·m}$で1次関数となり，曲げモーメントの大きさは直線的に変化する．

● B～C間（B支点側から求めてみる）

○軸方向力：

図3·7(f)のように，軸方向の力は作用していない．したがって，$Nx_2 = 0^{kN}$である．

○せん断力：

図3·7(g)のように，せん断力は（↓ | ↑ ：反時計回り（−））となり，$Qx_2 = -5^{kN}$が部材のB～C間全体にわたって作用していることになる．

○曲げモーメント：

図3·7(h)のように，曲げモーメントは のようになり，下側引張（下に凸）でその式は$Mx_2 = 5 \cdot (6 - x_2)^{kN·m} = (30 - 5 \cdot x_2)^{kN·m}$となる．1次関数であるので，曲げモーメントは直線的に変化する．

③応力図を描く．

②で算出したことをふまえ，応力の符号に注意して応力図を描くと図3·7(i)のようになる．N図，Q図は一定の値なので，そのまま描けばよいが，M図は支点からの距離に比例する関数となっているので，主要な点のモーメントを計算し，直線で結んでやればよい．

(a) 反力

(b) 切断する位置の仮定

(c) 軸方向力（A〜C間）

(d) せん断力（A〜C間）

(e) 曲げモーメント（A〜C間）

(f) 軸方向力（B〜C間）

(g) せん断力（B〜C間）

(h) 曲げモーメント（B〜C間）

N図

Q図

M図

(i) 応力図

(j) C〜B間を左側から求めた場合

$$10 \cdot x_2 - 15(x_2 - 2)$$
$$= 10 \cdot x_2 - 15x_2 + 30$$
$$= 30 - 5 \cdot x_2 \text{ kN}$$

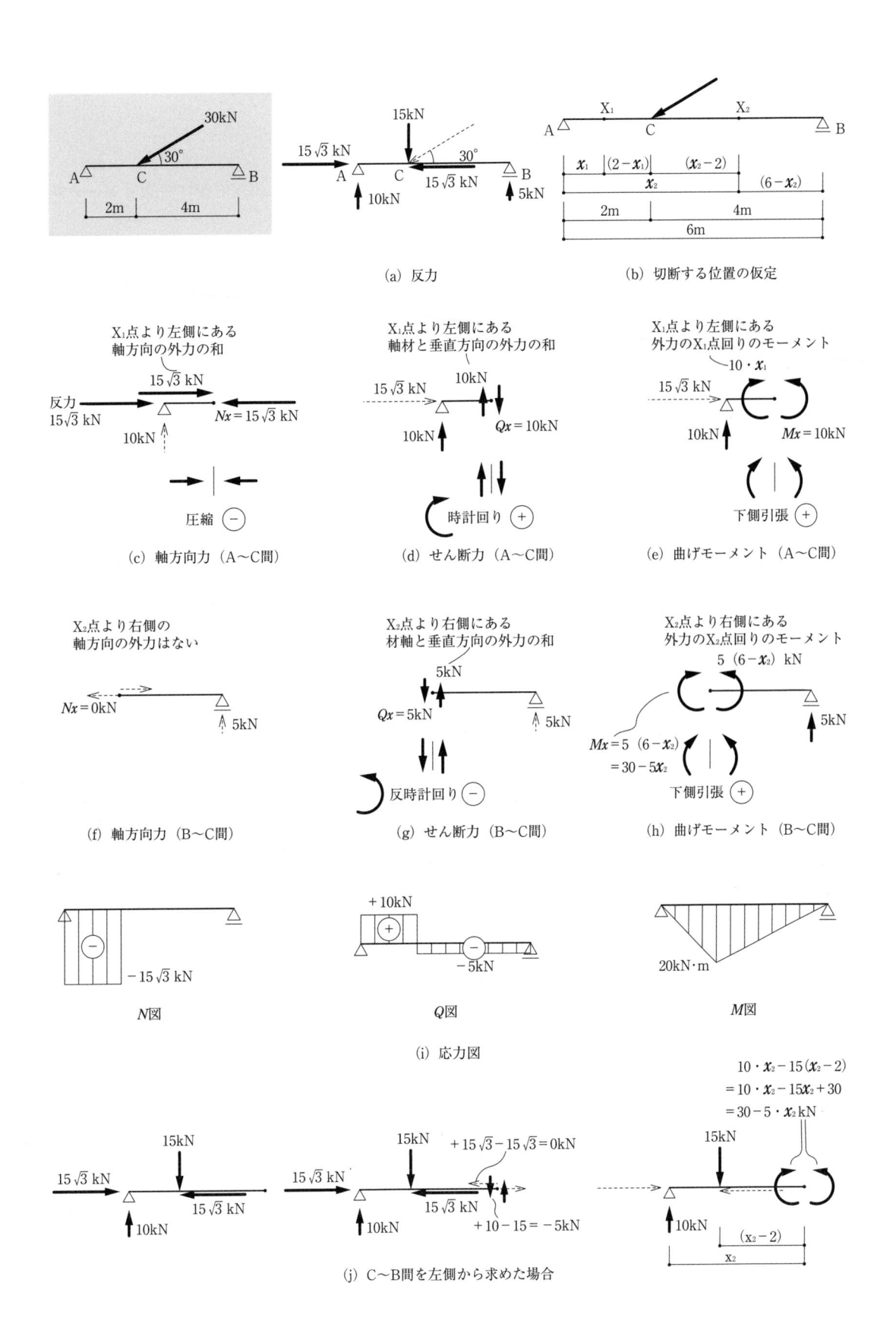

図3・7 集中荷重の作用する単純ばりの応力

41

A点：$x_1 = 0 \to M_A = 0^{kN \cdot m}$

B点：$x_2 = 6 \to M_B = (30 - 5 \cdot 6) = 0^{kN \cdot m}$

C点：$x_1 = 2 \to M_C = +10 \cdot 2 = +20^{kN \cdot m}$　　又は　$x_2 = 2 \to M_C = (30 - 5 \cdot 2) = +20^{kN \cdot m}$

このように，集中荷重が作用した場合は，支点と作用点のそれぞれの点で曲げモーメントを求めれば，M図を描くことができる．

ところで，この例題でB～C間を右側から求めたが，図3・7(j)のように左側から求めた場合を考えてみる．X_2点の応力は，

○軸方向力：外力の和 $= +15\sqrt{3} - 15\sqrt{3} = 0^{kN}$　　　$\therefore N_{x_2} = 0^{kN}$

○せん断力：外力の和 $= +10 - 15 = -5^{kN}$（下向き）

よって，応力は（↓｜↑）となり，反時計回りで負（−）　　$\therefore Q_{x_2} = -5^{kN}$

○曲げモーメント：外力の和 $= +10 \cdot x_2 - 15 \cdot (x_2 - 2) = (30 - 5 \cdot x_2)^{kN \cdot m}$

$2 \leq x_2 \leq 6$であるので，$30 - 5 \cdot x_2 \geq 0$　$\therefore M_{x_2} = +(30 - 5 \cdot x_2)^{kN \cdot m}$（下側引張）

これらの値及び式は，構造物の左から求めたものとまったく同じものである．このように，応力は構造物の左側から求めても右から求めても，同じ値となる．

(b) 集中荷重が作用している場合②····はね出しばりの応力

図3・8のはね出しばりの応力を求め，応力図を描く．

①反力を求める（図3・8(a)参照：反力の計算は図2・16の例題と同じなので省略する）．

②応力を求める．

外力の作用が変化するC～A間とA～B間というように，分けて考える．

● C～A間

○軸方向力：

図3・8(b)のように，C～A間の外力の和は左向きに$4\sqrt{3}^{kN}$である．よって，応力は（←｜→：引張（＋））となり，その大きさは$4\sqrt{3}^{kN}$である．　　$\therefore N_{CA} = +4\sqrt{3}^{kN}$

○せん断力：

図3・8(c)のように，C～A間の外力の和は下向きに4^{kN}である．よって，応力は（↓｜↑：反時計回り（−））となり，その大きさは4^{kN}である．　　$\therefore Q_{CA} = -4^{kN}$

○曲げモーメント：

集中荷重が作用している場合は，外力の変化しているところまで直線的に変化するので，変化する各点の曲げモーメントを求めればよい．図3・8(d)のように，支点Aにおける曲げモーメントは上側引張となり，その大きさは$4^{kN \cdot m}$となる．またC点における曲げモーメントは，外力からの距離が0であるので，0である．

● B～A間（B支点側から求めてみる）

○軸方向力：

図3・8(e)のように，軸方向の力は作用していない．　　$\therefore N_{BA} = 0^{kN}$

○せん断力：

図3・8(f)のように，せん断力は（↑｜↓：時計回り（＋））となり，大きさは1^{kN}である．

$$\therefore Q_{BA} = +1^{kN}$$

○曲げモーメント：

曲げモーメントは支点Bでは$0^{kN \cdot m}$，支点Aでは大きさ$1^{kN} \times 4^{m} = 4^{kN \cdot m}$でのようになり，

(a) 反力

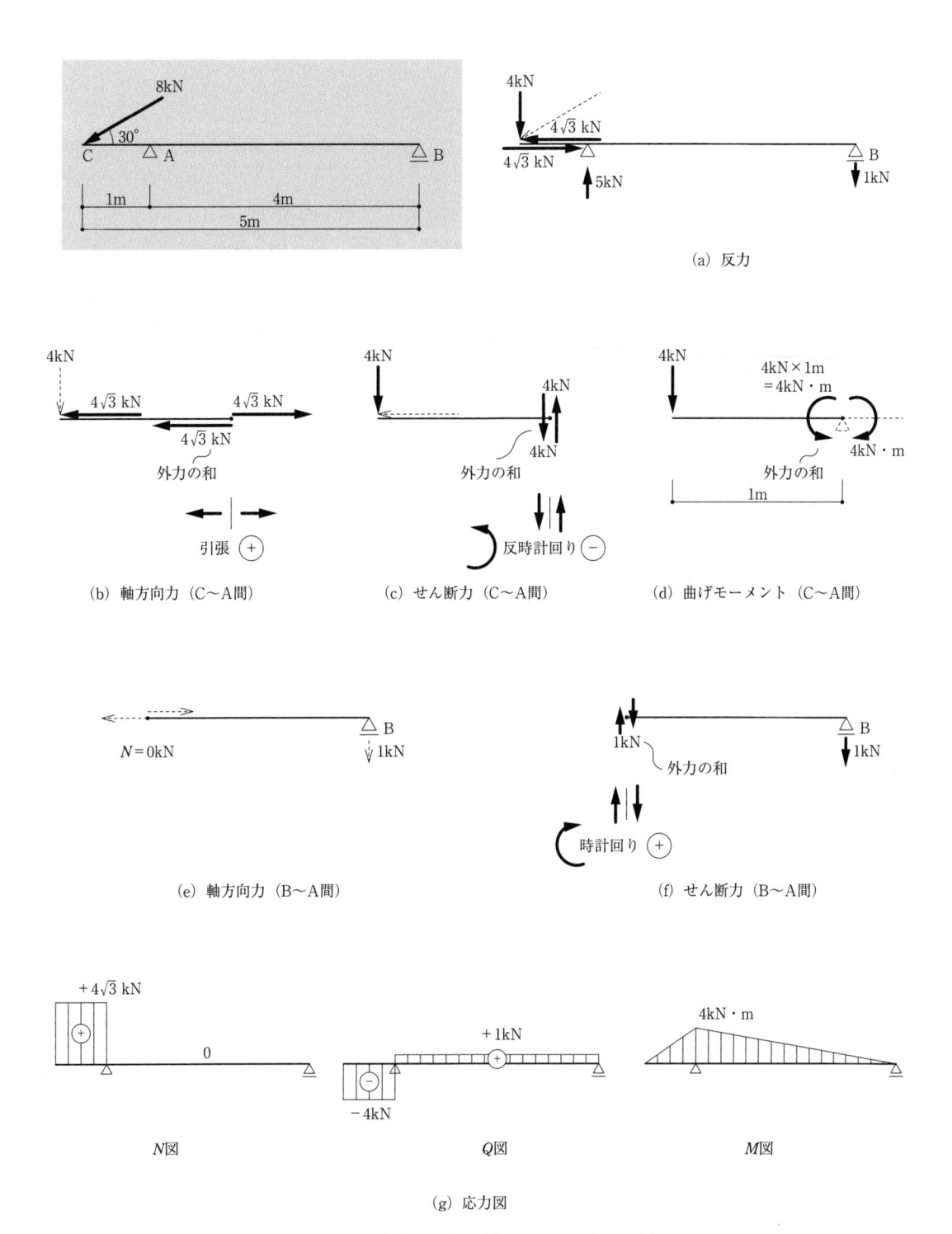

(b) 軸方向力（C～A間）　　(c) せん断力（C～A間）　　(d) 曲げモーメント（C～A間）

(e) 軸方向力（B～A間）　　　　　　　(f) せん断力（B～A間）

(g) 応力図

図3・8　集中荷重の作用するはね出しばりの応力

上側引張となる（これは左側から出した曲げモーメントの値と同じである）．
　③応力図を描く．
　②で算出したことをふまえ，応力の符号に注意して応力図を描くと，図3・8(g)のようになる．
(c) 等分布荷重が作用している場合
　図3・9の単純ばりに，等分布荷重が作用している構造物の応力を求め，応力図を描く．
　①反力を求める（図3・9(a)参照：反力の計算は図2・22の例題と同じなので省略する）．
　②応力を求める．
　外力の作用が変化するC～A間とC～B間というように，分けて考える．
　ただし，軸方向力については材軸方向の外力が発生していないため，省略する（部材の全断面について，$N=0^{kN}$である）．
●C～A間
　○せん断力：
　図3・9(b)のように，C～A間で任意の点X_1をとり，支点Aからの距離をx_1mとするとX_1点における外力の和は$(+3-2 \cdot x_1)^{kN}$となる．これはx_1の1次関数であり，せん断力は直線的に変化する．$0 \leq x_1 \leq 2$（等分布荷重の作用する範囲）であるが，$x_1=1.5$mで先の外力の和は正負が逆転する．したがって，せん断力は図3・9(c)のように$0 \leq x_1 \leq 1.5$のとき，時計回り（＋）（↑｜↓）となり，$1.5 < x_1 \leq 2$のとき，反時計回り（－）（↓｜↑）となる．
　○曲げモーメント：
　X_1点における外力の和は$(+3 \cdot x_1 - 2 \cdot x_1 \cdot x_1/2)^{kN \cdot m} = (+3 \cdot x_1 - x_1^2)^{kN \cdot m}$となる．$0 \leq x_1 \leq 2$の範囲で，この外力の和は正（$x_1=0$の時$0^{kN \cdot m}$，$x_1=1.5$の時$+2.25^{kN \cdot m}$，$x_1=2$の時$+2^{kN \cdot m}$）．したがって，曲げモーメントは図3・9(d)のように，この範囲では下側引張（⌒）となる．これはx_1の2次関数であり，曲げモーメントは2次曲線的に変化する．
●B～C間（B支点側からのほうが求めやすいので，B支点側から求める）
　○せん断力：
　図3・9(e)のように，せん断力は反時計回り（－）（↓｜↑）となり，大きさは1^{kN}である．
　○曲げモーメント：
　曲げモーメントは支点Bでは$0^{kN \cdot m}$，C点では大きさ$1^{kN} \times 2m = 2^{kN \cdot m}$で（⌒）のようになり，下側引張となる（図3・9(f) 参照）．
　③応力図を描く．
　②で算出したことをふまえて応力図を描くが，曲げモーメント図を描くとき，その最大値がどこに作用するかが重要である．この例題のように等分布荷重が単純ばりに作用した場合，せん断力が0^{kN}となった点（この例題では$x_1=1.5$mのとき）で，曲げモーメントは最大となる．これらのことに注意して応力図を描くと，図3・9(g)のようになる．
(d) モーメント荷重が作用している場合
　図3・10の単純ばりにモーメント荷重が作用している構造物の応力を求め，応力図を描く．
　①反力を求める（図3・10(a)参照：反力の計算は図2・29の例題と同じなので省略する）．
　②応力を求める．
　外力の作用が変化するA～C間とC～B間というように，分けて考える．また，水平反力が生じていないので，軸方向力は部材の全断面にわたって$N=0^{kN}$である．

(a) 反力

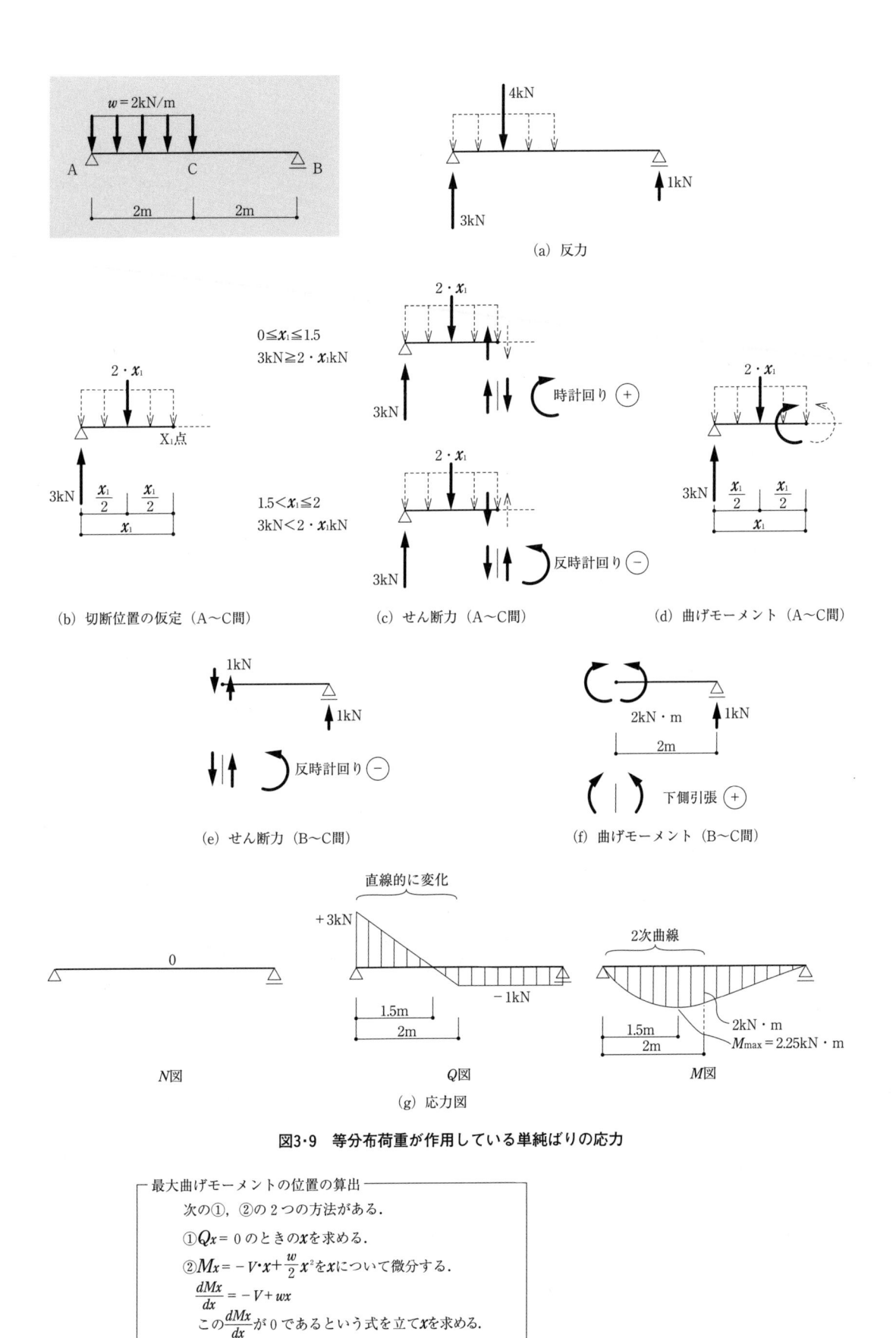

(b) 切断位置の仮定（A〜C間）

$0 \leq x_1 \leq 1.5$
$3\text{kN} \geq 2 \cdot x_1 \text{kN}$

$1.5 < x_1 \leq 2$
$3\text{kN} < 2 \cdot x_1 \text{kN}$

(c) せん断力（A〜C間）

時計回り $(+)$
反時計回り $(-)$

(d) 曲げモーメント（A〜C間）

(e) せん断力（B〜C間）

反時計回り $(-)$

(f) 曲げモーメント（B〜C間）

下側引張 $(+)$

N図　　Q図　　M図

直線的に変化
2次曲線
$M_{max} = 2.25\text{kN} \cdot \text{m}$

(g) 応力図

図3・9　等分布荷重が作用している単純ばりの応力

―最大曲げモーメントの位置の算出―
　次の①，②の2つの方法がある．
　①$Q_x = 0$のときのxを求める．
　②$M_x = -V \cdot x + \dfrac{w}{2} x^2$を$x$について微分する．
　　$\dfrac{dM_x}{dx} = -V + wx$
　　この$\dfrac{dM_x}{dx}$が0であるという式を立てxを求める．

- A～C間
  - せん断力：
    図3·10(b)のように，せん断力は反時計回り（−）（↓｜↑）で，$Q_{AC} = -2^{kN}$ となる．
  - 曲げモーメント：
    各点の曲げモーメントを求める．
    $M_A = 0^{kN·m}$
    M_C（左）$= -3^{kN·m}$（上側引張）：
    図3·10(c)参照．C点は実際には外力が作用しているが，左から求めているので，その外力が作用する直前での曲げモーメントを求める．
- B～C間（B支点側からのほうが求めやすいので，B支点側から求める）
  - せん断力：
    図3·10(d)のように，せん断力は反時計回り（−）（↓｜↑）で，$Q_{BC} = -2^{kN}$ となる．
  - 曲げモーメント：
    各点の曲げモーメントを求める．
    $M_B = 0^{kN·m}$
    M_C（右）$= +5^{kN·m}$（下側引張）：図3·10(e)参照

③応力図を描く．
　②で算出したことをふまえて応力図を描くと，図3·10(f)のようになる．

(e) 複数の荷重が作用している場合

図3·11のような，外力が作用している単純ばりの応力を求め，応力図を描く．

①反力を求める．
　このように複数の荷重が作用している場合，それぞれの荷重が1つ1つ作用していると考え，その和を考えれば求めれられる．これを重ね合わせの原理という（図3·11(a)）．
　この重ね合わせの原理は反力だけではなく，応力についても利用できる．

②応力を求める．
　各応力の算出は省略する．

③応力図を描く．
　1つの荷重が作用している場合の応力図は図3·11(b)のようになる．応力についても，重ね合わせの原理は利用できるので，応力図についても重ね合わせれば求めることができ，2つの荷重が作用している応力図は図3·11(c)のようになる．

3·3　静定ラーメンの応力算定

　静定ラーメンには，片持ばり系ラーメン，単純ばり系ラーメン，3ピンラーメンの3種類がある．これらの構造物を解く場合も，静定ばりを解く手順と同様に解いていけばよい．

　ただし，柱の応力を求める作業が増え，応力図を描く場合，はりでは，はりの上下で正負（＋・−）を分けて描いていたが，柱の場合は上下という概念は無くなるので，注意が必要である．通常，軸方向力とせん断力については図3·12(a)のように，はりの上下を基準として，外側になる方を正（＋）と決めるが，図3·12(b)のように中柱が入る場合は，外側・内側という概念がないので，どちらを正・負にするかは自由に決めて良い．このときは，必ず符号を付けて表示する．なお，

図3・10 モーメント荷重が作用する単純ばりの応力

(a) 反力
(b) せん断力（A〜C間）　反時計回り ⊖
(c) 曲げモーメント（A〜C間）　上側引張 ⊖
(d) せん断力（B〜C間）　反時計回り ⊖
(e) 曲げモーメント（B〜C間）　下側引張 ⊕

(f) 応力図　N図　Q図　M図

※モーメント荷重が作用する場合
荷重点で外力の分の段差ができる
（上例では3＋5＝8kN・m＝外力）

図3・11 複数の荷重が作用している単純ばり

上図の集中荷重の反力

$\Sigma x = 0 : H_A = 0$
$\Sigma y = 0 : V_A - 4 + V_B = 0$
$\Sigma M_A = 0 : +4kN \times 3m - V_B \times 4m = 0$
$\therefore V_B = 3kN$
$V_A = 1kN$

※ N図は軸方向に力が生じていないので省略

(a) 反力の重ね合わせ
$-2kN + 1kN = -1kN$　下向き 上向き 下向き
$+2kN + 3kN = +5kN$　上向き 上向き 上向き

(b) Q図　M図

$2kN \times 1m = 2kN \cdot m$
$1kN \times 1.5m = 1.5kN \cdot m$
$5 + 1.5 = 6.5kN \cdot m$
$2 + 3 = 5kN \cdot m$

(c)

図3・12 ラーメンの応力の符号

(a)
(b)

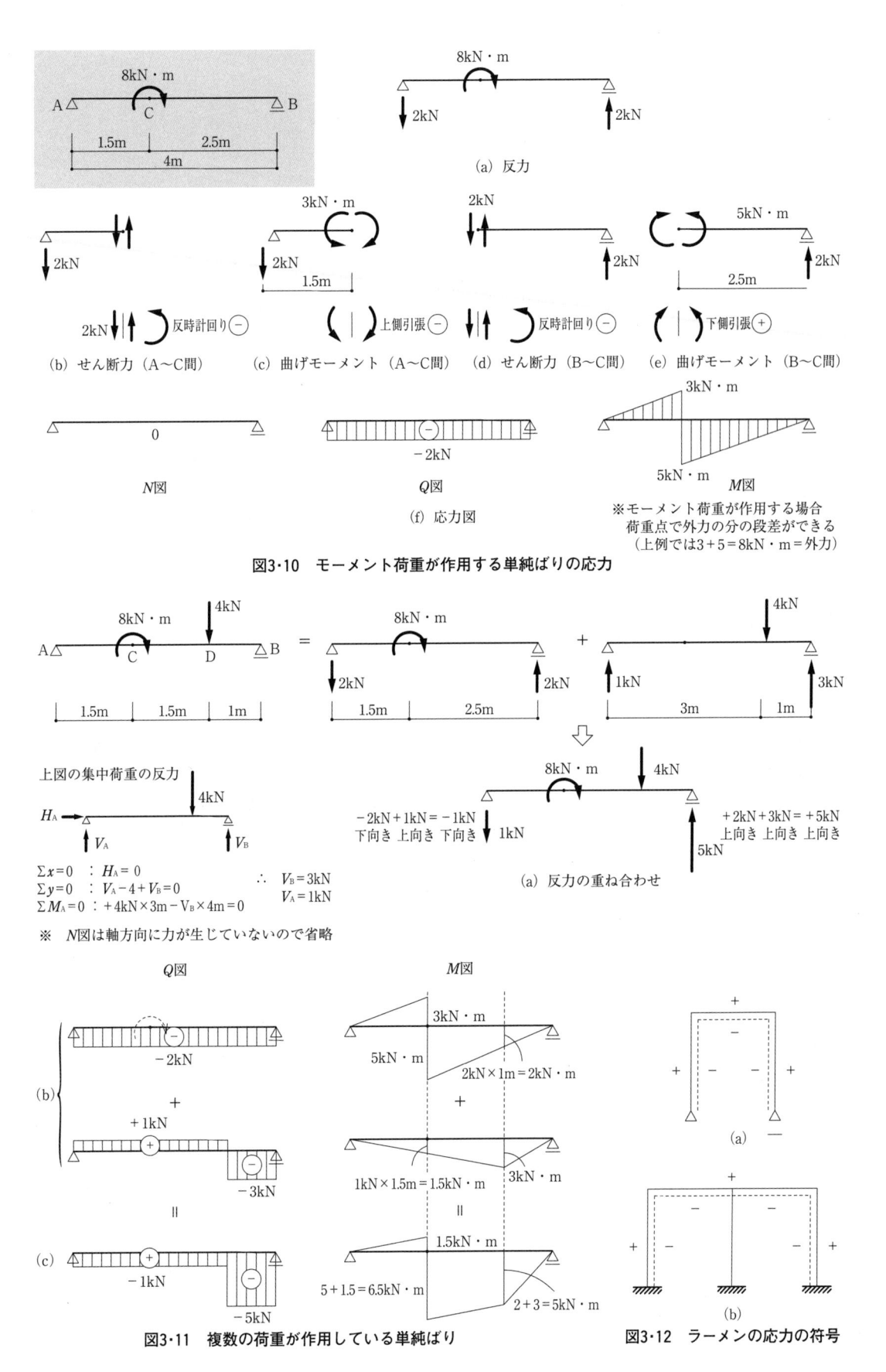

47

曲げモーメントについては引張側に描くので，正・負の符号は表示する必要はない．この点が，はりとラーメンの違いとなる．

(1) 片持ばり系ラーメン

図3・13の片持ばり系ラーメンの応力を求め，応力図を描く．
① 反力を求める（図3・13(a)参照：反力の計算は図2・17の例題と同じなので省略する）．
② 応力を求める．

外力が作用している点及び節点間で，応力を分けて求める．この例の場合は，A～B間，B～C間，C～D間と分けて考える．

- A～B間
  ○ 軸方向力：A～B間では材軸方向の外力は作用していない．　　∴ $N_{AB} = 0^{kN}$
  ○ せん断力：図3・13(b)のように時計回りとなり，大きさは20kNである．∴ $Q_{AB} = +20^{kN}$
  ○ 曲げモーメント：集中荷重が作用しているので，その変化は直線的である．
    A点：$M_A = 0^{kN \cdot m}$
    B点：$M_B = 20^{kN} \times 1.5^m = 30^{kN \cdot m}$　（↻）→外側引張（図3・13(c)参照）

- B～C間
  ○ 軸方向力：図3・13(d)のように圧縮力となり，大きさは20kNである．∴ $N_{BC} = -20^{kN}$
  ○ せん断力：B～C間では材軸に垂直な方向の外力は作用していない．　∴ $Q_{BC} = 0^{kN}$
  ○ 曲げモーメント：外力の作用線と材軸が平行であるので，曲げモーメントは一定となる．
    B点：$M_B = 20^{kN} \times 1.5^m = 30^{kN \cdot m}$　（↻）→外側引張
    C点：$M_C = 20^{kN} \times 1.5^m = 30^{kN \cdot m}$　（↻）→外側引張（図3・13(e)参照）

- C～D間
  ○ 軸方向力：C～D間では材軸方向の外力は作用していない．　　∴ $N_{CD} = 0^{kN}$
  ○ せん断力：図3・13(f)のように反時計回りとなり，大きさは20kNである．∴ $Q_{CD} = -20^{kN}$
  ○ 曲げモーメント：
    C点：$M_C = 20^{kN} \times 1.5^m = 30^{kN \cdot m}$　（↻）→外側引張
    D点：$M_D = 20^{kN} \times 1.5^m = 30^{kN \cdot m}$　（↻）→内側引張（図3・13(g)参照）

③ 応力図を描く．

②で算出したことをふまえ，応力図を描くと図3・13(h)のようになる．なお，曲げモーメントがC点では外側引張，D点では内側引張となっていることに注意が必要である．これは，CD材が外力の作用線と交わるところで，距離が0となり，その点に対してのモーメントが生じず，その結果として，曲げモーメントが生じないためである．

(2) 単純ばり系ラーメン

(a) 垂直方向の荷重が作用している場合

図3・14の垂直方向に等分布荷重が作用する単純ばり系ラーメンの応力を求め，応力図を描く．
① 反力を求める（図3・14(a)参照：反力の計算は図2・23の例題と同じなので省略する）．
② 応力を求める．

A～C間，C～D間，B～D間と，分けて考える．

(a) 反力
(b) せん断力（A～B間）
(c) 曲げモーメント（A～B間）

時計回り ⊕ 外側引張

(d) 軸方向力（B～C間）
(e) 曲げモーメント（B～C間）
(f) せん断力（C～D間）
(g) 曲げモーメント（D点）

圧縮 ⊖　外側引張　反時計回り ⊖　内側引張

N図　Q図　M図

(h) 応力図

図3・13　片持ばり系ラーメンの応力

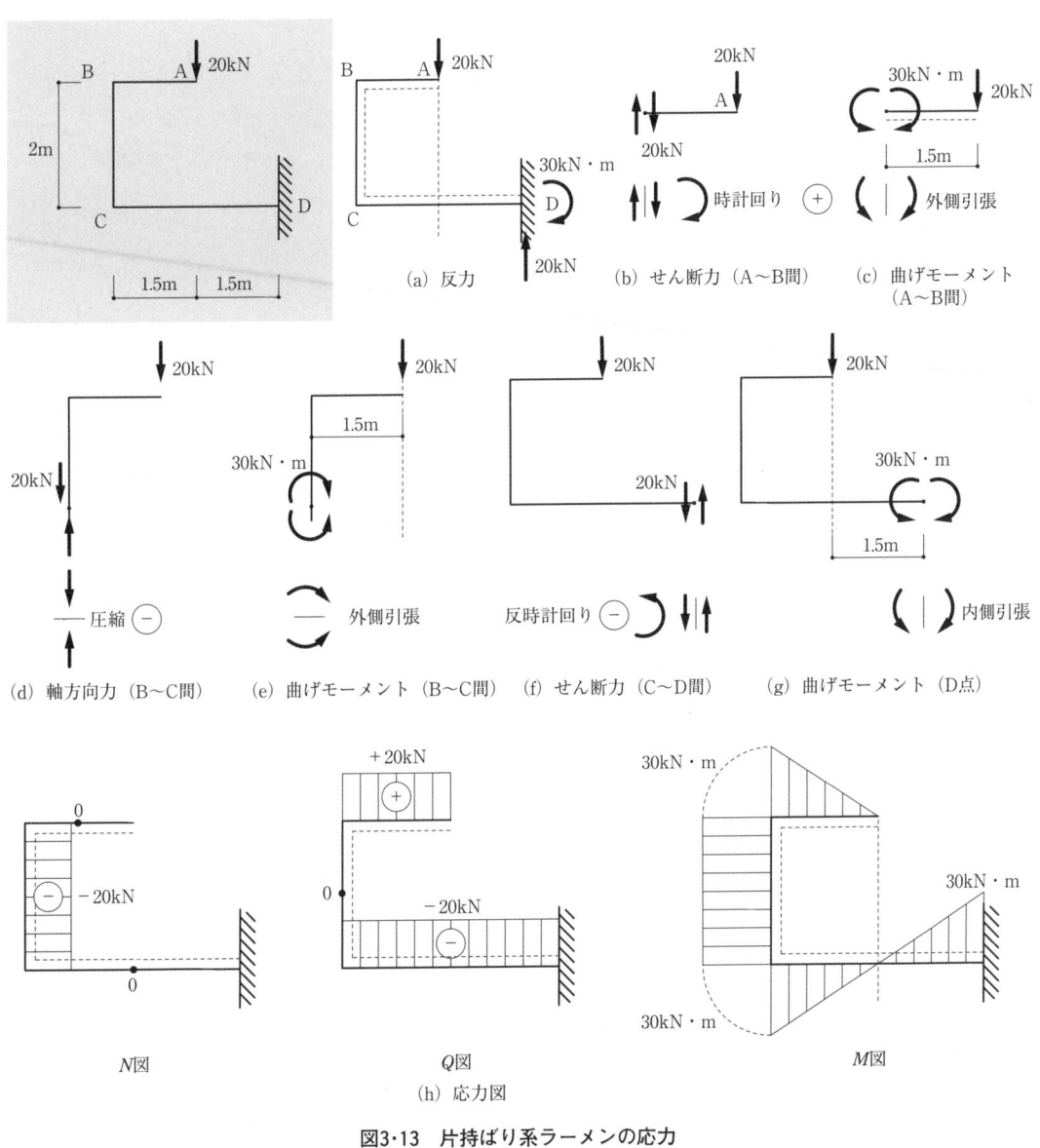

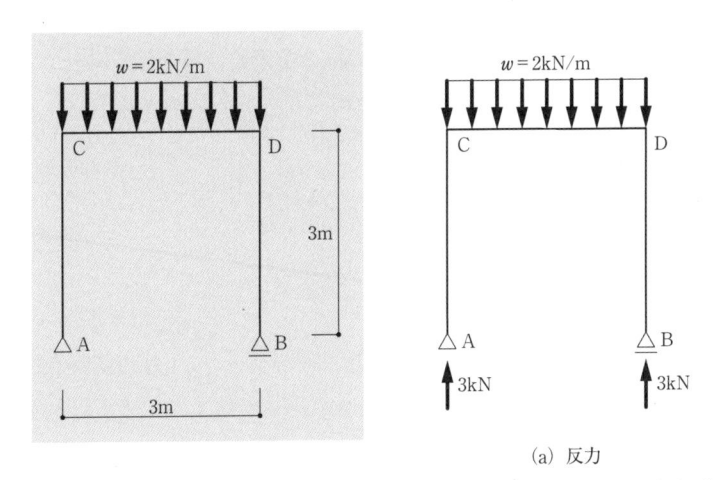

(a) 反力

図3・14　単純ばり系ラーメンの応力（1）

- A～C間
  - 軸方向力：図3·14(b)のように圧縮力となり，大きさは3^{kN}である． ∴$N_{AC} = -3^{kN}$
  - せん断力：材軸に垂直な方向の外力は作用していない． ∴$Q_{AC} = 0^{kN}$
  - 曲げモーメント：外力は材軸方向にしか作用していないので，曲げモーメントは生じない．
    A点：$M_A = 0^{kN·m}$
    C点：$M_C = 0^{kN·m}$
- C～D間
  - 軸方向力：C～D間では材軸方向の外力は作用していない． ∴$N_{CD} = 0^{kN}$
  - せん断力：
    図3·14(c)のように，C点から任意の距離xm離れたところの点Xのせん断力は$(3 - 2·x)$となり，$x = 1.5$（はり材の中央）で符号が逆転する（$3 - 2·x = 0$を解くと求めることができる）．
    よって，
    　　$0 \leq x \leq 1.5$のとき時計回り（＋）
    　　$1.5 < x \leq 3$のとき反時計回り（−）　　図3·14(d)参照
  - 曲げモーメント：せん断力が0^{kN}のとき，曲げモーメントは最大となるので，
    C点：$M_C = 0^{kN·m}$
    はりの中央点：$M_{max} = 3^{kN} \times 1.5^m - 3^{kN} \times 0.75^m = 2.25^{kN·m}$　（↑｜↑）図3·14(e)参照→内側引張
    D点：$M_D = 0^{kN·m}$
- B～D間
  - 軸方向力：図3·14(f)のように圧縮力となり，大きさは3^{kN}である． ∴$N_{BD} = -3^{kN}$
  - せん断力：材軸に垂直な方向の外力は作用していない． ∴$Q_{BD} = 0^{kN}$
  - 曲げモーメント：外力は材軸方向にしか作用していないので，曲げモーメントは生じない．
    B点：$M_A = 0^{kN·m}$
    D点：$M_C = 0^{kN·m}$

③応力図を描く．

②で算出したことをふまえ応力図を描くと，図3·14(g)のようになる．なお，等分布荷重であるので，せん断力は直線的に変化し，曲げモーメントは2次関数であるので2次曲線となる．

(b) 水平方向の荷重が作用している場合

図3·15の水平方向に等分布荷重が作用する単純ばり系ラーメンの応力を求め，応力図を描く．

①反力を求める（図3·15(a)参照：反力の計算は図2·24の例題と同じなので省略する）．

②応力を求める．

　　A～C間，C～D間，B～D間と，分けて考える．

- A～C間
  - 軸方向力：図3·15(b)のように引張力となり，大きさは3^{kN}である． ∴$N_{AC} = +3^{kN}$
  - せん断力：
    図3·15(c)のように，支点Aから任意の距離ym離れたところの点Yの外力の和は$(2·y - 6)$となり，$y = 3$m すなわち柱材の頂点で0^{kN}となる（$2·y - 6 = 0$を解くと求めることができる）．よって，A～C間の部材全体にわたり$2·y - 6 \leq 0$で左向きの力が残ることになり，せん断力は時計回り（＋）となり，その大きさは$(2·y - 6)$の絶対値である．

(b) 軸方向力（A～C間）　　(c) 切断位置の仮定（C～D間）　　(d) せん断力（C～D間）

$0 \leq x \leq 1.5$　　　　　　　$1.5 < x \leq 3$

(e) 曲げモーメント（C～D間）　　(f) 軸方向力（B～D間）

$2 \times 1.5 = 3\text{kN}$
$+3\text{kN} \times 1.5\text{m}$
$-3\text{kN} \times 0.75$
$= +2.25\text{kN}$

内側引張

N図　　　　　　　　Q図　　　　　　　　M図

(g) 応力図

図3・14　単純ばり系ラーメンの応力（2）

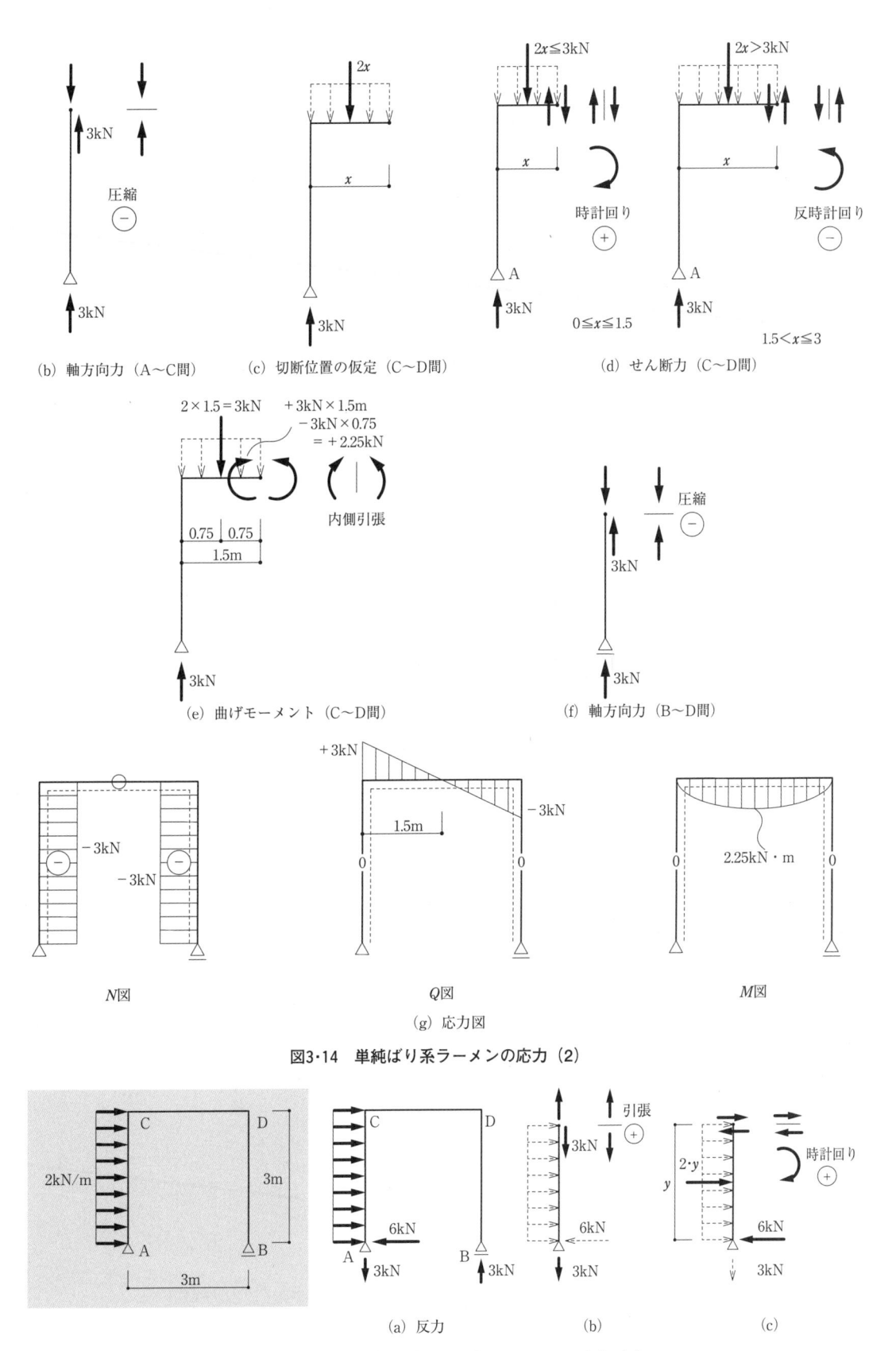

(a) 反力　　(b)　　(c)

図3・15　水平方向に等分布荷重が作用するラーメンの応力（1）

$$\therefore Q_{AC} = + |2 \cdot y - 6| = + (6 - 2 \cdot y)^{kN}$$

○曲げモーメント：
　せん断力が 0^{kN} となる点は柱の頂点である．したがって，その点で曲げモーメントは最大となる．なお，曲げモーメント図は等分布荷重が作用しているので，2次曲線となる．
　　A点：$M_A = 0^{kN \cdot m}$
　　C点：$M_C = 6^{kN} \times 3^m - 6^{kN} \times 1.5^m = 9^{kN \cdot m}$（ ⤵ ）→内側引張（図3・15(d)参照）

● B～D間（右側から求める）
○軸方向力：図3・15(e)のように圧縮力となり，大きさは 3^{kN} である．　$\therefore N_{BD} = -3^{kN}$
○せん断力：ローラー支点のため，材軸に垂直な方向の外力は作用していない．$\therefore Q_{BD} = 0^{kN}$
○曲げモーメント：外力は材軸方向にしか作用していないので，曲げモーメントは生じない．
　　B点：$M_B = 0^{kN \cdot m}$
　　D点：$M_D = 0^{kN \cdot m}$

● D～C間（右側から求める）
○軸方向力：D～C間では，材軸方向の外力は作用していない．　$\therefore N_{DC} = 0^{kN}$
○せん断力：図3・15(f)のように反時計回りとなり，大きさは 3^{kN} である．　$\therefore Q_{DC} = -3^{kN}$
○曲げモーメント：A～C間のC点，B～D間のD点と同じである．
　　D点：$M_D = 0^{kN \cdot m}$
　　C点：$M_C = 9^{kN \cdot m}$→内側引張

③応力図を描く．
　②で算出したことをふまえ応力図を描くと，図3・15(g)のようになる．等分布荷重であるので，せん断力は直線的に変化し，曲げモーメントは2次関数であるので2次曲線となる．

(3) 3ピンラーメン

図3・16の3ピンラーメンの応力を求め，応力図を描く．
①反力を求める（図3・16(a)参照：反力の計算は図2・19の例題と同じなので省略する）．
②応力を求める．
　A～C間，C～D間，D～E間，E～F間，B～F間と，分けて考える．

● A～C間
○軸方向力：図3・16(b)のように圧縮力となり，大きさは 20^{kN} である．　$\therefore N_{AC} = -20^{kN}$
○せん断力：図3・16(c)のように反時計回りとなり，大きさは 5^{kN} である．$\therefore Q_{AC} = -5^{kN}$
○曲げモーメント　A点：$M_A = 0^{kN \cdot m}$
　（図3・16(d)参照）　C点：$M_C = 5^{kN} \times 2^m = 10^{kN \cdot m}$（ ⤴ ）→外側引張

● C～D間
○軸方向力：図3・16(e)のように圧縮力となり，大きさは 5^{kN} である．　$\therefore N_{CD} = -5^{kN}$
○せん断力：図3・16(f)のように時計回りとなり，大きさは 20^{kN} である．$\therefore Q_{CD} = +20^{kN}$
○曲げモーメント　C点：$M_C = 10^{kN \cdot m}$（ ↙↑ ）→外側引張
　（図3・16(g)参照）　D点：$M_D = +20^{kN} \times 1^m - 5^{kN} \times 2^m = 10^{kN \cdot m}$（ ↑↓ ）→内側引張

● D～E間
○軸方向力：図3・16(h)のように圧縮力となり，大きさは 5^{kN} である．　$\therefore N_{DE} = -5^{kN}$

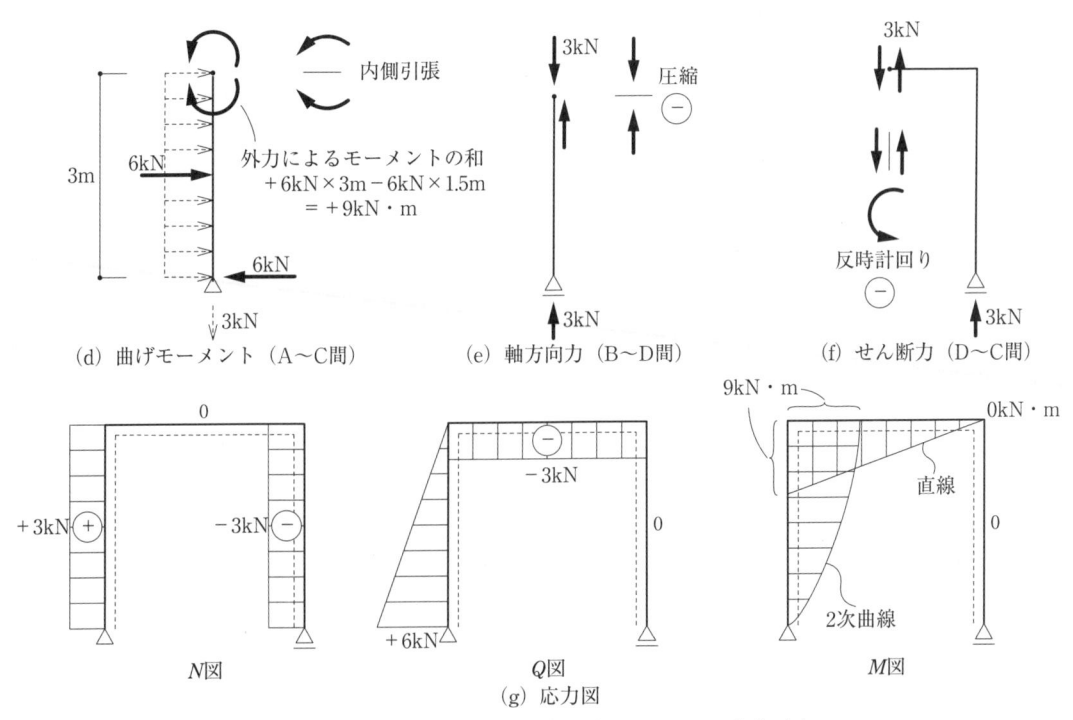

(d) 曲げモーメント（A～C間）　　(e) 軸方向力（B～D間）　　(f) せん断力（D～C間）

N図　　Q図　　M図
(g) 応力図

図3·15　水平方向の等分布荷重が作用するラーメンの応力（2）

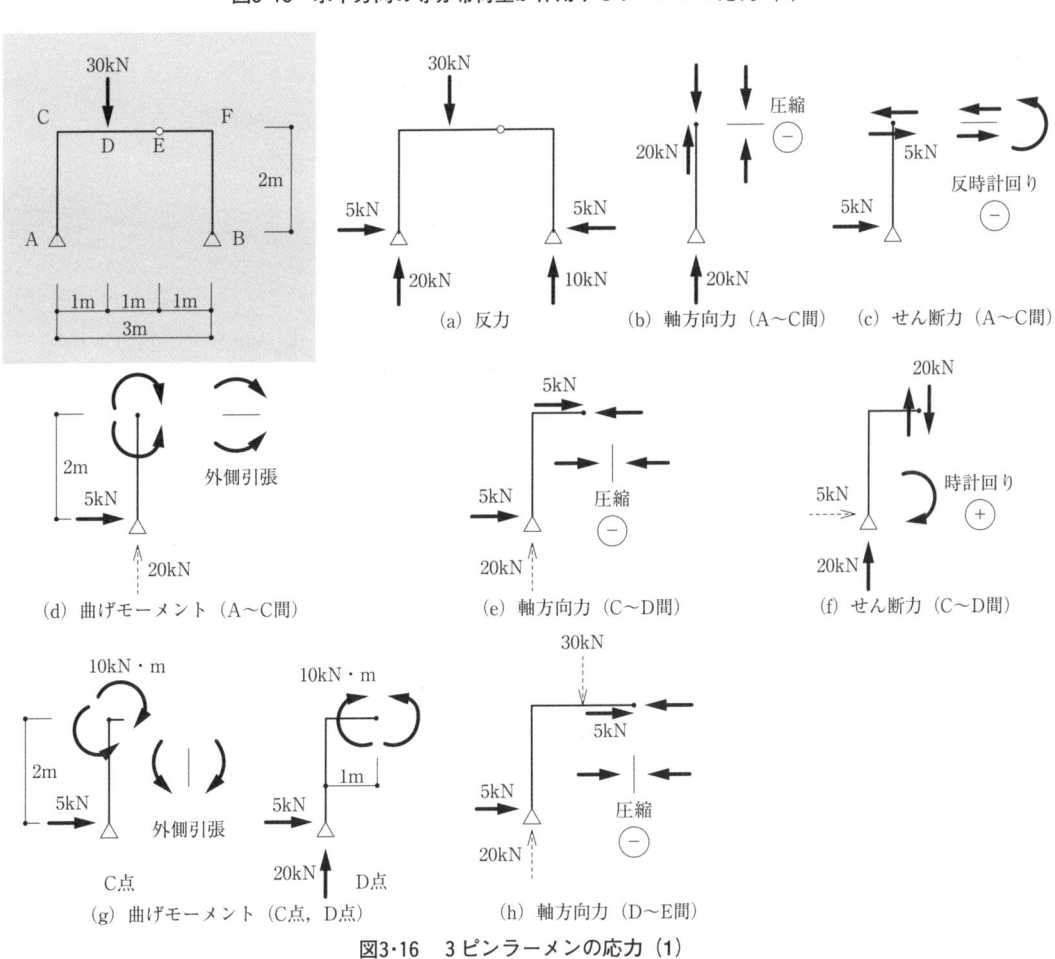

(a) 反力　　(b) 軸方向力（A～C間）　　(c) せん断力（A～C間）

(d) 曲げモーメント（A～C間）　　(e) 軸方向力（C～D間）　　(f) せん断力（C～D間）

(g) 曲げモーメント（C点，D点）　　(h) 軸方向力（D～E間）

図3·16　3ピンラーメンの応力（1）

○せん断力：図3・16(i)のように反時計回りとなり，大きさは10^{kN}である．∴Q_{DE} = −10^{kN}
　　○曲げモーメント　D点：M_D = 10$^{kN·m}$（↑↓）→内側引張（C～D間のD点と同じ応力）
　　　　　　　　　　　E点：M_E = +20^{kN}×2^m − 30^{kN}×1^m − 5^{kN}×2^m = 0$^{kN·m}$　（図3・16(j)参照）
　　　　　　　　　※ピン節点なので0となる．

●B～F間（右側から求める）
　　○軸方向力：図3・16(k)のように圧縮力となり，大きさは10^{kN}である．　∴N_{BF} = −10^{kN}
　　○せん断力：図3・16(l)のように時計回りとなり，大きさは5^{kN}である．∴Q_{BF} = +5^{kN}
　　○曲げモーメント　B点：M_B = 0$^{kN·m}$
　　　　　　　　　　　F点：M_F = +5^{kN}×2^m = 10$^{kN·m}$（⇆）→外側引張（図3・16(m)参照）

●F～E間（右側から求める）
　　○軸方向力：図3・16(n)のように圧縮力となり，大きさは5^{kN}である．　∴N_{FE} = −5^{kN}
　　○せん断力：図3・16(o)のように反時計回りとなり，大きさは10^{kN}である．∴Q_{FE} = −10^{kN}
　　○曲げモーメント　F点：B～F間で求めたものと同じである．M_F = 10$^{kN·m}$→外側引張
　　　　　　　　　　　E点：ピン節点であるから，M_E = 0$^{kN·m}$

③応力図を描く．
　②で算出したことをふまえ応力図を描くと，図3・16(p)のようになる．

3・4　静定トラスの応力算定

(1) トラスの構成

部材を三角形に構成し，その節点がピン（ヒンジ）接合となっている骨組みをいう．外力は部材の節点のみに作用させる．代表的なトラスの種類を，図3・17に示す．

(2) トラスの応力

トラスの各部材の応力を求めることを，トラスを解くという．トラス部材は，両端がピン接合となっているので，せん断力・曲げモーメントといった応力は生じず，軸方向力（引張力，圧縮力）のみで，外力に対して抵抗する．

なお，力の考え方は節点を基準にして考える．材の応力が引張であるときは，その材が接合されている節点を引張ることとなり，逆に圧縮であるときは，節点を押していることとなる．したがって，力の表し方は，矢印で節点を引いているように表示しているものが引張力となり，押すように表示しているものが圧縮力となる（図3・18）．なお，符号は，静定構造物の応力の符号と同じように，引張力が正（＋），圧縮力が負（−）となる．

(3) トラスの解法

トラスの解法には，節点法と切断法があり，節点法に関しては，さらに数式解法と図式解法がある．
①節点法（数式解法）
　あるトラスが外力とつりあっているときは，トラス骨組みの中にある各節点に作用する力もつりあっている．このことから，各節点における力のつりあい条件式を立てて求める方法である．1点に集まる力のつりあいであるので，各節点の$\Sigma X = 0$，$\Sigma Y = 0$で求めることができる．

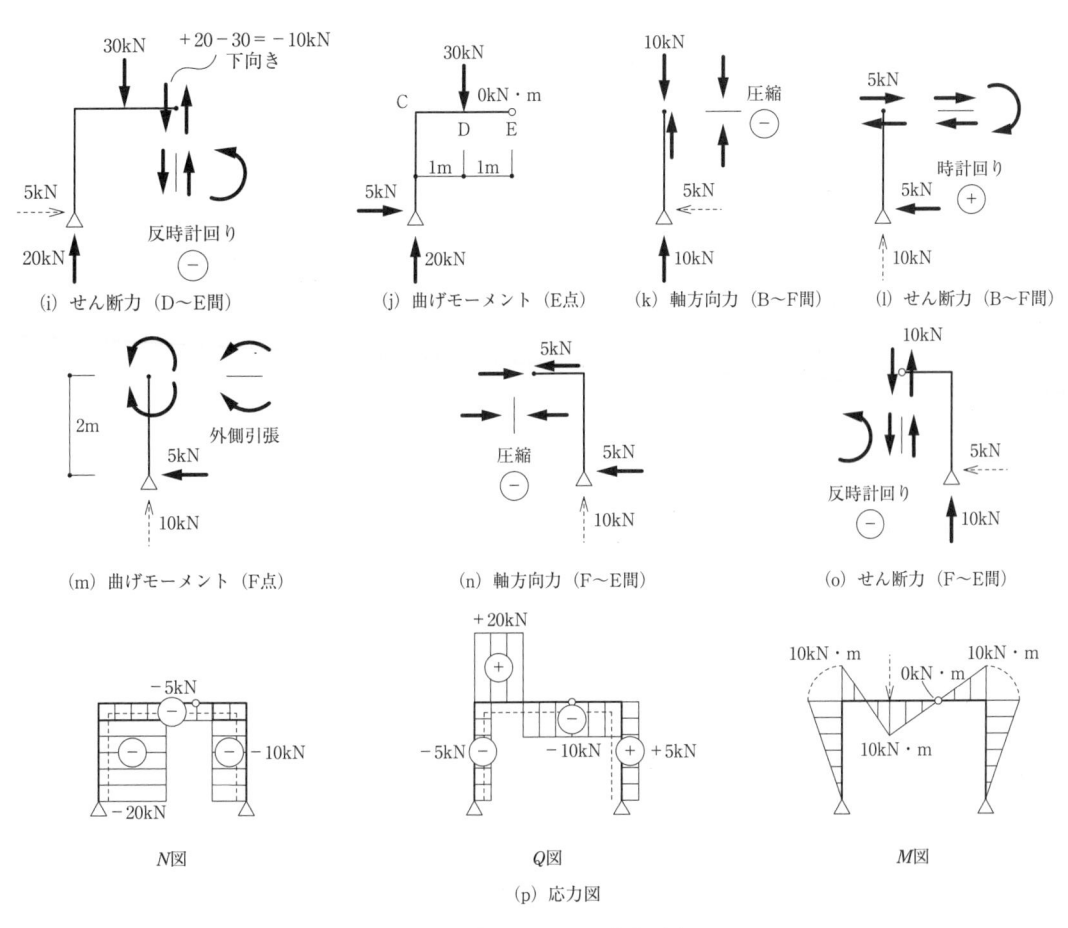

(i) せん断力（D～E間）　　(j) 曲げモーメント（E点）　　(k) 軸方向力（B～F間）　　(l) せん断力（B～F間）

(m) 曲げモーメント（F点）　　(n) 軸方向力（F～E間）　　(o) せん断力（F～E間）

N図　　Q図　　M図

(p) 応力図

図3・16　3ピンラーメンの応力（2）

キングポストトラス　　ハウトラス　　ワーレントラス

フィンクトラス　　プラットトラス

(a) 単純ばり系トラス　　(b) 片持ばり系トラス

図3・17　トラスの例

引張力 (+) ⇒ 節点を引張っている

圧縮力 (−) ⇒ 節点を押している

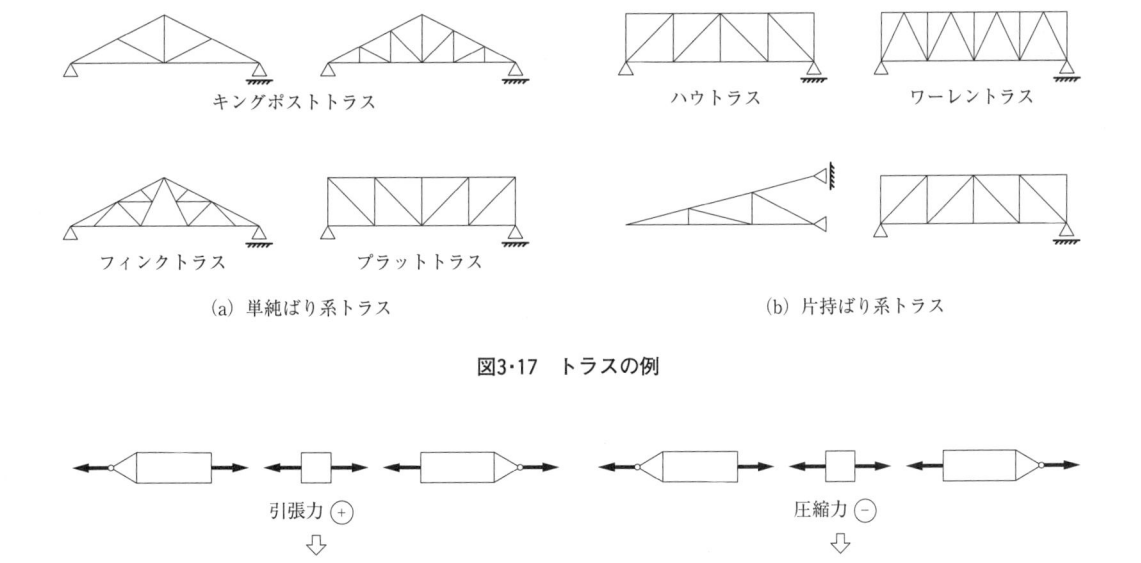

図3・18　トラスの応力

①′ 節点法（図式解法）
　各節点で示力図が閉じればいい．これを利用して求める．
② 切断法
　トラスが外力とつりあっているときは，ある場所でそのトラスを切断し2分したとき，そのどちらかを考えると，その構造体は外力とその切断面内に生じる応力とでつりあっている．この条件を利用して求める．
　力を，求めたい部材を含み3本以内になるような所で切断し，どちらか一方で，任意の点に対するつりあい条件式（$\Sigma X = 0$，$\Sigma Y = 0$，$\Sigma M = 0$）で求める．

(4) 節点法（数式解法）による応力算定

図3·19のトラスの応力を求める．
① 反力を求める．
　反力を図3·19(a)のように仮定する．つりあい条件式より，

$\Sigma X = 0$ ： $+H_A = 0^{kN}$

$\Sigma Y = 0$ ： $+V_A + V_B - 2^{kN} - 6^{kN} - 6^{kN} - 6^{kN} - 2^{kN} = 0^{kN}$

$\therefore +V_A + V_B = 22^{kN}$

$\Sigma M_A = 0$ ： $+6^{kN} \times 2^m + 6^{kN} \times 4^m + 6^{kN} \times 6^m + 2^{kN} \times 8^m - V_B \times 8^m = 0^{kN \cdot m}$

$\therefore V_B = +11^{kN}$　　$V_A = +11^{kN}$

※外力が左右対称であるので，
　　外力の和 $= -2^{kN} - 6^{kN} - 6^{kN} - 6^{kN} - 2^{kN} = -22^{kN}$（下向き）
　　$\therefore$ 反力は $V_B = V_A = +22^{kN} \div 2 = +11^{kN}$（上向き）と求めても良い．

② 応力を求める．
　トラスを解く場合，つりあい条件式は2つしか立てられないので，未知応力数が2以下の接点から求めていく．この例では，A→C→Dの順で解いていく．

（i）A点
図3·19(b)のように，節点を引張るような応力を仮定する．つりあい条件式より，

$\Sigma X = 0$ ： $+N_{AC} \times \dfrac{4}{5} + N_{AF} = 0$　　　※つりあい条件を立てるときは右向き，上向きを正とする．

$\Sigma Y = 0$ ： $+11 - 2 + N_{AC} \times \dfrac{3}{5} = 0$

$\therefore N_{AC} = -15^{kN}$（引張を正としているので圧縮である）　　$\therefore N_{AF} = +12^{kN}$（引張）

（ii）C点
図3·19(c)のように応力を仮定する．つりあい条件式より，

$\Sigma X = 0$ ： $+15 \times \dfrac{4}{5} + N_{CD} \times \dfrac{4}{5} + N_{CF} \times \dfrac{4}{5} = 0$

$\Sigma Y = 0$ ： $+15 \times \dfrac{3}{5} - 6 + N_{CD} \times \dfrac{3}{5} - N_{CF} \times \dfrac{3}{5} = 0$

$\therefore N_{CD} = -10^{kN}$（圧縮）　　$\therefore N_{CF} = -5^{kN}$（圧縮）

（iii）D点
図3·19(d)のように応力を仮定する．つりあい条件式より，

$\Sigma X = 0$ ： $+10 \times \dfrac{4}{5} + N_{DE} \times \dfrac{4}{5} = 0$

(a) 反力

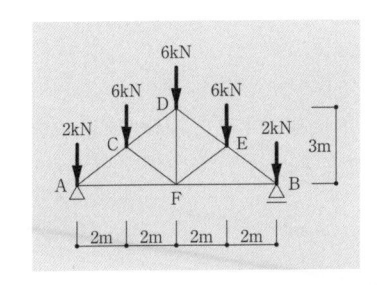

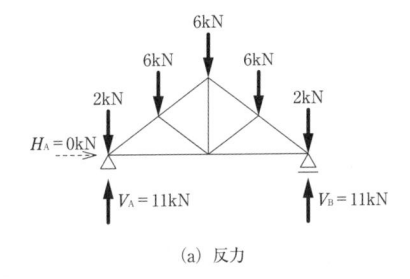

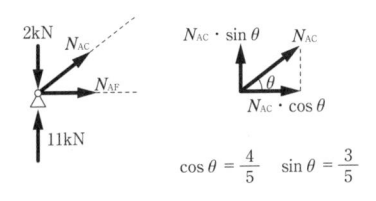

(b) A点における軸方向力の仮定

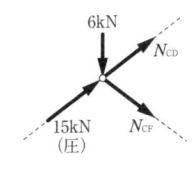

$$\cos\theta = \frac{4}{5} \quad \sin\theta = \frac{3}{5}$$

(c) C点における軸方向力の仮定

(d) D点における軸方向力の仮定

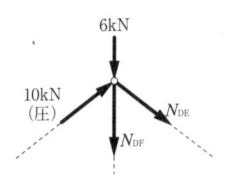

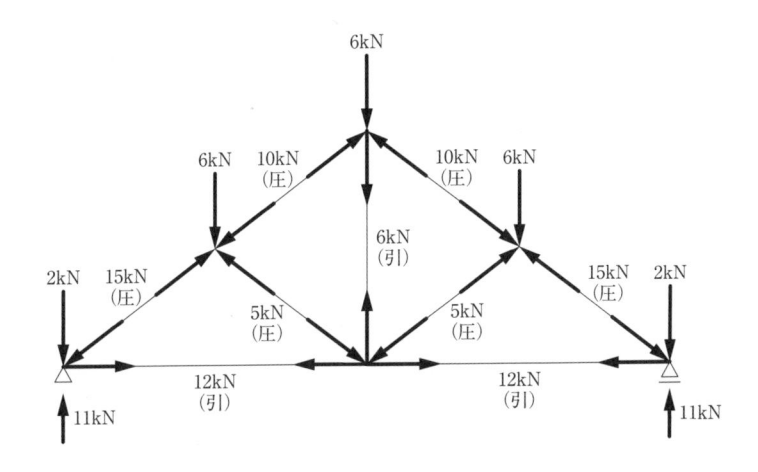

(e) 実際の軸方向力

図3・19 節点法（数式解法）によるトラスの応力算定

$$\Sigma Y = 0 \quad : \quad +10 \times \frac{3}{5} - 6 - N_{DE} \times \frac{3}{5} - N_{DF} = 0$$

$$\therefore N_{DE} = -10^{kN}（圧縮）\qquad \therefore N_{DF} = +6^{kN}（引張）$$

よって，材 DF を軸として対称であるので，応力も対称の値となり，すべての材の応力が求まったことになる．すべての応力を図示すると，図3·19(e)のようになる．

(5) 節点法（図式解法）による応力算定

図式解法には，各節点における示力図を求めていく方法と，この各節点の示力図を1つにまとめて機械的に解くクレモナ法がある．図3·19のトラスの応力をそれぞれの方法で求めたものを，次に示す．

(a) 各節点における示力図を描いて解く

未知の応力の数が2以下の節点から求める．既知の力から，節点を中心に時計回りに力を拾っていき，示力図を描く（できるだけ多くの既知の力が拾えるところから描いていく：A 点であれば反力の 11^{kN} から始め，A 点を中心に時計回りに力を拾うと，次は荷重の 2^{kN} である）．各示力図を，図3·20に示す．

(b) クレモナ法によって解く

次の手順で機械的に解いていく．

①図3·21(a)のように，部材及び外力によって仕切られている領域に番号を付ける．

②未知の応力の数が2以下の節点から求める．既知の力から，節点を中心に時計回りに力を拾っていき，示力図を描くが，このとき矢印は付けず，力の始点に時計回りでみたときに先になる領域の番号を，力の終点に時計回りでみた後の領域の番号を書く．A点においては，

  反力11^{kN}：時計回りの方向は①→②となり，始点①，終点②と示す．
  荷重2^{kN}：時計回りの方向は②→③となり，始点②，終点③と示す．
  部材 AC の軸力：時計回りの方向は③→⑤となるが，どちらに向かうか不明であるので③を通り，部材ACに平行な線を引いておく．始点は③である．
  部材 AF の軸力：時計回りの方向は⑤→①となるが，最後に①に戻ってくるので①を通り，部材 AF に平行な線を引く．部材 AC に平行な線と交差する点が⑤となり，AFの軸力の始点は⑤（ACの軸力の終点）である．

以上の手順で描いたA点における示力図を図3·21(b)に示す．

③他の節点についても，同様にして②で描いた示力図の上にそのまま描き続ける．C 点についての応力を描き加えたものを図3·21(c)，D 点についての応力を描き加えたものを図3·21(d)に示す．

④トラスが対称形であるので，クレモナ図も対称形となる．この場合は，①-⑤の線を軸として対称形となる．クレモナ図の完成図を図3·21(e)に示す．

⑤各部材の応力はクレモナ図より読みとる．求めたい部材が接合されている節点に注目して，その点から領域の番号を時計回りでみたときの番号の順が力の方向であり，大きさはその領域番号の長さで表される．

  たとえば，部材 CD の応力を求めたい場合，C 点からみたとき領域番号の時計回りでみると，④→⑥となり，その大きさは図上で読みとると 10^{kN} となる（図3·21(f)）．

図3・20 図式解法（各節点における示力図）

(a) 領域分け
(b) A点における示力図
(c) C点における力を加えた示力図
(d) D点における力を加えた示力図
(e) クレモナ図の完成
(f) クレモナ図の読み取り

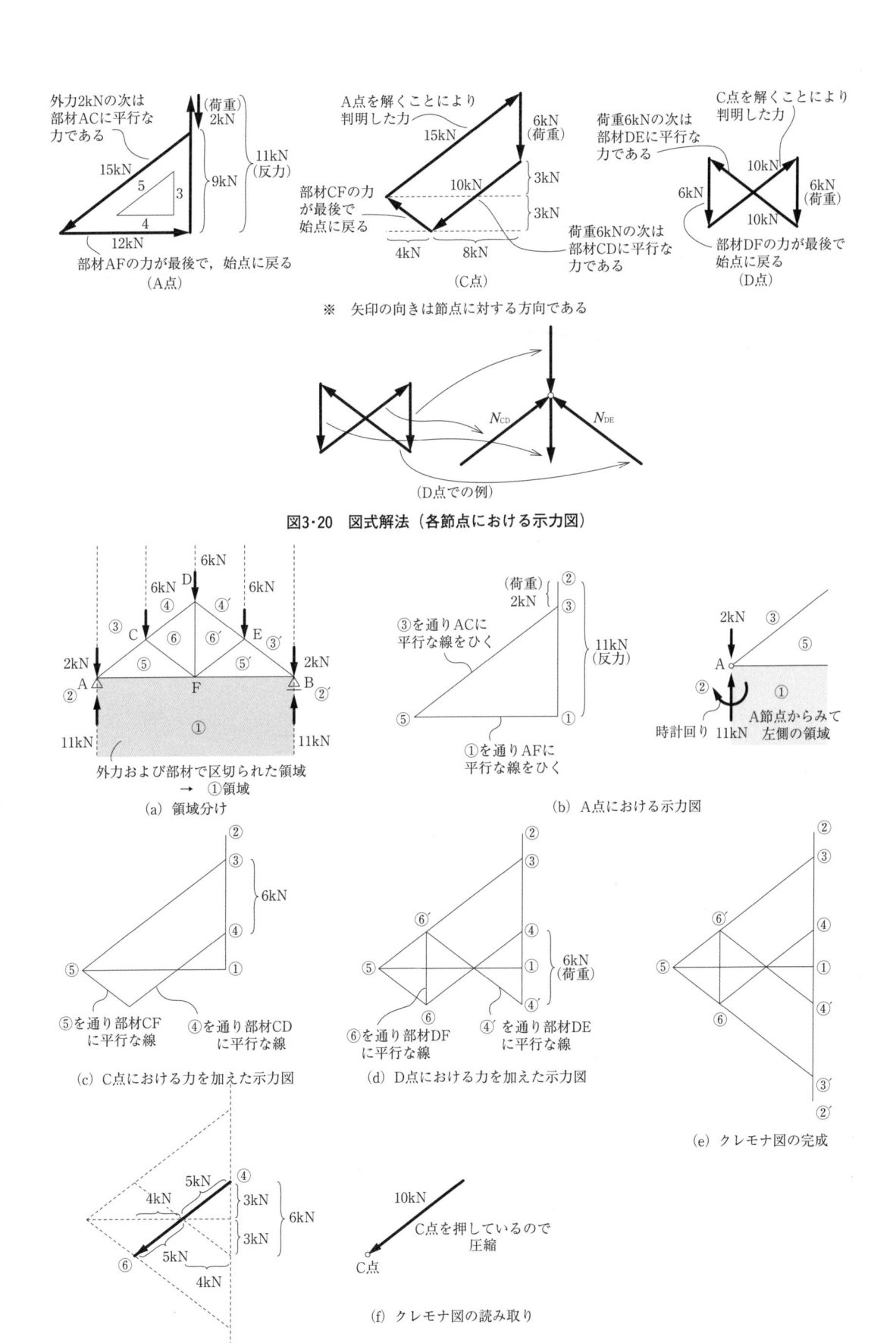

図3・21 図式解法（クレモナ図）

(6) 切断法による応力算定

図3·22のトラスの①〜③の部材の応力を，切断法によって求める．このように，ある特定の部材の応力を算出する場合も，節点法では既知の応力から1つ1つ追って行かねばならず，数の多いトラスで，ある特定の部材の応力を出す方法としては向かない．したがって，このような場合によく用いられる手法が，切断法といわれるものである．

以下に解法の手順を示す．
① 反力を求める．
② 応力を求めようとする部材を含み，3本以下となるようにトラスを切断し2分する．
③ 各部材の応力を引張に仮定する（トラスの切断，応力の仮定を図3·22(a)に示す）．
④ 2分されたトラスの左半分，もしくは右半分でつりあい条件式をたて，応力を求める．

左半分で考えると，

$$\Sigma X = 0 \quad : \quad +N_1 + \frac{1}{\sqrt{2}}N_2 + N_3 = 0 \quad \cdots\cdots ①$$

$$\Sigma Y = 0 \quad : \quad +5^{kN} - 2^{kN} - 2^{kN} - \frac{1}{\sqrt{2}}N_2 = 0$$

$$\therefore N_2 = +\sqrt{2}^{\,kN} \quad (引張)$$

$$\Sigma M_C = 0 \quad : \quad +5^{kN} \times 2^m - 2^{kN} \times 2^m - N_3 \times 2^m = 0$$

$$\therefore N_3 = +3^{kN} \quad (引張)$$

N_2, N_3 を①式に代入して， $N_1 = -4^{kN}$ （圧縮）

※ $\Sigma M = 0$ の式を立てるときは，未知の応力が1つとなる点（未知応力が2以上ある場合は，求めようとする応力以外の作用線上の点）を選ぶ必要がある．

なお，部材④の応力を求めようとする場合，図3·22(b)のように切断すると未知数が3本以内となり，切断法によって求めることができる．

(7) トラスの応力の性質

図3·23のトラスの部材①は，A点における示力図を描くと図3·23(a)のように外力と垂直材の応力の2つでつりあってしまい，水平部材の応力は生じない．このように，トラスの部材の中には外力の状態によって応力の生じない部材が発生する．この部材のことをゼロ部材またはゼロメンバーと呼び，この部材を見つけることにより，簡単な骨組みに置き換えて考えることができる．

トラスの応力を求める上で，図3·23(b)ような性質がある．

3·5　その他の静定構造物の応力算定

(1) 単純ばりの上に単純ばりが載っている構造物の応力

図3·24のように，大きな単純ばりABの上に小さい単純ばりCDが載っており，はりCDに外力が作用している構造物の応力を求める．

このような構造物を解く場合は，図3·24(a)のようにはりABとはりCDで分けて，はりCDの反力がはりABに作用していると考え，通常の単純ばりを解く手順と同様にして解いていく．
① 反力を求める．

左右対称形であるので， $V_A = V_B = 50 \div 2 = 25^{kN}$ （上向き）

(a) トラスの切断，応力の仮定　　図3・22　切断法　　(b) トラスの切断例

(=2kN×5÷2：左右対称形より)

(a) A点における示力図　　(b) トラス部材の応力の性質

図3・23　トラス部材の応力

(b) せん断力

$+25 \times 2 = 50$ kN・m （下側引張）

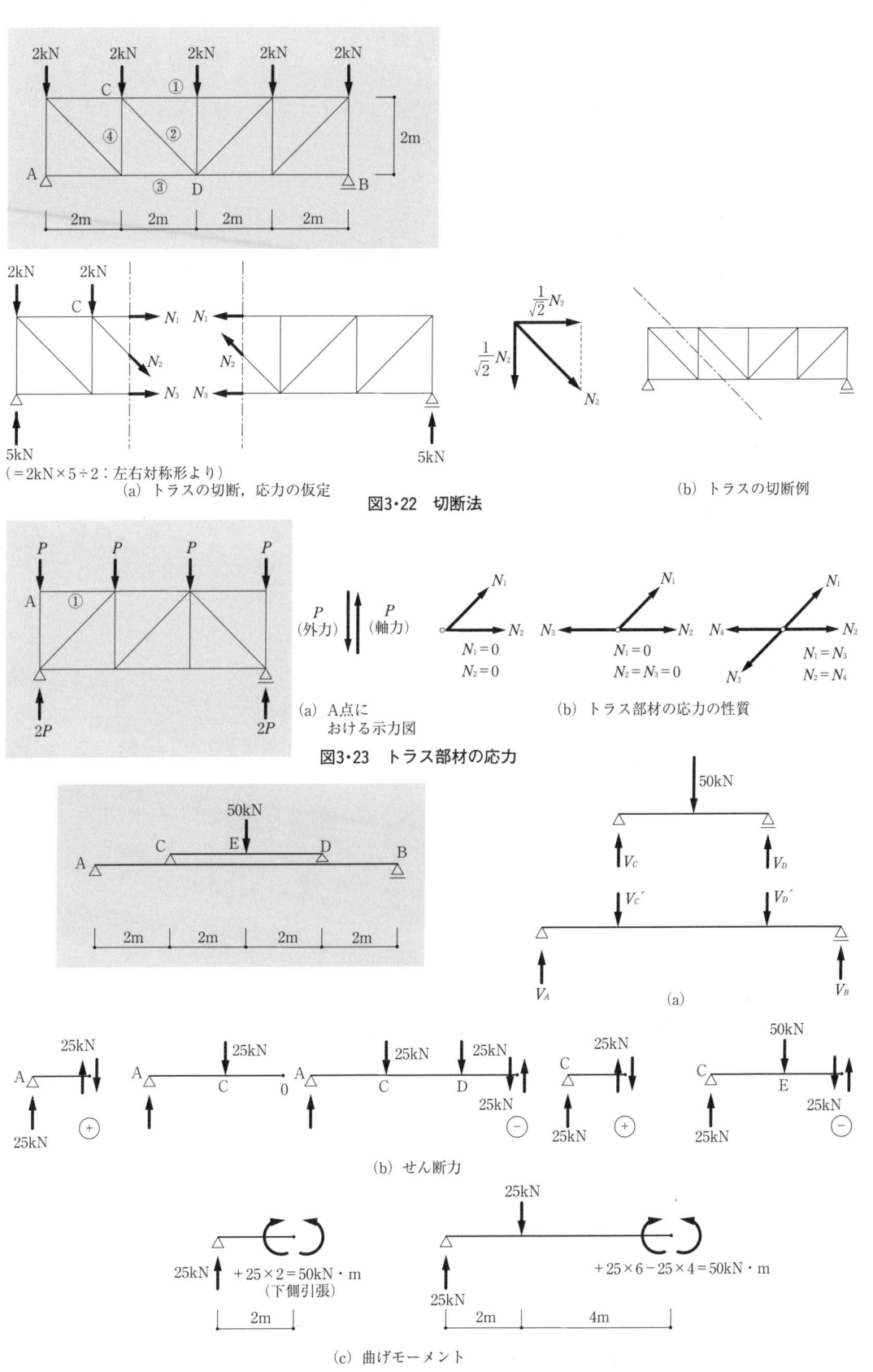

$+25 \times 6 - 25 \times 4 = 50$ kN・m

(c) 曲げモーメント

図3・24　単純ばりの上に単純ばりが載っている構造物の応力（1）

$$V_C = V_D = 50 \div 2 = 25^{kN} \quad (上向き)$$

② 応力を求める．
- 軸方向力：はり AB, はり CD 共に水平荷重が作用していないので，軸方向力は 0 である．
- せん断力：$Q_{AC} = +25^{kN}$, $Q_{CD} = 0^{kN}$, $Q_{DB} = -25^{kN}$,
  $Q_{CE} = +25^{kN}$, $Q_{ED} = -25^{kN}$　　　となる（図3・24(b)参照）．
- 曲げモーメント：集中荷重であるので，各作用点の応力を求め，直線で結べばよい．
  大きいはり AB：$M_A = 0^{kN \cdot m}$, $M_C = 50^{kN \cdot m}$（下側引張）
  　　　　　　$M_D = 50^{kN \cdot m}$（下側引張），$M_B = 0^{kN \cdot m}$（図3・24(c)参照）
  小さいはり CD：$M_C = 0^{kN \cdot m}$, $M_E = 50^{kN \cdot m}$（下側引張），$M_B = 0^{kN \cdot m}$（図省略）

③ 応力図を描く

　以上のことから応力図を描くと，図3・24(d)のようになる．

(2) ゲルバーばりの応力

　ゲルバーばりとは，図3・25のように反力が4つあることと，はりの中間にピン節点（D 点）があることである．材の途中にピン節点があるという条件から，3ピンラーメンで解いた方法と同様に，ピン節点から左側の力または右側の力による $M_D = 0$ で式を立て解くことができる．

① 反力を求める（反力を図3・25(a)のように仮定する）．

$\sum X = 0$　　：$+H_B = 0$　　　　∴ $H_B = 0^{kN}$

$\sum Y = 0$　　：$+V_A - 60^{kN} + V_B = 0$　　$V_A + V_B = 60^{kN}$……①

$\sum M_B = 0$　　：$+V_A \times 6^m - 60^{kN} \times 4^m + M_B = 0$　　　……②

$\sum M_D 左 = 0$：$+V_A \times 4^m - 60^{kN} \times 2^m = 0$　　∴ $V_A = +30^{kN}$（仮定どおり上向き）

　①，②式に代入して　　$V_B = +30^{kN}$（上向き），$M_B = +60^{kN \cdot m}$（時計回り）

（別解）ピン節点で構造体を分けて考えることもできる（図3・25(c)参照）．

部材 AD 間は C 点で左右対称となっているので　$V_A = V_D = 60 \div 2 = 30^{kN}$（上向き）

部材 DB の D 点は $V_D = 30^{kN}$ で押されていることになる．$\sum M_B = 0$ より，

$$-V_D \times 2^m + M_B = 0 \quad ∴ M_B = +60^{kN \cdot m}（時計回り）$$

② 応力を求める．
- 軸方向力：はりには水平荷重が作用していないので，軸方向力は 0 である．
- せん断力：$Q_{AC} = +30^{kN}$, $Q_{CD} = -30^{kN}$, $Q_{DB} = -30^{kN}$　　　（図3・25(d)参照）
- 曲げモーメント：集中荷重であるので，各作用点の応力を求め，直線で結べばよい．
  $M_A = 0^{kN \cdot m}$, $M_C = 60^{kN \cdot m}$（下側引張），$M_D = 0^{kN \cdot m}$（ピン節点のため）
  $M_B = 60^{kN \cdot m}$（上側引張）　　　　　　　　　　　（図3・25(e)参照）

③ 応力図を描く．

　以上のことから応力図を描くと，図3・25(f)のようになる．

(3) 合成骨組の応力

　図3・26のような構造体を解く場合は図3・26(a)のように分けて考える．この骨組の場合，片持ばり形式の柱にトラス構造が付いたような形となっている．

N図　　　　　　　　　　　Q図　　　　　　　　　　　M図

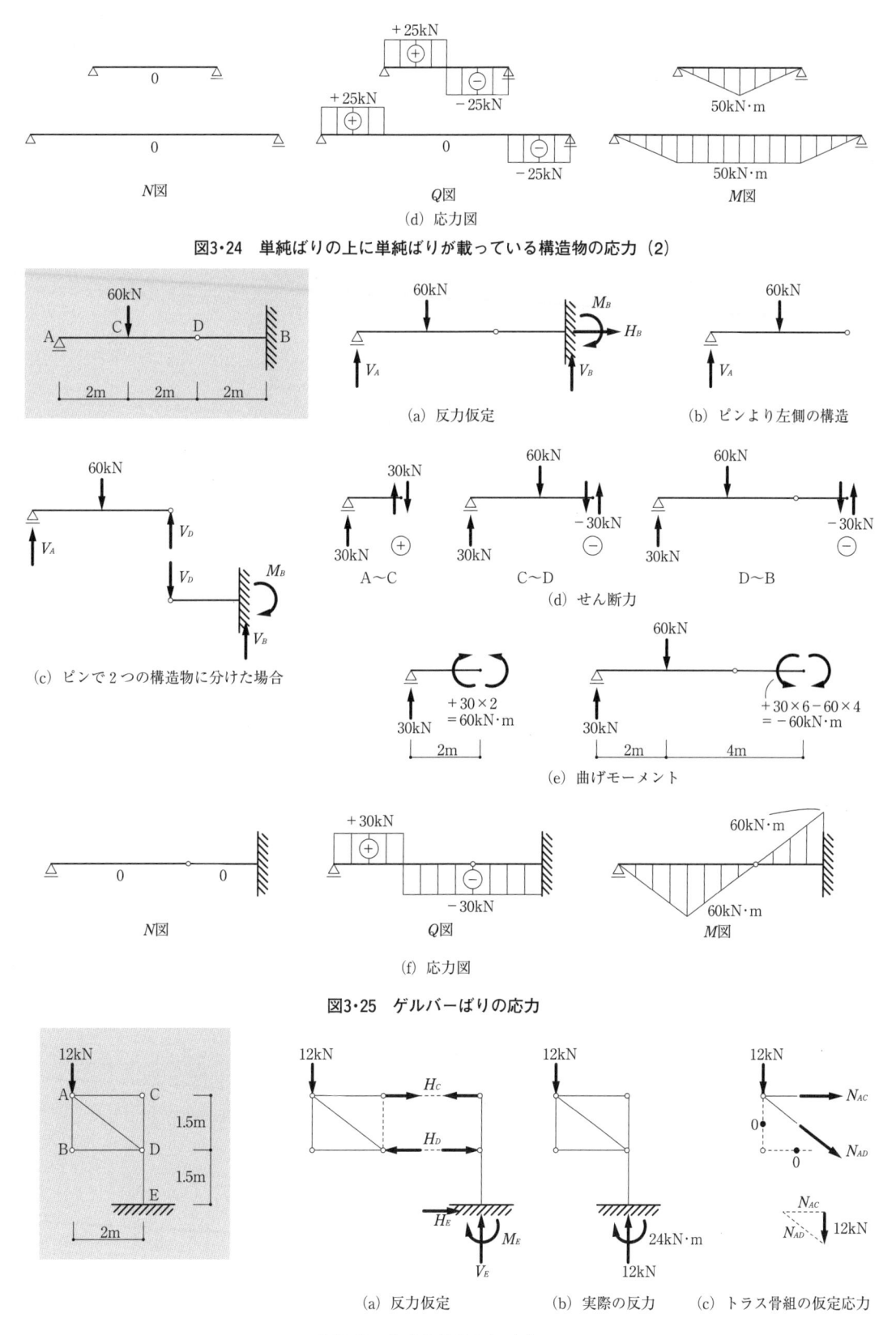

(d) 応力図

図3·24　単純ばりの上に単純ばりが載っている構造物の応力（2）

(a) 反力仮定　　　　(b) ピンより左側の構造

(c) ピンで2つの構造物に分けた場合

A〜C　　　　　C〜D　　　　　D〜B

(d) せん断力

$+30 \times 2 = 60 \text{kN} \cdot \text{m}$　　　$+30 \times 6 - 60 \times 4 = -60 \text{kN} \cdot \text{m}$

(e) 曲げモーメント

N図　　　　　　　　　Q図　　　　　　　　　M図

(f) 応力図

図3·25　ゲルバーばりの応力

(a) 反力仮定　　(b) 実際の反力　　(c) トラス骨組の仮定応力

図3·26　合成骨組の応力（1）

① 反力を求める．

支点 A の反力を図3·26(a)のように仮定して，つりあい条件式を立てる．

$\Sigma X = 0$ ： $+H_E = 0$　　　　　　∴ $H_E = 0^{kN}$

$\Sigma Y = 0$ ： $-12^{kN} + V_E = 0$　　　∴ $V_E = +12^{kN}$（上向き）

$\Sigma M_E = 0$ ： $-12^{kN} \times 2^m + M_E = 0$　∴ $M_E = +24^{kN \cdot m}$（時計回り）

よって，反力は図3·26(b)のようになる．

② 応力を求める．

まず，トラス構造のようになっている部分の応力を求める．B 節点でのつりあいを考えると，外力が作用していないので，トラスの性質より部材 AB，BD の応力は 0 となる．次に A 節点でのつりあいを考えると，図3·26(c)のようになり，

$\Sigma X = 0$ ： $+N_{AC} + \dfrac{4}{5} \times N_{AD} = 0$

$\Sigma Y = 0$ ： $-\dfrac{3}{5} \times N_{AD} - 12^{kN} = 0$　　∴ $N_{AD} = -20^{kN}$（圧縮）

∴ $N_{AC} = +16^{kN}$（引張）

となる．なお，トラス構造であるので，これらの部材にはせん断力，曲げモーメントは生じない．次に，この軸方向力が柱と接合されている節点に作用すると考える．図3·26(d)のように，部材 AC 間の応力は C 点を引張るように作用するので，柱を左方向に引張る力として作用し，部材 AD 間の応力は D 点で柱を材軸方向に押すように作用する．したがって，図3·26(e)のような荷重の応力を考えればよい．

- 軸方向力：$N_{CD} = 0^{kN}$，$N_{DE} = -12^{kN}$（図3·26(f)参照）
- せん断力：$Q_{CD} = -16^{kN}$，$Q_{DE} = 0^{kN}$（図3·26(g)参照）
- 曲げモーメント：集中荷重であるので，各作用点の応力を求め，直線で結べばよい．

$M_C = 0^{kN \cdot m}$，$M_D = 24^{kN \cdot m}$（右側引張），$M_E = 24^{kN \cdot m}$（右側引張）（図3·26(h)参照）

③ 応力図を描く

以上のことから応力図を描くと，図3·26(i)のようになる．

【問題1】 図のような荷重を受ける片持ばりの A 点に，曲げモーメントが生じない場合の荷重をそれぞれ P_1，P_2 としたとき，それらの比（$P_1 : P_2$）として，正しいものは，次のうちどれか．

	P_1	：	P_2
1.	1	：	1
2.	1	：	2
3.	2	：	5
4.	3	：	2
5.	3	：	5

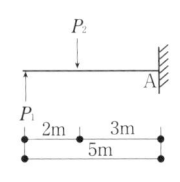

【問題2】 図のような荷重を受ける単純ばりの C 点における曲げモーメントの大きさとして，正しいものは，次のうちどれか．

1. $1.0 kN \cdot m$
2. $2.0 kN \cdot m$
3. $3.0 kN \cdot m$
4. $4.0 kN \cdot m$
5. $5.0 kN \cdot m$

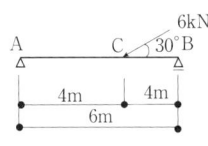

【問題3】 下図のはりの中央曲げモーメントで，正しいのは，次のうちどれか．

1. $\dfrac{Pl}{4} + \dfrac{wl^2}{8}$
2. $\dfrac{Pl}{4} + \dfrac{wl^2}{4}$
3. $\dfrac{Pl}{8} + \dfrac{wl^2}{8}$
4. $\dfrac{Pl}{8} + \dfrac{wl^2}{4}$
5. $\dfrac{Pl}{8} + \dfrac{wl^2}{2}$

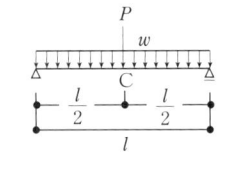

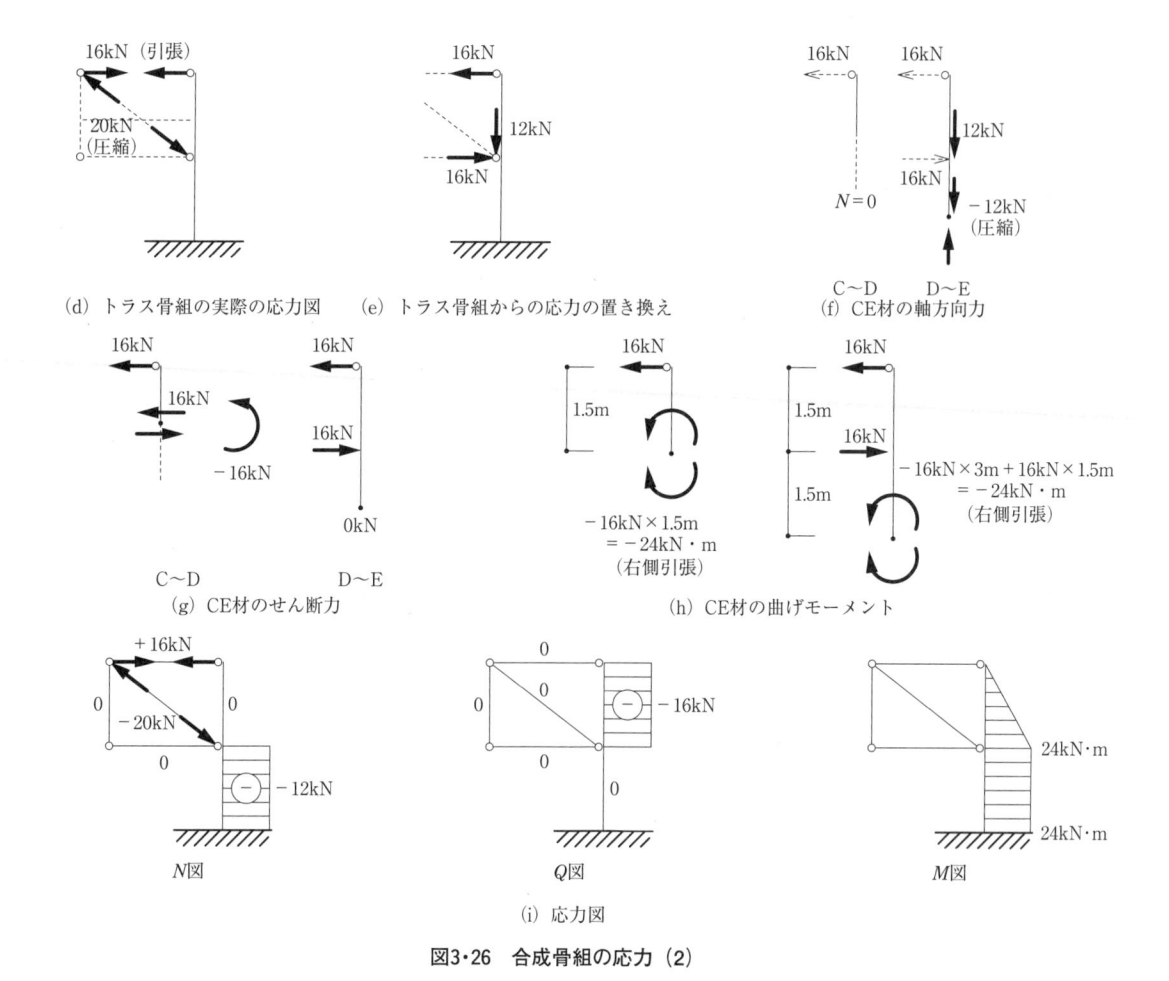

16kN（引張） ← 16kN
20kN（圧縮）

(d) トラス骨組の実際の応力図

16kN ←
12kN
16kN

(e) トラス骨組からの応力の置き換え

16kN
$N=0$

C〜D

16kN
12kN
16kN
$-12kN$（圧縮）

D〜E

(f) CE材の軸方向力

16kN
16kN
$-16kN$

C〜D

16kN
16kN
0kN

D〜E

(g) CE材のせん断力

16kN
1.5m
$-16kN \times 1.5m = -24kN \cdot m$（右側引張）

16kN
1.5m
1.5m
16kN
$-16kN \times 3m + 16kN \times 1.5m = -24kN \cdot m$（右側引張）

(h) CE材の曲げモーメント

$+16kN$
0
$-20kN$
0
0
$-12kN$

N図

0
0
$-16kN$
0

Q図

$24kN \cdot m$
$24kN \cdot m$

M図

(i) 応力図

図3・26 合成骨組の応力（2）

【問題4】 図のような荷重を受ける静定ラーメンの支点 B に生じる上向き反力の大きさ R_B の値と，C 点に生じる曲げモーメント M_C の値の組合せとして，正しいものは，次のうちどれか．

	R_B	M_C
1.	5kN	10kN·m
2.	5kN	15kN·m
3.	4kN	10kN·m
4.	4kN	15kN·m
5.	3kN	10kN·m

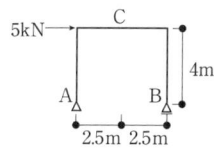

5kN → C
A △   B ○
2.5m 2.5m
4m

【問題5】 図のような荷重を受ける静定トラスにおいて，部材 A に生じる軸方向力として，正しいものは，次のうちどれか．ただし，軸方向力は，引張力を「＋」，圧縮力を「－」とする．

1. $-2.0P$
2. $-1.5P$
3. $+\dfrac{\sqrt{2}}{2}P$
4. $+1.5P$
5. $+2.0P$

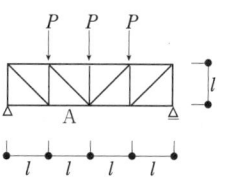

P P P
A
l l l l
l

【問題6】 図のような水平力を受ける静定トラスにおいて，部材 A，B，C に生じる軸方向力の組合せとして，正しいものは，次のうちどれか．

	部材A	部材B	部材C
1.	圧縮	圧縮	引張り
2.	0	圧縮	引張り
3.	0	引張り	圧縮
4.	引張り	圧縮	0
5.	引張り	引張り	圧縮

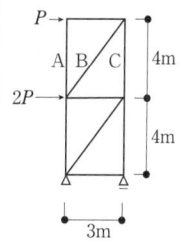

P →
A B C
$2P$ →
4m
4m
3m

4 断面の性質

4・1 断面の諸係数

建築物の骨組みを構成する，柱やはりといった部材に生じる応力を求めるとき，構造物をモデル化し，部材は線として仮定し，応力を算出する．しかし，実際の構造物の部材は，面積を持つ断面で構成され，その断面に応力が作用し，部材断面に様々な力が作用する．部材断面に作用する力は，断面の形状によって異なるため，その性質を把握する必要がある．部材断面の性質を把握するために，それらを定義する諸係数の代表的なものを下記に記す．

①断面積 A 〔mm^2〕：断面の面積で，応力度の算出などに用いる．
②断面1次モーメント S 〔mm^3〕：図心（重心）の算出などに用いる．
③断面2次モーメント I 〔mm^4〕：変形計算などに用いる．
④断面係数 Z 〔mm^3〕：曲げモーメントによる縁応力度の算出に用いる．
⑤断面2次半径 i 〔mm〕：圧縮材の座屈計算に用いる．
⑥断面極2次モーメント I_P 〔mm^4〕：部材のねじれの検討に用いる．

4・2 断面1次モーメント S 〔mm^3〕

図4・1(a)のX軸に関する断面1次モーメントを Sx，Y軸に関する断面1次モーメントを Sy とすると，Sx，Sy は次式で定義される．

$$Sx = \int_A y\,dA \qquad\qquad Sy = \int_A x\,dA$$

この式を，図4・1(b)のような図形で当てはめると，

$$Sx = (b \times d) \times y_0 = A \cdot y_0 \;〔mm^3〕$$
$$Sy = (b \times d) \times x_0 = A \cdot x_0 \;〔mm^3〕$$

x_0：Y軸から図心までの距離〔mm〕
y_0：X軸から図心までの距離〔mm〕

以上のように，断面1次モーメントは断面の面積と，任意の軸に対する図心までの距離との積である．

この性質から，断面1次モーメントを断面積で除すると，図心までの距離を求めることができる．

図4・2のような複雑な形の断面の場合は，同図(a)のように断面を図心が分かる図形に分割して，それぞれの断面1次モーメントを求めて合計し，その和を全断面積で割ることによって求めることができる．

なお，図心軸に関する断面1次モーメントは0となる．

4・3 断面2次モーメント I 〔mm^4〕

断面2次モーメントは，部材の変形のしにくさを表す．図4・3(a)のX軸に関する断面2次モーメントを Ix，Y軸に関する断面2次モーメントを Iy とすると，Ix，Iy は次式で定義される．

$$Ix = \int_A y^2\,dA \qquad\qquad Iy = \int_A x^2\,dA$$

(a) 定　義

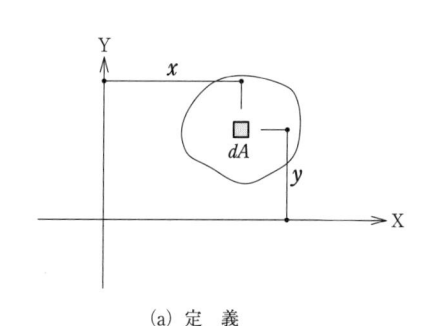

(b) 矩　形

図4・1　断面1次モーメント

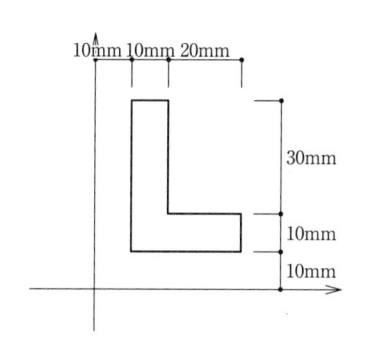

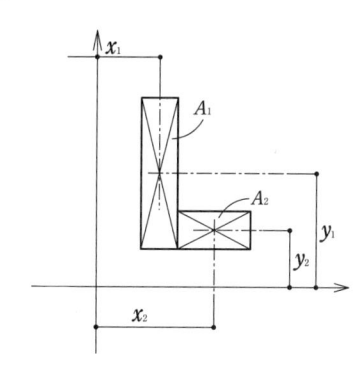

(a) 断面の分割

$A_1 = 40 \text{[mm]} \times 10 \text{[mm]} = 400 \text{[mm}^2\text{]}$

$A_2 = 10 \text{[mm]} \times 20 \text{[mm]} = 200 \text{[mm}^2\text{]}$

$x_1 = 10 \text{[mm]} + (10 \text{[mm]} \div 2) = 15 \text{[mm]}$

$x_2 = 10 \text{[mm]} + 10 \text{[mm]} + (20 \text{[mm]} \div 2) = 30 \text{[mm]}$

$y_1 = 10 \text{[mm]} + (40 \text{[mm]} \div 2) = 30 \text{[mm]}$

$y_2 = 10 \text{[mm]} + (10 \text{[mm]} \div 2) = 15 \text{[mm]}$

$Sx = A \cdot y_0 = (A_1 + A_2) \cdot y_0 = 600 \cdot y_0 \text{[mm}^3\text{]}$

$\quad = Sx_1 + Sx_2 = A_1 \cdot y_1 + A_2 \cdot y_2$

$\quad = 400 \text{[mm}^2\text{]} \times 30 \text{[mm]} + 200 \text{[mm}^2\text{]} \times 15 \text{[mm]}$

$\quad = 15000 \text{[mm}^3\text{]}$

$\therefore y_0 = 15000 \text{[mm}^3\text{]} \div 600 \text{[mm}^2\text{]} = 25 \text{[mm]}$

$Sy = A \cdot x_0 = (A_1 + A_2) \cdot x_0 = 600 \cdot x_0 \text{[mm}^3\text{]}$

$\quad = Sy_1 + Sy_2 = A_1 \cdot x_1 + A_2 \cdot x_2 = 12000 \text{[mm}^3\text{]}$

$\therefore x_0 = 12000 \text{[mm}^3\text{]} \div 600 \text{[mm}^2\text{]} = 20 \text{[mm]}$

よって，X軸より25〔mm〕，Y軸より20〔mm〕離れたところに与えられた図形の図心がある．

図4・2　図心の算出例

> **参考**
>
> 図4・1(b)の断面1次モーメントの算出
>
> $$Sx = \int_A y_o dA = y_o \int_{y_o - \frac{d}{2}}^{y_o + \frac{d}{2}} \int_{x_o - \frac{b}{2}}^{x_o + \frac{b}{2}} dx \cdot dy = y_o \int_{y_o - \frac{d}{2}}^{y_o + \frac{d}{2}} \left[\left(x_o + \frac{b}{2} \right) - \left(x_o - \frac{b}{2} \right) \right] dy$$
>
> $$= y_o \cdot b \int_{y_o - \frac{d}{2}}^{y_o + \frac{d}{2}} dy = y_o \cdot b \cdot \left[\left(y_o + \frac{d}{2} \right) - \left(y_o - \frac{d}{2} \right) \right]$$
>
> $$= b \cdot d \cdot y_o = A \cdot y_o$$

この式を図4・3(b)のように，X軸，Y軸がそれぞれ図心を通る長方形断面の図形で当てはめると，

$$Ix = \frac{b \cdot d^3}{12} \, [\text{mm}^4] \qquad\qquad Iy = \frac{b^3 \cdot d}{12} \, [\text{mm}^4]$$

となる．また，図4・3(c)のように，図心を通らないX軸（x軸とX軸は平行）についての断面2次モーメントは，次式で表される．

$$I_X = Ix + A \cdot a^2$$

　　I_X：X軸に関する断面2次モーメント〔mm^4〕
　　Ix：図心軸についての断面2次モーメント〔mm^4〕
　　A　：図形の断面積〔mm^2〕
　　a　：図心とX軸との距離〔mm〕

したがって，図4・4のX軸に関する断面2次モーメントは，上式を用いて計算することができる．

また，図4・5のような中空断面のX軸に関する断面2次モーメントは外側の断面2次モーメントから内側の断面2次モーメントを引けば算出できる．

このように，複雑な図形は，断面2次モーメントが算出しやすい図心が分かる図形に分割して，それぞれの断面2次モーメントを求め，それらの和，差によって求めることができる．

4・4　断面係数　Z〔mm^3〕

断面係数は部材の曲げの強さを表し，次式のように定義される．

$$Z = \frac{\text{図心を通る軸についての断面2次モーメント}}{\text{図心軸から縁までの距離}}$$

特に図4・3(b)のような長方形断面の場合，断面係数は，

$$Zx = \frac{Ix}{\frac{d}{2}} = \frac{b \cdot d^3}{12} \times \frac{2}{d} = \frac{b \cdot d^2}{6} \qquad\qquad Zy = \frac{Iy}{\frac{b}{2}} = \frac{b^3 \cdot d}{12} \times \frac{2}{b} = \frac{b^2 \cdot d}{6}$$

となる．この断面係数が大きければ大きいほど，曲げに対して強い断面となる．

4・5　断面2次半径　i〔mm〕

断面2次半径は，圧縮材や曲げ材の座屈のしにくさを表し，次式のように定義される．

$$i = \sqrt{\frac{\text{軸についての断面2次モーメント}}{\text{断面積}}}$$

図4・6のような長方形断面の場合，断面2次半径はX軸，Y軸に関して別な値となる．

$$\text{X軸に関する断面2次半径}: ix = \sqrt{\frac{Ix}{A}} = \sqrt{\frac{b \cdot d^3/12}{b \cdot d}} = \frac{d}{2\sqrt{3}}$$

$$\text{Y軸に関する断面2次半径}: iy = \sqrt{\frac{Iy}{A}} = \sqrt{\frac{b^3 \cdot d/12}{b \cdot d}} = \frac{b}{2\sqrt{3}}$$

$b < d$ であるので，X軸に関する断面2次半径のほうが大きくなる．断面2次半径が大きいほど座屈しにくくなるので，X軸回りの方がY軸回りに比べて座屈しにくい（図4・6）．このとき，X軸を強軸，Y軸を弱軸（または座屈軸）といい，圧縮材の検討の時は，この弱軸回りについて断面

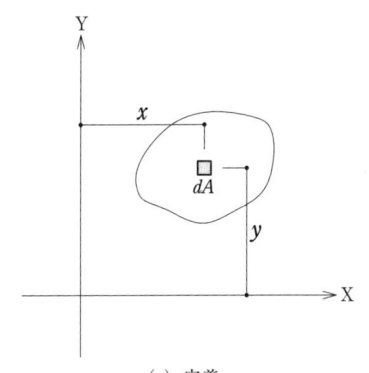

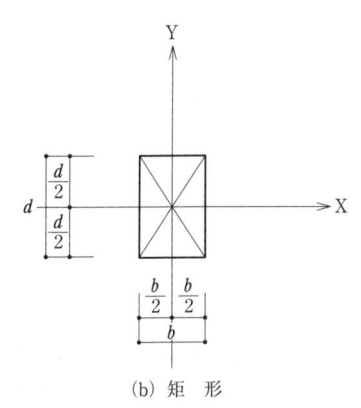

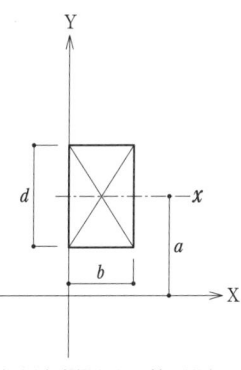

(a) 定義　　　　　　　　　(b) 矩 形　　　　　　　　(c) 図心を通らない軸に関する断面2次モーメントの例

図4・3　断面2次モーメント

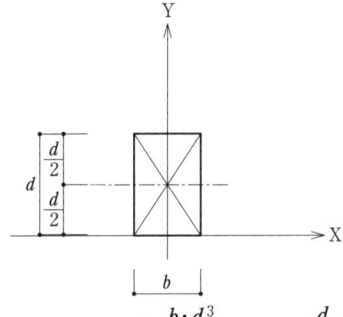

$$I_X = Ix + A \cdot y_0{}^2 = \frac{b \cdot d^3}{12} + b \cdot d \times \left(\frac{d}{2}\right)^2$$

$$= \frac{b \cdot d^3}{12} + \frac{b \cdot d^3}{4} = \frac{b \cdot d^3}{3}$$

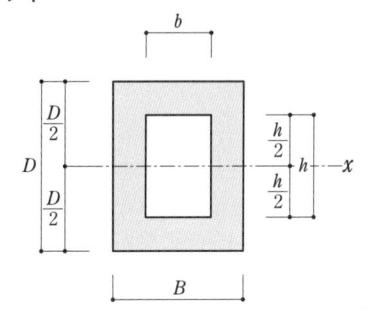

外側の断面2次モーメント　$Ix = \dfrac{B \cdot D^3}{12}$

内側の断面2次モーメント　$Ix = \dfrac{b \cdot d^3}{12}$

$$\therefore Ix = \frac{B \cdot D^3}{12} - \frac{b \cdot d^3}{12} = \frac{1}{12}(B \cdot D^3 - b \cdot d^3)$$

図4・4　図心を通らない軸に関する断面2次モーメント　　　　**図4・5　中空断面の断面2次モーメント**

> **参考**
>
> 図4・3(b)の断面2次モーメントの算出
>
> $$Ix = \int_A y^2 dA = \int_{-\frac{d}{2}}^{+\frac{d}{2}} \int_{-\frac{b}{2}}^{+\frac{b}{2}} y^2 dxdy = 4\int_0^{\frac{d}{2}} \int_0^{\frac{b}{2}} y^2 dxdy$$
>
> $$= 4\int_0^{\frac{d}{2}} y^2 \left[\frac{b}{2} - 0\right] dy = 2 \cdot b \int_0^{\frac{d}{2}} y^2 dy$$
>
> $$= 2 \cdot b \left[\frac{y^3}{3}\right]_0^{\frac{d}{2}} = \frac{2}{3} b \left(\frac{d}{2}\right)^3 = \frac{b \cdot d^3}{12}$$
>
> 図4・3(c)のX軸に関する断面2次モーメントの算出
>
> $$I_X = \int_A y^2 dA = \int_{a-\frac{d}{2}}^{a+\frac{d}{2}} \int_0^b y^2 dxdy = b \int_{a-\frac{d}{2}}^{a+\frac{d}{2}} y^2 dy$$
>
> $$= b \left[\frac{1}{3} y^3\right]_{a-\frac{d}{2}}^{a+\frac{d}{2}} = \frac{b}{3} \left\{\left(a + \frac{d}{2}\right)^3 - \left(a - \frac{d}{2}\right)^3\right\}$$
>
> $$= \frac{b}{3} \left\{\left(a^3 + \frac{3}{2} a^2 d + \frac{3}{4} ad^2 + \frac{d^3}{8}\right) - \left(a^3 - \frac{3}{2} a^2 d + \frac{3}{4} ad^2 - \frac{d^3}{8}\right)\right\}$$
>
> $$= \frac{b}{3} \left(3a^2 d + \frac{d^3}{4}\right) = \frac{b \cdot d^3}{12} + b \cdot d \cdot a^2$$
>
> $$= Ix + A \cdot a^2$$

2次半径を検討することとなる．

4・6　断面極2次モーメント　I_P〔mm^4〕

断面極2次モーメントは，部材のねじれに対しての強さを表し，大きいほどねじれにくいことになる．図4・7の図心に関する断面極2次モーメントは，次式で表される．

$$I_P = I_x + I_y = \frac{b \cdot d^3}{12} + \frac{b^3 \cdot d}{12} = \frac{b \cdot d}{12}(d^2 + b^2)$$

これは，X軸に関する断面2次モーメントと，Y軸に関する断面2次モーメントとの和である．

【問題1】　図のような長方形断面のX軸についての断面性能に関する次の記述のうち，誤っているものはどれか．
1．断面二次半径は，断面二次モーメントを断面積で除した値の平方根である．
2．高さDが2倍になれば，断面二次モーメントは8倍となる．
3．断面係数は，断面二次モーメントを高さDで除した値である．
4．幅Bが2倍になれば，断面二次モーメントは2倍となる．
5．幅Bが2倍になれば，断面係数は2倍となる．

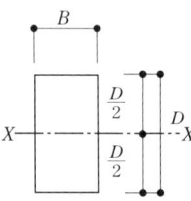

【問題2】　図のような長方形断面のX軸及びY軸に関する断面二次モーメントをそれぞれI_X，I_Yとしたとき，それらの比$I_X : I_Y$として，正しいものは，次のうちどれか．

	I_X : I_Y
1．	1 : 4
2．	1 : 2
3．	1 : 1
4．	2 : 1
5．	4 : 1

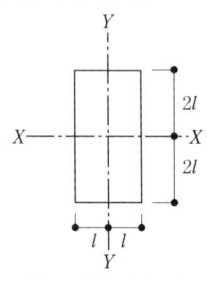

【問題3】　図のようなH型断面のX軸に関する断面二次モーメントの値として，正しいものは，次のうちどれか．
1．76cm^4
2．180cm^4
3．214cm^4
4．428cm^4
5．500cm^4

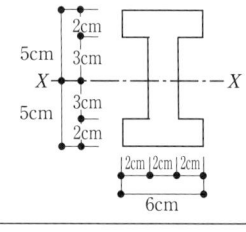

【問題4】　図のような長方形断面のX軸に関する断面二次モーメントの値として，正しいものは，次のうちどれか．
1．500cm^4
2．800cm^4
3．1,600cm^4
4．2,000cm^4
5．2,400cm^4

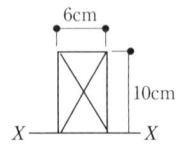

【問題5】　図のような断面のX軸に関する断面二次モーメントと断面係数をそれぞれ求める式の組合せとして，正しいものは，次のうちどれか．

	断面二次モーメント	断面係数
1．	$\frac{B(D^3-d^3)}{24}$	$\frac{B(D^3-d^3)}{12D}$
2．	$\frac{B(D^3-d^3)}{24}$	$\frac{B(D^3-d^3)}{12d}$
3．	$\frac{B(D^3-d^3)}{12}$	$\frac{B(D^3-d^3)}{6D}$
4．	$\frac{B(D^3-d^3)}{12}$	$\frac{B(D^3-d^3)}{6d}$
5．	$\frac{B(D^3+d^3)}{12}$	$\frac{B(D^3+d^3)}{6D}$

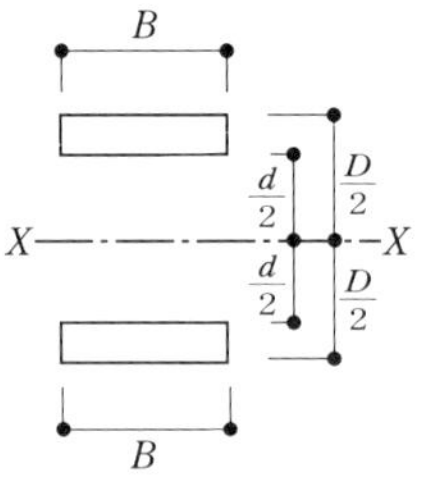

【問題6】　図のようなみぞ形断面のX軸に関する断面二次モーメントを求める式として，正しいものは，次のうちどれか．

1．$\frac{BH^3-bh^3}{12} - (BH-bh)\left(\frac{H}{2}\right)^2$
2．$\frac{BH^3-bh^3}{12} + (BH-bh)\left(\frac{H}{2}\right)^2$
3．$\frac{BH^3+bh^3}{12} - (BH-bh)\left(\frac{H}{2}\right)^2$
4．$\frac{BH^3+bh^3}{12} - (BH+bh)\left(\frac{H}{2}\right)^2$
5．$\frac{BH^3+bh^3}{12} + (BH-bh)\left(\frac{H}{2}\right)^2$

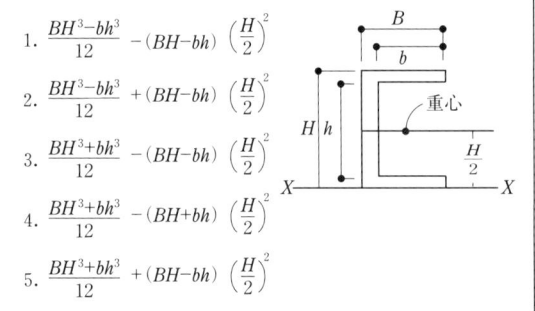

図4・6 強軸と弱軸

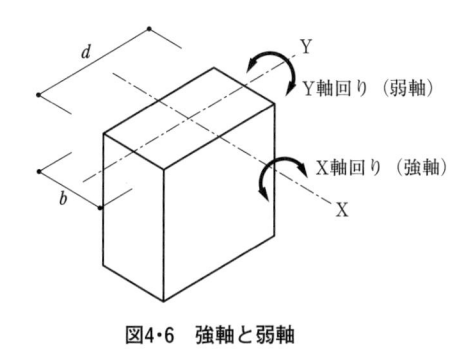

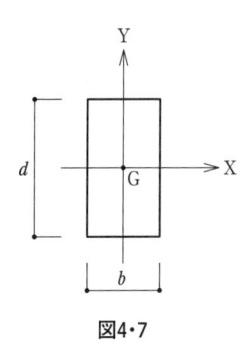

図4・7

5　応力度

5・1　応力度

(1) 応力度の種類

構造物に外力が作用したとき，構造物を構成する部材の断面に応力が作用することになるが，この応力を部材の断面積で除したものが，単位面積あたりの応力となる．これを応力度といい，垂直応力度（σ），せん断応力度（τ），曲げ応力度の（σ_b）の3種類がある．

(2) 垂直応力度　σ

垂直応力度は，材軸方向すなわち部材の断面に垂直な方向に作用する応力（図5・1）を断面積で除したもので，次式で表される．

$$\text{垂直応力度}(\sigma) = \frac{\text{応力}(N)}{\text{断面積}(A)} \qquad \text{単位}[\text{N/mm}^2]$$

軸方向力に引張（＋），圧縮（－）があったように，垂直応力度にも引張，圧縮があり，引張に作用する応力度を引張応力度（＋），圧縮に作用する応力度を圧縮応力度（－）という．記号は引張応力度をσ_t，圧縮応力度をσ_cで表す．

(3) せん断応力度　τ

せん断応力度は，材軸に直角に作用する応力（図5・2）を断面積で除したもので，これを単純せん断応力度といい，次式で表される．

$$\text{単純せん断応力度}(\tau) = \frac{\text{せん断力}(Q)}{\text{断面積}(A)} \qquad \text{単位}[\text{N/mm}^2]$$

せん断応力度は，実際にはせん断力と曲げモーメントが同時に生じるため，その影響を考慮すると一定の値とならず，図5・3のような分布となる．

図5・3の式より，最大せん断応力度を求めると，次式で表される．

$$\tau_{max} = \kappa \frac{Q}{A}$$

τ_{max}：最大せん断応力度
κ：断面によって決まる係数
　　　長方形断面のとき　$\kappa = 1.5$
　　　円形断面のとき　$\kappa = \frac{4}{3}$
Q：せん断力
A：断面積

(4) 曲げ応力度　σ_b

図5・4のような単純ばりに集中荷重Pが作用すると，はりは下に凸となるような変形をし，はりの内部には材軸（中立軸）を境にして，下側が引張応力，中立軸で0，上側が圧縮応力を受ける．このように，材が曲げ応力を受けたときに発生する応力度を，曲げ応力度といい，引張応力度，圧

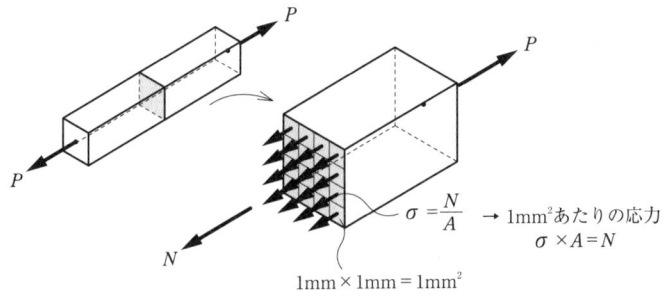

図5・1 垂直応力度

$$\sigma = \frac{N}{A} \rightarrow 1mm^2 あたりの応力$$
$$\sigma \times A = N$$

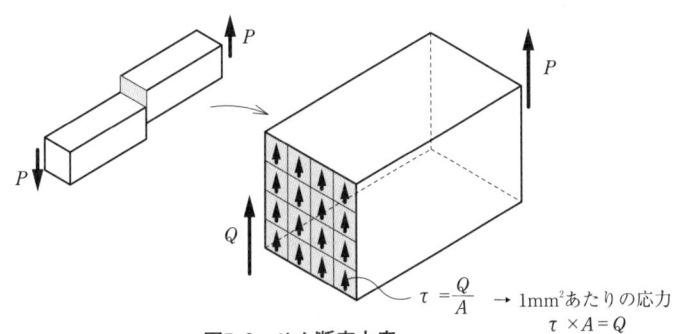

図5・2 せん断応力度

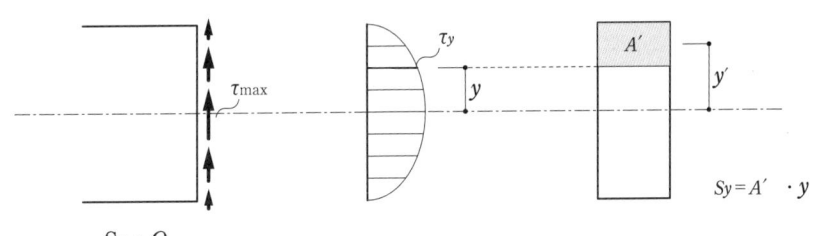

$$\tau = \frac{Q}{A} \rightarrow 1mm^2 あたりの応力$$
$$\tau \times A = Q$$

$$\tau_y = \frac{Sy \cdot Q}{b \cdot I}$$

$Sy = A' \cdot y$

τ_y：中立軸からy離れた断面でのせん断応力度
Q：その断面に作用するせん断力
b：中立軸からy離れた断面での断面の幅
I：中立軸に関する断面2次モーメント
Sy：yから断面の縁までの，中立軸に関する断面1次モーメント

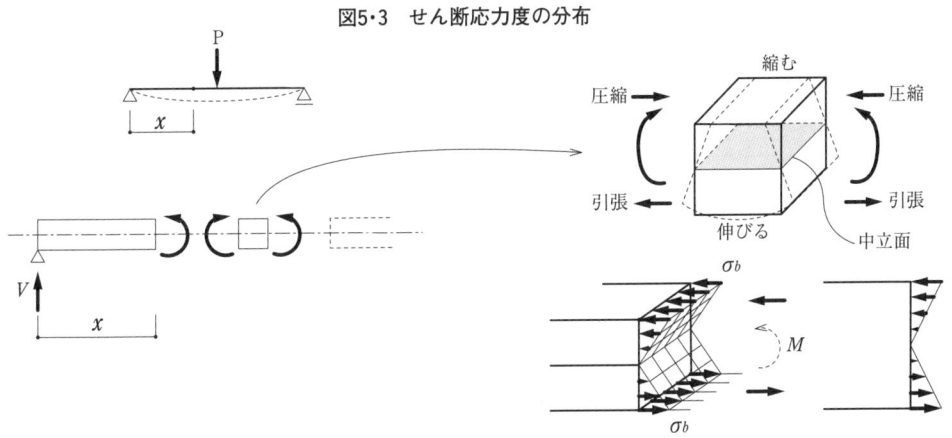

図5・3 せん断応力度の分布

図5・4 曲げ応力度

縮応力度の両方が同時に発生する．部材の設計上重要なものは，同図曲げ応力度が最大となる中立軸から最も遠い点（断面の上下端）に生ずる縁応力度であり，次式で表される．

$$\sigma_\text{上} = \frac{M}{I} y_\text{上} = \frac{M}{Z_\text{上}} \qquad \sigma_\text{下} = \frac{M}{I} y_\text{下} = \frac{M}{Z_\text{下}}$$

$$Z_\text{上} = Z_\text{下} のとき \quad \sigma_b = \frac{M}{Z}$$

(5) 組み合わせ応力を受ける材の応力度

①軸方向力と曲げモーメントを受ける材の応力度

図5・5のように軸方向力と曲げモーメントを同時に受ける場合，軸方向力から垂直応力度，曲げモーメントから曲げ応力度を受ける．垂直応力度に関しては，軸力から引張か圧縮かどちらかの応力を受けるが，曲げ応力度に関しては，引張応力度と圧縮応力度の両方が同時に発生するため，同図（b）のように分けて考え合成する．したがって，軸方向力と曲げモーメントを受ける材の断面の最大応力度は，次式で表される．

$$Z_\text{右} = Z_\text{左} のとき \quad \sigma_\text{max} = \pm \frac{N}{A} \pm \frac{M}{Z} \cdots\cdots\cdots 式5\text{-}1$$

②偏心荷重を受ける材の応力度

図5・6のような材軸からずれた位置に軸方向力を受ける（このような荷重を偏心荷重という）場合，軸方向力 N と偏心によるモーメント $M = N \cdot e$ が同時に作用していると考え，式5-1の M に $N \cdot e$ を代入して求める．

偏心荷重を受ける場合，N の大きさは無関係で，偏心距離 e によって断面に生じる応力が図5・6（c）のように変化する．偏心荷重が，断面の中心から偏心方向の断面の長さの1/6以内（図5・6(d)のアミ掛け部分）に作用すれば，断面に引張力が発生しないということになり，この斜線の境界上では一端の縁応力が0となる．この断面のアミ掛け部分を断面の核という．

(6) 許容応力度

構造物を構成する部材は，木造であれば木材，鉄筋コンクリート造であれば鉄筋とコンクリート，鉄骨であれば鋼材と，それぞれ決まった建築材料によって造られる．したがって，構造物の強さは各建築材料の強度によって左右される．

構造物に外力が作用すれば，それぞれの部材には応力が発生し，断面に応力度の大きさが決まるが，この応力度が，材料の強度よりも小さければ，その部材は外力に対して抵抗できることとなり，しいては構造物が外力に抵抗できる，ということになる．

このように，外力に対して部材が破壊されることなく，変形も使用上差し支えのない範囲の量であって，材料が使用できる範囲の限界の応力度を，許容応力度といい，各材料によって，許容応力度＝基準の強さ（F）÷安全率（n）の考え方により，その値が定められている．

5・2 部材の変形

(1) ひずみ度 ε

図5・7(a)のように，部材の材軸方向に応力が作用しているとき，引張応力であれば伸びて，圧縮応力であれば縮むといったように，部材はその長さを変える．これを縦ひずみ度（ε：イプシロン）といい，次式で表される．

(b) 応力の分解

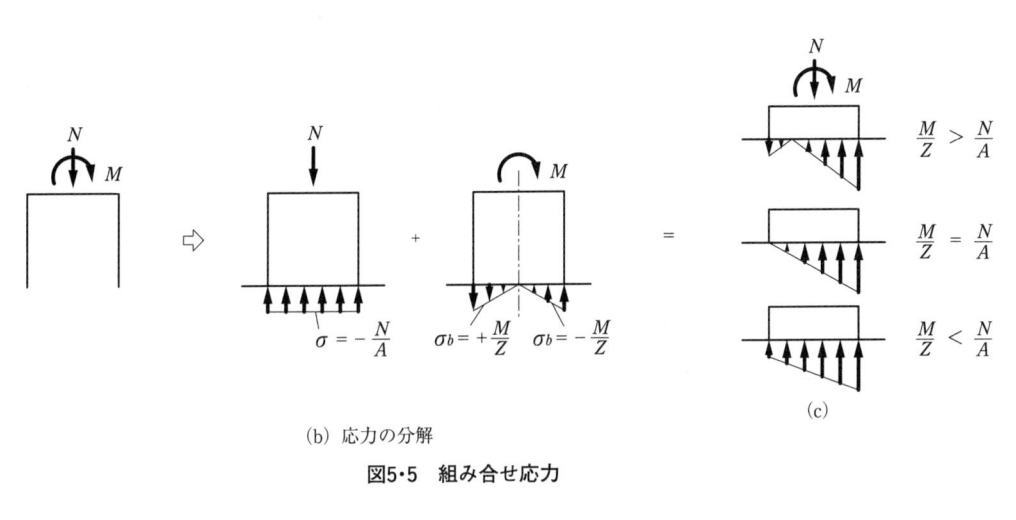

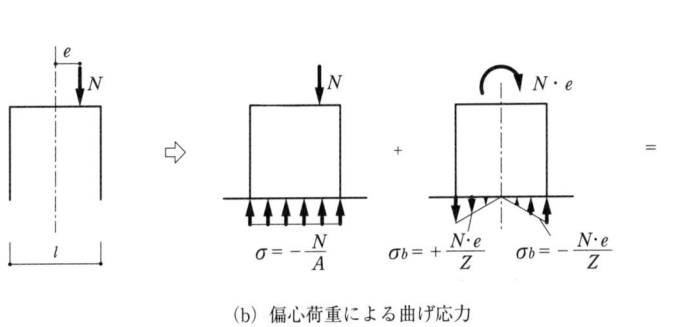

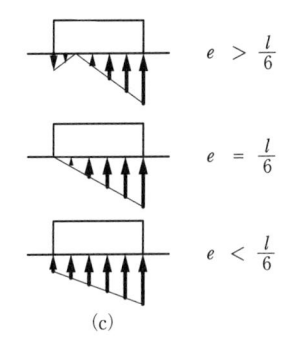

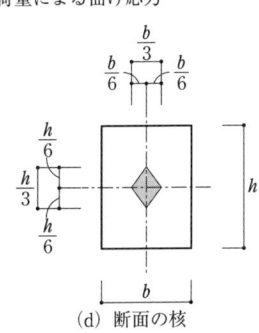

図5・5 組み合せ応力

(b) 偏心荷重による曲げ応力

(d) 断面の核

図5・6 偏心荷重を受ける材の応力度

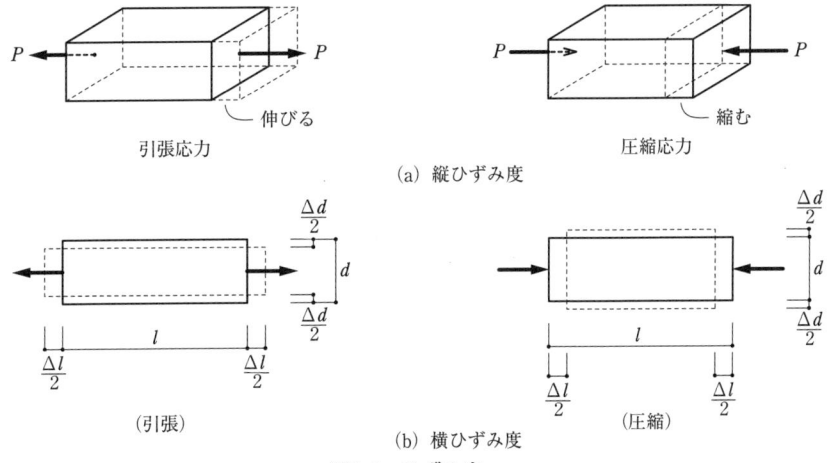

(a) 縦ひずみ度

(b) 横ひずみ度

図5・7 ひずみ度

$$\varepsilon = \frac{\Delta l}{l}$$

ε ：縦ひずみ度〔単位なし〕
Δl：変形した長さ〔mm〕
l ：元の長さ〔mm〕

また，図(b)のように縦方向に対して横方向は，部材が伸びれば細くなり，縮めば太くなる．これを横ひずみ度といい，次式で表される．

$$\varepsilon' = \frac{\Delta d}{d}$$

ε'：横ひずみ度〔単位なし〕
Δd：変形した長さ〔mm〕
d ：元の幅〔mm〕

(2) ポアソン比 m

縦ひずみ度 ε と横ひずみ度 ε' の比をポアソン比（m）といい，次式で表される．

$$m = \frac{\varepsilon}{\varepsilon'} = \frac{\frac{\Delta l}{l}}{\frac{\Delta d}{d}} = \frac{d \cdot \Delta l}{l \cdot \Delta d}$$

これは比であるので，単位はなく，鋼材では $\frac{4}{5}$，コンクリートでは約 $\frac{4}{5}$ となっている．

(3) せん断ひずみ度 γ

図5・8のように部材にせん断力が作用して，δ のひずみ度が生じたときの角度変化をせん断ひずみ度（γ：ガンマ）といい，次式で表される．

$$\gamma = \frac{\delta}{d}$$

ひずみ度 γ はラジアンで表される．

(4) ヤング係数 E

図5・9は鋼材の応力度とひずみ度の模式図である．降伏点までは応力度とひずみ度が正比例の関係にあり，応力が n 倍になれば変形も n 倍となり，応力を取り除くと変形は元の状態に戻る．このような性質を持つものを弾性体といい，この応力度とひずみ度の一定の比率（図上の弾性域での傾き E）をヤング係数（E）といい，次式で表される．この値が大きいほど，変形しにくい材料となる．

$$E = \frac{\sigma}{\varepsilon}$$

代表的な材料のヤング係数の一般値を，表5・1に示す．

一方，降伏点を超える力が作用した場合，応力度とひずみ度の比例関係が崩れ，応力度が一定にも関わらず，ひずみのみが大きくなり，その状態になってから応力を取り除いても，ひずみは戻らない状態となる（図5・10）．このような性質を塑性といい，残ったひずみを残留ひずみ（永久ひずみ）という．

(5) せん断弾性係数 G

せん断応力度 τ とせん断ひずみ度 γ との関係も，ヤング係数と同様に定義されており，次式で

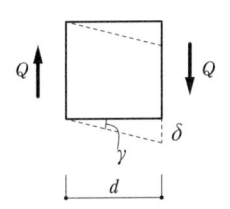

図5・8 せん断ひずみ度

$\sigma = E \cdot \varepsilon$

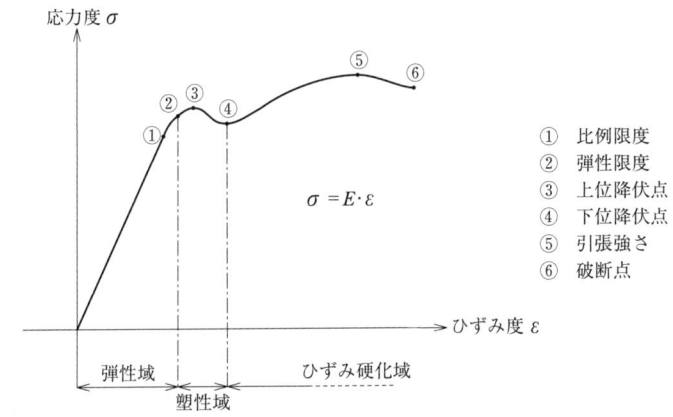

① 比例限度
② 弾性限度
③ 上位降伏点
④ 下位降伏点
⑤ 引張強さ
⑥ 破断点

弾性域
塑性域
ひずみ硬化域

図5・9 鋼材の応力度とひずみ度（模式図）

表5・1 代表的な材料のヤング係数

材　　料	ヤング係数〔N/mm²〕
鋼　　材	2.1×10^5
コンクリート	2.1×10^4
木材（スギ）	0.7×10^4

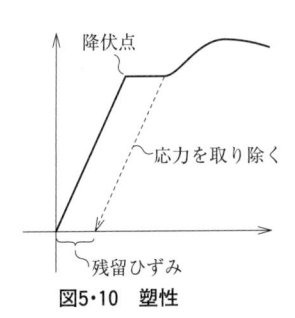

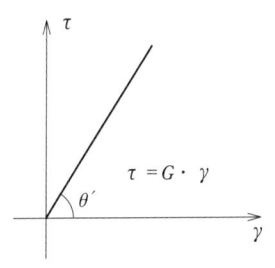

図5・10 塑性

$\tau = G \cdot \gamma$

図5・11 せん断弾性係数

表される.
$$G = \frac{\tau}{\gamma}$$

せん断応力度とひずみ度の関係は，図 5·11 のようになる．単位は，ヤング係数と同様に〔N/mm²〕となる．

なお，ポアソン比 m，ヤング係数 E，せん断弾性係数 G の間には，次の関係が成立する．
$$G = \frac{E}{2(1+m)}$$

(6) はりのたわみ δ，たわみ角 θ

図 5·12(a) のように，はりに外力が作用したときはりは変形する．図 5·12(b) のように材軸に直角方向に変形した長さをたわみ（δ：デルタ）といい，たわみ曲線（たわんだ形状）の接線と元の材軸とのなす角度をたわみ角（θ：シータ）という．

はりの最大たわみ，最大たわみ角は，次式で表される．

$$\delta_{max} = C \cdot \frac{P \cdot l^3}{EI} \qquad \theta_{max} = C' \cdot \frac{P \cdot l^2}{EI}$$

C, C'：支点と荷重の状態で定まる定数（表 5·2）
P：はりに作用する荷重〔N〕〔kN〕
　　（等分布荷重の場合 $P = w \cdot l$，w：単位長さあたりの荷重）
l：スパン〔m〕，〔cm〕
E：ヤング係数〔N/mm²〕，〔kN/cm²〕
I：断面 2 次モーメント〔mm⁴〕，〔cm⁴〕

上式から，はりのたわみ，たわみ角は荷重の大きさ，スパンの 3 乗（2 乗）に比例し，ヤング係数，断面 2 次モーメントの大きさに反比例する．すなわち，荷重が大きい，スパンが長い，ヤング係数が小さい，断面 2 次モーメントが小さいといった状態ほど，変形が大きくなる．なお，ヤング係数と断面 2 次モーメントの積 $E \cdot I$ を曲げ剛性といい，部材の変形のしにくさを表す指標となる．

5·3 座屈

部材に作用する外力が増加すると，応力度が材料の許容応力度に達する前に，ある点で急に変形する．この現象を座屈という．図 5·13 のように部材の位置，外力の作用状態により，曲げ座屈，横座屈，局部座屈などが発生する．座屈は構造物にとって，急激に崩壊してしまう原因にもなるので，十分な検討が必要である．

(1) 座屈方向と座屈軸

座屈は図 5·14 のように，通常，断面の弱い方（断面 2 次モーメントの小さい方）に部材が折れるようにして発生する．この断面の弱い軸を座屈軸（弱軸：同図における Y 軸）といい，座屈についての検討は弱軸について行う．

(2) 座屈長さ l_k

同じ長さの部材でも，部材の両端の支持の状態によって，座屈の形状が異なる．この座屈の形状の長さを座屈長さといい，代表的なものについては表 5·3 のようになる．

図5・12 はりのたわみδとたわみ角θ

(a) 外力と変形
(b) たわみとたわみ角

表5・2 単純ばりと片持ばりの最大たわみ・たわみ角

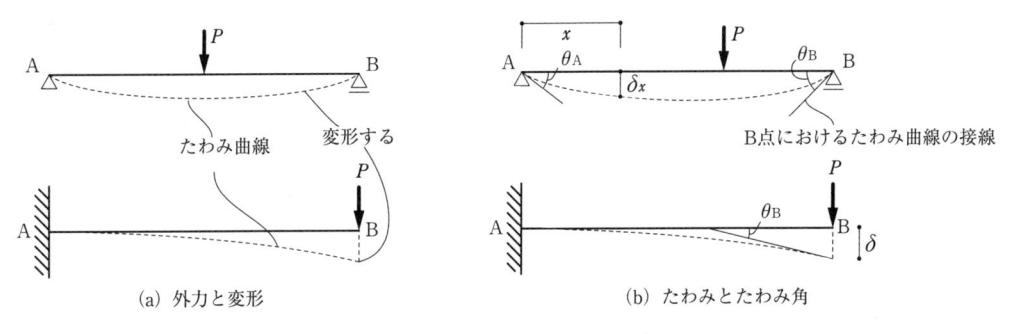

	荷重状態	たわみ (δ)	たわみ角 (θ)
片持ばり	(P, l)	$\delta = \dfrac{1}{3} \cdot \dfrac{Pl^3}{EI}$	$\theta = \dfrac{1}{2} \cdot \dfrac{Pl^2}{EI}$
	$W = wl$, w, l	$\delta = \dfrac{1}{8} \cdot \dfrac{Wl^3}{EI} = \dfrac{1}{8} \cdot \dfrac{wl^4}{EI}$ ＊$W=wl$	$\theta = \dfrac{1}{6} \cdot \dfrac{Wl^2}{EI} = \dfrac{1}{6} \cdot \dfrac{wl^3}{EI}$ ＊$W=wl$
	M, l	$\delta = \dfrac{Ml^2}{2EI}$	$\theta = \dfrac{Ml}{EI}$
単純ばり	(P, l)	$\delta = \dfrac{1}{48} \cdot \dfrac{Pl^3}{EI}$	$\theta = \dfrac{1}{16} \cdot \dfrac{Pl^2}{EI}$
	$W = wl$, w, l	$\delta = \dfrac{5}{384} \cdot \dfrac{Wl^3}{EI} = \dfrac{5}{384} \cdot \dfrac{wl^4}{EI}$ ＊$W=wl$	$\theta = \dfrac{1}{24} \cdot \dfrac{Wl^2}{EI} = \dfrac{1}{24} \cdot \dfrac{wl^3}{EI}$ ＊$W=wl$
	M, l	$\delta = \dfrac{Ml^2}{9\sqrt{3}EI}$	$\theta_A = \dfrac{Ml}{3EI}$ $\theta_B = \dfrac{Ml}{6EI}$

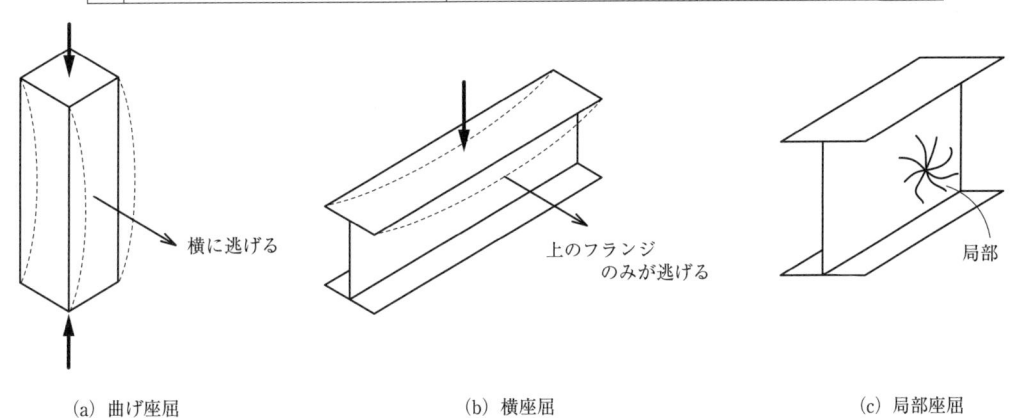

(a) 曲げ座屈 — 横に逃げる
(b) 横座屈 — 上のフランジのみが逃げる
(c) 局部座屈 — 局部

図5・13 座屈

(3) 弾性座屈荷重

弾性座屈荷重とは，部材が圧縮力を受けて座屈を起こすときの荷重をいい，次式で表される．

$$P_K = \frac{\pi^2 \cdot E \cdot I}{l_K^2}$$

E：ヤング係数〔N/mm²〕，〔kN/cm²〕
I：座屈軸に関する断面2次モーメント〔mm⁴〕，〔cm⁴〕
l_k：座屈長さ〔mm〕，〔cm〕

また，細長比 λ を用いて上式は，次のようにも表される．

$$P_K = \frac{\pi^2 \cdot E \cdot A}{\lambda^2} \qquad \lambda = \frac{l_K}{i} \qquad i = \sqrt{\frac{I}{A}}$$

λ：座屈軸に関する細長比
i：座屈軸に関する断面2次半径〔mm〕，〔cm〕

以上の式から弾性座屈荷重には表5・4のような性質がある．

図5・15のような材端条件の異なる柱の弾性座屈荷重を比較する場合，同一断面，同一材料でできているとすると，曲げ剛性 $E \cdot I$ は等しくなるので，弾性座屈荷重の式より，座屈長さを考慮すればよい．

A：$l_k = 2 \cdot l = 2 \times 4 = 8\text{m}$　　　$P_A \propto \frac{1}{8^2} = \frac{1}{64}$

B：$l_k = l = 4 = 4\text{m}$　　　$P_B \propto \frac{1}{4^2} = \frac{1}{16}$

C：$l_k = 0.5 \cdot l = 0.5 \times 4 = 2\text{m}$　　　$P_C \propto \frac{1}{2^2} = \frac{1}{4}$

よって，弾性座屈荷重の比は $P_A : P_B : P_C = 1 : 4 : 16$ となり，P_C が最大となる．

図5・14 強軸と弱軸

表5・3 座屈長さ

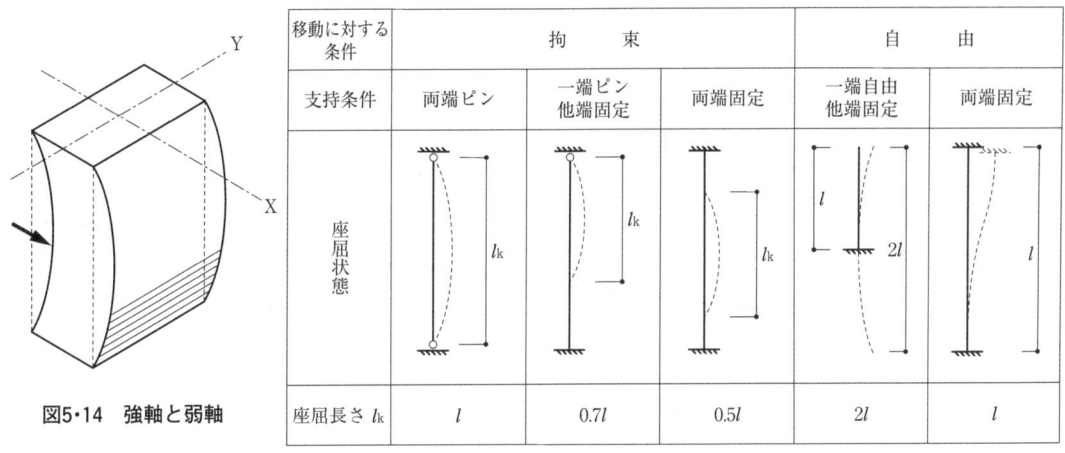

移動に対する条件	拘束			自由	
支持条件	両端ピン	一端ピン 他端固定	両端固定	一端自由 他端固定	両端固定
座屈状態	l_k	l_k	l_k	l / $2l$	l
座屈長さ l_k	l	$0.7l$	$0.5l$	$2l$	l

※部材長さはすべてl

表5・4 弾性座屈荷重の性質

①弾性荷重が大きいほど，座屈しにくい．
②ヤング係数Eが大きいほど，座屈しにくい．
③断面2次モーメントIが大きいほど，座屈しにくい．
④曲げ剛性$E・I$が大きいほど，座屈しにくい（②，③より）．
⑤座屈長さl_kが短いほど座屈しにくく，弾性座屈荷重は座屈長さの2乗に比例する．
⑥細長比が小さいほど（断面2次半径が大きいほど），座屈しにくい．

A
$l_k = 2・l$
一端自由
一端固定

B
$l_k = l$
両端ピン
水平移動拘束

C
$l_k = 0.5・l$
両端固定
水平移動拘束

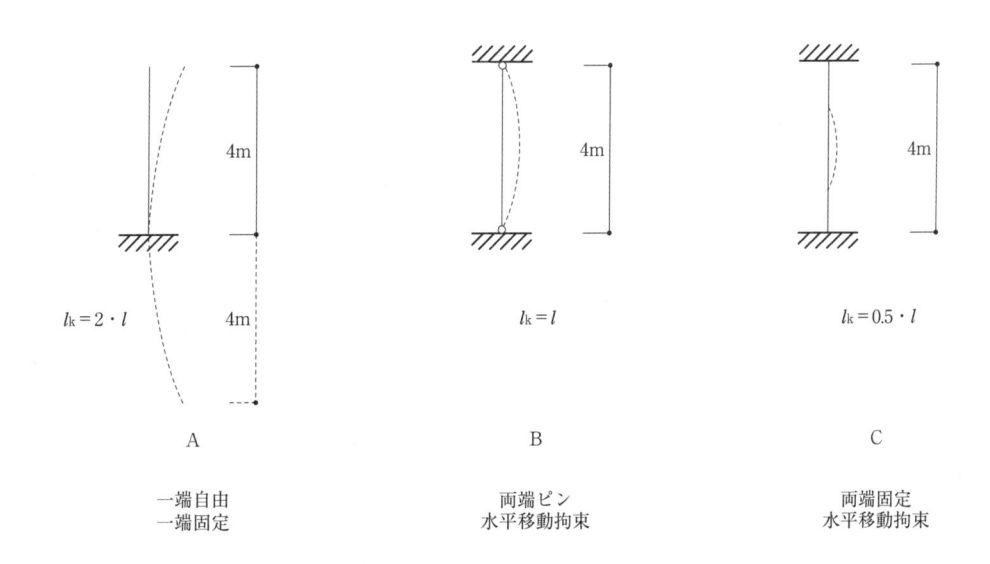

図5・15 座屈荷重の計算例

【問題1】 構造力学に関する次の用語のうち，単位が断面係数と同じものはどれか．
1．剛度
2．曲げモーメント
3．ヤング係数
4．せん断応力度
5．断面二次モーメント

【問題2】 図のような荷重を受ける片持ばりに断面 12cm×20cm の部材を用いた場合，最大曲げ応力度力度が 100N/cm² となるときのはりの長さ l の値として，正しいものは，次のうちどれか．ただし，部材の自重は無視するものとする．
1．80cm
2．90cm
3．100cm
4．110cm
5．120cm

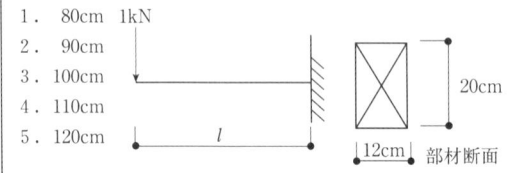

【問題3】 図のような荷重を受ける単純ばりに断面 12cm×20cm の部材を用いたとき，その部材に生じる最大曲げ応力度として，正しいものは，次のうちどれか．ただし，部材の自重は無視するものとする．
1．500N/cm²
2．750N/cm²
3．1,125N/cm²
4．1,250N/cm²
5．1,875N/cm²

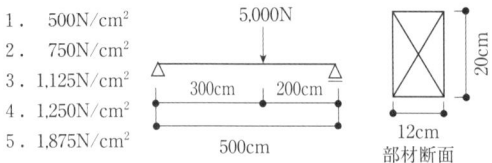

【問題4】 図のような荷重を受ける単純ばりに断面 20cm×30cm の部材を用いた場合，その部材が許容曲げモーメントに達するときの荷重 P として，正しいものは，次のうちどれか．ただし，部材の許容曲げ応力度は 1,000N/cm² とし，自重は無視するものとする．
1．12,000N
2．15,000N
3．18,000N
4．24,000N
5．30,000N

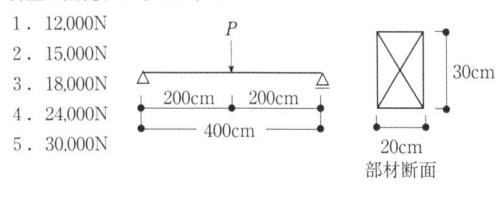

【問題5】 図のような集中荷重 P を受ける単純ばりに A，B の部材を用いる場合，部材 B の許容曲げモーメントの大きさを部材 A と等しくするための部材 B の幅 x の値として，正しいものは，次のうちどれか．ただし，部材 A，B はともに同じ材料とする．
1．12cm
2．15cm
3．18cm
4．24cm
5．27cm

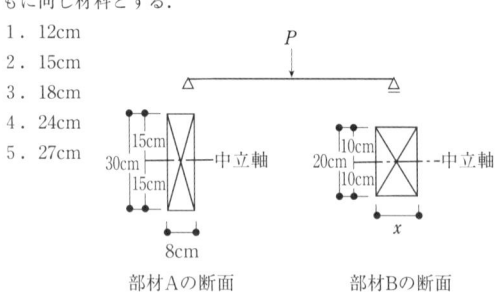

【問題6】 中心圧縮力を受ける単一の長柱における弾性座屈荷重 N_K に関する下記の文中の □ に当てはまる用語の組合せとして，正しいものは，次のうちどれか．
「弾性座屈荷重 N_K は， ア に無関係であって， イ に比例し， ウ の2乗に反比例する．」

	ア	イ	ウ
1．	ヤング係数	座屈長さ	曲げ剛性
2．	材料の強度	曲げ剛性	座屈長さ
3．	曲げ剛性	材料の強度	ヤング係数
4．	ヤング係数	材料の強度	座屈長さ
5．	材料の強度	座屈長さ	曲げ剛性

【問題7】 図のような材の長さと材端の支持条件が異なる柱 A，B，C の座屈荷重をそれぞれ P_A，P_B，P_C としたとき，それらの大小関係として最も適当なものは次のうちどれか．ただし，すべての柱の材質及び断面形状は同じものとする．
1．$P_A > P_B > P_C$
2．$P_A > P_C > P_B$
3．$P_B > P_A > P_C$
4．$P_C > P_A > P_B$
5．$P_C > P_B > P_A$

【問題8】 図のような長さ l の柱（材端条件は，両端固定，水平移動拘束とする．）に圧縮力 P が作用したとき，次の l と I の組合せのうち，弾性座屈荷重が最も大きくなるものはどれか．ただし，I は断面二次モーメントの最小値とし，それぞれの柱は同一材料で，断面は一様とする．

	l	I
1.	100cm	1,000cm^4
2.	200cm	3,000cm^4
3.	200cm	5,000cm^4
4.	250cm	5,000cm^4
5.	300cm	9,000cm^4

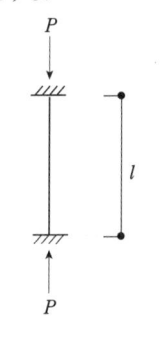

【問題9】 図のような長さ l の柱（柱脚固定）に荷重 P が作用したとき，次の l と I の組合せのうち，弾性座屈荷重が最も大きくなるものはどれか．ただし，I は断面二次モーメントの最小値とし，それぞれの柱は同一材料で，断面は一様とする．

	l	I
1.	100cm	2,000cm^4
2.	100cm	4,000cm^4
3.	150cm	2,000cm^4
4.	150cm	4,000cm^4
5.	200cm	4,000cm^4

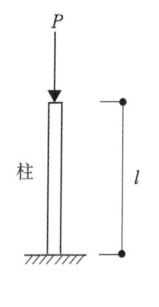

6 不静定構造物の応力

6・1 不静定構造物

不静定構造物とは，部材の応力や反力数が4つ以上あり，つりあい条件式のみでは応力や反力が求められない構造物をいう．静定構造物では，各部材の応力，反力が変形とは無関係に決定されるのに対して，不静定構造物では，各部材の応力，反力が変形を考慮することによってはじめて決定される．長方形ラーメンでは，鉛直荷重の解法に固定法，水平荷重の解法に D 値法が用いられることが多い．

不静定構造物を解くにあたって，支点・節点に生じずる変形，曲げモーメントには次のような性質がある．

① 固定端

固定端に部材を回転させるモーメントが伝わると，支点にモーメント反力が生じ，それとつりあう曲げモーメントが生じる（図6・1(a)）．

② 回転端，移動端

部材の回転が自由なため，支点にはモーメント反力が発生せず，曲げモーメントは0となる（図6・1(b)）．ただし，支点にモーメント荷重が作用している場合は，固定端と同様，部材端に曲げモーメントが生じる．

③ 剛節点

接合部材間の角度が一定であるため，図6・1(c)のような変形にともない曲げモーメントが生じる．この曲げモーメントの値は，節点でそのまま伝わる．

④ 滑節点（ピン節点）

接合部材間の角度が自由に変化するため，図6・1(d)のようにモーメントは0となり，モーメントを伝えることはできない．

6・2 不静定ばり

図6・2のような，はりの反力と応力を求める．反力は図6・2(a)のように4つとなるのでつりあい条件式のみでは解くことはできない．このような場合は重ね合わせの原理を用いて，図6・2(b)のように，等分布荷重が作用している片持ばりとA点における反力 V_A が作用している片持ばりの，2つの静定構造物として考える．

① A点はローラー支点であるので，実際のたわみは生じない． $\therefore \delta_A = -\delta_{A1} + \delta_{A2} = 0$

② 2つの片持ばりのたわみは，以下のようになる（表5・2より）．

$$\delta_{A1} = \frac{1}{8} \cdot \frac{w \cdot l^4}{EI} \qquad \delta_{A2} = \frac{1}{3} \cdot \frac{V_A \cdot l^3}{EI}$$

$-\delta_{A1} + \delta_{A2} = 0$ より，

$$-\frac{1}{8} \cdot \frac{w l^4}{EI} + \frac{1}{3} \cdot \frac{V_A \cdot l^3}{EI} = 0 \qquad \therefore V_A = +\frac{3}{8} \cdot w \cdot l$$

$\Sigma Y = 0 : +V_A - w \cdot l + V_B = 0$ より，

$$\frac{3}{8} \cdot w \cdot l - w \cdot l + V_B = 0 \qquad \therefore V_B = +\frac{5}{8} \cdot w \cdot l$$

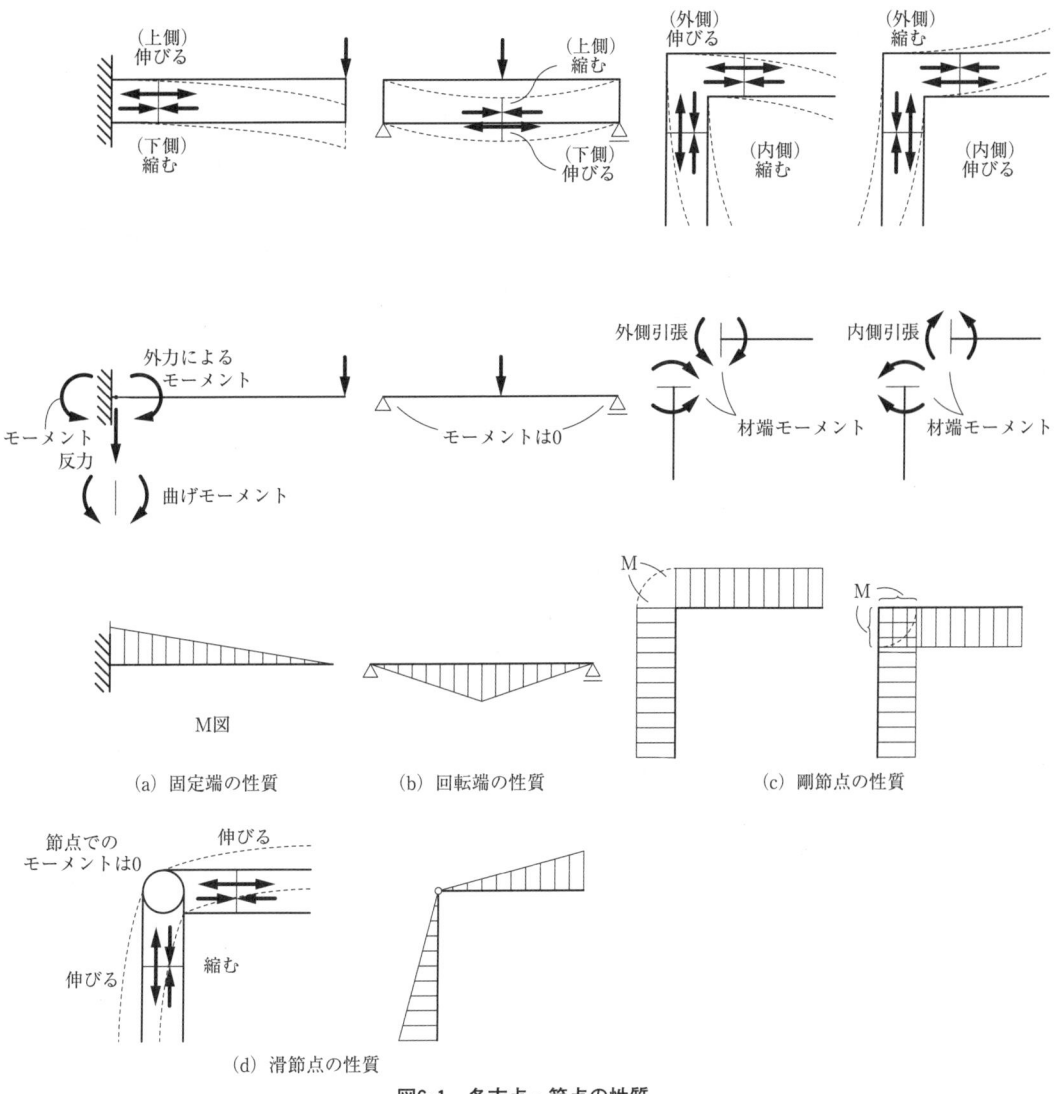

(a) 固定端の性質　　(b) 回転端の性質　　(c) 剛節点の性質

(d) 滑節点の性質

図6・1　各支点・節点の性質

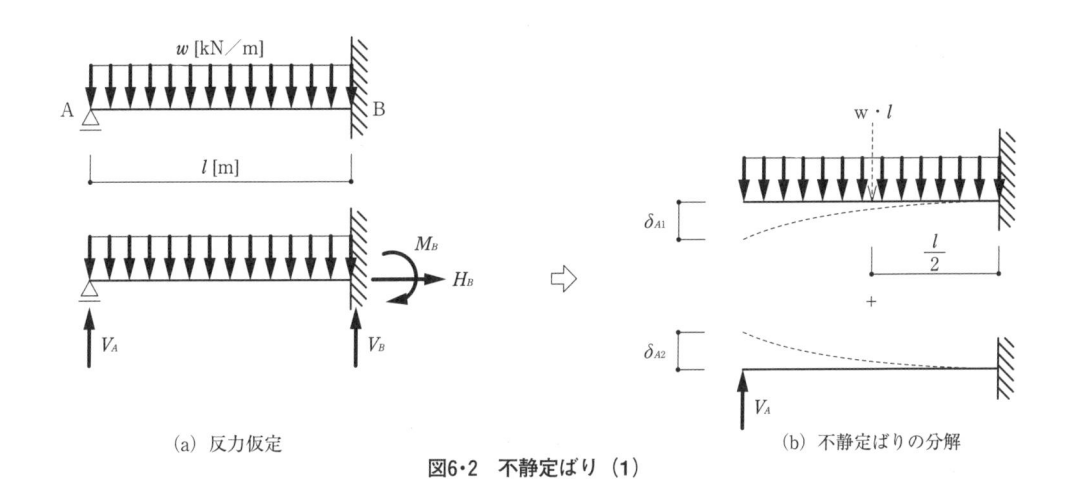

(a) 反力仮定　　(b) 不静定ばりの分解

図6・2　不静定ばり（1）

$$\Sigma M_B = 0: +V_A \times l - w \cdot l \times \frac{l}{2} + M_B = 0$$

$$+\frac{3}{8} \cdot w \cdot l \times l - \frac{w \cdot l^2}{2} + M_B = 0 \qquad \therefore M_B = +\frac{1}{8} \cdot w \cdot l^2$$

③与えられた不静定ばりの反力と応力図は図6・2(c)のようになる．

また，図6・2(d)におけるモーメント図の点線から曲げモーメントの分布を表す2次曲線までの間の鉛直距離は，単純ばりに等分布荷重が加わった場合の曲げモーメントに等しく，B点が固定端であるために反力モーメントの $\frac{w \cdot l^2}{8}$ だけずり上がり，曲げモーメント図が傾斜した状態となっている．

以上のように，不静定ばりはたわみ，たわみ角を利用して反力，応力を求めていく．図6・3に，同様に解いた代表的な不静定ばりの反力と曲げモーメント図を示しておく．

6・3 不静定ラーメン

(1) 剛度 K

剛度とは，ある部材の断面2次モーメントをその部材の長さで除したもので，剛度が大きい部材ほど曲げにくく，剛性が大きい部材となる．剛度は以下のように表される．

$$K = \frac{I}{l}$$

K：剛度〔cm³〕

I：断面2次モーメント〔cm⁴〕

l：部材の長さ〔cm〕

(2) 剛比 k

ラーメン構造は，通常，柱・はり等，複数の部材から構成され，それぞれの部材に剛度が算出される．各部材が，その構造物の中でどのくらいの剛度であるか把握するために，剛比というものを用いる．剛比とは，各部材の標準剛度に対する割合で，次式のように表される．

$$k = \frac{K}{K_0}$$

k：剛比（単位なし）

K_0：標準剛度〔cm³〕

※通常，骨組みを構成する部材の1つを選び，その剛度を標準剛度とする．

(3) 分割モーメント

図6・4のように，不静定ラーメンのC点にモーメント荷重が作用している場合を考える．C点に作用しているモーメント荷重は，柱とはりがそれぞれモーメントを負担して，この外力に抵抗する．柱とはりのC端に分割される材端モーメントを分割モーメントといい，分割モーメントは，各部材の剛比に比例して分割され，次式のように表される．

$$\text{分割モーメント} = \frac{\text{その材の剛比}}{\text{節点に集まる剛比の和}} \times \text{節点のモーメント}$$

また，分割モーメントの和は節点のモーメントと等しくなる．

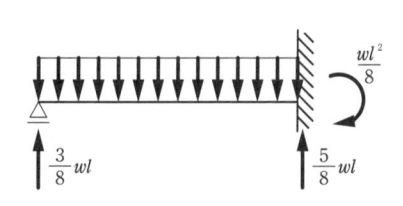

※ N図：材軸方向の力は固定端の水平反力H_Bしか生じず$\Sigma X=0$のため，$H_B=0$となる．したがって，材軸方向の応力は発生しない．

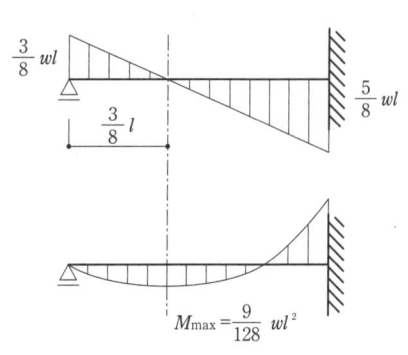

※ M_{max}はせん断力が0となる点である．

$$M_{max} = +\frac{3}{8}wl \times \frac{3}{8}l - w \times \frac{3}{8}l \times (\frac{3}{8}l \times \frac{1}{2})$$
$$= \frac{9}{64}wl^2 - \frac{9}{128}wl^2 = \frac{9}{128}wl^2$$

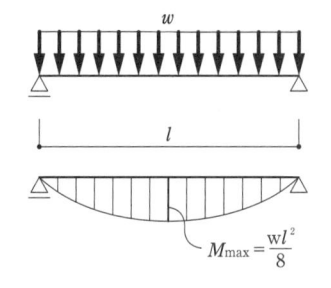

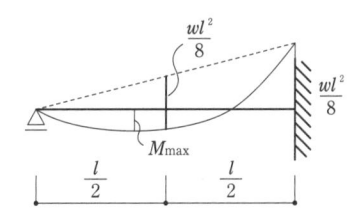

(c) 反力と応力図

(d) 単純ばりとの比較

図6・2 不静定ばり（2）

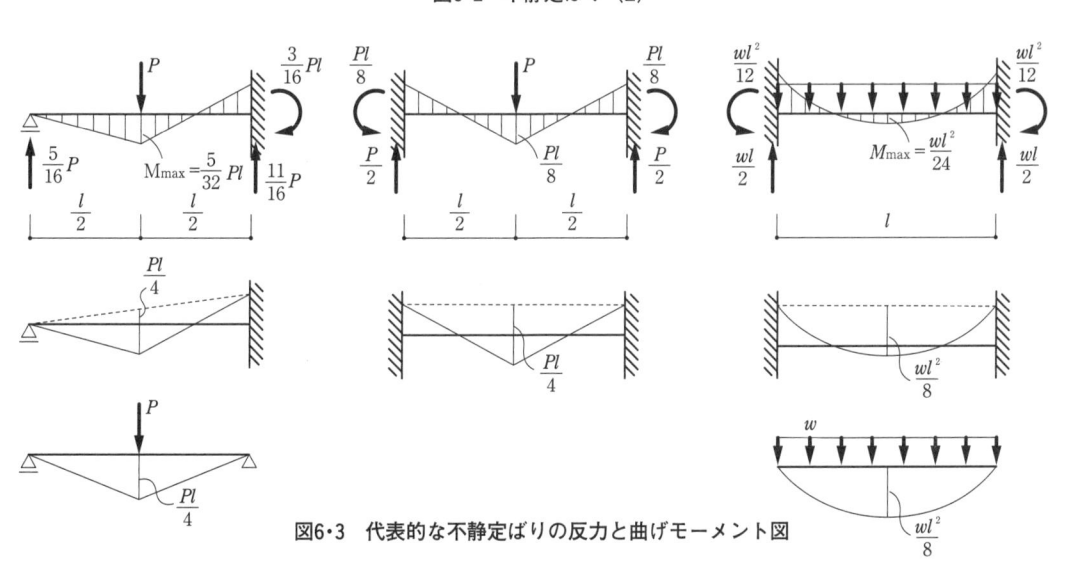

図6・3 代表的な不静定ばりの反力と曲げモーメント図

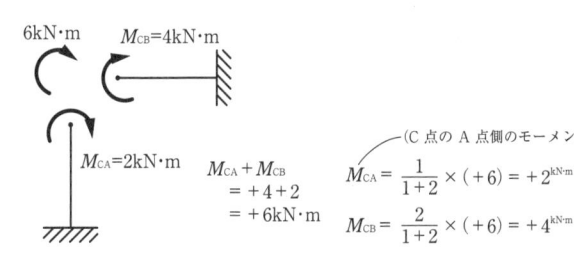

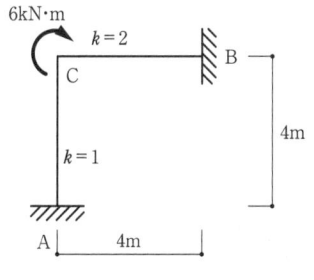

（C点のA点側のモーメント）

$$M_{CA} = \frac{1}{1+2} \times (+6) = +2^{kN \cdot m}$$

$$M_{CB} = \frac{2}{1+2} \times (+6) = +4^{kN \cdot m}$$

$M_{CA} + M_{CB}$
$= +4+2$
$= +6 kN \cdot m$

(a) 不静定ラーメン　　　(b) 分割モーメント

図6・4 不静定ラーメンの解法（1）

87

(4) 到達モーメント

図 6·4 において分割された材端モーメントは，部材の反対側が固定端または剛節点のとき，材端モーメントの一部が伝わる．この伝わったモーメントを到達モーメントといい，次式で表される．

$$\text{到達モーメント} = \text{分割モーメント} \times \frac{1}{2}$$

なお，到達モーメントと分割モーメントの符号は等しく伝わる．

以上の分割モーメントと到達モーメントにより，図 6·4 の構造物の曲げモーメント図は図 6·4 (d) のようになる．

(5) 材端モーメントとせん断力の関係

図 6·5 のように，材端モーメントが生じている部材の中間に外力が作用していない場合，その部材のせん断力は，次式のように表される．

$$Q = -\frac{M_A + M_B}{l}$$

以上の式から，モーメントとせん断力の符号は逆になる．材端モーメントとせん断力の組み合わせ例を，図 6·6 に示す．

(6) 水平力が作用するラーメンの応力

図 6·7 のような，不静定ラーメンに水平力 P が作用する場合を考える．

① 柱に生じるせん断力

柱に生じるせん断力は，柱の剛比に応じて分配され，柱のせん断力の和は，外力（水平力）に等しくなる．したがって，次式のように表すことができる．

$$P = Q_1 + Q_2$$
$$Q_1 = \frac{k_1}{k_1 + k_2} \cdot P \qquad Q_2 = \frac{k_2}{k_1 + k_2} \cdot P$$

② 柱に作用する材端モーメント

柱に作用する材端モーメントを図 6·7(a) のように仮定すると，材端モーメントとせん断力との関係から，次式が成立する．

$$M_{AC} + M_{CA} = Q_1 \times h$$
$$M_{DB} + M_{BD} = Q_2 \times h$$

また，柱の M 図を描くと図 6·7(b) のようになるが，外側引張と内側引張が変わる点を反曲点といい，柱脚からその点までの高さ h_0 を反曲点高という．この h_0 は，柱頭，柱脚の固定度により変化し，h_0 を用いると柱の材端モーメントは以下のように求めることができる．

$$M_{AC} = Q_1 \times h_0 \qquad M_{CA} = Q_1 \times (h - h_0)$$
$$M_{BD} = Q_2 \times h_0' \qquad M_{DB} = Q_2 \times (h - h_0')$$

③ はりに作用する材端モーメント

C 点，D 点はモーメント荷重の作用していない剛節点であるから，材端モーメントはつりあって，0 となる（図 6·7(c)）．したがって，次式の関係が成立する．

$$M_{CA} + M_{CD} = 0 \qquad M_{DB} + M_{DC} = 0$$

したがって，はりの材端モーメントは各柱頭の曲げモーメントと同じ大きさで向きが反対となる（または剛節点であるので，曲げモーメントはそのまま伝わると考えても良い）．

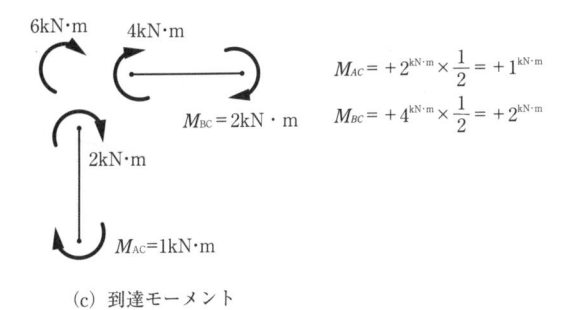

$M_{AC} = +2^{kN·m} \times \dfrac{1}{2} = +1^{kN·m}$

$M_{BC} = 2kN·m$　　$M_{BC} = +4^{kN·m} \times \dfrac{1}{2} = +2^{kN·m}$

$M_{AC} = 1kN·m$

(c) 到達モーメント

(d) モーメントの図

図6・4　不静定ラーメンの解法（2）

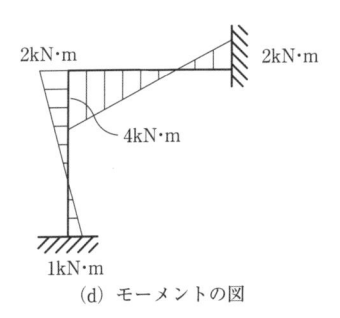

$Q = -\dfrac{M_A}{l}$　　$Q = -\dfrac{+M_A + M_B}{l}$　　$Q = -\dfrac{+M_A - M_B}{l}$

図6・5　材端モーメ
　　　　ントとせん断力

図6・6　材端モーメントとせん断力

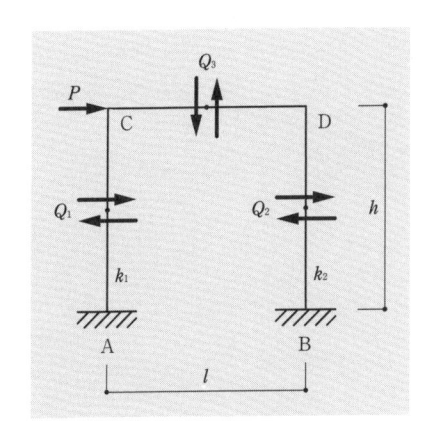

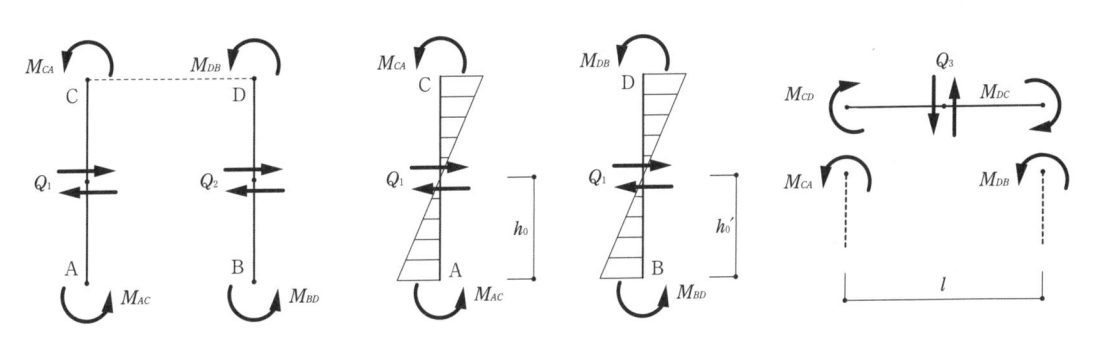

(a) 各柱のせん断力と材端モーメント　　(b) 反曲点　　(c) はりの材端モーメントとせん断力

図6・7　水平力が作用するラーメンの応力（1）

④はりのせん断力

材端モーメントとせん断力の関係から，次式によって求めることができる（図6・7(c)）．

$$Q_3 = -\frac{M_{CD} + M_{DC}}{l}$$

⑤柱の軸方向力

柱の軸方向力は，はりのせん断力 Q_3 と等しく，次式によって求めることができる．

$$N = Q_3$$

以上のことから，応力図を描くと図6・7(d)のようになる．

(7) 主な不静定ラーメンの曲げモーメント図

図6・8のように，骨組みの変形から描いた主な不静定ラーメンの曲げモーメント図を，図6・9に示す．

【問題1】 下図のような荷重を受けるラーメンの曲げモーメント図として，正しいものは，次のうちどれか．

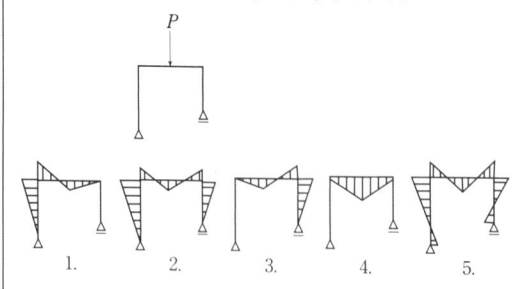

【問題2】 下図のような荷重を受けるラーメンの曲げモーメント図として，正しいものは，次のうちどれか．

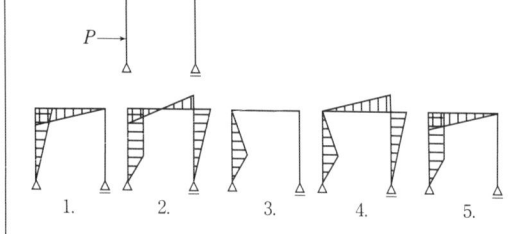

【問題3】 下図の不静定ばりに荷重が作用する場合，その荷重と曲げモーメント図の組み合わせとして誤っているものはどれか．

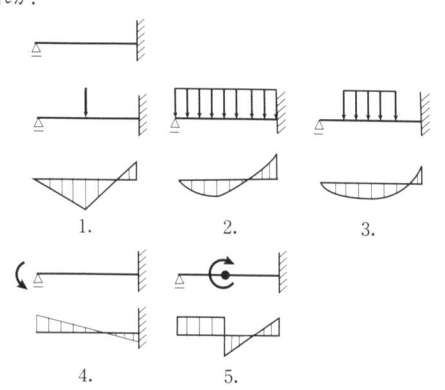

【問題4】 下図のようなラーメンにおいて，柱 A を基準としたときのはり B の剛比として，正しいものは，次のうちどれか．ただし，柱 A とはり B の断面二次モーメントは等しいものとする．

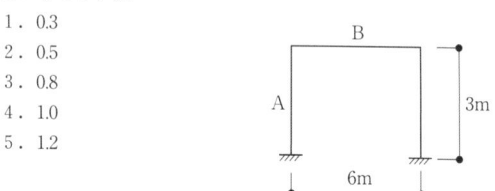

1. 0.3
2. 0.5
3. 0.8
4. 1.0
5. 1.2

【問題5】 下図に示すラーメンの柱の軸方向力とせん断力の値の組合せで，正しいものは，次のうちどれか．

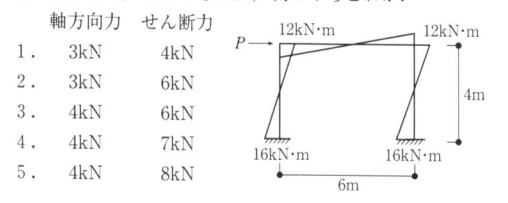

	軸方向力	せん断力
1．	3kN	4kN
2．	3kN	6kN
3．	4kN	6kN
4．	4kN	7kN
5．	4kN	8kN

【問題6】 下図のような荷重を受けるラーメンにおいて A 端，B 端及び C 端に生ずる曲げモーメントの値の組合わせで正しいものは次のうちどれか．ただし，はり OA，OB，柱 OC の材料，断面形状は同一とする．

	A端	B端	C端
1．	2kN·m	2kN·m	2kN·m
2．	2kN·m	4kN·m	4kN·m
3．	3kN·m	3kN·m	3kN·m
4．	3kN·m	1.5kN·m	1.5kN·m
5．	4kN·m	4kN·m	4kN·m

N図 　　　　　　　　　Q図 　　　　　　　　　M図

(d) 応力図

図6・7　水平力の作用するラーメンの応力（2）

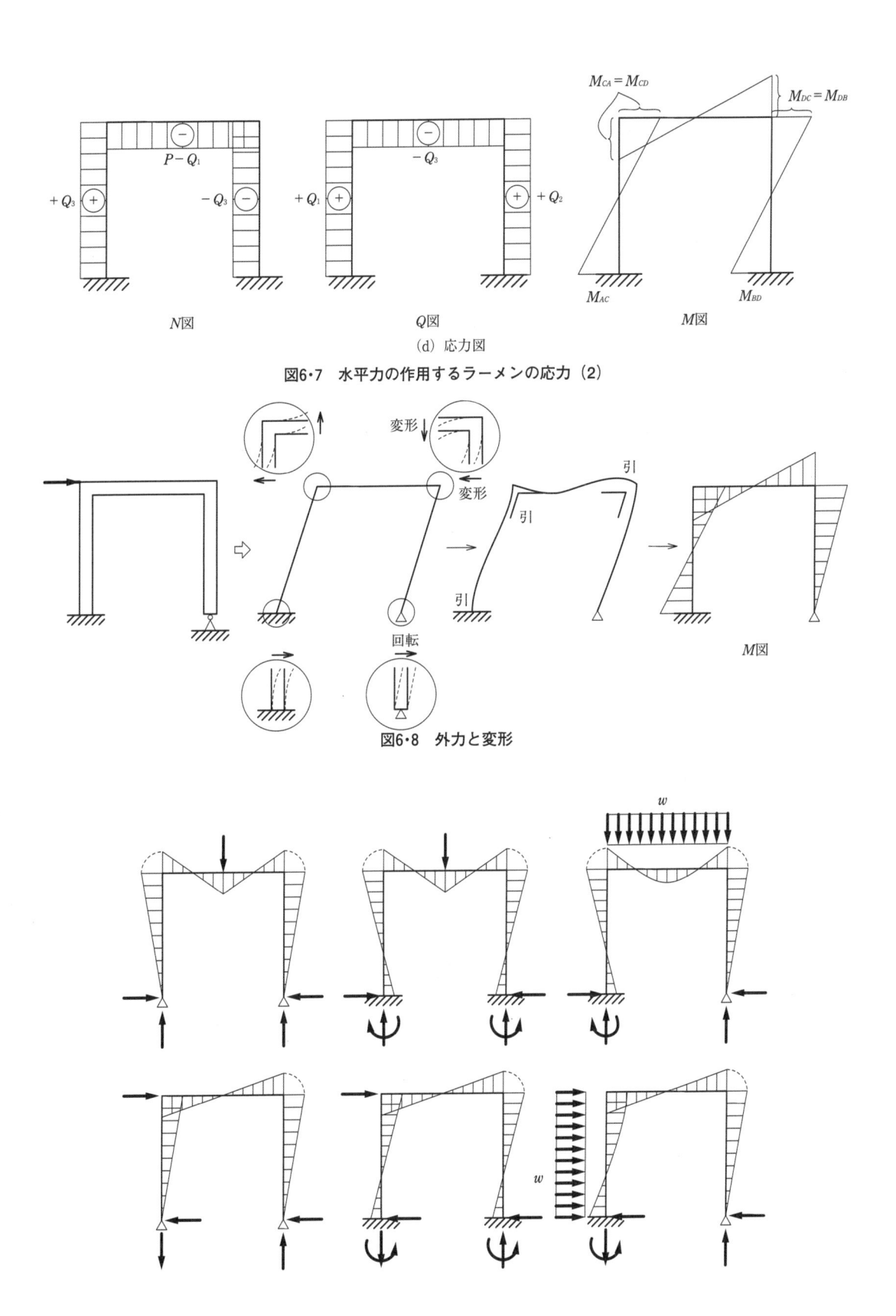

図6・8　外力と変形

図6・9　不静定ラーメンの反力と M 図の例

7 構造設計

7・1 構造計画

　構造計画とは，建物の用途から平面形状，立面形状，規模，適当な構造種別を定め，各種の荷重に対して安全になるように，骨組や耐震壁などの配置等を計画することである．これをもとにして，構造計算を行う．

　構造計画を行うにあたって，次のようなことに留意する．

①建築物の平面形状を単純化する．

　図7・1のように，L型配置やT型，凹型配置，極端に長い建築物等では，エキスパンションジョイント等を用いて構造的に切り離し，構造物を単純な建築物として構造計画を行う．

②基礎は硬い地盤に支持させる．

　地盤が建築物を支えるのに十分に硬くないと，建築物の重みで沈み，それが建築物の建っているところの中で沈む量が異なると，不同沈下を起こす原因となる．また，地盤の変動により，建築物に損傷をきたすこともある．

③平面的なバランスをよくする．

　水平力に抵抗する柱や耐力壁のバランスが悪いと，平面的な重心と剛心の距離が大きくなり，剛心を中心として建築物にねじれが生じ，耐力壁等が少ない部分に大きな応力が作用し，破壊するおそれがある（図7・2）．

④立面的なバランスをよくする．

　高さ方向で剛性が変化すると，剛性の小さい階に変形が集中し，破壊につながる（図7・3）．このため，剛性の差を小さくする必要がある．

⑤骨組に十分なねばり強さ（靭性）を持たせる．

　ねばり強さを持つことにより，部材が急激に破壊（脆性破壊）されることがなくなる．部材の脆性破壊は建築物の崩壊につながることがあるので，注意を要する．

⑥建築物の変形を大きくならないようにする．

　変形が大きくなると，外装などが変形についていけず剥離したりする．

7・2 荷重計算

(1) 固定荷重　G

　建築物が建つことによってかかる荷重，すなわち建築物そのものの重さであり，建築材料によって重さが異なる．表7・1に，主な材料の単位容積重量を示す．また，建築基準法施行令（以下令という）84条に，主な仕上げのm^2あたりの重量が定められている．

(2) 積載荷重　P

　人間，家具，物品など建築物の中に入るもので，床にかかる荷重をいう．重量の大きい特殊な機械等についてはその重量を用いるが，一般的には室の用途に応じて令85条に定められた値（表7・2）を用いることができる．構造計算で用いる場合，構造計算をする対象により，以下のような3種類に分けられる．

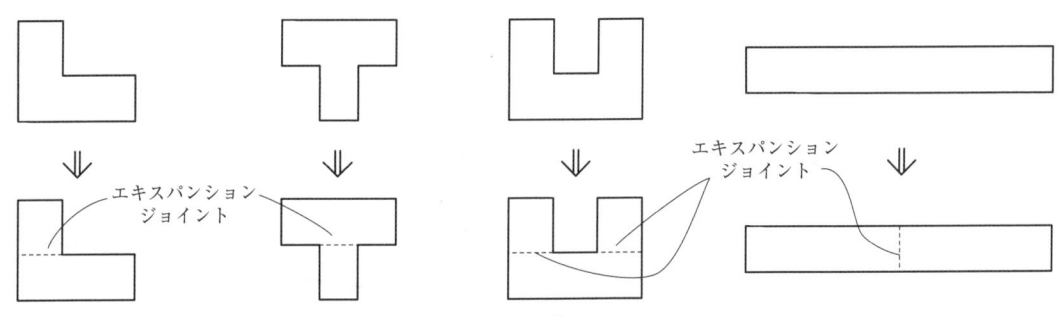

図7・1　平面形状の単純化

図7・2　平面的なバランス

図7・3　立面的なバランス

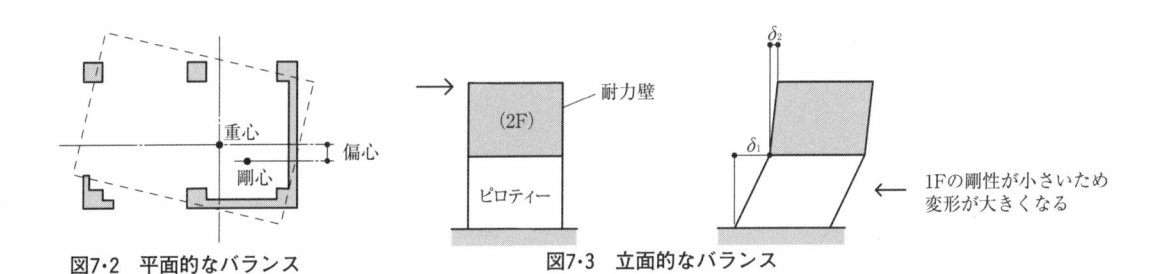

表7・1　主な材料の単位容積重量

モルタル	20 kN/m³
コンクリート	23 kN/m³
鉄筋コンクリート	24 kN/m³
土	16 kN/m³
鉄	78.3 kN/m³
スギ・ヒノキ・ヒバ	4 kN/m³
マツ・ツガ	6 kN/m³

表7・2　積載荷重（単位：N/m²）

室の種類		構造計算の対象	（い）床の構造計算をする場合	（ろ）大ばり、柱または基礎の構造計算をする場合	（は）地震力を計算する場合
(1)	住宅の居室、住宅以外の建築物における寝室または病室		1800	1300	600
(2)	事務室		2900	1800	800
(3)	教室		2300	2100	1100
(4)	百貨店または店舗の売場		2900	2400	1300
(5)	劇場、映画館、演芸場、観覧場、公会堂、集会場そのほか、これらに類する用途に供する建築物の客席または集会室	固定席の場合	2900	2600	1600
		その他の場合	3500	3200	2100
(6)	自動車車庫および自動車通路		5400	3900	2000
(7)	廊下、玄関または階段		(3)から(5)までに掲げる室に連絡するものにあっては、(5)の「その他の場合」の数値による		
(8)	屋上広場またはバルコニー		(1)の数値による。ただし、学校または百貨店の用途に供する建築物にあっては、(4)の数値による		

倉庫業を営む場合は3900N/m²とする（実況が3900N/m²以下でも3900N/m²とする）。

支える床の数　1　→　減らすことはできない　1.0
　〃　　　　　2　→　0.95
　〃　　　　　3　→　0.90
　〃　　　　　4　→　0.85
　〃　　　　　5　→　0.80
　〃　　　　　6　→　0.75
　〃　　　　　7　→　0.70
　〃　　　　　8　→　0.65
　〃　　　　　9　→　0.6
　〃　　　　　10　→　0.6（0.55とはならず、0.6となる）

※劇場、映画館、集会場等の用途に供する建築物の客席や集会場には適用されない（低減できない）。

図7・4　令85条2項

①床計算用：荷重の集中や衝撃などが考えられ，床のどの部分でも耐えられるようにもっとも大きい値を用いる．
②大梁・柱・基礎計算用（架構用）：
床計算用の積載荷重は，床全面に積載物が載ると仮定しているが，架構用の積載荷重は床に比べて荷重の集中や衝撃の度合いが少ないと考え，床用の積載荷重より減じた数値を使用する．
③地震力計算用：地震力の計算をする場合は，さらに荷重の集中や衝撃が少ないと考え，小さい値となる．

また，柱や基礎の圧縮力の計算では，（令85条2項により）支える床の数に応じて60％になるまで，1層あたり5％ずつ減らした値を，柱や基礎の圧縮力の値として良い（図7·4）．

(3) 積雪荷重 S

積雪荷重は，雪質，積雪の深さによって値が定まる．また，積雪量の多い多雪区域では，常時作用する荷重として扱い，一般の地域では一時的に作用する荷重として扱い，以下の式で算出する．

$S = w_0 \cdot h \ [\text{N/m}^2]$

w_0：単位積雪荷重……一般地域：積雪1cmあたり20〔N/m²〕
多雪区域：特定行政庁の規定による

h ：その地方における垂直最深積雪量〔cm〕

なお，屋根が傾斜している場合は，その勾配によって雪が滑り落ちることを考慮して表7·3に示す数値を乗じて低減することができる．また，雪下ろしを行う慣習のある地方では，垂直積雪量が1mを超える場合でも，雪下ろしの実況に応じて1mまで減らして計算することができる（ただし，その軽減の実況その他，必要な事項を見やすい場所に表示する必要がある）．

(4) 風圧力 W

建築物に作用する風圧力は，建築物の壁面・屋根面に垂直に作用し，その値は次式のように表される．

$W = c \cdot q \ [\text{N/m}^2]$

c ：風力係数で，風洞実験で定める場合の他，図7·5による

q ：速度圧で，次式によって算出される

$q = 0.6 E \cdot V_0^2$

E ：当該建築物の高さ，建設される地域，周辺の状況により算出される値で，国土交通大臣が定める方法により算出した数値

V_0：その地方における過去の台風の記録に基づく風害の程度，その他の風の性状に応じて国土交通大臣が定める風速

(5) 地震力 K または Q

①地上部分に作用する地震力

地上部分の建築物の，ある高さの部分に作用する地震力は，各階に作用するせん断力として考え次式のように計算する．

表7・3　屋根勾配と積雪荷重

勾　　　配	60°以下の場合	60°を超える場合
μb 積雪荷重に乗ずべき数値	$\mu b \sqrt{\cos(1.5\beta)}$ β：屋根勾配〔度〕	0

風力係数は，下図のような形状の建築物にあっては，それぞれ当該形状に応じて表1～5までに掲げる数値を用いて次式により算出する．（その他の形状にあっては類似の形状に準じ，風洞試験の結果に基づく場合は，その当該数値とすることができる）．

$Cf = Cpe - Cpi$
　Cf：風力係数
　Cpe：閉鎖型および開放型の建築物の外圧係数で，表1～4に掲げる数値．屋外から当該部分を垂直に押す方向を正とする．
　Cpi：閉鎖型および開放型の建築物の内圧係数で，表5に掲げる数値．室内から当該部分を垂直に押す方向を正とする．

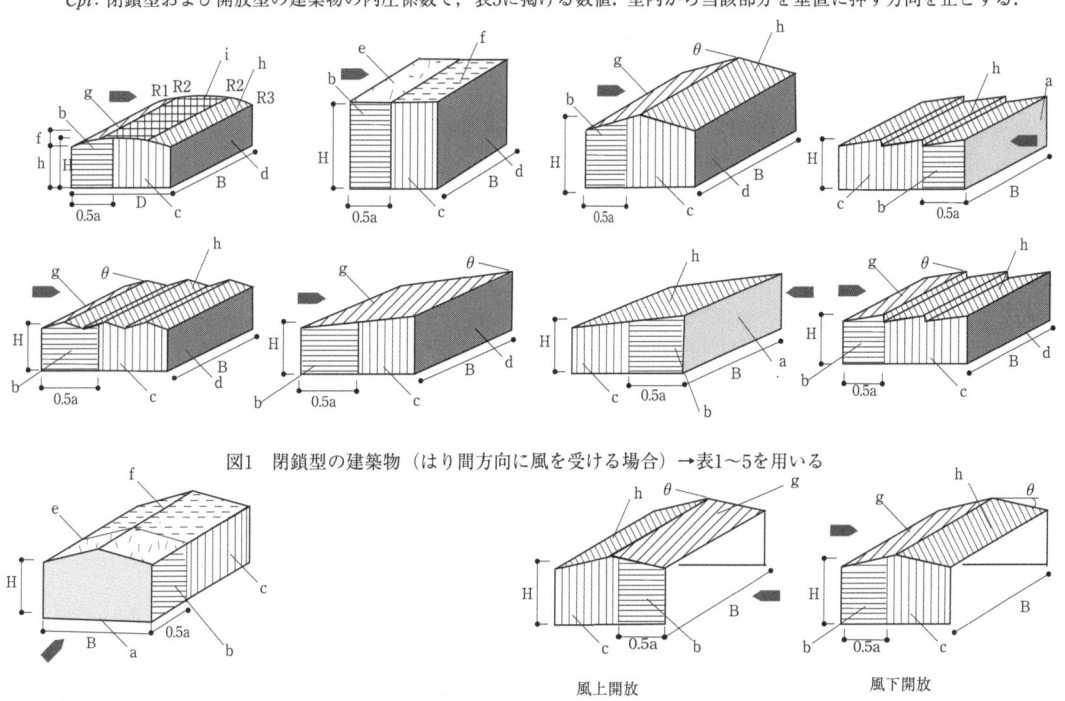

図1　閉鎖型の建築物（はり間方向に風を受ける場合）→表1～5を用いる

図2　閉鎖型の建築物（けた行き方向に風を受ける場合）→表1, 2, 5を用いる

図3　開放型の建築物→表1, 3, 5を用いる

表1　壁面の Cpe

部位	風上壁面 a	側壁面 風上端部より0.5aの領域 b	側壁面 左記以外の領域 c	風下壁面 d
Cpe	$0.8kz$	-0.7	-0.4	-0.4

表2　陸屋根面の Cpe

部位	風上端部より0.5aの領域 e	左記以外の領域 f
Cpe	-1.0	-0.5

表3　切妻屋根面，片流れ屋根面およびのこぎり屋根面の Cpe

部位	風上面 正の係数	風上面 負の係数	風下面
θ			
10°未満	−	−1.0	−0.5
10°	0	−1.0	−0.5
30°	0.2	−0.3	−0.5
45°	0.4	0	−0.5
90°	0.8	−	−0.5

この表に掲げる θ の数値以外の θ に応じた Cpe は，表に掲げる数値をそれぞれ直線的に補間した数値とする．

表4　円弧屋根面の Cpe

部位	R1部 h/D が0の場合 正の係数	R1部 h/D が0の場合 負の係数	R1部 h/D が0.5以上の場合 正の係数	R1部 h/D が0.5以上の場合 負の係数	R2部	R3部
f/D						
0.05未満	−	0	−	−1.0	−0.8	−0.5
0.05	0.1	0	0	−1.0	−0.8	−0.5
0.2	0.2	0	0	−1.0	−0.8	−0.5
0.3	0.3	0	0.2	−0.4	−0.8	−0.5
0.5以上	0.6	−	0.6	−	−0.8	−0.5

この表に掲げる h/D 及び f/D の数値以上の当該比率に応じた Cpe は，表に掲げる数値をそれぞれ直線的に補間した数値とする．

表5　閉鎖型および開放型の建築物の Cpi

型式	閉鎖型	開放型 風上開放	開放型 風下開放
Cpi	0及び−0.2	0.6	−0.4

H：建築物の高さと軒高の平均（m）
Z：当該部分の地盤面からの高さ（m）
B：風向きに対する見付幅（m）
D：風向きに対する奥行（m）
a：BとHの2倍の数値のうち小さい方の値（m）
h：建築物の軒の高さ（m）
f：建築物の高さと軒の高さの差（m）
θ：屋根面が水平面となる角度（°）
Kz：$H \leq Z_b$　　$Kz = 1.0$
　　　$Z \leq Z_b < H$　　$Kz = \left(\dfrac{Z_b}{H}\right)^{2} Z_b,\ a$
　　　$Z < Z_b < H$　　$Kz = \left(\dfrac{Z_b}{H}\right)^{2}$

図7・5　風力係数（工作物を除く，平成12年建設省告示第1454号）

※Z_b, a：地表面粗度区分に応じて定まる数値

$Qi = Wi \cdot Ci$

Qi：i 階に作用する地震層せん断力〔kN〕

Wi：i 階より上の建築物の重量（固定荷重と積載荷重との和で，特定行政庁が指定する多雪区域ではさらに積雪荷重を加える）

Ci：i 階の地震層せん断力係数で，次式によって表される．

$Ci = Z \cdot R_t \cdot Ai \cdot C_0$

Z ：地震地域係数
R_t：振動特性係数
Ai：高さ方向の地震層せん断力係数の分布係数
C_0：標準せん断力係数

(a) 地震地域係数（Z）

その地方における，過去の地震の記録に基づく震害の程度，及び地震活動の状況その他，地震の性状に応じて，危険性の最も高い地域を1.0とし，危険性が低くなるにつれて，0.9，0.8，0.7と大臣が定める数値で，図7・6がその概略図となる．

(b) 振動特性係数（R_t）

建築物の設計用一次固有周期及び地盤の種類に応じて，大臣が定める方法により算出した数値で，図7・7のようになる．

この係数は，建築物の固有周期が長いほど（高い建物，柔らかい建物等），地盤が硬いほど，小さくなる傾向がある．

(c) 高さ方向の地震層せん断力係数の分布係数（Ai）

建築物は，上の階ほど大きく振動し，柔な（固有周期の大きい）建築物ほど大きく振動するので，そのような建築物では地震層せん断力係数も大きくなる．固有周期と階の位置による地震層せん断力係数を補正する係数が Ai となり，この係数の分布の状況は図7・8のようになる．

この係数は，1階の値が1.0となり，上階にいくにつれて1.0より大きな値となる．また，固有周期が長くなると Ai は大きくなる傾向がある．

(d) 標準せん断力係数（C_0）

地震の規模によって定まる係数で，その値は0.2以上と定められている．また，木造の場合で，著しく軟弱な地盤の上に立つものは0.3以上としたり，大地震を想定し，必要保有水平耐力を計算する場合は1.0以上とする．

②地下部分の地震層せん断力（Q_B）

建築物の地下部分に作用する地震力は，その部分の直上にある1階柱の分担するせん断力と，地階部分の建築物の重量（固定荷重と積載荷重の和）に水平震度を乗じたものの和となり，図7・9のように表される．

(6) 土圧・水圧

地下壁に作用する土圧は，地盤面からの深さが深いほど大きくなる．また，水圧は地下水位面が地下階の途中にある場合に作用し，その大きさは地下水位面からの深さが深いほど大きい．

土圧・水圧の大きさの分布はともに，等変分布荷重となる（図7・10）．

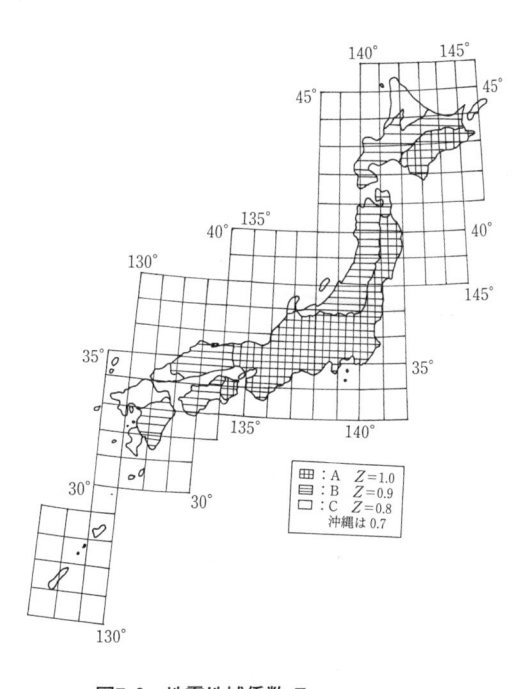

図7・6 地震地域係数 Z
（日本建築センター「構造計算指針・同解説」による）

図7・7 振動特性係数 R_t（日本建築センター「構造計算指針・同解説」による）

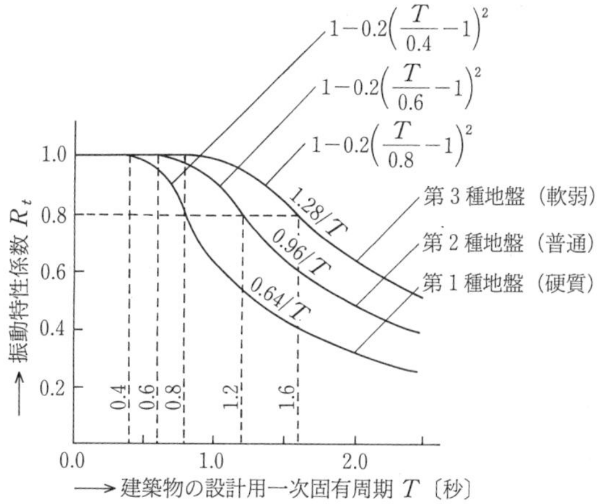

※設計用固有一次周期
$T = h\,(0.02 + 0.01\alpha)$
h：建築物の高さ〔m〕
α：柱及びはりの大部分が木造・鉄骨造である階（地階を除く）の高さの，合計の高さ(h)に対する比で，鉄筋コンクリート造または鉄骨鉄筋コンクリート造の場合 $\alpha=0$，鉄骨造の場合 $\alpha=1$ となる．

算定式 $A_i = 1 + \left(\dfrac{1}{\sqrt{a_i}} - a_i\right) \times \dfrac{2T}{1+3T}$

a_i：最上部から i 階までの重量の和を地上部の全重量で除した値
T：設計用一次固有周期〔秒〕

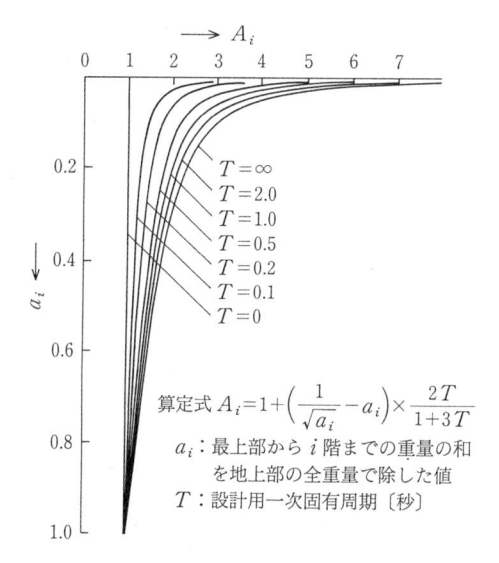

図7・8 高さ方向の地震層せん断力係数の分布係数 A_i
（日本建築センター「構造計算指針・同解説」による）

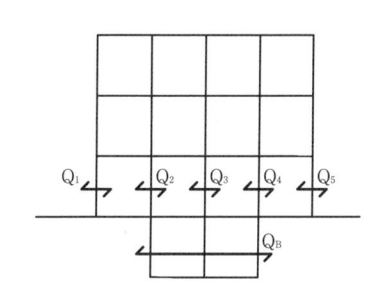

$Q_B = (Q_2 + Q_3 + Q_4) + k \cdot W_B$

k：地下部分の水平震度で，次式のように表される

$k \geq 0.1\,\left(1 - \dfrac{H}{40}\right) \cdot Z$

H：建築物の地下の各部分の地盤面からの深さ（20mを超える場合は20mとして計算する）
Z：地上部分と同じ地震地域係数
W_B：地下部分の建築物の重量

図7・9 地下部分の地震せん断力

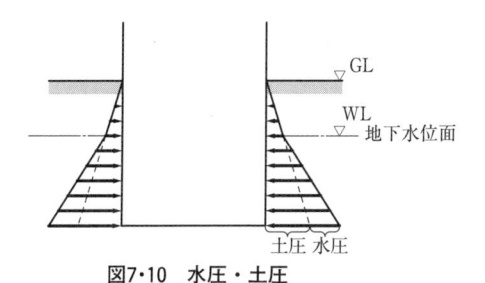

図7・10 水圧・土圧

7・3　設計応力

建築物には7・2項で述べたような荷重が作用するが，それらの荷重によって，建築物を構成する部材に応力が生じる．この応力には，長期応力と短期応力の2つに分類される．

(1) 長期応力

建築物に常に作用する固定荷重，積載荷重，積雪荷重（多雪区域のみ），土圧，水圧等の荷重から生じる応力である．

(2) 短期応力

建築物に短時間に作用する風圧力，地震力，積雪荷重（多雪区域外）等の荷重から生じる応力である．

(3) 応力の組み合わせ

建築物に同時に生じる応力を表7・4のように組み合わせ，組み合わされた応力に対して構造部材の許容応力度を超えないように設計する．

応力の組み合わせの注意点として，次の点が挙げられる．

① 短期応力の組み合わせで，暴風時の応力と地震の応力の合計は考慮しない（台風と地震は同時に起こらないという仮定をしている）．
② 積雪荷重は，一般の地域と多雪地域で扱いが異なる（一般の地域では積雪荷重は短期応力となる）．
③ 多雪区域では，長期応力，短期応力共に積雪荷重を考慮する（ただし短期応力時の積雪荷重は長期時の1/2である）．

7・4　構造計算

(1) 構造計算のルート

構造計算には，建築物の構造，規模，高さに応じて図7・11のように，時刻歴解析，限界耐力計算，ルート1，ルート2，ルート3などの計算方法がある．

ルート1は比較的小規模な建築物（構造計算適合性判定を必要としない建築物）の場合に適用する方法で，その規模は表7・5に示す建築物に適用する．鉄骨造については応力の割り増し（標準せん断力を$C_0 = 0.3$として，50%割り増す）や筋かい端部及び接合部の破断防止の確認，鉄筋コンクリート造では一定以上の壁量，柱量を確保して，地震に対して各部材の強度で抵抗させる方法で，各部材の許容応力度設計（一次設計）のみで検討する方法である．

ルート2は高さ31m以下の構造計算適合性判定を必要とする建築物に適用する方法で，一次設計の他，二次設計（層間変形角，剛性率，偏心率）の検討が必要となる．ただし，二次設計において，剛性率，偏心率の規定が満たされない場合は，さらに保有水平耐力の計算を行う．この方法は粘りを持たせつつ，強度で抵抗するという考え方に基づいている．

ルート3は高さ31mを超え，60m以下の構造計算適合性判定を必要とする建築物に適用する方法で，一次設計，二次設計（層間変形角，保有水平耐力）によって検討する．この方法は主として，大地震に対して粘りで抵抗させる方法で，各部材の塑性変形により地震エネルギーを吸収させて抵

表7・4 許容応力度等計算における力の組合せ

力の種類	想定する状態	一般の場合	多雪区域の場合
長期の応力	常時	$G+P$	$G+P+0.7S$
短期の応力	積雪時	$G+P+S$	$G+P+S$
	暴風時	$G+P+W$	$G+P+W$
			$G+P+0.35S+W$
	地震時	$G+P+K$	$G+P+0.35S+K$

G：固定荷重によって生ずる力
S：積雪荷重によって生ずる力
K：地震力によって生ずる力
P：積載荷重によって生ずる力
W：風圧力によって生ずる力

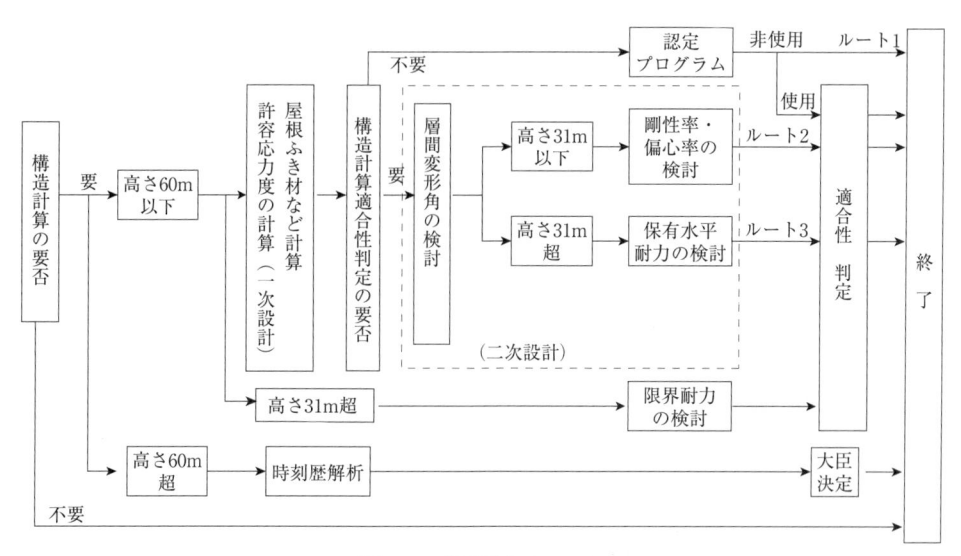

図7・11 構造計算のルート

表7・5 構造計算適合性判定を要しない建築物（抜粋）

木造	高さ≦13m 軒の高さ≦9m
組積造 補強コンクリートブロック造	地階を除く階数≦3
鉄骨造	地階を除く階数≦3 高さ≦13m 軒の高さ≦9m スパン≦6m 延べ面積≦500m² 地震力の割増し 筋かい端部・接合部の耐力確認
鉄筋コンクリート造 および 鉄骨鉄筋コンクリート造	高さ≦20m 規定量以上の壁量及び柱量の確認

抗する，という考え方に基づいている．

　また，ルート3に代えて選択される限界耐力計算は，保有水平耐力や許容応力度等計算の他に，建築物が存在する期間中に数回程度発生する可能性がある高い積雪・暴風に対する安全性の検討，さらに極めてまれに発生する地震に対して，建築物の変形を計算し，その変形に対して安全にするという考え方に基づいている．

　時刻歴解析は，60m を超える建築物に適用される計算方法で，一般に超高層建築物といわれるものであるが，このような建築物の場合，荷重・外力を受けた場合の挙動が小・中規模の建築物とは異なり複雑であるため，荷重・外力を受けた時の建築物の各部分に連続的に生じる力・変形を把握し，限界値を超えないようにすることにより安全性を確保するという考え方に基づいている．

(2) 許容応力度設計（1次設計）

　建築物を構成する各部材に生じる応力が，それぞれの材料に応じた許容応力度以下になるように部材を設計することである．

(3) 層間変形角

　層間変形角は図 7·12 において，建築物の各階の層間変位（水平方向の変位量）をその階の階高で除したもので，次式のように表される．

$$層間変形角 = \frac{\delta_i}{h_i} \leq \frac{1}{200}$$

　　　δ_i：i 階の層間変位量〔cm〕
　　　h_i：i 階の階高〔cm〕

　以上のように，通常は 1/200 以下と規定されているが，主要部分に著しい損傷が生ずるおそれがない場合は 1/120 以下とすることもできる．

　この層間変形角が大きいと，内外装材，設備配管などがその変形に追随できず脱落，破損などの被害が生じる．

(4) 剛性率

　剛性率とは，高さ方向における各階の剛性の変化を表す数値で，次式のように表される．

$$剛性率 = \frac{\gamma_s}{\overline{\gamma_s}} \geq 0.6$$

　　　γ_s：求めようとする階の層間変形角の逆数（$\gamma_{si} = h_i/\delta_i$）
　　　$\overline{\gamma_s}$：各階の γ_s の相加平均

　剛性率の評価であるが，これが 1.0 より大きい場合は，建築物全体からみてその階が変形しにくいということになり，逆に 1.0 より小さい場合は，その階が変形しやすいということになる．

　特にピロティ形式の建築物の場合，剛性の小さい部分，すなわちピロティの部分に著しい変形が生じ，建築物全体の破壊につながるので，立面的なバランスをよくし，各階の剛性を均一に近くする必要がある．

(5) 偏心率

　建築物に水平力が作用すると，剛心を中心にねじれを起こす（図 7·13）．建築物の重心と剛心の

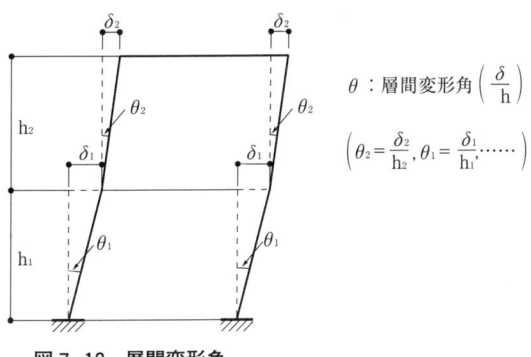

図7・12 層間変形角

θ：層間変形角 $\left(\dfrac{\delta}{h}\right)$

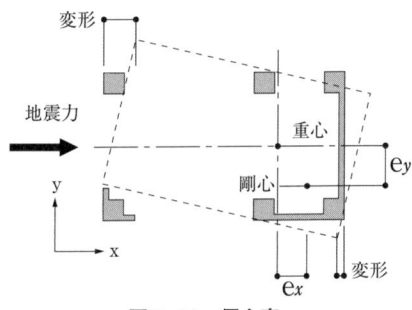

$\left(\theta_2 = \dfrac{\delta_2}{h_2}, \theta_1 = \dfrac{\delta_1}{h_1}, \cdots\cdots\right)$

図7・13 偏心率

距離を偏心距離というがこれが，大きくなるとねじれも大きくなるので，偏心率を用いて検討する．偏心率とは，各階のx方向，y方向それぞれの偏心距離を弾力半径で除したもので，次式のように表される．

$$偏心率 = \frac{e}{r_e} \leqq 0.15$$

e：偏心距離〔cm〕

r_e：弾力半径〔cm〕

(6) 保有水平耐力と必要保有水平耐力

大きな地震力を受けた場合，建築物は破壊されるが，その破壊過程は図7・14のように1度に壊れるわけではなく，不静定構造物の状態が不安定構造物の状態になるまでの過程を経て崩壊する．このときの不安定な状態になる荷重を，このラーメンの保有水平耐力という．

必要保有水平耐力とは，以上のような状態になるまでの限界値であり，保有水平耐力は，この必要保有水平耐力以上あることが必要となる．

【問題1】 多雪区域内の建築物の構造計算を許容応力度等計算により行う場合において，地震時の応力の計算において採用する荷重および外力の組合せとして，最も適当なものは，次のうちどれか．ただし，G, P, S, W, K は凡例に示す通りである．

凡例 ┌ G：固定荷重による応力　W：風圧力による応力
　　 │ P：積載荷重による応力　K：地震力による応力
　　 └ S：積雪荷重による応力

1. $G+P+0.35S+K$
2. $G+P+0.7S+K$
3. $G+P+0.35S+W+K$
4. $G+P+0.7S+W+K$
5. $G+P+S+W+K$

【問題2】 多雪区域外における一般的な2階建ての建築物の1階の構造耐力上主要な部分に生じる地震力として，最も適当なものは，次のうちどれか．ただし，地震層せん断力係数 C_i は 0.2 とし，また，屋根部分の固定荷重と積載荷重の和を W_R とし，2階部分の固定荷重と積載荷重の和を W_2 とする．

1. $0.2 \times W_R$
2. $0.2 \times W_2$
3. $0.2 \times (W_R + W_2)$
4. $0.2 \times \dfrac{W_2}{W_R}$
5. $0.2 \times \dfrac{W_2}{W_R + W_2}$

【問題3】 荷重及び外力に関する次の記述で，最も不適当なものはどれか．

1. 建築物の地上部分の地震力は，多雪区域以外では，当該高さの部分が支える固定荷重と積載荷重との和に，当該高さにおける地震層せん断力係数を乗じて計算する．
2. 応力算定においては，一般に，地震力と風圧力とが同時に作用するものとして計算する．
3. 多雪区域の指定のない区域において，積雪荷重を求める場合の積雪量1cm当たりの単位重量は 20N/m² である．
4. 積雪荷重は，積雪の単位重量に，その地方における垂直最深積雪量を乗じて計算する．
5. 積載荷重は，一般に，室の種類と構造計算の対象とにより，異なった値を用いる．

【問題4】 設計用地震力に関する記述のうち，最も不適当なものはどれか．

1. 建築物の地下部分の各部分に作用する地震力は，一般に，当該部分の固定荷重と積載荷重の和に，水平震度 k を乗じて計算する．
2. 建築物の各階に作用する地震層せん断力係数 C_i は，一般に，上階になるほど小さくなる．
3. 振動特性係数 R_t は，建築物の設計用一次固有周期及び地盤の種別に応じて算出する．
4. 地震地域係数 Z は，各地域ごとに予想される地震動の強さに基づいて定められている．
5. 一次設計（許容応力度設計）用の標準せん断力係数 C_0 の値は，一般に，0.2 以上とする．

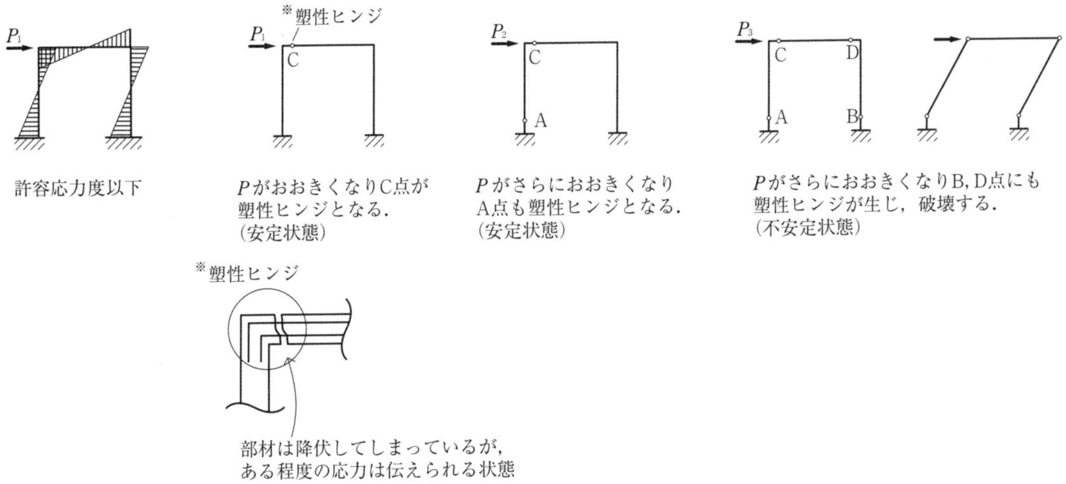

許容応力度以下　　Pがおおきくなりc点が塑性ヒンジとなる．（安定状態）　　Pがさらにおおきくなり A点も塑性ヒンジとなる．（安定状態）　　Pがさらにおおきくなり B, D点にも塑性ヒンジが生じ，破壊する．（不安定状態）

※塑性ヒンジ
部材は降伏してしまっているが，ある程度の応力は伝えられる状態

図7・14　保有水平耐力

【問題5】　荷重及び外力に関する次の記述のうち，最も不適当なものはどれか．
1．住宅の居室の床の積載荷重は，一般に，事務室の床の積載荷重よりも大きい．
2．振動特性係数 R_t の値は，建築物の設計用一次固有周期が長いほど小さい．
3．多雪区域においては，固定荷重，積載荷重及び積雪荷重による応力の和を長期応力とする．
4．屋根の積雪荷重は，雪止めがない場合，屋根の勾配が緩やかなほど大きい．
5．地下外壁に作用する水圧は，地下水位面からの深さが深いほど大きい．

【問題6】　荷重及び外力に関する次の記述のうち，最も不適当なものはどれか．
1．積載荷重による応力は，屋根全体に雪が一様に分布している場合に比べて，そこから一部の雪を除いて不均等な分布となった場合の応力のほうが，不利になることがある．
2．地震力は，建築物の固定荷重と積載荷重の和が大きいほど大きい．
3．3階建ての建築物の2階部分の設計用地震力は，2階の地震層せん断力係数に2階より下部の重量を乗じて計算する．
4．地震力は，建築物が建つ地盤の種類によって異なる．
5．振動特性係数 R_t は，一般に，建築物の設計用一次固有周期が長いほど小さい．

8 地盤と基礎

8・1 地盤

　建築物や構造物は基礎を介して地盤の上に建てられるが，この地盤には上部構造物の荷重を支える十分な強度と有害な沈下を生じない十分な剛性が必要になる．良好な地盤とは，この強度と剛性が十分に備わっている地盤である．

　地盤の強度は，土の種類，地盤の種類，土の性質などによって異なる．

(1) 土の種類

　地盤を形成している土は，表8·1のように粒子の大きさによって，れき（礫）からコロイドまで分類されている．土は通常，これらの粒子がさまざまな割合で混ざり合っており，その混ざり合った割合によって砂質粘土，粘土質シルトなどと呼ばれている．

(2) 地盤の種類

　地盤は表8·2のように，さまざまな土質のものが長い年月にわたり複雑な変遷をたどり形成されたものであるが，一般に古い時代に形成された地盤ほど良好な地盤となる．建築物のほとんどは，沖積層から洪積層の間の地盤によって支持されている．

(3) 土の性質

　土の性質は砂と粘土の2つに大きく分けられ，これらの性状はまったく異なる．

　土に外力が加わると土中にせん断応力が生じ，それが土のせん断抵抗を超えるとせん断破壊が生じるが，この土のせん断抵抗は，砂の場合は内部摩擦角，粘土の場合は粘着力によって決まる．

①内部摩擦角　ϕ

　図8·1のような砂を入れた箱の一方の枠をはずすと，砂は崩れて斜面になって安定する．この時の角度ϕは砂の摩擦角とほぼ等しくなり，この内部摩擦角が大きいものほど崩れにくいものとなり，支持力が大きくなる．ただし同じ砂でも，湿っているときと乾いているときで内部摩擦角は異なる．

②粘着力　C

　土の粒子の粒子間に働く粘着の力で，粘土の強さはこの粘着力によって決まる．この粘着力が大きいものほど支持力が大きくなる．

③内部摩擦角と粘着力との関係

　砂の場合は粘着力はほとんどなく，粘土の場合は内部摩擦角は0に近くなるので，それぞれのせん断強さは図8·2(a)のようになる．

　一般に，土は砂と粘土が混じり合っているものであるので，そのせん断強さは図8·2(b)のようになる．

④液状化現象

　水で飽和した砂に，地震などの震動・衝撃などが作用すると飽和水の水圧が上昇し，砂粒が浮遊状態となり，せん断抵抗を失って液状化する．この現象を液状化現象という．この液状化現象が起こりやすい条件として，表8·3のようなものがあげられる．

表8・1 土の種類

名　称	粒　径〔mm〕
れき(礫)	2以上（標準で40）の石
砂　粗砂	2〜0.42
細砂	0.42〜0.074
シルト	0.074〜0.005
粘　土	0.005〜0.001
コロイド	0.001以下

表8・2 地盤の種類

新生代		現世	表　土	
	第四紀	沖積世	沖積層	圧密不十分な粘土層／平野部の上層部／比較的軟弱な地盤
				5000年
				1万年
		洪積世	洪積層	ローム層／十分圧密された粘土層／砂層／砂利層／信頼できる良質地盤
				170万年
	第三紀		岩盤　信頼できる地盤	
				6400万年

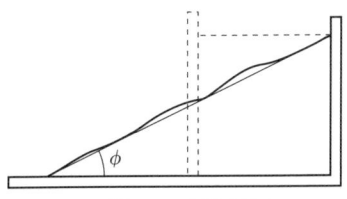

図8・1 内部摩擦角

$\tau = C + \sigma \tan\phi$

τ：せん断応力度
C：粘着力
σ：垂直応力度
ϕ：内部摩擦角

(a) 砂の場合： $\tau = \sigma \cdot \tan\phi$
　　粘性土の場合： $\tau = C$

(b)

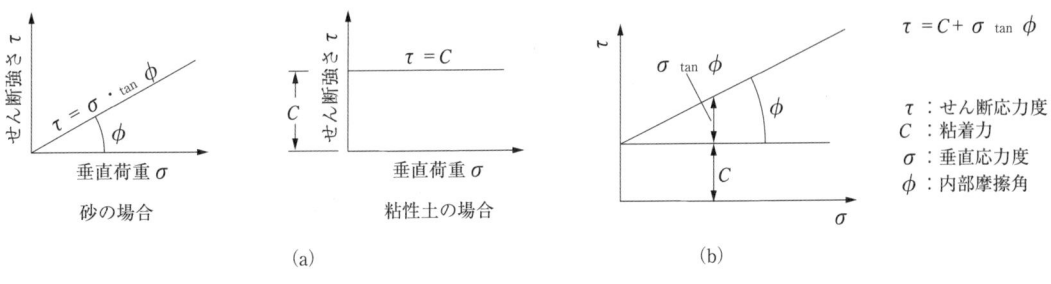

図8・2 土のせん断強さ

表8・3 液状化現象が起こりやすい条件

- 飽和地盤の砂質土
- N値が小さい砂質地盤
- 地下水位が高い（地表面に近い）
- 地震力・衝撃力が大きい

参考

液状化現象と対比される現象に「ヒービング」といわれる現象がある．これは，軟弱な粘性土地盤において盛土や掘削などの工事をしたとき，土中のせん断滑り破壊によって盛土周辺の地盤や掘削底面がふくれ上がる現象である（下図参照）．

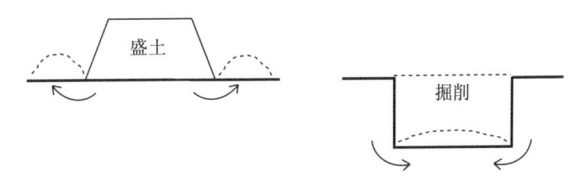

⑤圧密及び圧密沈下

飽和した土に圧力が長時間加わると，間隙水が排出され実容積が小さくなるといった圧縮変形を起こす．この現象を圧密といい，この圧密によって生じる沈下を圧密沈下という．

砂の場合は透水性が大きく，圧力が加わると，ほとんど同時に間隙水が排出され圧密も終わり，沈下量も少ない．しかし，シルトや粘土の場合は透水性が小さく，長時間にわたって圧密が続き，沈下量もきわめて大きくなり，不同沈下の原因ともなる．

(4) 地盤調査と許容地耐力度

基礎の設計・施工を考える上で，地盤の構成・支持力・沈下などを調べることを地盤調査といい，土質試験・平板載荷試験・標準貫入試験・ボーリングなどがある．

①土質試験による地盤の許容応力度の決定

土質試験による地盤の許容応力度は，次式のように表される．

- 長期許容支持力度　$q_a = \dfrac{1}{3}(\alpha C N_c + \beta \gamma_1 B N_r) + \dfrac{1}{3}\gamma_2 D_f N_q$

　安全率↑　　　↑基礎底面の形状・幅・土の内部摩擦角によって決まる値（砂質地盤）

　　　　↑基礎底面の形状粘着力によって決まる値（粘土地盤）　　↑根入れによる基礎底面下の地盤の破壊を上部から押さえこんでいる効果を示す値

- 短期許容支持力度　$q_a = \dfrac{2}{3}(\alpha C N_c + \beta \gamma_1 B N_r) + \dfrac{1}{2}\gamma_2 D_f N_q$

　↑短期2倍　　　↑短期における根入れ深さによる効果は変わらない

q_a：地盤の許容支持力度〔kN/m²〕
α，β：基礎荷重面の形状（連続，正方形，長方形，円形等）によって定まる係数
C：基礎荷重面下にある地盤の粘着力〔kN/m²〕
N_c, N_r, N_q：内部摩擦角の値が大きくなれば大きくなる係数（支持力係数）
γ_1：基礎荷重面下にある地盤の単位体積重量〔kN/m³〕
　地下水位下にある場合は，水中単位体積重量
　　→$\gamma_1 = \gamma - 1$　γ：基礎底面より上にある地盤の平均単位体積重量〔kN/m³〕
γ_2：基礎荷重面より上にある地盤の単位体積重量〔kN/m³〕
B：基礎荷重面の最小幅〔m〕（円形の場合は直径）
D_f：基礎に近接した最も低い地盤面から，基礎底面までの深さ〔m〕

②平板載荷試験

載荷板（直径30cmの円形鋼板）に図8・3のような方法で荷重を加え，この荷重の大きさと載荷板の沈下の関係から支持力特性を調べるためにする試験である．試験の手順を表8・4に示す．ただし，載荷面より載荷幅の1.5～2倍程度（45～60cm程度）の範囲しか調査できず，実際の基礎スラブの底面から基礎幅の1.5～2倍程度の深さまで地層が一様であることが確認されている以外，載荷試験を行っても試験の意味がなくなる．

なお，許容支持力度は次式のように表される．

- 長期許容支持力度　$q_a = q_t + \dfrac{1}{3}N'\gamma_2 D_f$

- 短期許容支持力度　$q_a = 2q_t + \dfrac{1}{3}N'\gamma_2 D_f$

q_t：降伏荷重度の1/2または極限応力度の1/3の小さいほうの値〔kN/m²〕
N'：基礎荷重面下の地盤の種類により定まる係数
γ_2：基礎荷重面より上にある地盤の単位体積重量〔kN/m³〕
D_f：基礎に近接した最も低い地盤面から，基礎荷重面までの深さ〔m〕

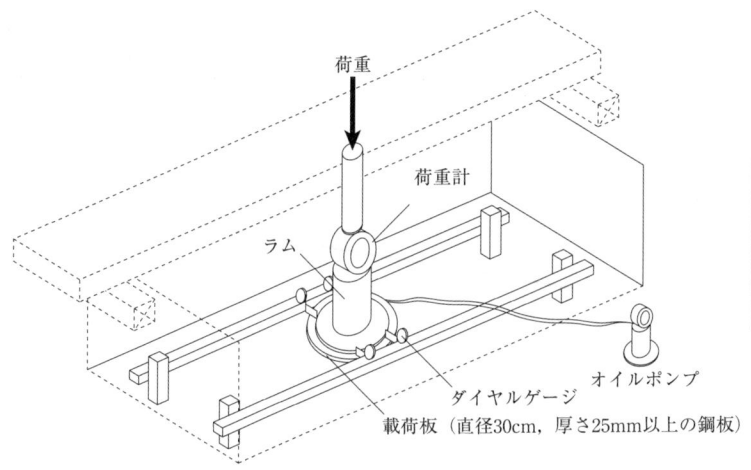

荷重
荷重計
ラム
ダイヤルゲージ
オイルポンプ
載荷板（直径30cm，厚さ25mm以上の鋼板）

図8・3　平板載荷試験

表8・4　平板載荷試験の手順

①	最初に，一段階の20％程度の荷重を約30分間加える．
②	予想最大荷重の1/5以下ずつ加え，載荷後2，4，8，15分ごと，以後15分ごとに沈下量を読み取る．沈下が15分間に1/100mm以下の速度になったら，次の荷重を加える．
③	沈下が極端に大きくなったり，周囲にひび割れや盛り上がりが生じたら載荷を止め，その時の荷重及び地盤の状況を記録する．

※設計支持力のみを検討する場合は，長期許容支持力の3倍以上の荷重となったら，③の状態になる前に載荷を止めてもよい．

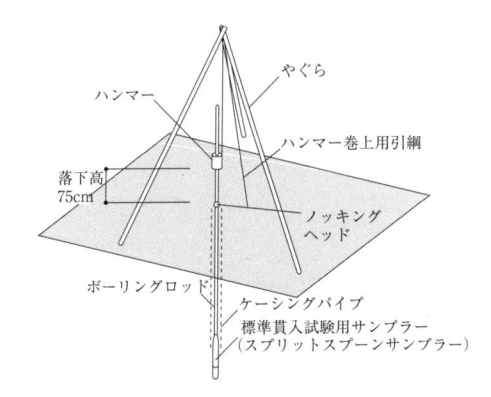

やぐら
ハンマー
ハンマー巻上用引綱
落下高
75cm
ノッキングヘッド
ボーリングロッド
ケーシングパイプ
標準貫入試験用サンプラー
（スプリットスプーンサンプラー）

図8・4　標準貫入試験

表8・5　建築基準法施行令による地盤の許容応力度（kN/m^2）

地　　盤	長期許容応力度	短期許容応力度
岩盤	1000	長期の値の2倍
固結した砂	500	
土丹盤	300	
密実な礫層	300	
密実な砂質地盤	200	
砂質地盤（地震時に液状化のおそれのないもの）	50	
堅い粘土質地盤	100	
粘土質地盤	20	
堅いローム層	100	
ローム層	50	

表8・6　支持力に影響を与える要素

地盤による要素	土の内部摩擦角 土の粘着力 土の単位体積重量	大きくなると支持力も大きくなる
	地下水位が高く（地表面に近く）なると支持力は小さくなる	
地盤以外の要素	基礎底面が長方形でその最小幅が大きくなると支持力も大きくなる 基礎形状が変化すると支持力も変化する 根入れ深さが深くなると支持力は大きくなる	

③標準貫入試験

直径5cm，長さ約80cmの土質試料採取用のチューブを，図8・4のように高さ75cmから重さ63.5kgの重りを自由落下させて打ち込み，30cm貫入させるのに要する打撃回数を測定する．この打撃回数をN値といい，ある程度の土の性質が推定できる．

ただし，砂質土と粘性土のN値の意味合いが異なり，砂質土の場合，地耐力，ヤング係数，締まり方の程度が推定され，粘性土の場合，硬軟の程度，各層の分布が推定される．特に砂質土の場合，N値から，$N=10$であれば支持力は$100kN/m^2$程度といったように地耐力が推定できるが，粘性土の場合は，N値から直接地耐力を推定するのは困難である．

④建築基準法による許容支持力（地盤の許容応力度）

建築基準法施行令第93条において，地盤の許容応力度は地盤調査を行い，その結果に基づいて定めなければならないが，地盤の状況が明確な場合は表8・5の数値を採用することができる．

⑤支持力に影響を与える要素

支持力に影響を与える要素をまとめると，表8・6のようになる．

8・2 基礎

建築物に作用する荷重は，基礎によって地盤に伝わる．この基礎は，地業の種類によって，図8・5のように直接基礎と杭基礎に分類され，地盤に荷重を伝える模式図は図8・6のようになる．

1つの建築物に異なった基礎形式を採用すると，建築物に不同沈下が生じることがあるので，建築物には異なる構造方法による基礎を併用してはならない，と建築基準法に定められている．

(1) 直接基礎

地表近くの浅い位置に分布する良好な地盤に，建築物を直接支持する形式の基礎を直接基礎といい，比較的低層・軽量の建築物に採用されることが多い．

①直接基礎の種類

直接基礎には，基礎底面の形状により以下のような形式がある．

(a) 独立（フーチング）基礎（図8・7(a)）

単一の柱からの荷重を，独立したフーチングによって支持する形式の基礎．

(b) 複合（フーチング）基礎（図8・7(b)）

2本またはそれ以上の柱からの荷重を同一基礎スラブによって支持する形式の基礎．

(c) 布基礎（連続フーチング基礎）（図8・7(c)）

壁または一連の柱からの荷重を，地中ばりを介して連続のフーチングで支持する形式の基礎．

(d) べた基礎（図8・7(d)）

上部構造の荷重を，単一の基礎スラブ又は格子ばりと基礎スラブによって支持する形式の基礎．

②基礎の計画

基礎を計画するにあたっては，表8・7に示すように地盤だけではなく，上部構造，施工性，経済性などを考慮して決定する．

③基礎の設計

地盤調査の結果を基にして，地盤の特性に応じた許容支持力f_e〔kN/m^2〕を求める．この許容支持力から，基礎底面の面積を次式のように求めることができる（図8・8）．

図8・5　地業の種類

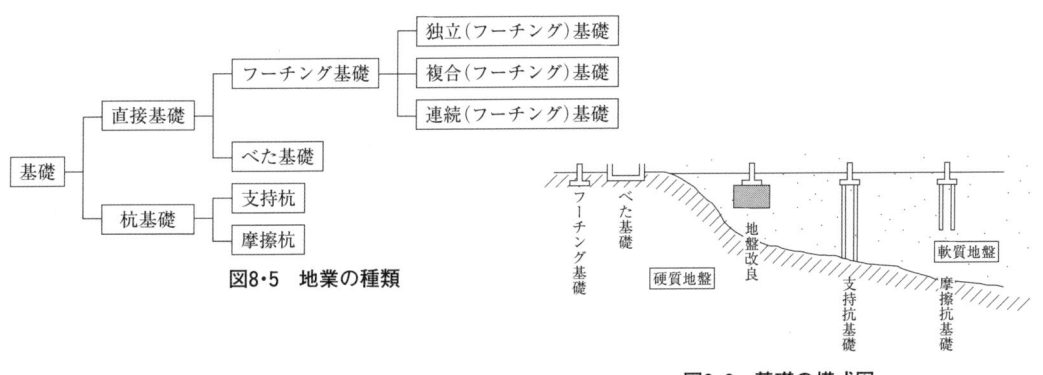

図8・6　基礎の模式図

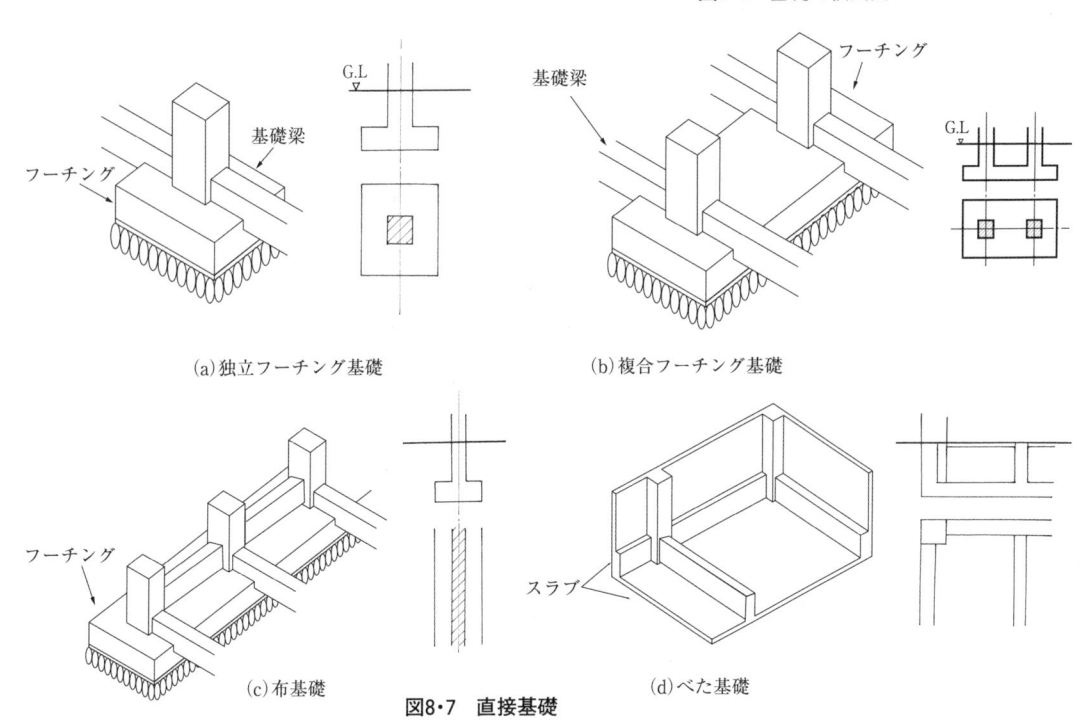

(a) 独立フーチング基礎

(b) 複合フーチング基礎

(c) 布基礎

(d) べた基礎

図8・7　直接基礎

表8・7　基礎の計画

地　盤	●同一の支持層に支持させる． ●異種基礎の併用をさける． ●地盤特有の性質に注意する（砂質地盤の液状化，粘土地盤の圧密沈下等）． ●基礎底面の深さは温度，湿度などに影響されず，雨水などにより洗掘されない深さまで下げる．
上部構造	●建築物の形状は平面，立面ともできるだけ整形なものにする． ●耐力壁や骨組みをバランスよく配置し，平面，立面とも剛性分布の差を小さくする． ●剛性の大きな地中ばりを設ける（不同沈下の抑制につながる）．
施工性，経済性	●施工機械の搬入，敷地の状況を考慮する． ●建築物の規模，機能などに考慮して，脆弱，過剰な設計にならないようにする．

$A = l \times l'$

$\sigma_e = \dfrac{N}{A}$

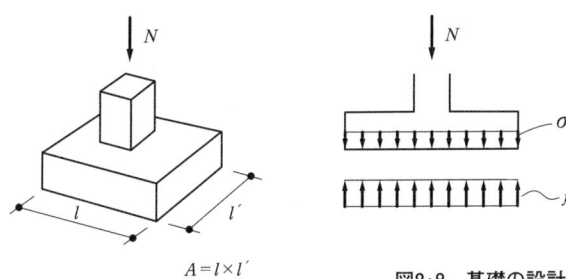

・$\sigma_e \leq f_e$ であれば地盤は上部からの荷重を支えられる．
・$\sigma_e > f_e$ の場合，地盤は上部からの荷重を支えきれず，沈み込む．

図8・8　基礎の設計

$$\sigma_e = \frac{N}{A} \leq fe \quad \text{———①} \qquad A \geq \frac{N}{fe}$$

σ_e：設計用接地圧〔kN/m²〕

　※接地圧：基礎底面と支持地盤の接する面の1m²あたりの荷重をいう

N：基礎の上部から作用する荷重〔kN〕

A：基礎底面積〔m²〕

fe：許容地耐力度〔kN/m²〕

　なお，基礎中心に荷重が作用した場合は上式で求められるが，荷重が偏心していた場合，偏心によりモーメントが発生する．このモーメントにより，図8・9のように接地圧が変化する．このときの接地圧は，次式で表される．

$$\sigma_c = \frac{N}{A} \pm \frac{N \cdot e}{Z} \quad \text{———②}$$

Z：基礎底面における断面係数〔m³〕（図8・10）

　接地圧と許容地耐力度の検討は，②式の最大接地圧と許容地耐力度で検討することになる．

　また，柱脚固定の場合，柱脚が固定端となるので，曲げモーメントが生じるが，曲げモーメントには基礎ばりに抵抗させることによって，基礎は柱の軸力のみによる設計が可能となる．

　なお，許容支持力の検討の他に，許容沈下量の検討も必要となる．

(2) 杭基礎

　地表から深い位置に分布する良好な地盤に，杭を用いて建築物を支持する形式の基礎を，杭基礎という．わが国においては，良好な支持層が比較的に深い位置に分布していることが多く，直接基礎では建築物を支持することが困難な場合に，杭基礎が採用されている．

①杭の分類

　杭基礎は，その支持力を得る形式として以下のように，支持杭と摩擦杭に分類される．

(a) 支持杭（図8・11(a)）

　軟弱な地層を貫いて，建築物の重量を支持できる良好な地盤まで到達させて，主としてその先端の支持力によって建築物を支持させる杭をいう．

(b) 摩擦杭（図8・11(b)）

　杭の周面と地盤の摩擦（周面摩擦）との力で建築物の重量を支持できる場合，支持杭のように支持地盤まで到達させなくても建築物を支持できる．このような杭を摩擦杭という．支持杭にも周面摩擦はあり，その力も加えることができるが，先端支持力があるので，摩擦杭とは区別する．

②杭の設計

　杭の設計にあたっては，表8・8に示すような点を考慮する．

　また図8・12のように，杭先が開端している場合，土が内部につまり，内部につまった土の摩擦力が発生したり（これを閉そく効果という），図8・13のように周囲の地盤が沈下することにより，中立点より上の部分に下向きの負の摩擦力が発生し，杭体の圧縮応力及び杭先端の荷重が増大する（これをネガティブフリクションという）ので，注意が必要である．

　なお杭の間隔は表8・9のように，杭間隔は図8・14のようになる．

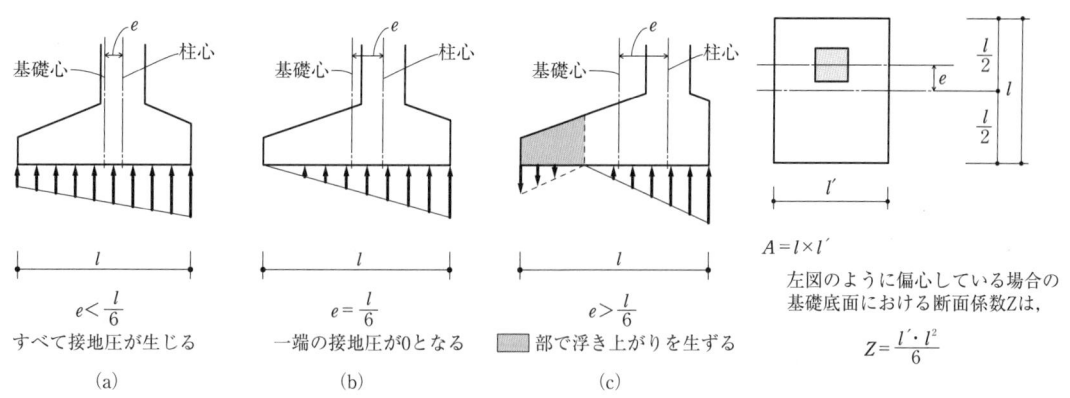

(a) $e < \dfrac{l}{6}$
すべて接地圧が生じる

(b) $e = \dfrac{l}{6}$
一端の接地圧が0となる

(c) $e > \dfrac{l}{6}$
■部で浮き上がりを生ずる

図8・9　偏心荷重による接地圧の変化

$A = l \times l'$

左図のように偏心している場合の基礎底面における断面係数Zは，

$$Z = \dfrac{l' \cdot l^2}{6}$$

図8・10　基礎底面の断面係数Z

表8・8　杭の設計にあたっての注意点

- 杭基礎の許容支持力は，杭の支持力のみによって決定し，基礎スラブ底面に生ずる地盤の支持力は加算しないこととする．
- 杭の許容支持力は，杭体強度による支持力と地盤の許容支持力の小さい方の値を，上部構造の沈下量の限度を考慮して許容支持力とする．
- 同一の建築物において，支持杭と摩擦杭の併用といったように，材種，施工法の異なった杭の併用は原則として避ける．
- 群杭効果を考慮する．杭を狭い間隔で多数打った杭を群杭といい，砂質地盤の場合は杭間の砂が締め固められるため，単杭の支持力より大きくなる傾向があるが，粘土質地盤の場合は杭周面の摩擦力が低下し，単杭の支持力より小さくなる．特に粘土質地盤の場合，群杭は沈下量が単杭に比べかなり大きくなるので，注意が必要である．

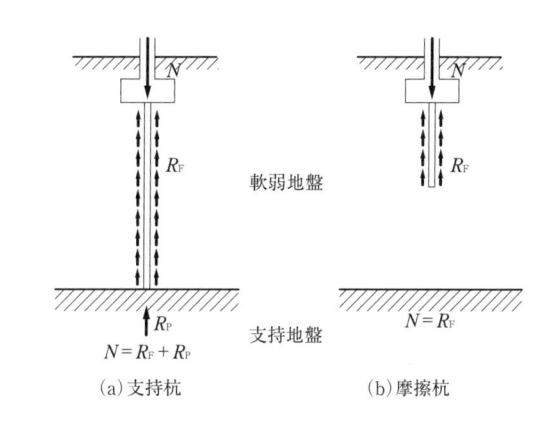

(a) 支持杭　$N = R_F + R_P$

(b) 摩擦杭　$N = R_F$

図8・11　支持杭と摩擦杭

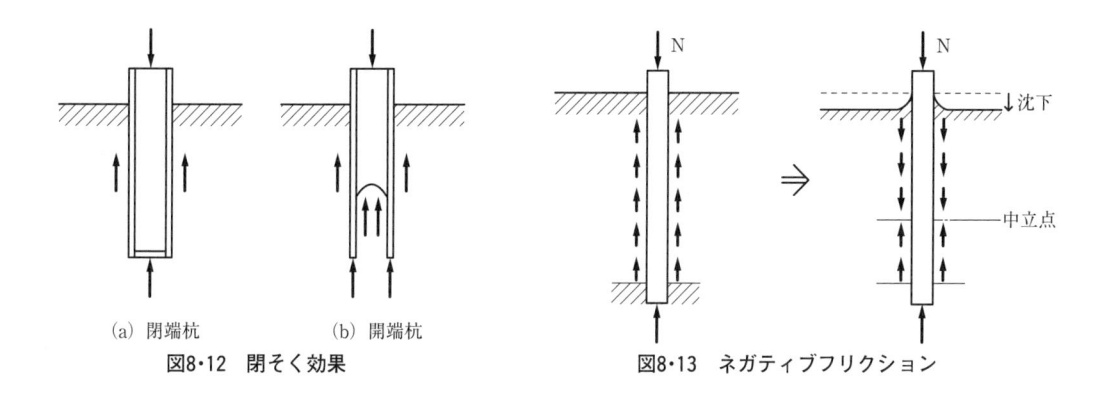

(a) 閉端杭　(b) 開端杭

図8・12　閉そく効果

図8・13　ネガティブフリクション

③各種杭の注意点
(a) 木杭
- アカマツ，クロマツ等，マツ類などの生材を用いる．
- 木杭は，木材のため曲がりが生じている場合があるが，樹皮をむいた末口が12cm以上で，元口・末口両端の中心を結ぶ線が，杭外に出ていてはならない（図8・15）．
- 木杭は，全長にわたって地下水位以下になければならない．

(b) 既製コンクリート杭
- 主筋が6本以上で，かつ主筋の断面積の和は杭の実断面積の0.8%以上とし，帯筋又はらせん筋によって，相互に連結する．
- 主筋のかぶり厚さは，3cm以上とする．
- 1本の杭の長さは，15m以下とする．

(c) 鋼杭
- 防食措置を行わない鋼杭の腐食しろは，1mm以上（開端杭の内面の腐食しろは0.5mm以上）とする．
- 鋼管杭の肉厚は，9mm以上，H形鋼については10mm以上とする．

(d) 場所打ちコンクリート杭
- 杭の断面積は，全長にわたって各部分の設計断面積以下にならないようにする．
- 支持杭として使用する場合は，底部は確実に支持層に到達させ，通常1m以上支持層に貫入させる．
- 主筋は6本以上，かつ主筋の断面積の和は，杭の設計断面積の0.4%以上とし，帯筋又はらせん筋によって，補強する．
- 主筋のかぶり厚さは，6cm以上とする．
- 杭底部の断面を拡大した場合，図8・16のように側面のこう配が鉛直面となす角度は30°以下とし，図中のせん断力に対して検討しなければならない．

【問題1】 地盤に関する記述で，誤っているものは，次のうちどれか．
1. 洪積層は，沖積層より地耐力が大きい．
2. N値は，標準貫入試験の打撃回数ではない．
3. 地盤の許容支持力は，基礎の根入深さや形状に関係する．
4. 地盤の許容地耐力は，許容支持力と許容沈下量から求める．
5. 粘土層は，長期間にわたって圧縮力を受けると，圧密沈下を起こしやすい．

【問題2】 基礎構造及び地盤に関する次の記述のうち，最も不適当なものはどれか．
1. 独立フーチング基礎とは，単一の柱から荷重を独立したフーチングによって支持する基礎のことである．
2. 直接基礎とは，基礎スラブからの荷重を直接地盤に伝える形式の基礎のことである．
3. 基礎における鉄筋に対するコンクリートのかぶり厚さには，捨コンクリートの部分を含めない．
4. 土の粒径の大小関係は，砂＞粘土＞シルトである．
5. スライムとは，地盤を削孔する際の孔壁の切くず，又はそれが孔底にたまったもののことである．

表8・9 杭の打込み間隔

杭の種類	間隔
木杭	元口の2.5倍以上かつ60cm以上
既製コンクリート杭	打込み杭：杭頭部の2.5倍以上，かつ，75cm以上 埋込み杭：最大径の2.0倍以上
鋼杭	打込み杭：杭頭部の径または幅の2.0倍以上（閉鎖杭では2.5倍以上）かつ，75cm以上 埋込み杭：最大径の2.0倍以上
場所打ちコンクリート杭	非拡底杭は，杭径の2.0倍以上，かつ，杭径＋1m以上 拡底杭は，軸部径 d，拡底径 d' とすると，$d+d'$ 以上かつ $(d'+1)$ m以上

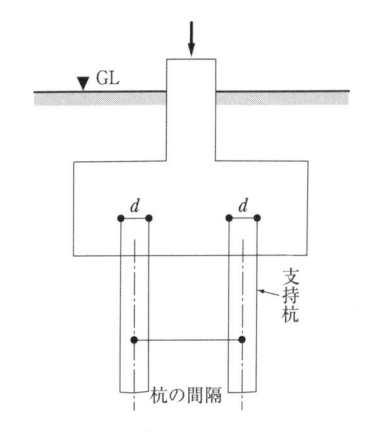

図8・14 杭間隔

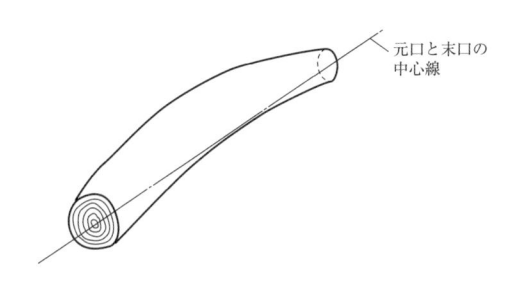

図8・15 木杭

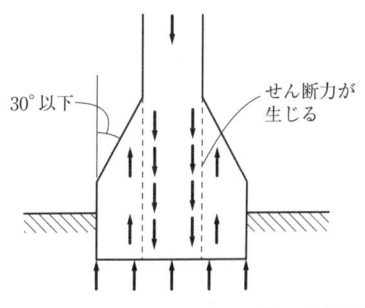

図8・16 場所打ちコンクリート杭の底部断面

【問題3】 基礎構造及び地盤の関する次の記述のうち，最も不適当なものはどれか．
1．一つの建築物には，原則として，異なる構造方法による基礎を併用してはならない．
2．一般に N 値の大きい地盤ほど，地耐力が大きい．
3．N 値は，その層の長期許容地耐力を推測する目安となる．
4．直接基礎の場合，一般に，基礎の根入れ深さにかかわらず，地盤の支持力は一定である．
5．べた基礎は，剛性が大きいが，上部構造の重心が著しく偏心している場合には，建物に不同沈下が生ずることがある．

【問題4】 基礎構造及び地盤に関する次の記述のうち，最も不適当なものはどれか．
1．建築物の不同沈下を減少させるには，地中ばりの剛性は大きいほうがよい．
2．独立基礎は，布基礎やべた基礎に比べて，不同沈下の抑制に不利である．
3．地下水位が高いほど，地下外壁に作用する力は大きくなる．
4．水で飽和したゆるい砂層は，地震時に噴砂などを伴う液状化現象を起こすことがある．
5．一つの建築物において支持地盤の深さが異なる場合，深さに応じて異なった基礎形式を採用することが望ましい．

【問題5】 杭基礎の構造設計に関する次の記述のうち，最も不適当なものはどれか．
1．杭基礎を設計するときは，杭基礎の支持力と杭基礎の沈下を検討して，その耐力を決める
2．同一建築物においては，なるべく支持杭や摩擦杭など異なった杭を混ぜて使用する．
3．杭基礎の許容支持力は，杭の支持力のみによるものとし，一般に，基礎スラブ底面における地盤の支持力を加算しない．
4．打込み杭の中心間隔は，鋼杭の場合，杭頭部の径又は幅の2倍（閉端杭にあっては 2.5 倍）以上，かつ，75cm以上とする．
5．場所打ちコンクリート杭を支持杭として使用する場合には，底部は支持層に確実に到達させ，通常1m以上支持層中に貫入させる．

【問題6】 杭基礎に関する次の記述のうち，最も不適当なものはどれか．
1．現場打ちコンクリート杭の外面は，一般に凹凸が多いので，その断面積は，部分的に設計断面積を下回ってもよい．
2．打込み杭の中心間隔は既製コンクリート杭の場合，杭頭部の径の2.5倍以上かつ75cm以上とする．
3．杭には，軸方向力以外の力をなるべくかけないように設計する．
4．既製コンクリート杭の一本の長さは，15m以下とする．
5．接地圧とは基礎スラブ又は杭先端と地盤の間に作用する圧力のことである．

9　木構造

9・1　木構造の特徴

木構造とは，建築物の骨組を木材で組み立てた構造で，次のような長所を持っている．
① 材料が軽量で，切断・削り・取り付けなどの加工，施工が容易である．
② 構造材を即仕上材とすることができる．
③ 構造が単純で，比較的広い開口部，空間を取ることができ，開放感が得られる．
④ 増築，改築が比較的容易である．
⑤ 木材の温度・湿度調整など，わが国の気候，風土に適している．

一方，短所としては次のものがあげられる．
① 耐火性に劣る（着火点約260℃，発火点約450℃）．
② 耐久性に劣る（腐朽・虫害を受けやすい）．
③ 乾燥収縮による狂いや変形を生じやすい．
④ 大断面・長い材の入手が困難である．

近年，木材資源の保護，施工の効率化とともに，木材の欠点を補う材料，工法等も研究され，防火性・耐久性も高くなり，集成材による長大材も入手可能となっているので，幅広い設計が可能となった．

9・2　各部の構造

(1) 基礎

木構造の基礎には，図9・1のような布基礎・独立基礎・べた基礎が用いられ，上部の構造や荷重などにより，表9・1のように選定される．

(2) 土台

土台は，柱の脚部を連結し，柱からの荷重を受けて基礎に伝達する部材である．水平力（地震力や風圧力など）によって，建築物が基礎からはずれたり浮き上がらないようにするため，アンカーボルトを用いて基礎に緊結する．アンカーボルトの設置規準は，表9・2のようになる．

使用される樹種は，地面に近くなるので，耐腐朽性，耐蟻性のあるヒノキ，ヒバ，クリなどを用い，クレオソートなどにより防腐・防蟻処理を行う．また，断面寸法は100mm×100mm以上で，かつ柱と同寸法以上とする．

(3) 柱

柱は，屋根や床などの荷重を土台に伝達する垂直材である．2階建て以上では，1階から2階までまたは2階から3階までを1本で通す通し柱と，各階ごとに用いる管柱がある．

通し柱は，建築物の隅や軸組の交差部などにできるだけ多く設ける．ただし，接合部を通し柱と同等以上の耐力になるように補強した場合は，通し柱としなくても良い．

また，柱の最小寸法は，表9・3に示す値以上としなければならず，特に地上3階建ての場合は，柱の小径は原則として13.5cm以上としなければならない．また，柱を欠き取る場合は，柱の中央

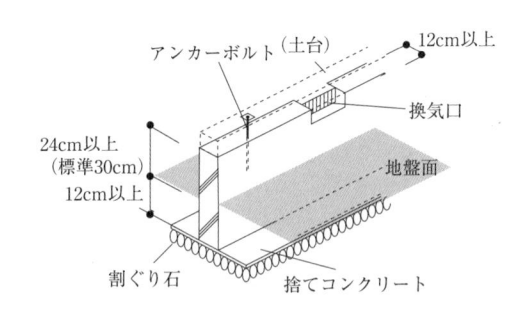

図9・1 木構造の基礎

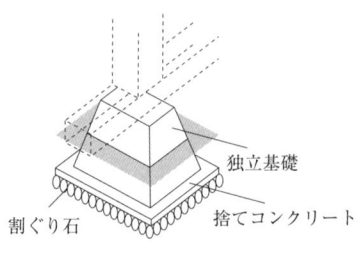

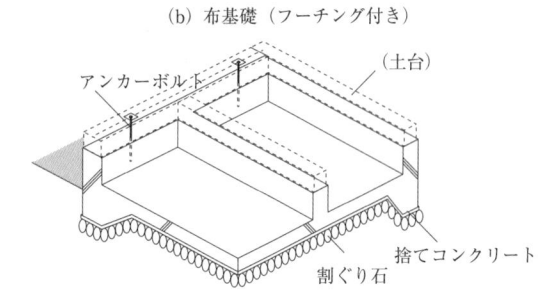

(a) 布基礎（フーチングなし）
(b) 布基礎（フーチング付き）
(c) 独立基礎
(d) べた基礎

表9・1 木構造の基礎の選定

布基礎	外壁や間仕切壁，耐力壁の下に連続一体化した基礎 ・一般に鉄筋コンクリート造で，軟弱地盤の場合や荷重の大きい場合を除き，軽微なものは無筋コンクリート造としてもよい． ・平屋建は長方形断面とし，2階建・多雪区域ではフーチング付きとする． ・床下の換気については，外周部の布基礎に面積300cm²以上の換気口を5m以内の間隔で設ける（令22条）．また，基礎の断面を欠損しないで耐震的に有利としたねこ土台を設け，土台を基礎から浮かせ，土台下部の通風を可能にし，土台の耐久性のみならず，床下全体の換気を考慮したものも用いられている．
独立基礎	荷重を受ける柱の下に設ける独立した基礎 ・柱脚と基礎を羽子板ボルトなどで緊結する．
べた基礎	軟弱な地盤の場合，基礎底面を全体的に基礎スラブとした基礎 ・立上り部分は布基礎に準ずる． ・底盤の厚さは12cm以上とする．

表9・2 アンカーボルトの設置規準

構造計算の結果に基づき，耐力壁の下部に近い位置に設け，それ以外部分は下記に準ずる．

	間隔	埋込み長さ
木質構造設計規準	2.0m以下	アンカーボルトの種類による
日本建築学会標準仕様書（JASS11）	4.0m以下	400mm以上
住宅金融公庫標準仕様書	2.7m以下	250mm以上

表9・3 柱の最小径

建築物	はり間方向又はけた行方向の間隔が10m以上の柱，又は学校，保育所，劇場，映画館，集会所，物品販売業を営む店舗（床面積の合計が10m²以内のものを除く）若しくは公衆浴場の用途に供する建築物などの柱		左欄以外の場合	
	最上階または平家建の柱	その他の階の柱	最上階または平家建の柱	その他の階の柱
土蔵造の建築物など，壁の重量が特に大きな建築物	$\frac{1}{22}$	$\frac{1}{20}$	$\frac{1}{25}$	$\frac{1}{22}$
上記以外で，金属板，石綿スレートなど屋根を軽い材料で葺いた建築物	$\frac{1}{30}$	$\frac{1}{25}$	$\frac{1}{33}$	$\frac{1}{30}$
その他の建築物	$\frac{1}{25}$	$\frac{1}{22}$	$\frac{1}{30}$	$\frac{1}{28}$

$\dfrac{d}{h} \geq$ 表の数値

柱の小径 $d \leq d'$ のとき d とする

※地階を除く階数が2を超える建築物の柱の最小径は，上記に関わらず13.5cm以上とする．（ただし，構造計算によって構造耐力上安全であることが確かめられた場合にはこの限りでない．）

〔建築基準法施行令第43条による〕

部分は避け，所要断面積の1/3以上を欠き取る場合は，その部分を補強する．間隔は，壁体部で約1～2m程度とし，樹種は，ヒノキ，スギ，ツガなどの針葉樹で，心持ち材がよく用いられる．

(4) 胴差・梁・桁

木構造には，図9・2のように軸組の方向に梁間方向，桁行方向という呼び方があり，この方向によって横架材の名称が異なる．一般に長辺方向（または棟に平行な方向）を桁行方向，短辺方向を梁間方向と呼ぶ．胴差・はり・桁は，図9・3のように構成されている．

①胴差

2階建て以上の床にあたる位置で，桁行方向の柱を相互に連結し，胴差位置の床及び上下の壁を支える横架材である．

②はり

2階以上の床にあたる位置で，梁間方向にかけられている横架材のことをいうが，広義の意味で下階に広い空間があり，柱がかけられない位置で床を支える横架材も含まれている．

③桁

軸組最上部にかけられ，柱の上部をつなぎ，小屋組や垂木を受ける横架材である．桁行方向にある桁を軒桁といい，洋小屋などのトラスを受ける軒げたを，特に敷桁という．梁間方向の桁を妻ばりといい，間仕切り壁の上部にはりがないときに渡す水平材を頭つなぎという．

(5) 筋かい

筋かいとは，図9・4のように柱と柱，横架材と横架材に囲まれる部分に入れる斜材で，骨組の変形を防ぎ，建築物の耐震性・耐風性を増す目的で入れる．筋かいには，負担する応力に応じて図9・5のように，圧縮筋かいと引張筋かいがある．

筋かいの設置については，以下の点に考慮する必要がある．

①建築物の平面・立面に関して，つり合いよく配置する（図9・6）．
②筋かい端部と柱・横架材との仕口は，力を十分に伝達できるように接合する（図9・7）．
③筋かいの欠き込みはしない．間柱と筋かいの取り合い部は，間柱を欠き込む（ただし，筋かいをたすき掛けにし，やむを得ない場合において，必要な補強を行った場合はこの限りではない）．
④筋かいの傾斜は急にしてもあまり効果はなく，水平面に対して3：1以下とする．
⑤筋かいを入れた軸組及び隣接した軸組の下部には，布基礎を設ける．

また，筋かいの代わりとして，または補強として，柱・間柱・横架材に各種ボードを確実に留め付けたものを，面材耐力壁という．これら筋かいや面材耐力壁は，筋かいの太さ，掛け方，ボードの種類と厚さ，釘の種類と間隔によって，壁倍率が表9・4のように定められている．

(6) 構造耐力上必要な軸組

階数が2以上または延べ面積が50m²を超える木造建築物においては，地震力・風圧力などの水平荷重に対して安全であるように，地震力については各階の床面積から，風圧力に対しては立面における見付面積から，それぞれ必要な長さの軸組を算出し，各階の桁行方向および梁間方向に，それぞれ必要な長さの軸組をつり合いよく配置しなければならない．

構造耐力上必要な軸組長さと，実際にある耐力壁の長さに耐力壁の種類に応じて表9・4において

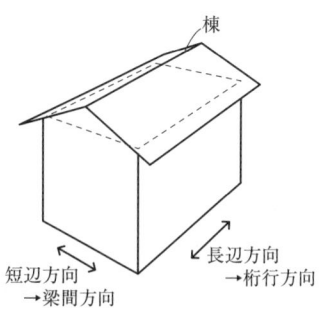

図9・2 桁行方向と梁間方向

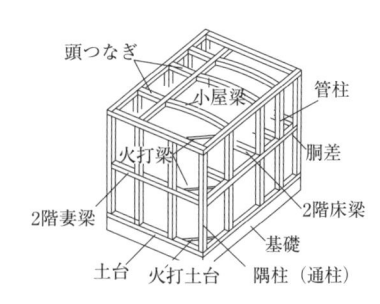

図9・3 軸組の構成（概略）

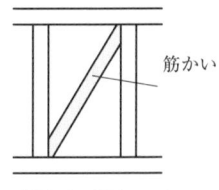

図9・4 筋かい

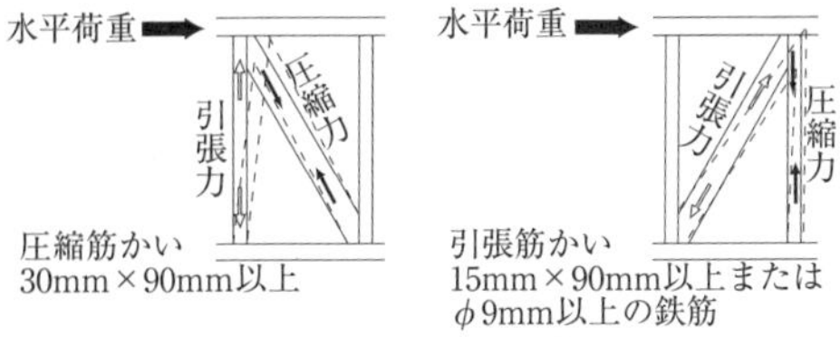

図9・5 筋かいの種類

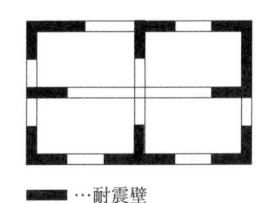

(a) 平面

(b) 立面

※建築物の出隅・入隅部はL型，T型に，2階建の場合，同一の場所となるように配置するのが最良

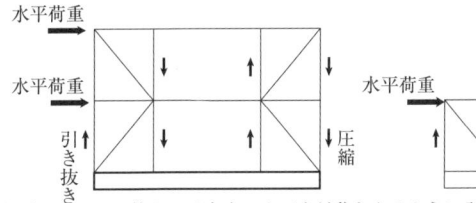

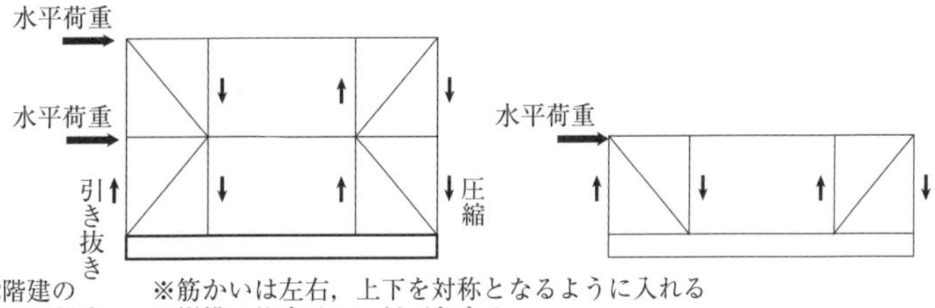

※筋かいは左右，上下を対称となるように入れる
※縦横の比率は3：1以下とする
※最上階の両端が逆八の字の向きとなるように配置する

図9・6 筋かい平面的・立面的構成

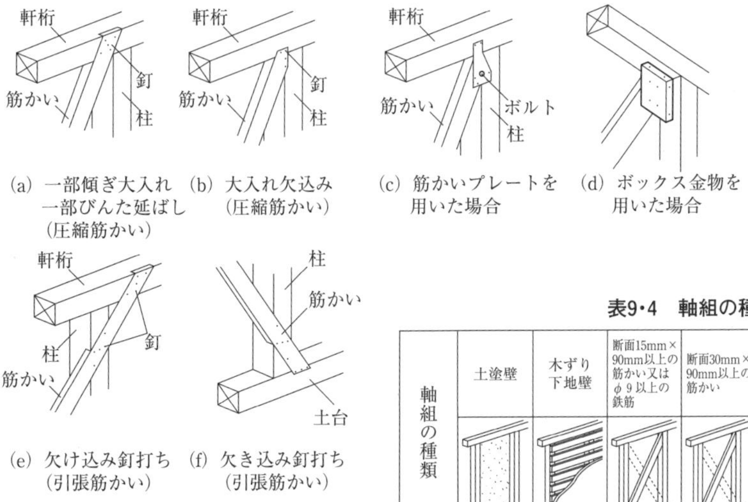

(a) 一部傾ぎ大入れ一部ぴんた延ばし（圧縮筋かい）
(b) 大入れ欠込み（圧縮筋かい）
(c) 筋かいプレートを用いた場合
(d) ボックス金物を用いた場合
(e) 欠け込み釘打ち（引張筋かい）
(f) 欠き込み釘打ち（引張筋かい）

図9・7 筋かいの接合部の例

表9・4 軸組の種類と倍率

軸組の種類	土塗壁	木ずり下地壁	断面15mm×90mm以上の筋かい又はφ9以上の鉄筋	断面30mm×90mm以上の筋かい	断面45mm×90mm以上の筋かい	断面90mm×90mm以上の筋かい	構造用合板厚さ7.5mm以上(釘ピッチ150mm以下)	せっこうボードシージングボード貼付壁厚さ120mm以上(GN40ピッチ150mm以下)
倍率 片側	0.5	0.5	1.0	1.5	2.0	3.0	2.5	1.0
倍率 両面打ちたすき掛け又は	—	両面打ち 1.0	たすき掛け 2.0	たすき掛け 3.0	たすき掛け 4.0	たすき掛け 5.0	両面打ち 5.0	両面打ち 2.0

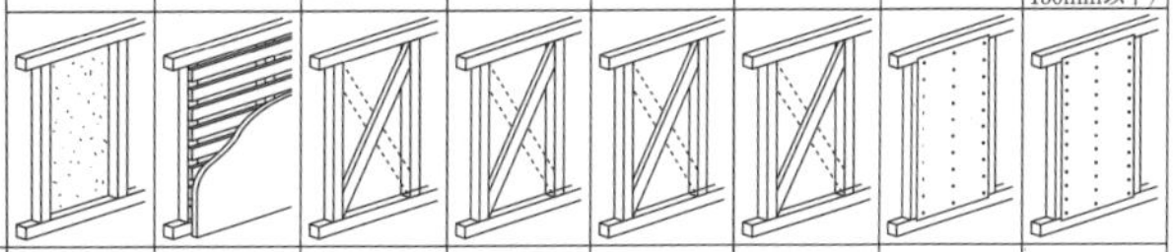

※異なる軸組を併用した場合，各軸組の数値の和とすることができる．
（ただし5.0を上限とする）

示した壁倍率を乗じ，その和の長さとを比較し，その和が構造耐力上必要な軸組長さより長くなるように，耐力壁を設けなければならない．

なお，風圧力は，図9・8のように梁間面にあたる風には桁行方向の軸組で抵抗し，桁行面にあたる風には梁間方向の軸組で抵抗する．したがって，見付面積の算出は図9・9のようになる．

また，前述の「つり合いよく」とは，令82条の3に定める方法で偏心率を求め，その値が0.3以下であることを確認するか，平成12年告示1352号による側端部分の壁量の確認と，壁量のバランスが取れているか確認することによって，検討する．

(7) 小屋組

小屋組とは，屋根を形づくる骨組のことで，屋根荷重などの外力を柱や壁に伝える．一般に用いられる小屋組には，和小屋（和風小屋組）と洋小屋（洋風小屋組）などがある．

屋根には一般に，雨仕舞のうえから勾配が設けられる．屋根の傾きの度合いを屋根勾配といい，水平長さ10に対する高さで表す．また，構造上や意匠上から，図9・10のような屋根形状が用いられる．

屋根の各部の名称を図9・11に示す．

① 和小屋

和小屋とは，軸組の桁の上に1.8mから2.0m間隔で図9・12のような丸太の小屋ばりを架ける．その上に棟木・母屋を支える束を約1m間隔にたて，屋根勾配なりに垂木をのせて屋根の形成したもので，次のような特徴がある．

- 小屋ばり部材に作用する主な応力は，曲げモーメントである．
- スパンが大きくなると，部材に作用する応力が大きくなり力学的に不利であるが，複雑な屋根形状であっても対応ができ，施工が容易で経済的である．
- 一般に，梁間が7m以下の建築物に適している．

軒桁に小屋ばりを架けるかけ方は，軒桁の上に小屋ばりをかけ渡す京呂組（図9・13(a)）と，柱の上直接に小屋ばりを架ける折置組（図9・13(b)）がよく用いられるが，住宅などでは，小屋ばり端が見えず大きな開口部を設けられる京呂組が多く用いられている．

また，小屋組を構成する部材として，小屋束の振れを止めるために小屋筋かい・小屋貫等があり，寄棟屋根の隅部にかけ渡す隅木がある．

② 洋小屋

洋小屋とは，図9・14や図9・15のような骨組（トラス）を敷桁上部に約2mの間隔で柱上に架け渡し，屋根を形成するもので，次のような特徴がある．

- 部材が三角形を組むように構成され，部材に主として働く応力は軸方向力がほとんどとなり，力学的に有利となり，小さな断面の部材で構成できる．
- 比較的大きなスパンの建築物に適している（梁間15m程度まで対応できる）．
- 加工精度が構造強度に影響するので，施工上は注意が必要となる．

洋小屋に多く用いられる構造としては，真束小屋組（キングポストトラス，図9・14）と対束小屋組（クインポストトラス，図9・15）があり，図中にその構成方法と部材名称を示す．

洋小屋組を構成する部材の中で，合掌材は圧縮力を受けるため，陸ばりと同寸以上，すなわち骨組み中では最大の断面を持つ部材となる．

図9・8　風向と抵抗する軸組

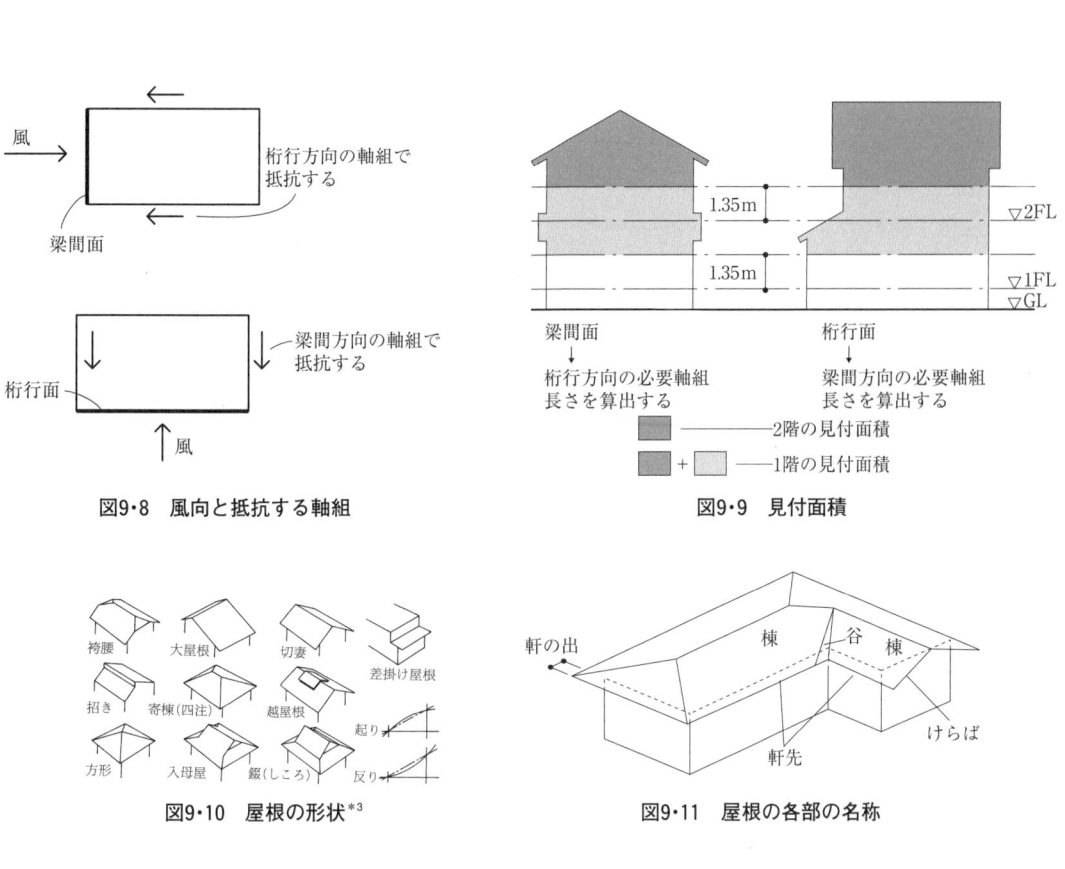

図9・9　見付面積

図9・10　屋根の形状*3

図9・11　屋根の各部の名称

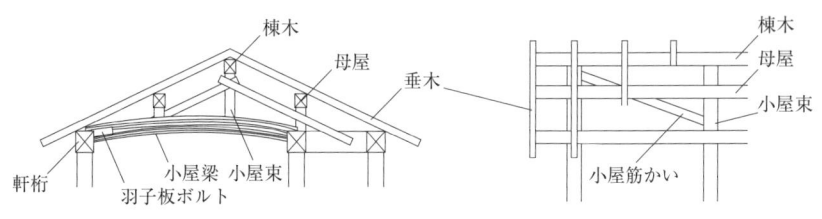

図9・12　和小屋の構成

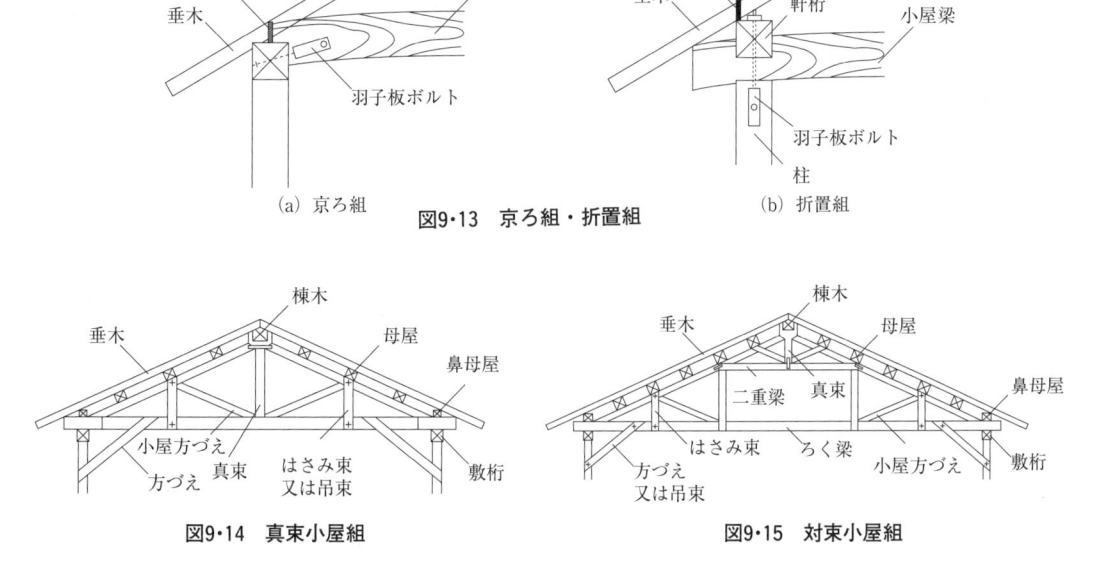

図9・13　京ろ組・折置組
(a) 京ろ組
(b) 折置組

図9・14　真束小屋組

図9・15　対束小屋組

また，洋小屋で寄棟を組む場合は，隅木を含む合掌を設け，これに母屋・垂木をかける．

(8) 床組

床組は床を支持する骨組みで，支持の方法によって，束を立てる床と束のない床とに分けられる．

①束を立てる床

主に1階床組に用いられる構法で，根太・大引・床束から構成され，床の地盤面からの高さは床束の長さによって調整することができる．また，床束の移動を防ぐために，根がらみ貫を打ち付けて連結する．束を立てる床組の構成方法と部材名称を，図9·16に示す．

なお，図9·17のように土間コンクリートを打ってある場合，束を省略したり，大引きを省略したりする床組もあり，このような床組を転ばし床という．

②束を立てない床

下階の空間の大きさにより，根太床・はり床・組床がある．

(a) 根太床

根太床は，根太のみで構成される床組で単床ともいい，幅約2mくらいの床に用い，根太（50×100mm）を30〜50cm間隔に，胴差などに架ける．

(b) はり床（図9·18）

はり床は，はり間が2mを超えるような床組に用いるもので，複床ともいい，床ばり・根太で構成される．

(c) 組床（図9·19）

組床は，下階の空間が大きく柱が少ない所に組む床組で，大ばり・小ばり・根太で構成される．大ばりは，はり間の小さい方に架け渡し，その上に直角に小ばりを約2m間隔に取り付ける．

(9) 真壁と大壁

真壁とは柱が室内にあらわれて構造材兼仕上げ材となっている壁で，大壁とは，柱が壁で隠されている壁である．これらの壁は，室の使用目的などの条件により使い分けられ，一般に真壁式は主に和室に用いられ，大壁式は洋室に用いられる．

真壁式は，図9·20(a)のような構造で，その構造上壁厚が薄くなり筋かいが入れにくく，構造上不利になる．一方，大壁式は，図9·20(b)のような構造で，筋かいの他，金物などで補強でき，堅固な骨組みとなる．また，室内の気密性もよく，防寒・防湿・防音の効果も真壁式に比べて大きい．

また，図9·20(c)のように片面真壁式，片面大壁式という形式もあり，これは併用式という．

(10) 間柱・貫

真壁式の壁の骨組みとして，柱と柱の間に水平に取り付ける材（15×90mm）を貫といい，その取り付ける高さによって，下の方から地貫・胴貫・内法貫・天井貫などがある．貫の種類と取り付け方を図9·21に示す．

大壁式の壁の骨組みとして，柱と柱の間に約50cm間隔に取り付ける垂直材（30×柱幅程度）を間柱という．

図9・16 束を立てる床組

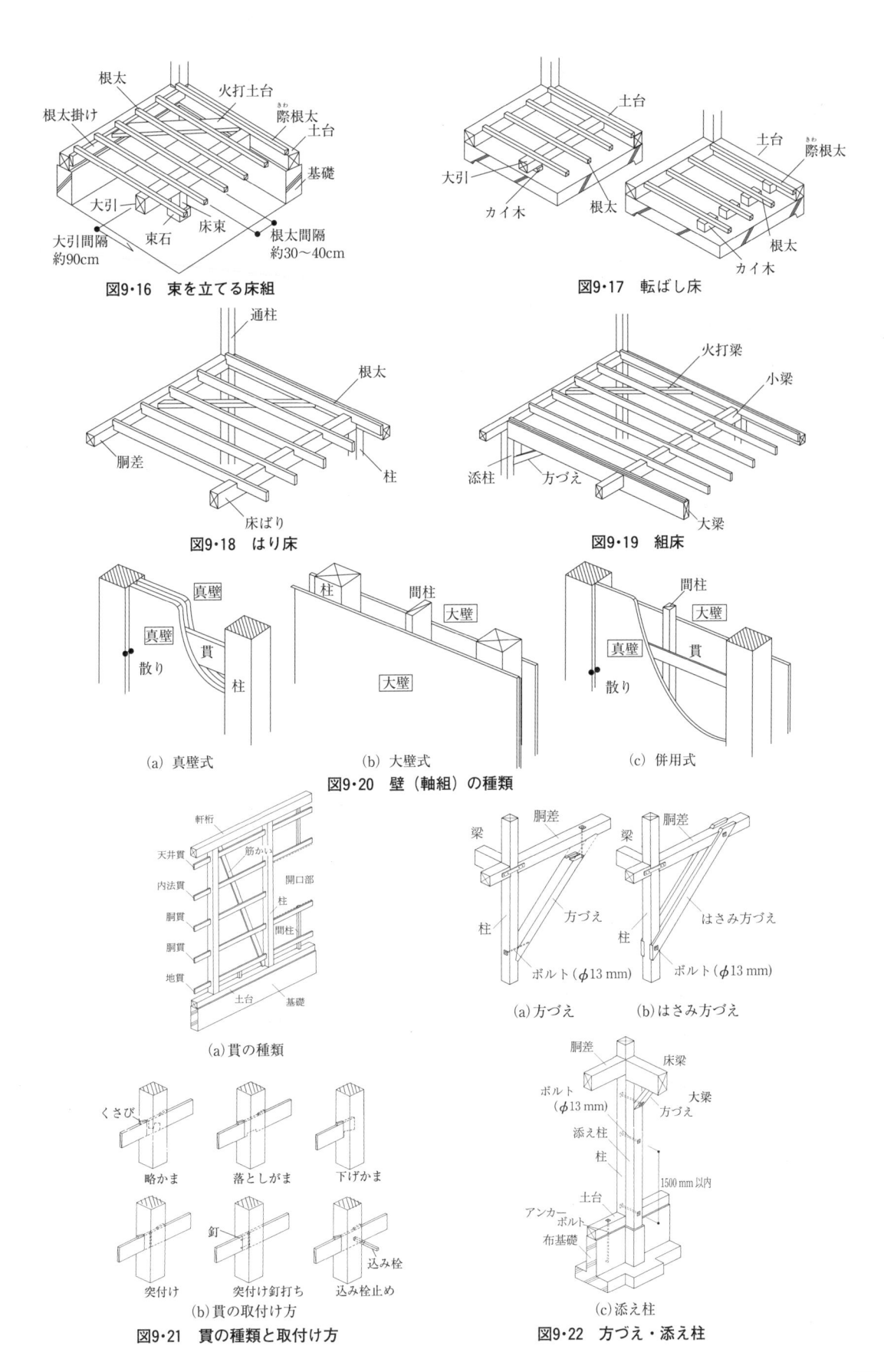

図9・17 転ばし床

図9・18 はり床

図9・19 組床

(a) 真壁式　(b) 大壁式　(c) 併用式

図9・20 壁（軸組）の種類

(a) 貫の種類

(a) 方づえ　(b) はさみ方づえ

(b) 貫の取付け方

図9・21 貫の種類と取付け方

(c) 添え柱

図9・22 方づえ・添え柱

(11) 方づえ・添え柱

大きな荷重を支える2階ばりや，小屋ばりを柱に取り付ける場合，図9·22のように方づえや添え柱を設ける．方づえを取り付けた場合，柱と方づえの取り付け部分は弱くなるので適宜補強する．

(12) 火打材

火打材は，水平力に対して力を分散させ，取り付けた箇所の部材間の角度の変形を防止するために取り付ける部材である．土台に取り付けられるものを火打土台，胴差・桁などに取り付けられるものを火打ばりという．火打土台は40×90mm以上のもの，火打ばりは90×90mm以上のもの，または火打金物を用いる．

9·3 接合部

接合部とは，柱と土台・胴差やはりとはりなど，部材同士をつなげる部分である．木構造の場合，各部材の接合は重要で，なるべく単純にゆるみや隙間がないようにし，できるだけ金物で補強する．

接合には土台・はり・母屋など比較的長い部材を材軸方向につないでいく継ぎ手と，柱とはり，桁とはりなど，2つの部材を直角またはある角度に接合する仕口がある．

(1) 継手

継手には，従来から伝わるはめ合せ継ぎと，添え板を用いた添え板継ぎがある．継ぎ手の種類と主な使用場所を表9·5に示す．なお，継手の位置は応力が比較的小さくなるところに設ける．柱頭付近は曲げモーメントが大きくなるので，図9·23のような位置に設ける．

(2) 仕口

仕口には，接合させようとする2材を切り欠き組み合わせる組手と，1材を他材に差し込む差口がある．仕口の種類と主な使用場所を，表9·6に示す．

(3) 接合部金物

接合部金物は，構造材を直接接合したり，継手・仕口の補強として用いられたりする．接合金物の主な種類と使用場所を，表9·7に示す．釘・ボルトについては，以下のような点に注意する．

(a) 釘

釘による接合には，一面せん断接合と二面せん断接合がある（図9·24）．

① 釘の引抜き耐力は，一般に釘の打ち込み長さが短いほど小さい．
② せん断力は，釘径が細いほど小さくなる．
③ 各材厚は，釘径の6倍以上とする（$t_1 \geq 6d$, $t_2 \geq 6d$, $t_3 \geq 6d$）．
④ 釘の長さは，側材厚の2.5倍以上とする（$l \geq 2.5\,t_1$, $l \geq 2.5\,t_2$）．
⑤ 二面せん断の場合，釘は3材を貫通するか，貫通しない場合は3番目の材に対して，釘径の9倍以上が打ち込まれるようにする（$l' \geq 9d$）．
⑥ 二面せん断接合の許容耐力は，一面せん断接合の許容耐力の2倍とすることができる．
⑦ 軽微な継手以上の継手では，4本以上打つ．
⑧ 応力方向に釘を数多く打つと，接合部の許容耐力は低下する（1本あたりのせん断耐力は低下

表9・5 継手の種類

名前	腰掛継ぎ（段継ぎ）	腰掛あり継ぎ	腰掛かま継ぎ	そぎ継ぎ	追掛大栓継ぎ	金輪継ぎ
使用場所	簡単な土台・大引等	土台・大引・桁・母屋等	土台・母屋等	垂木・根太等	胴差・桁等	土台・柱の根継ぎ・桁等
名前	目違い継ぎ	十字目違い継ぎ	箱目違い継ぎ	いすか継ぎ	台持継ぎ	添え板ボルト継ぎ
使用場所	なげし・幅木・笠木等	笠木等	敷居等	天井さお縁等	小屋梁・床梁等	梁・桁・合掌

表9・6 仕口の種類

名前	短ほぞ	長ほぞ	重ねほぞ	小根ほぞ	扇ほぞ	大入れ	胴付き
使用場所	束・間柱等の上下	柱の上下	桁と梁を柱の上に架けるような場合	土台・建具の隅の部分	隅柱の下端 大梁にささる柱の仕口	柱と貫等の仕口	同一平面上のT字仕口軽微な部分
名前	ありほぞ	相欠き	渡りあご	大留	下げかま	傾ぎ大入れほぞ差し	大入れあり掛け
使用場所	土台や横架材のT字形の部分	簡単な土台等の仕口	大引と根太・合掌と母屋・梁と桁	額縁・幅木・廻り縁・笠木等の仕口	柱と取り合う貫通部仕口でくさび打ちする	柱と胴差等の仕口	土台や横架材のT字形の各所

表9・7 接合部金物

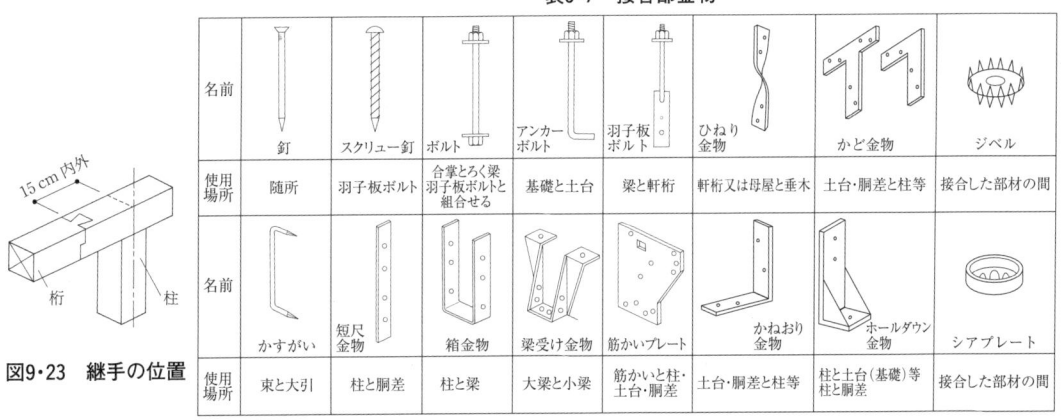

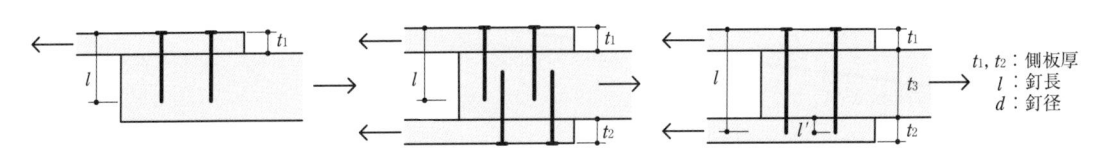

名前	釘	スクリュー釘	ボルト	アンカーボルト	羽子板ボルト	ひねり金物	かど金物	ジベル
使用場所	随所	羽子板ボルト	合掌とろく梁羽子板ボルトと組合せる	基礎と土台	梁と軒桁	軒桁又は母屋と垂木	土台・胴差と柱等	接合した部材の間
名前	かすがい	短尺金物	箱金物	梁受け金物	筋かいプレート	かねおり金物	ホールダウン金物	シアプレート
使用場所	束と大引	柱と胴差	柱と梁	大梁と小梁	筋かいと柱・土台・胴差	土台・胴差と柱等	柱と土台（基礎）等 柱と胴差	接合した部材の間

図9・23 継手の位置

(a) 一面せん断接合　　(b) 二面せん断接合

t_1, t_2：側板厚
l：釘長
d：釘径

図9・24 一面せん断接合と一面せん断接合

123

する）．1列に10本以上並べるて打つと，耐力は10%低減する．
⑨未乾燥材に打ち込まれた釘が乾燥前に応力を受ける場合や，湿潤状態で使用する場合は，耐力を25%低減する．
⑩側材に釘径の0.4倍以上の鋼板を用いた場合は，許容耐力を25%増やすことができる．
⑪釘の間隔，縁距離，端距離を適切にとり，繊維に対して乱に打つ（図9・25）．

(b) ボルト接合

片ねじ・両ねじ・埋込み・羽子板ボルトなどが，一般補強に広く用いられている．
①ボルトの径は通常13mm以上のものを使用し，座金はできるだけ厚いものを使用する．ボルトはめり込んで十分な剛性が期待できないので，重要な箇所にはジベル等を併用する．
②ボルトの許容耐力は，ボルトの材質，ボルト径，座金の寸法，樹種によって決定する．
③ボルトの締め付けは，通常座金が木材にわずかにめり込む程度にする．
④ボルト接合の接合部の剛性は，釘接合による接合部の剛性より小さいが，粘り強さ（靭性）は大きい．
⑤ボルト接合と釘接合を併用する場合は，加算せず，大きい方の値にする．
⑥ボルトの穴は，ボルト径に比べてあまり大きくしない（接合部が変形しやすくなる）．

(c) 木ねじ接合

近年，木ねじによる部材の接合も，広く用いられるようになっている．
①側材の厚さは，木ねじの呼び径の6倍以上とする．
②木ねじの長さは側材厚の2.5倍以上とする．
③構造耐力上主要な部分において，木口面にねじ込まれた木ねじに対して引抜方向に抵抗させることはできるだけ避ける．
④木ねじは，適切な道具を用いてねじ込むこととし，ハンマーなどで打ち込んではならない．

9・4 部材の設計

(1) 木材の許容応力度

木材の材料強度は樹種によって異なり，各樹種で材料強度が定まる．その材料強度から基準強度を決め，安全率を乗じたものが許容応力度となるが，木材の許容応力度は建築基準法施行令89条より表9・8のようになる．材料強度の例を表9・9に示す．一般に広葉樹の方が，針葉樹よりも許容応力度が大きい．また，許容応力度の大きさは，曲げ＞圧縮＞引張＞せん断の順になる．

なお，表9・8の許容応力度は，応力が木材の繊維方向に作用した場合のもので，繊維方向と異なる方向の応力が作用した場合は，別に考慮しなければならない．

(2) 部材の設計

(a) 引張材の設計

引張応力を受けるトラス材や引張筋かいなどの引張材の断面は，式9・1を満たせばよい．
なお，有効断面積とは，欠き込みなどがある場合で，欠損断面を除いた正味断面積に欠損に応じた低減率を乗じたものである．

(b) 圧縮材の設計

柱や圧縮応力を受けるトラス材などの圧縮材の断面は，式9・2を満たせばよい．引張材と異なり，

図9・25 端距離と縁距離

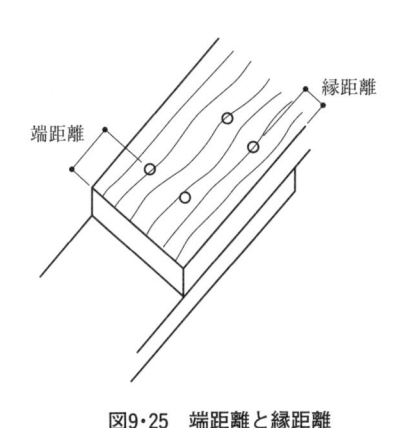

表9・8 木材の許容応力度及び材料強度

長期に生ずる力に対する許容応力度 [N/mm²]				短期に生ずる力に対する許容応力度 [N/mm²]			
圧縮 f_c	引張 f_t	曲げ f_b	せん断 f_s	圧縮 f_c	引張 f_t	曲げ f_b	せん断 f_s
$\frac{1.1}{3}F_c$	$\frac{1.1}{3}F_t$	$\frac{1.1}{3}F_b$	$\frac{1.1}{3}F_s$	$\frac{2}{3}F_c$	$\frac{2}{3}F_t$	$\frac{2}{3}F_b$	$\frac{2}{3}F_s$

F_c, F_t, F_b, F_s：それぞれ木材の種類および品質に応じて国土交通大臣が定める圧縮，引張，曲げ，せん断に対する規準強度 [N/mm²]

表9・9 木材の基準強度の例
〔平成12年建設省告示1452号〕

	Fc	Ft	Fb	Fs
あかまつ	27.0	20.4	33.6	2.4
べいまつ	27.0	20.4	34.2	2.4
ひのき	30.6	22.8	38.4	2.1
べいつが	21.0	15.6	26.4	2.1
すぎ	21.6	16.2	27.0	1.8

※すべて甲種構造材一級の値

式9・1 引張材の設計

$\sigma_t = \dfrac{N_t}{A_e} \leq f_t$

σ_t：引張応力度 [N/mm²]
N_t：設計用軸方向引張力 [N]
A_e：有効断面積 [mm²]
f_t：許容引張応力度

式9・2 圧縮材の設計

$\sigma_c = \dfrac{N_c}{A} \leq f_k$

σ_c：圧縮応力度 [N/mm²]
N_c：設計用軸方向圧縮力 [N]
A：正味断面積 [mm²]
f_c：許容圧縮応力度
f_k：許容座屈応力度で細長比 λ により，以下のような値をとる

$\lambda \leq 30 \quad f_k = f_c$

$30 < \lambda \leq 100 \quad f_k = f_c (1.3 - 0.01\lambda)$

$100 < \lambda \leq 150 \quad f_k = f_c \dfrac{3000}{\lambda^2}$

式9・3① 曲げモーメントに対する断面の設計

$\sigma_b = \dfrac{M_{\max}}{Z_e} \leq f_b \cdot C_f$

σ_b：曲げ応力度 [N/mm²]
$M_{\max}$：設計用最大曲げモーメント [N·mm]
Z_e：有効断面係数 [mm³]
f_b：許容曲げ応力度
C_f：寸法調整係数
　（はりせい 300mm 以下では $C_f = 1.0$）

式9・3② せん断力に対する断面の設計

$\tau = k \dfrac{Q}{A_e} \leq f_s$

τ：せん断応力度 [N/mm²]
k：せん断力係数
　（長方形：$\dfrac{3}{2}$，円形：$\dfrac{4}{3}$）
Q：せん断力
f_s：許容せん断応力度 [N/mm²]

式9・3③ たわみに対する断面の設計

$\delta = C \cdot \dfrac{P \cdot l^3}{EI} \leq \dfrac{l}{300}$ かつ20mm

δ：たわみ [mm]
C：支点と荷重の状態で定まる係数
E：ヤング係数 [N/mm²]
I：断面2次モーメント [mm⁴]
P：荷重 [N]
　※等分布荷重の場合 $P = w \cdot l$
l：スパン [mm]

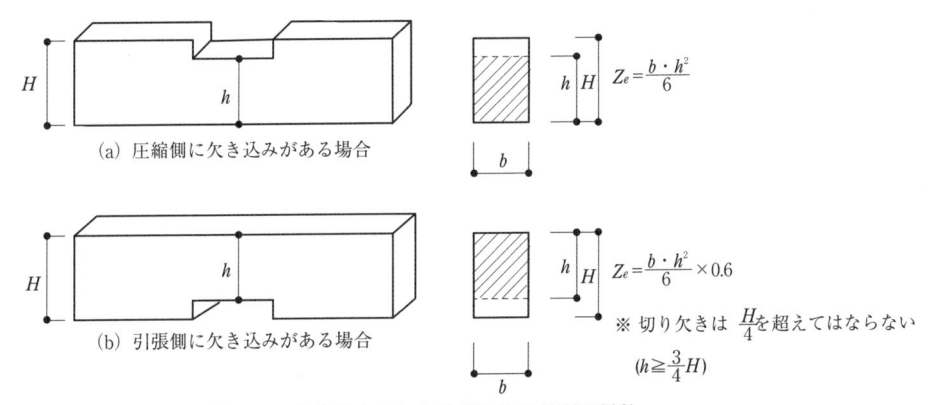

(a) 圧縮側に欠き込みがある場合　　$Z_e = \dfrac{b \cdot h^2}{6}$

(b) 引張側に欠き込みがある場合　　$Z_e = \dfrac{b \cdot h^2}{6} \times 0.6$

※ 切り欠きは $\dfrac{H}{4}$ を超えてはならない
$(h \geq \dfrac{3}{4}H)$

図9・26 欠き込みをした曲げ材の有効断面係数

圧縮材の場合は部材の座屈を考慮する．

　なお断面積は，欠き込みなどがある場合，欠損断面を除いた正味断面積で求めればよい．
(c) 曲げ材の設計

　大ばり・小ばり・母屋などの曲げ応力を受ける材の断面は，曲げ応力の他に，せん断応力，たわみを検討する必要があり，①〜③における式の，すべての式を満たす必要がある．
①曲げモーメントに対する断面の設計

　曲げモーメントに対しては，式9・3①を満たす必要がある．

　なお，欠き込みなどがある場合，欠損断面を除いた正味断面係数を用いるが，圧縮側に欠き込みがある場合と，引張側に欠き込みがある場合とでは，有効断面係数の算出方法が異なる（図9・26）．
②せん断力に対する断面の設計

　せん断力に対しては，式9・3②を満たす必要がある．
③たわみに対する断面の設計

　たわみに対しては，式9・3③を満たす必要がある．

9・5　主要構造部以外の構造

(1) 階段

　木造の階段はその構成方法により，側桁階段・ささら桁階段・箱階段などに分けられる．また，その形状によって図9・27のように，直進階段・折れ階段・回り階段などがある．

　階段の勾配は，図9・28のように踏面と蹴上げによって定まるが，それらの寸法には表9・10のような法規上の規定がある．
(a) 側桁階段

　側桁階段は図9・29(a)のように，木造階段では標準的な形式で側桁の上下端を土台・はりなどにかけ渡し，踏板と蹴込み板を差し込みくさびで組み固められる．
(b) ささら桁階段

　ささら桁階段は，図9・29(b)のように側桁を段状に欠き込んで，その上に踏板を載せて側桁外面までのばした階段である．この階段には蹴込み板を設けないものもある．
(c) 箱階段

　箱階段は，図9・29(c)のように蹴込み板がなく，段板を側板にはめ込み，段板の裏に羽目板を張ったものである．

(2) 外部仕上げ

　建築物の内部と外部を遮断する構造として，屋根と外壁がある．これら外部仕上げには耐水性・耐候性・防火性などが要求され，それらの性能を持った仕上げ材を合理的に選定する必要がある．外部仕上げに要求される性能をまとめると，以下のようになる．

　　①耐水性・防水性・耐候性を有すること

　　②耐火性・防火性を有すること

　　③熱伝導率が低く，断熱性を有すること

　　④温湿度の変化によって伸縮しないこと

　　⑤強度が大きく，衝撃に耐えること

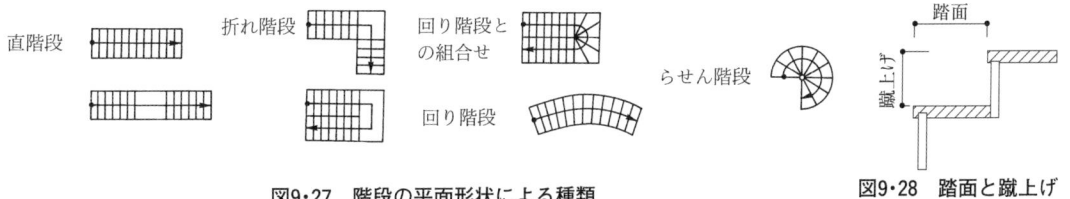

図9・27 階段の平面形状による種類

図9・28 踏面と蹴上げ

表9・10 階段の法的寸法 ［単位：cm］

	種　別	階段及び踊場の幅	蹴上げ	踏　面	踊り場の高さ
1	小学校（児童用のもの）	140以上	16以下	26以上	300以下
2	中学・高校（生徒用），劇場，1500m²を超える物品販売業を営む店舗，映画館，集会場（客用）	140以上	18以下	26以上	
3	住宅	75以上	23以下	15以上	400以下

(a) 側桁階段

(b) ささら桁階段

(c) 箱階段

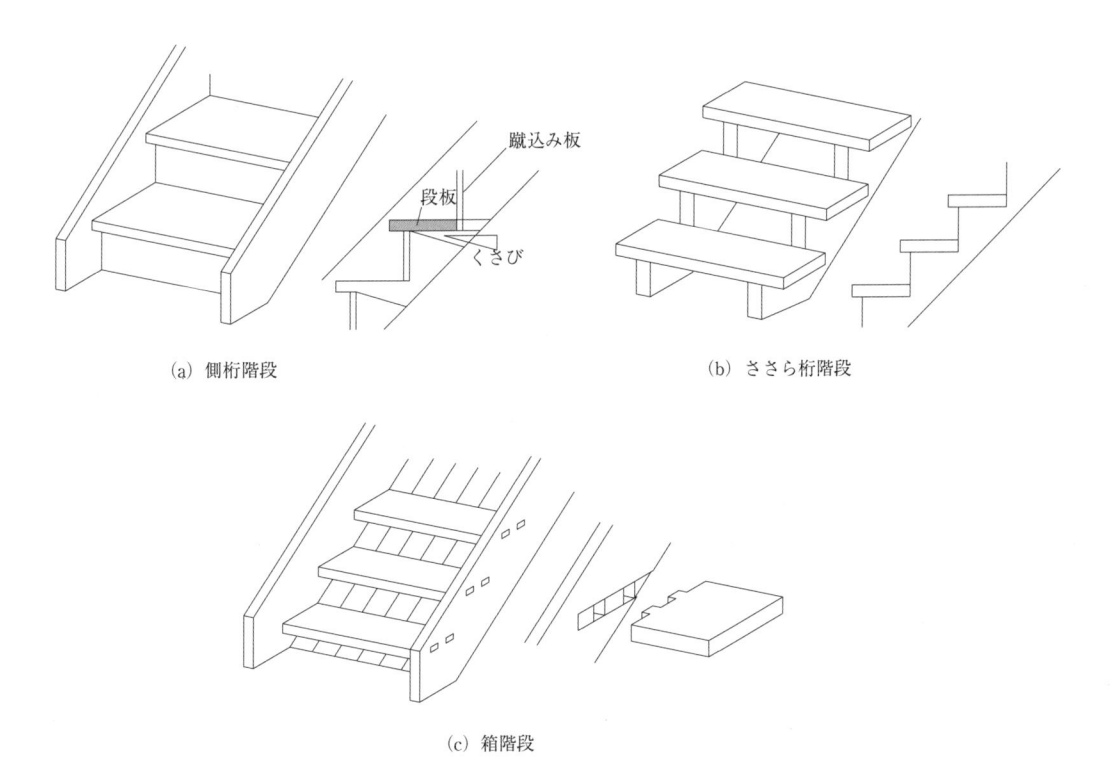

図9・29 階段の種類

表9・11 各種屋根葺き材の最低勾配

屋根葺き材	最低勾配	屋根葺き材	
瓦葺き	$\dfrac{4}{10}$	金属板平瓦	$\dfrac{2.5}{10}$
波形スレート	$\dfrac{3.5}{10}$	金属板瓦棒葺き	$\dfrac{1}{10}$
カラーベスト	$\dfrac{3.5}{10}$	アスファルト防水層	$\dfrac{1}{100}$

⑥施工・補修が容易なこと

(a) 屋根

　屋根の仕上げ材を屋根葺き材というが，屋根葺き材には外部仕上げ材に要求される性能の他に吸水率が低く凍害を受けない，軽量であるといった性能が必要となる．それらの各種条件と，意匠からも考慮した上で，その建築物に調和するものを用いる．また，屋根勾配は一般に，継ぎ目の少ない大きな材料を用いる屋根ほど緩勾配とし，小さな部材や吸水性のある材料を用いる場合は急勾配となる．よく用いられる各種屋根仕上げ材の最低勾配を表9・11に示す．

(b) 外壁

　外壁は，屋根と共に内部と外部を遮断する構造であると同時に，建築物の外観を決定づけるものである．一般的に用いられている外壁には，板壁・塗り壁・金属板壁・タイル張り壁などがある．

①板壁

　木構造の建築物で比較的多く用いられる工法で，水平に板を張るものを下見板張り，垂直に張るものを羽目板張りという（図9・30）．

②塗り壁

　木構造の建築物で最も多く用いられる工法で，図9・31に示すように下地板の上にアスファルトフェルトを張り，その上に図9・32のようなラスとよばれる金網を取り付ける．これを下地としてモルタルを塗って仕上げる壁である．

③タイル張り壁

　タイル張り壁には，従来からのモルタル塗りの下塗りの上に，タイルを張り付けて仕上げる湿式工法（図9・33(a)）と，接着剤を用いて張り付ける乾式工法（図9・33(b)）がある．湿式工法は，壁の重量が大きく，施工の良否によって剥離するおそれがあるため，乾式工法の方が利点が多い．

(3) 内部仕上げ

　建築物の内部は，その内部の使用目的・意匠・環境の保持の点で，諸条件を満足するように仕上げ材を選定する必要がある．また，室内の仕上げは真壁か大壁かという軸組の種類によって，真壁なら和風仕上げ，大壁なら洋風仕上げといったように，構造によっても異なる．

(a) 床

　床仕上げには，防音・保温・耐衝撃性・耐水性・弾力性のほか，感触性，美観などの性能が要求される．主な仕上げとして，和風であれば畳敷き・縁甲板張りなど，洋風であれば板張り・じゅうたん敷きなどがある．また，便所や浴室など耐水性を要するところでは，タイル貼りなどがある．

(b) 内壁

　和風仕上げの場合，畳寄せ・鴨居・付鴨居・長押などを取り付け，その間を塗り壁で造るのが一般的であったが，近年は，塗り壁をプラスターボード下地でクロス貼り，付鴨居・長押などを省略する和室も増えてきている．洋風仕上げは，塗り壁・板壁や，石こうボード下地でクロス貼りというのが一般的である．

(c) 天井

　和風仕上げの場合，竿縁天井・格子天井・目透し張り天井（敷目天井）などが一般的であったが，石こうボード下地でクロス貼りという天井もよく用いられる．洋風仕上げの場合は，塗り天井・張り天井・石こうボード下地でクロス貼り仕上げなどが一般的である（図9・34）．

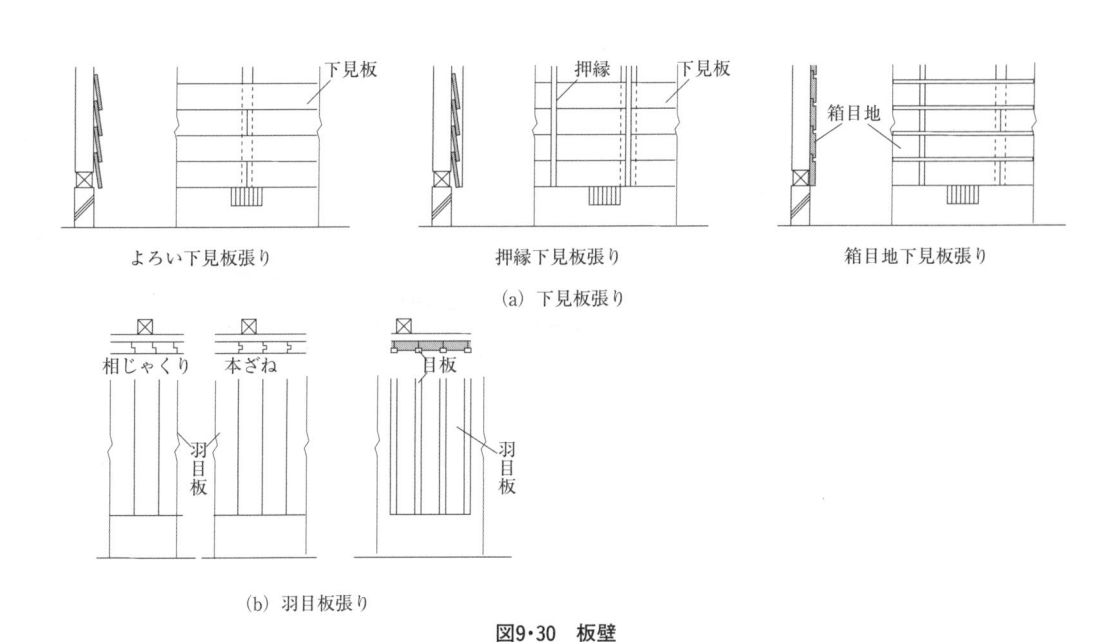

よろい下見板張り　　押縁下見板張り　　箱目地下見板張り

(a) 下見板張り

(b) 羽目板張り

図9・30　板壁

図9・31　塗り壁

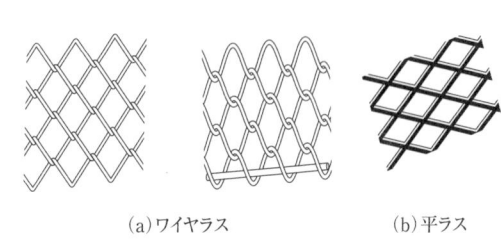

(a) ワイヤラス　　(b) 平ラス

図9・32　ラスの種類

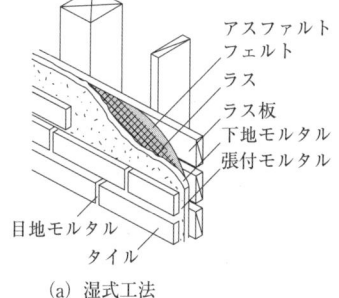

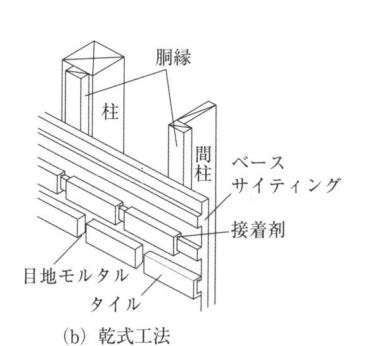

(a) 湿式工法

(a) 竿縁天井　　(b) 平格天井

(b) 乾式工法

(c) 目透し張り天井

図9・33　タイル塗り壁

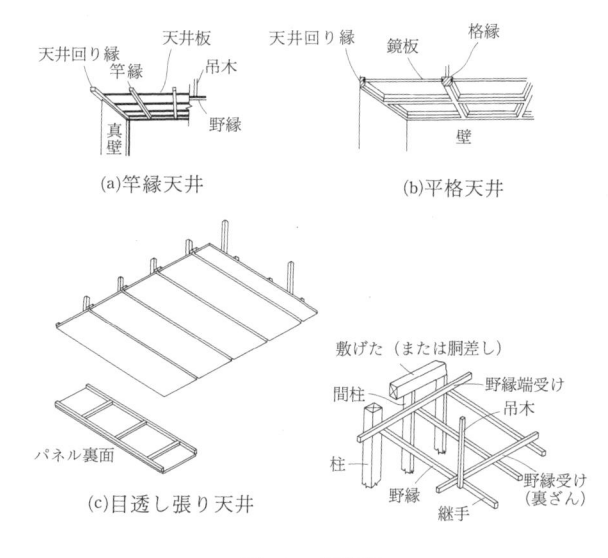

図9・34　天井[*3]

9・6　枠組壁工法

　枠組壁工法とは，40×90mm の断面を持つ木材，またはその整数倍の断面寸法を持つ木材で枠を組み，組まれた枠組に構造用合板またはこれに類するものを打ち付けたもので，床・壁を構成する構法で，ツーバイフォー工法ともいわれる．軸組工法に比べて，材の種類が少なく，仕口が単純で，釘・金物でほとんど接合されるため，施工面では熟練工を必要としない．また，軸組工法は，柱やはりで外力に抵抗するのに対し，枠組壁工法は床・壁・屋根が構造面として外力に抵抗するため，耐震性に優れているが，地階を除く階数が3以下など，構造的制約もある．

　なお，枠組壁工法には以下のような特徴がある．
　①壁内部の余裕があるため，遮音性・断熱性が高めることができる．
　②壁式構造のため，耐震性に優れている．
　③規格化された木材や金物を使用するため，合理的である．
　④施工に関する作業が単純化されているため，熟練工を要しない．

(1) 接合金物

　枠組壁工法に用いる接合金物は，構造耐力上重要なものである．したがって，接合金物の種類・使用方法は厳しく規定されている．

(a) 釘

　枠組壁工法で使用される釘の種類と使用箇所は，表9・12のようになる．

(b) 金物

　枠組壁工法で使用される金物には，接合金物であるアンカーボルトや柱脚・柱頭金物，根太受け・はり受け金物があり，接合補強用金物としてストラップアンカー，帯金物，角金物などがある．主要な金物を，図9・35に示す．

(2) 土台及び基礎

①土台は，布基礎に直径12mm以上，長さ35cm以上のアンカーボルトで緊結する．
②アンカーボルトの間隔は，2m以下とし，かつ，隅角部及び土台の継ぎ手の部分に配置する．
③布基礎は，一体の鉄筋コンクリート造または無筋コンクリート造とし，その外形は図9・36の仕様とする．

(3) 床　(図9・37)

①床根太の支点間の距離は，8m以下とする．
②床根太相互及び床根太と側根太の間隔は，65cm以下とする．
③床に設ける開口部は，これを構成する床根太と同寸法以上の断面を有する床根太で補強する．
④2階または3階の耐力壁の直下に耐力壁を設けない場合，耐力壁の直下の床根太は，構造耐力上有効に補強する．
⑤床材は，厚さ15mm以上の構造用合板，厚さ18mm以上のパーティクルボードまたは構造用パネル（構造用パネル規格に規定する1級もしくは2級）とする．

表9・12 枠組壁工法の釘の規格　［単位：mm］

釘の種類	長さ	胴部径	頭部径	使用箇所
CN50	50.8	2.87	6.76	枠組材相互や構造用合板取付用
CN65	63.5	3.33	7.14	
CN75	76.2	3.76	7.92	
CN90	88.9	4.11	8.74	
GN40	38.1	2.34	7.54	プラスターボード取付用
SFN45	45.0	2.45	5.60	
SN40	38.1	3.05	11.13	シージングボード取付用
ZN40	38.1	3.33	7.14	金物取付用
ZN65	63.5	3.33	7.14	
ZN90	88.9	4.11	8.74	

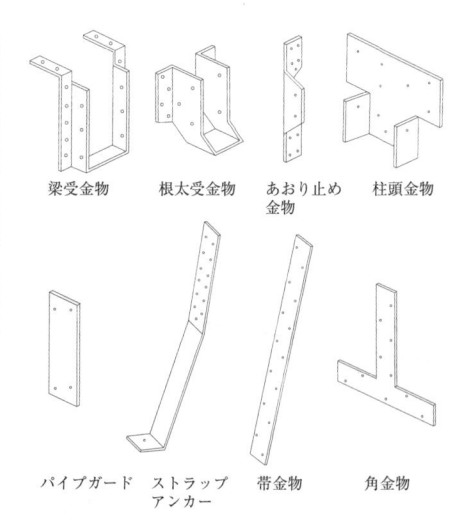

図9・35　枠組壁工法の接合金物

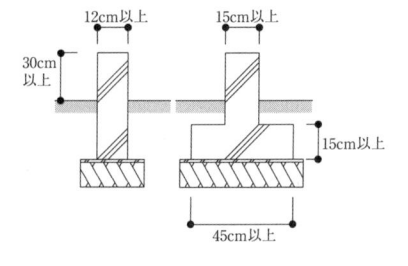

図9・36　枠組壁工法の基礎の外形

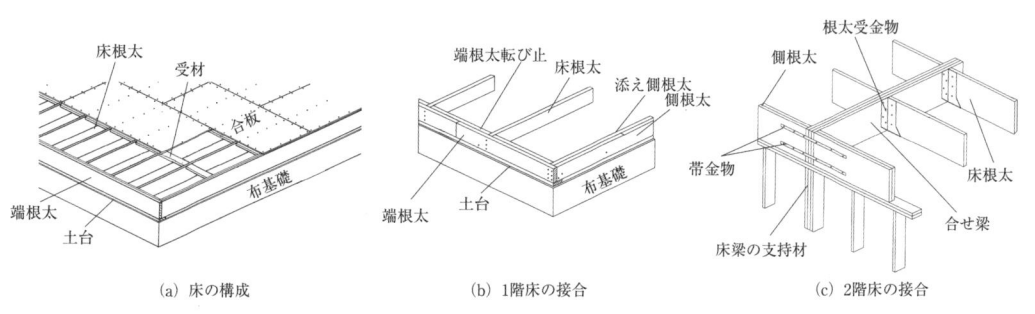

図9・37　枠組壁工法の床
(a) 床の構成　(b) 1階床の接合　(c) 2階床の接合

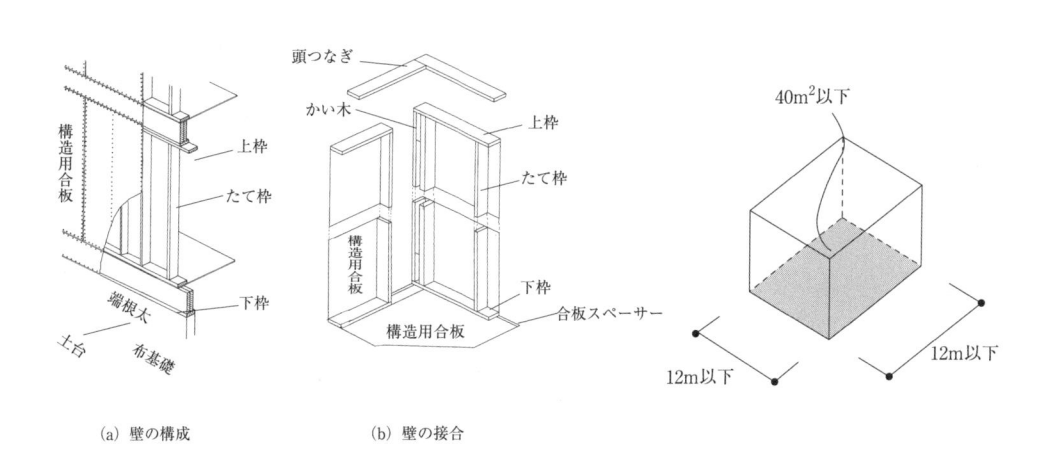

図9・38　枠組壁工法の壁
(a) 壁の構成　(b) 壁の接合

図9・39　枠組壁工法の耐力壁の配置

(4) 耐力壁 (図9・38)

枠組壁工法の耐力壁は，外力に抵抗する重要な構造であり，告示によって規定されている．その代表的なものを以下に示す（昭和57年建設省告示56号）．

①耐力壁の設置において，図9・39のように，耐力壁線相互の距離は12m以下とし，かつ耐力壁線により囲まれた部分の水平投影面積は，40m^{2}以下とする（床の枠組みと床材を緊結する部分を構造耐力上有効に補強した場合には，60m^{2}以下としてもよい）．

②外壁の耐力壁線相互の交差部は，長さ90cm以上の耐力壁を一定以上設けることが原則である．

③各耐力壁の隅角部及び交差部には，それぞれ3本以上のたて枠を用いる．

④耐力壁の上部には，当該耐力壁の上枠と同寸法の断面を有する頭つなぎを設ける（耐力壁相互を構造耐力上有効に緊結するため）．

⑤耐力壁線に設ける開口部の幅は，4m以下とし，かつ，その幅の合計は当該耐力壁線の長さの3/4以下とする．

⑥幅90cm以上の開口部の上部には，開口部を構成するたて枠と同寸法以上の断面を有するまぐさ受けによって支持されるまぐさを設ける．

⑦筋かいを取り付けた場合，筋かいに欠き込みをしてはならない．

(5) 小屋組 (図9・40)

枠組壁工法の小屋組には，以下のような規定がある．

①垂木相互の間隔は，65cm以下とする．

②垂木には，構造耐力上有効な垂木つなぎを設ける．また，小屋組には振れ止めを設ける．

③垂木またはトラスは，頭つなぎ及び上枠に金物で構造耐力上有効に緊結する．

④屋根下地材は，厚さ12mm以上の構造用合板，厚さ15mm以上のパーティクルボードまたは構造用パネル（構造用パネル規格に規定する1級もしくは2級）とする（垂木相互の間隔が65cmの場合）．

⑤開口部の幅は2m以下とし，かつ，その幅の合計は当該屋根等の下端の1/2以下とする（構造耐力上有効な補強を行った一定の開口部は3m以下）．また，幅90cm以上の開口部の上部には，開口部を構成する部材枠と同寸法以上の断面を有するまぐさ受けによって支持されるまぐさを設ける．

【問題1】 木造建築物における部位・部材などの名称の組合わせとして，最も不適当なものは，次のうちどれか．
1．壁――――木ずり
2．小屋組――合　掌
3．屋　根――側げた
4．軒げた――面戸板
5．軒　先――広小舞

【問題2】 木構造に関する次の記述のうち，最も不適当なものはどれか．
1．木造において，床，屋根の面内剛性を大きくし，地震力や風圧力に対して建築物の各部が一体となって抵抗するようにした．
2．耐力壁や筋かいの配置が偏らないようにする．
3．風圧力に対して必要な耐力壁の有効長さを求める場合，平家建の建築物と2階建の建築物の2階部分とでは，見付面積に乗ずる数値が異なる．
4．地震力に対して必要な耐力壁の有効長さは，見付面積には関係しない．
5．スパンの大きな構架材では，強度だけでなくたわみについても検討しなければならない．

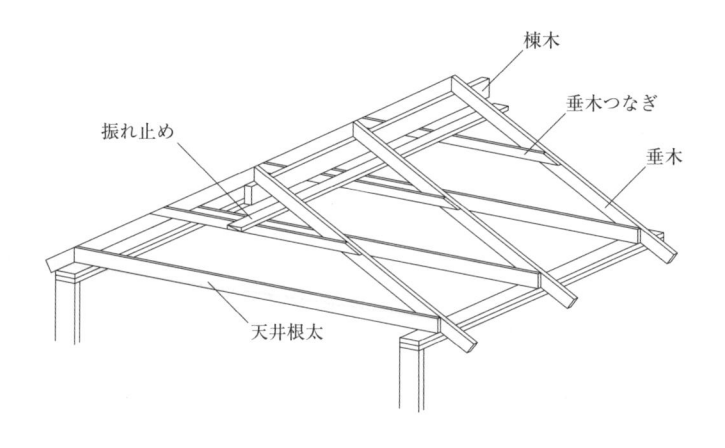

図9・40 小屋組

【問題3】 木造建築物の耐力壁に関する次の記述のうち,最も不適当なものはどれか.
1. 耐力壁は,はり間方向及びけた行方向の水平力に対して,つり合いよく配置する.
2. 構造用面材と筋かいを併用した軸組の倍率は,それぞれの倍率の和が5を超える場合であっても,5とする.
3. 地震力に対して必要な単位床面積当たりの耐力壁の有効長さは,屋根葺材の種類によって異なる.
4. 筋かいは,その端部を,柱と横架材との仕口に接近して,釘,金物などで緊結する.
5. 軸組で片面に同じボードを2枚重ねて釘打ちした壁の倍率は,そのボードを1枚で用いたときの壁の倍率を2倍にした値とすることができる.

【問題4】 木造建築物の構造設計に関する次の記述のうち,最も不適当なものはどれか.
1. 軟弱地盤に建てる木造建築物については,基礎を鉄筋コンクリート造のべた基礎とした.
2. 2階建の建築物における隅柱又はこれに準ずる柱は,管柱とする.
3. 布基礎に設けた換気口は,地震時には構造的に弱点となることがある.
4. 大きな鉛直力を負担する柱では,強度だけでなく土台へのめり込みについても検討しなければならない.
5. 床の下地板として構造用合板を直張りすると,床面の水平剛性を高めるのに有効である.

【問題5】 木構造の釘接合部及びボルト接合部に関する次の記述のうち,最も不適当なものはどれか.
1. 釘とボルトを併用する接合部の許容耐力は,一般に,釘の許容耐力とボルトの許容耐力の和とすることができる.
2. 釘接合部の耐力は,一般に,側材として木材を用いる場合より,鋼板を用いる場合のほうが大きい.
3. ボルト接合部においては,ボルト孔の径をボルトの径より大きくすると,初期すべりを生じる.
4. 釘接合部の引抜耐力は,樹種及び釘径が同じであれば,一般に,釘の打込み長さが長いほど大きい.
5. 釘接合部及びボルト接合部のどちらにおいても,端あき及び縁あきを適切にとる.

【問題6】 枠組壁工法に関する次の記述のうち,最も不適当なものはどれか.
1. 床根太相互及び床根太と側根太の間隔は,90cm 以下とする.
2. アンカーボルトは,その間隔を2m 以下とし,かつ,隅角部及び土台の継手の部分に配置する.
3. 耐力壁線相互の距離は,12m 以下とする.
4. 耐力壁線に設ける開口部の幅は,4m 以下とし,かつ,その開口部の幅の合計は,当該耐力壁線の長さの 3/4 以下とする.
5. 筋かいには,欠込みをしてはならない.

10 鉄筋コンクリート構造

10・1 鉄筋コンクリート構造の特徴

鉄筋コンクリート構造（Reinforced Concrete Construction：補強されたコンクリート構造）は，鉄筋を組み，これを型枠で囲んでコンクリートを流し込んで固めたもので，基礎・柱・はり・壁・スラブなど構造部材が一体となる構造である．

コンクリートは，圧縮強度が大きく，耐久性・耐火性に富んでいるが，引張強度は小さい．一方，鉄筋は，引張強度は大きいが，細いために座屈の関係から圧縮には弱く，また腐食しやすく，耐火性も低い．この両者は，線膨張係数がほぼ同じであることから組み合わせることが可能となり，圧縮力をコンクリートに，引張力を鉄筋にそれぞれ負担させることによって補強し，全体として曲げに対して強い部材とするのが鉄筋コンクリートの原理である．そして，鉄筋をコンクリートで被覆することによって，火災時の炎や腐食から鉄筋を守ることになる．このように，それぞれの材料的弱点を補い合いながら一体に構成されている構造である．

(a) 鉄筋コンクリート構造の長所と短所

鉄筋コンクリート構造の長所として，以下の点があげられる．

①耐火性・耐久性・耐震性がある．
②一体的に，自由な形の建築物ができる．
③多層化・高層化も可能である．

一方，短所として，次の点があげられる．

①建築物の自重が大きく（建築物全体の7割から8割が自重となる），あまりスパンを大きくできない．
②部材断面が比較的大きく，室内空間が狭くなる．
③ひび割れが生じやすい．
④施工工期が長くなる．
⑤現場施工が中心なので，施工の良否の影響がでる．
⑥解体・除去・移築・改築が困難である．

(b) 構造形式

鉄筋コンクリート構造で用いられる構造は，ラーメン構造，壁式構造，フラットスラブ構造，シェル構造などがある．

①ラーメン構造

柱とはりを剛に接合し，壁・屋根・床なども柱やはりの骨組みと一体に構成し，耐震性を高めるために，耐震壁をできるだけ設け，これらに応力を負担させる構造で，事務所や共同住宅などに広く用いられている．図10・2(a)に概略を示す．

②壁式構造

柱のかわりに壁で荷重を支える構造で，壁とはりで構成される．柱形や梁形が室内に現れないので，空間利用の効率がよく，住宅や共同住宅など，整形で間仕切り壁の多い建築物によく用いられる構造である．図10・2(b)に概略を示す．

図10・1 鉄筋コンクリートの柱と梁

スパン：6〜8m程度
はりせい：スパンの1/10〜1/12
スラブ厚：10〜15cm
壁　厚：12〜18cm

(a) ラーメン構造

スパン：6〜7m程度
壁　厚：18cm〜$h/20$以上

(b) 壁式構造

$D \geq \dfrac{l}{20},\ \dfrac{D}{15}$
最小 $D = 30$cm

(c) フラットスラブ構造

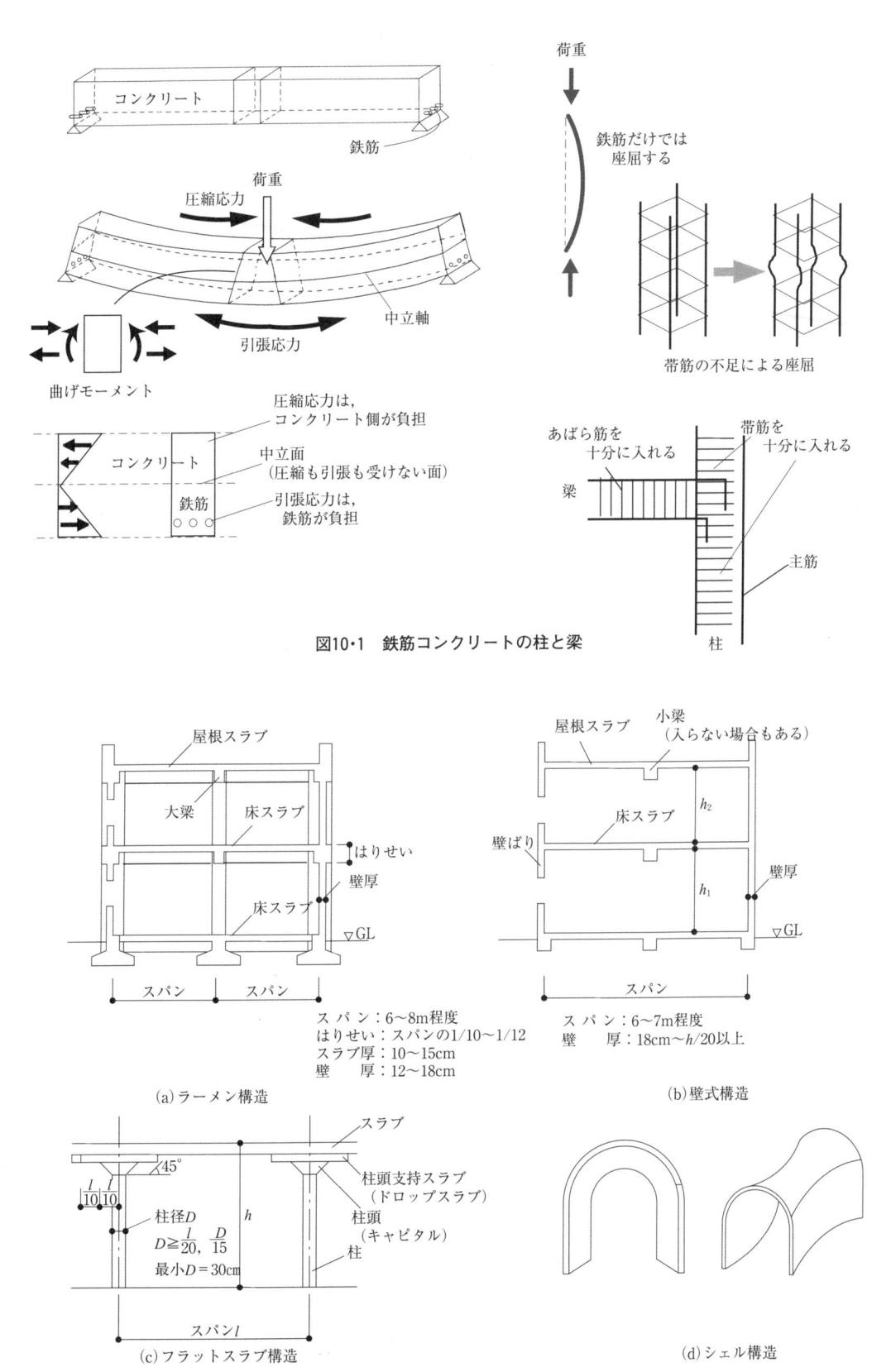

(d) シェル構造

図10・2 鉄筋コンクリート構造の構造形式

③フラットスラブ構造

　床スラブを柱で直接支える形式で，はりがなく，はりのあるラーメン構造に比べて室内空間利用の効率が良くなる．図10・2(c)に概略と構造制限を示す．

④シェル構造

　鉄筋コンクリート版を，貝殻（シェル）のように薄い曲面にすることにより，全体的に曲げ剛性を高めた構造形式であるが，型枠やコンクリートの打設などの施工上難しい点があり，経済的には不利になる（図10・2(d)）．

10・2　部材の設計

(1) 許容応力度

(a) コンクリート

　コンクリートは，セメント・骨材（砂利，砂）・水を練り混ぜて，セメントと水の水和反応という化学反応によって，骨材を結合させたものである．骨材には，普通骨材を使用した普通コンクリートと軽量骨材を使用した軽量コンクリートがあり，それぞれの許容応力度は表10・1のようになる（施行令第91条）．また，コンクリートの応力度－ひずみ度曲線は図10・3のようになり，ヤング係数は一定の値とならず，図中の式により算出する．一般に，コンクリートの強度・比重によって異なり，強度の小さいものほど，比重の小さいものほど，ヤング係数は小さくなる．

(b) 鉄筋

　鉄筋には，その断面が円形の丸鋼と，コンクリートとの付着強さを増すために，表面に節及びリブを設けた異形鉄筋がある（図10・4）．

　鉄筋の太さは，丸鋼では径をϕで表し，$\phi 9$，$\phi 13$，$\phi 16$，$\phi 19$，$\phi 22$，$\phi 25$等があり，異形鉄筋の場合は径をDで表し，$D10$，$D13$，$D16$，$D19$，$D22$，$D25$等がある．なお，この数字は丸鋼では直径，異形鉄筋では呼び名を表す．なお，鉄筋の許容応力度を表10・2に示す．

(c) ヤング係数比

　鉄筋コンクリート構造の部材内の応力は，鉄筋とコンクリートのヤング係数比（$n = \frac{E_s}{E_c} \fallingdotseq 1.5$）によって，鉄筋とコンクリートに配分される．

(2) 配筋の基本

　鉄筋コンクリート構造の配筋の原則は，部材断面の引張応力の作用する部分に鉄筋を配置することである．引張応力の作用する部分は，曲げモーメントの生じる部分の引張側の応力になるところに配筋すると考えて良い．図10・5に配筋の要領の例を示す．

(3) はり

　鉄筋コンクリート構造のはりには，柱に直接載り，荷重を伝えるのと同時に柱を繋ぎ，ラーメン骨組みを構成する大ばりと，スラブの荷重を受け大ばり間に架け渡される小ばりがある．どちらも，曲げモーメントとせん断力を受ける．

(a) はりの形状・寸法

　一般に，はりの断面は長方形断面とし，はりせいはスパンの1/12～1/10程度とし，はり幅は，はりせいの1/2程度とすることが多い．また，はりはスラブと一体で構成されるため，スラブと反

表10・1　コンクリート許容応力度表

(単位：N/mm²)

	長　期			短　期		
	圧縮	引張	せん断	圧縮	引張	せん断
普通コンクリート	$\dfrac{F_c}{3}$	—	$\dfrac{F_c}{30}$ かつ $(0.5+\dfrac{F_c}{100})$ 以下	長期に対する値の2倍	—	長期に対する値の1.5倍
軽量コンクリート1種および2種			普通コンクリートに対する値の0.9倍			

F_c：コンクリートの設計基準強度〔N/mm²〕

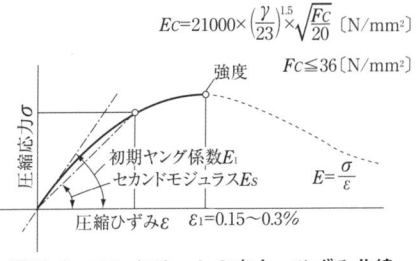

$$E_c = 21000 \times \left(\dfrac{\gamma}{23}\right)^{1.5} \times \sqrt{\dfrac{F_c}{20}} \text{〔N/mm}^2\text{〕}$$

$F_c \leq 36$ 〔N/mm²〕

$$E = \dfrac{\sigma}{\varepsilon}$$

$\varepsilon_1 = 0.15 \sim 0.3\%$

図10・3　コンクリートの応力—ひずみ曲線

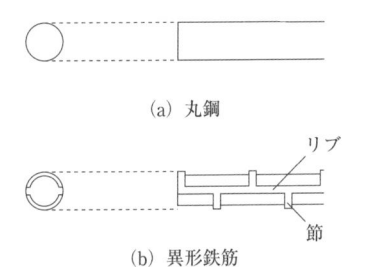

(a) 丸鋼

(b) 異形鉄筋

※異形鉄筋の場合，直径を測定することは困難なので，単位長さ重量が同じ丸鋼（比重が同じもの）の直径で示す

図10・4　鉄筋の種類

表10・2　鉄筋の許容応力度表（単位：N/mm²）

	長　期		短　期	
	引張および圧縮	せん断補強	引張および圧縮	せん断補強
SR235	160	160	235	235
SR295	160	200	295	295
SD295AおよびB	200	200	295	295
SD345	220 (*200)	200	345	345
SD390	220 (*200)	200	390	390
溶接金網	200	200	—	295

＊：D29以上の太さの鉄筋に対しては（　）内の数値とする．

荷重図

曲げモーメント図

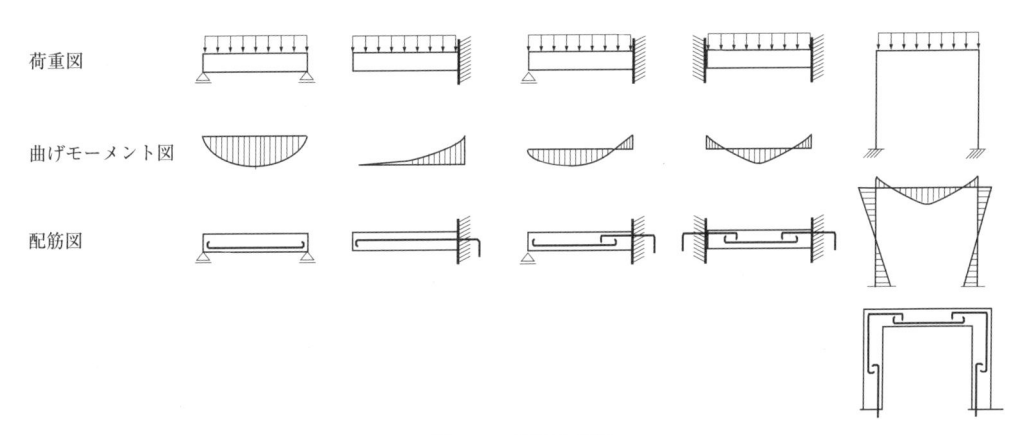

配筋図

図10・5　配筋の要領

対側が圧縮応力を受ける場合は長方形断面で，スラブ側に圧縮応力を受けた場合は，スラブの一部をはりとみなし，T型断面で抵抗すると考える場合もある（図10・6）．

はりの端部の応力が大きくなるときは，はりの端部の断面を大きくして調整することもある．この傾斜の付いた部分をハンチといい，一般に，はりせいを大きくして調整するが，はり幅を大きくする水平ハンチもある（図10・7）．

(b) はりの主筋

はりには，引張応力が作用する側にだけ主筋を入れる単筋ばりと，圧縮応力が作用する部分にも主筋を入れる複筋ばりがあるが，通常，複筋ばりとする．また，はりの途中で引張応力の作用する部分が，上側から下側へ，下側から上側へ変化する場合に，その変化に対応して鉄筋を折曲げ，引張応力の作用する部分を1本で通す折曲げた鉄筋を，折曲げ筋という（図10・8）．

(c) 複筋比　γ

複筋比とは，圧縮側の鉄筋断面積と引張側の鉄筋断面積の比で，式10・1のように表される．

(d) 引張鉄筋比　Pt

引張鉄筋比は，式10・2のように表される．

はりが曲げモーメントを受けると，はり断面には中立軸を境にして引張応力と圧縮応力が生じるが，引張応力を受ける鉄筋と，圧縮応力を受けるコンクリートが同時に許容応力度に達するときの引張鉄筋比を，つりあい鉄筋比という（図10・9）．

一般に，引張鉄筋比がつりあい鉄筋比以下の場合，引張鉄筋の応力度が許容応力度を超え，コンクリートより先に降伏する．したがって，はりの許容曲げモーメントは引張鉄筋側で決定し，式10・3を用いることができる．

(e) せん断補強筋（スターラップ筋）

はりは，曲げモーメントを受けると同時に，せん断力も受ける．このせん断力に対しては，主筋ではなく，主筋に対して直角に，主筋を囲むようにして配置したあばら筋（スターラップ筋）と，コンクリートによって抵抗する．はりの許容せん断力は，式10・4によって表される．

(f) はりの付着応力度の検討

引張応力を受ける主筋において，せん断力の大きい箇所は，式10・5において引張鉄筋の付着応力度の検討を行う（図10・11）．

(g) その他配筋上の規定

①はりの主筋は，異形鉄筋で$D13$以上を用いる．

②主要なはりでは，全スパンにわたり複筋ばりとする．

③主筋の配置は，特別な場合を除き2段以下とする．

④主筋の引張鉄筋比は，長期荷重時に，最大曲げモーメントを受ける部分の引張鉄筋比の0.4％，または存在応力によって，必要とする量の4/3倍のうち，小さい方の値以上とする．

⑤あばら筋は軽微な場合を除き，$\phi 9$以上の丸鋼または$D10$以上の異形鉄筋を用いる．

⑥あばら筋の間隔は，折曲げ筋の有無に関わらず，$\phi 9$以上の丸鋼または$D10$以上の異形鉄筋を用いる場合は，はりせいの1/2以下，かつ25cm以下とする．

⑦あばら筋比は，0.2％以上とする．

⑧あばら筋は，引張鉄筋及び圧縮鉄筋を外側から囲み，主筋内部のコンクリートを拘束するように配置する．

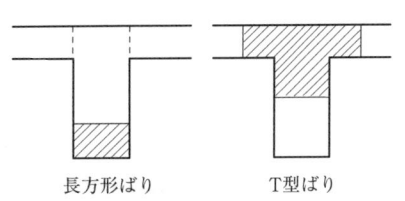

図10・6 T型ばり 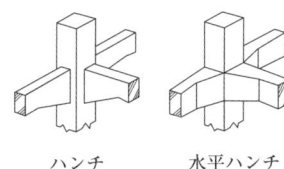　　図10・7 ハンチ 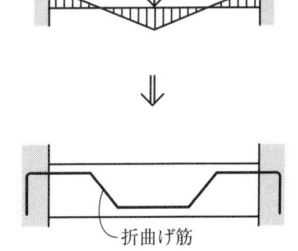　　図10・8 折曲げ筋

長方形ばり　T型ばり
▨→圧縮応力を受ける部分

ハンチ　水平ハンチ

折曲げ筋

式10・1　複筋比 γ

$$\gamma = \frac{a_c}{a_t}$$

a_c：圧縮側の鉄筋断面積〔mm²〕
a_t：引張側の鉄筋断面積〔mm²〕

式10・2　引張鉄筋比 P_t

$$P_t = \frac{a_t}{b \cdot d}$$

b：はり幅〔mm〕
d：はりの上端から引張鉄筋の重心までの高さ（有効せいという）〔mm〕

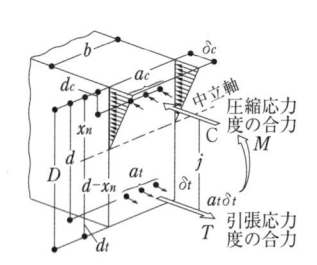

図10・9　長方形ばりの応力[*3]

式10・3　はりの許容曲げモーメント

$$Ma = a_t \cdot f_t \cdot j \qquad j = \frac{7}{8}d$$

a_t：引張側の鉄筋断面積〔mm²〕
f_t：鉄筋の許容引張応力度〔N/mm²〕
j：はりの応力中心距離

式10・4　せん断補強筋

$$Q_A = b \cdot j\ \{\alpha \cdot f_s + 0.5 \cdot {_wf_t}\,(P_w - 0.002)\}$$

f_s：コンクリートの許容せん断応力度〔N/mm²〕
${_wf_t}$：あばら筋のせん断補強用許容引張応力度〔N/mm²〕
P_w：あばら筋比（図10・10）
　※1.2%を超える場合は1.2%で許容せん断力を算出する
M：設計するはりの最大曲げモーメント〔N·m〕
Q：設計するはりの最大せん断力〔N〕
α：はりのせん断スパン比による割り増し係数

$$\alpha = \frac{4}{\dfrac{M}{Q \cdot d} + 1} \quad \text{かつ } 1 \leq \alpha \leq 2$$

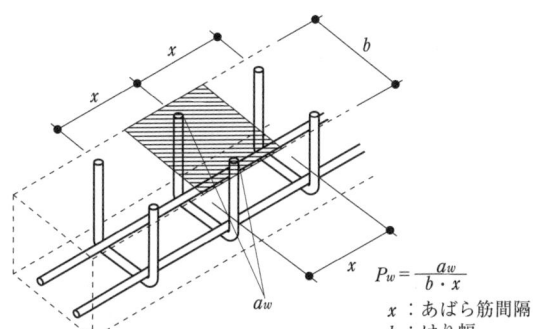

$$P_w = \frac{a_w}{b \cdot x}$$

x：あばら筋間隔
b：はり幅
a_w：一対のあばら筋の断面積

図10・10　あばら筋比

式10・5　引張鉄筋の付着応力度

$$\tau_a = \frac{Q}{\psi \cdot j} \leq f_a$$

τ_a：曲げ材の引張鉄筋の付着応力度〔N/mm²〕
ψ：引張鉄筋周長の総和〔mm〕
j：はりの応力中心距離〔mm〕
f_a：許容付着応力度〔N/mm²〕

⑨あばら筋の末端は，135°以上のフックを付けるか，相互に溶接する．
⑩折曲げ筋が材軸となす角度は，30°以上とする．

(4) 柱

鉄筋コンクリート構造の柱は，鉛直荷重による圧縮力のほか，地震時に大きな曲げモーメントとせん断力を受ける．このせん断力に対する補強が，鉄筋コンクリート造の設計では重要となる．

(a) 柱の形状・寸法

柱の断面は，円形・十字形などもあるが，一般に正方形か長方形となる．柱の最小径は主要支点間距離の1/15以上となっている（図10・12）．通常，柱の大きさは建築物の用途・規模・階高・柱の間隔などによって異なるが，4～5階建て程度で最上階の柱を50～60cm角くらいとし，1層下がるごとに5cm程度加算していく程度，とすることが多い．

(b) 柱の主筋

地震による荷重は，柱の一方向だけでなく，交互にいろいろな方向から作用する．そのため，柱の断面には交互に引張力が作用するため，主筋は重心軸に対して対象に配置する（図10・13）．

(c) せん断補強筋（フープ筋）

帯筋（フープ筋）は，はりのあばら筋と同様，せん断力に対する補強のほか，主筋位置の固定と圧縮力により主筋が座屈し，はみ出すのを防ぐものである．

(d) その他，配筋上の規定

① 柱のコンクリート全断面積に対する主筋全断面積の割合は，0.8%以上とする．ただし，コンクリートの断面積を必要以上に大きくした場合，この値は適当に減少することができる．

② 柱の主筋は，異形鉄筋で$D13$以上で，かつ，4本以上とし，帯筋により相互に緊結する．

③ 帯筋は，軽微な場合及びらせん筋を用いる場合を除き，$\phi 9$以上の丸鋼または$D10$以上の異形鉄筋を用いる．

④ 帯筋の間隔は，$\phi 9$の丸鋼または$D10$の異形鉄筋を用いる場合は10cm以下とする．ただし，柱の上下端より柱の最小径の1.5倍に等しい範囲外では，帯筋の間隔を前記の1.5倍まで増やすことができる．また，前記の直径または呼び名より大きい鉄筋を用いる場合は，20cmを超えない範囲で前記の数値を適当に増やすことができる（図10・14）．

⑤ 帯筋比は，0.2%以上とする（図10・15）．

⑥ 帯筋は，主筋を外側から囲み，内部のコンクリートを拘束するように配置する．

⑦ 帯筋の末端は，135°以上のフックを付ける．

(e) 柱設計上の留意事項

① 軸方向力の圧縮応力度が大きいほど変形能力が小さくなり，粘りに乏しい脆性破壊を起こしやすくなるので，有効な帯筋を多めに配置する必要がある．また，短期の圧縮応力度を$Fc/3$以下にすることが望ましい．

② 太くて短い柱（一体となった帳壁・腰壁がつき，相対的に短太柱になったものも含む）は，剛性が大きくなり，せん断力が集中して脆性破壊を起こしやすくなる．この破壊を防ぐためにも，有効な帯筋を多めに配置する必要がある．

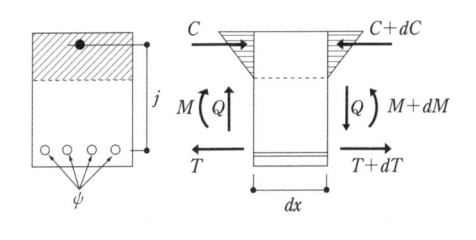

左図において微小距離 dx 離れた断面を考えると、引張鉄筋には、曲げモーメントの微小変化 dM により、dT の引張応力の差が生じる．

dM と dT の関係は、力のつりあい条件より、

$$dT = \frac{dM}{j}$$

一方、dT の力は、長さ dx、周長 ψ の鉄筋に生ずる付着応力度を τ_a とすると、

$$dT = \tau_a \psi\, dx \quad \therefore \frac{dM}{j} = \tau_a \psi\, dx \rightarrow \frac{dM}{dx} = \tau_a \psi$$

よって、$\frac{dM}{dx} = Q$ を用いると、$\tau_a = \frac{Q}{\psi j}$ になる．

τ_a が f_a 以下になるように、はりの主筋の周長を検討すればよい．

図10・11 引張鉄筋の付着応力の力学[*3]

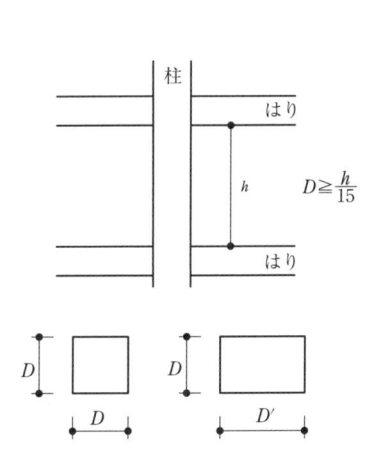

図10・12 柱の最小寸法

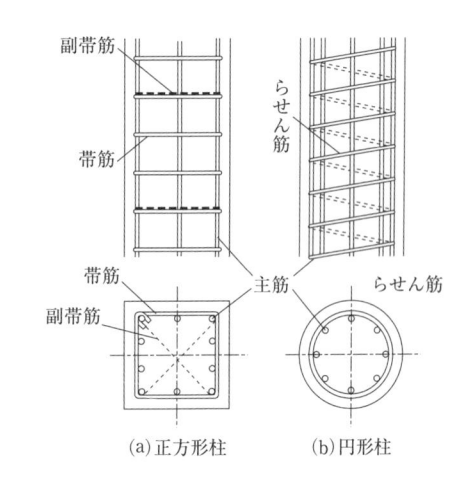

図10・13 柱の配筋[*3]

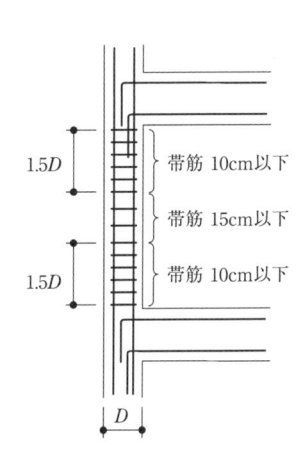

(a) 正方形柱　　(b) 円形柱

図10・14 帯筋の間隔

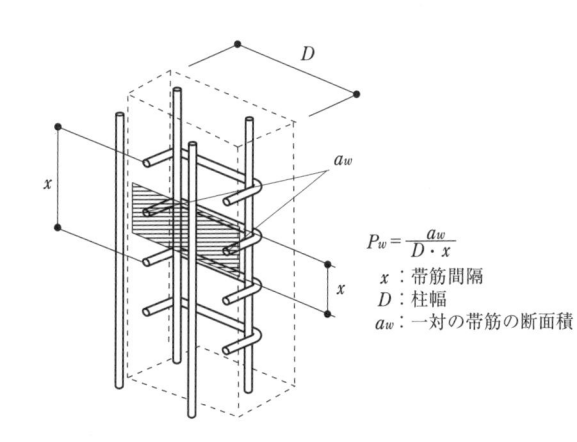

図10・15 帯筋比

$$P_w = \frac{a_w}{D \cdot x}$$

x：帯筋間隔
D：柱幅
a_w：一対の帯筋の断面積

(5) 床スラブ

鉄筋コンクリート構造の床スラブは，床の荷重をはりに伝えるとともに，水平力をラーメンや耐震壁へ伝達する．

なお，長方形スラブの場合，主な荷重を負担するのは短編方向の鉄筋である．そのため，短編方向の細いはりが連続して並んでいると考え，短編方向 lx の引張鉄筋を主筋といい，長編方向 ly の引張鉄筋をを配力筋という（図10・16）．

(a) スラブの厚さ

スラブの厚さは，通常 8 cm 以上，かつ，表10・3に示す値以上とする．

(b) スラブの応力計算

一般的な周辺固定とみなすことのできる長方形スラブが等分布荷重を受ける場合の応力算定は，以下のように行う．

①短編 x 方向の曲げモーメント（主筋方向の曲げモーメント）

両端最大の曲げモーメント　　　$Mx_1 = -\dfrac{1}{12} w_x \cdot lx^2$

中央部最大の曲げモーメント　　$Mx_2 = \dfrac{1}{18} w_x \cdot lx^2$

②長編 y 方向の曲げモーメント（配力筋方向の曲げモーメント）

両端最大の曲げモーメント　　　$My_1 = -\dfrac{1}{24} w \cdot lx^2$

中央部最大の曲げモーメント　　$My_2 = \dfrac{1}{36} w \cdot lx^2$

lx：短編有効スパン
ly：長編有効スパン
有効スパンとは支持部材間の内法寸法である（図10・16）

w：単位面積についての全荷重
$$w_x = \dfrac{ly^4}{lx^4 + ly^4} \cdot w$$

(b) スラブ配筋上の規定

①スラブの引張鉄筋は，D10以上の異形鉄筋，あるいは鉄線の径が6mm以上の溶接金網を用い，主筋は20cm以下（φ9未満の溶接金網では15cm以下），配力筋は30cm以下で，かつ，スラブ厚の3倍以下とする（φ9未満の溶接金網では20cm）．

②引張鉄筋を折曲げる場合，折り曲げる位置は各方向とも支点側より，短編方向の有効スパンの1/4（$\dfrac{lx}{4}$）の位置に取る（図10・17）．

③主筋と配力筋の交差部は，有効せいを大きくするため，主筋を外側になるように配置する（図10・18）．

④スラブ各方向の全幅について，コンクリート全断面積に対する鉄筋全断面積の割合は0.2%以上とする．

(6) 耐震壁

鉄筋コンクリート構造の壁で，地震力などの水平荷重を柱・はりと一体となって負担する壁を耐震壁という．

(a) 耐震壁の厚さ

①耐震壁の壁厚は12cm以上，かつ，壁板の内法高さの1/30以上とする（図10・19）．

表10・3 スラブの厚さ*3

支持条件	スラブ厚さ t 〔mm〕
周辺固定	$t = 0.02 \left(\dfrac{\lambda - 0.7}{\lambda - 0.6} \right) \left(1 - \dfrac{w_p}{10} - \dfrac{l_x}{10000} \right) l_x$
片 持	$t = \dfrac{l_x}{10}$

注1　$\lambda = \dfrac{l_y}{l_x}$
　　　l_x：短辺有効スパン〔mm〕
　　　l_y：長辺有効スパン〔mm〕
　　　ただし，有効スパンとは，はり，そのほか支持部材間の内法寸法をいう．
注2　w_p：積載荷重と仕上げ荷重との和〔kN/m²〕
注3　片持スラブの厚さは，支持端について制限する．そのほかの部分の厚さは，適当に低減してよい．
注4　施行令77条の2において，スラブの厚さは8cm以上，かつ，$l_x/40$以上である．

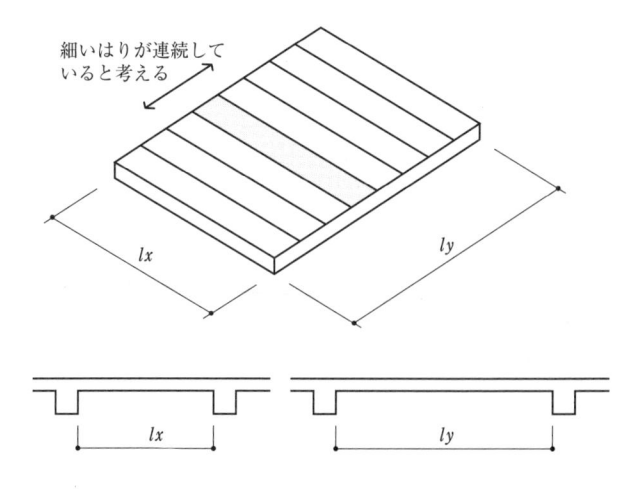

図10・16　l_x, l_y

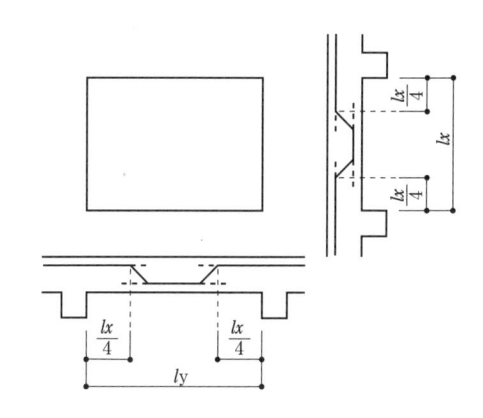

図10・17　床スラブの折曲げ位置

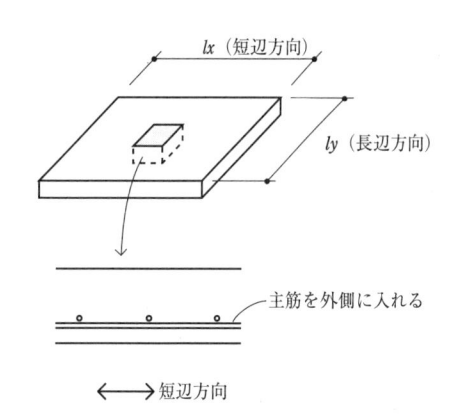

図10・18　主筋と配力筋の配置

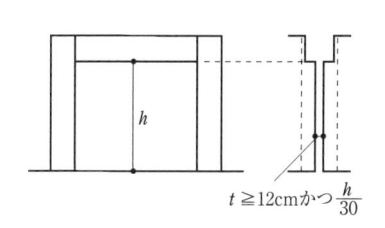

図10・19　耐震壁の内法高さ

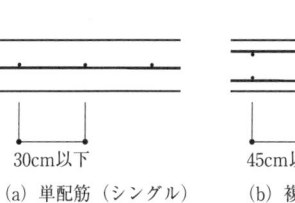

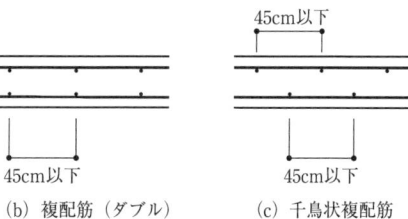

(a) 単配筋（シングル）　　(b) 複配筋（ダブル）　　(c) 千鳥状複配筋

図10・20　壁筋の配置

②壁厚が20cm以上ある場合は，壁筋を複配筋とする．
③壁筋は，D10以上の異形鉄筋，あるいは鉄線の径が6mm以上の溶接金網を用い，壁の見付面に関する間隔は30cm以下とする．なお，複配筋とした場合は片面の壁の見付面に関する間隔を45cm以下とすることができる（図10・20）．
④開口部周辺の補強筋は，図10・21(a)のようにひび割れが入るので，D13以上，かつ壁筋と同径以上の異形鉄筋によって同図(b)のように補強する．
⑤耐震壁のせん断補強筋比は，直交する各方向に関し，それぞれ0.25%以上とする．なお，せん断補強筋比は図10・22のように算出する．

(7) 耐震壁以外の壁
(a) 外壁
　鉄筋コンクリート構造で，建築物の外周の壁は，一般的に壁厚15cm程度とし，D10以上の鉄筋を15〜20cm間隔で入れる．開口部がある場合は耐震壁の開口部と同様に補強する．
(b) 間仕切壁
　鉄筋コンクリート構造で，建物内部で間仕切となる壁は，一般的に壁厚12cm程度とし，D10以上の鉄筋を20〜25cm間隔で入れる．開口部がある場合は，耐震壁の開口部と同様に補強する．

(8) 階段
　鉄筋コンクリート構造で造られる階段は，壁・床スラブと一体となるように造られるのが一般的で，傾斜したスラブと考えるため，配筋は基本的にはスラブと同様になる．構造形式から，以下のように分類される．
(a) 側桁式階段（図10・23(a)）
　階高が高く，階段の幅やスパンが大きい場合に用いられる形式で，階段スラブの脇に傾斜したはり（側桁）を設け，階段の下と上をそれぞれ受けばりによって支持する形式の階段である．
(b) 傾斜スラブ式階段（図10・23(b)）
　階段段部及び踊り場を，傾斜したスラブで作成し，はり・壁などによって直接支持されている形式の階段である．
(c) 片持ばり式階段（図10・23(c)）
　階段スラブまたは受けばりを，側壁のみで支える形式で，幅1.5m程度までの階段で用いられる形式の階段である．

(9) 基礎
　鉄筋コンクリート構造の基礎は，上部構造と一体となるようにつくられるが，鉄筋コンクリート構造の基礎の計画上の注意点を，以下に示す．
①基礎のフーチングの形状は，図10・24のようになる（独立基礎の場合）．
②主筋は，直交する2方向に配筋する．
③柱の軸方向力が大きいと，基礎スラブを押し抜こうと作用するが，その力に耐えられるように検討する（これをパンチングシヤーの検討という，図10・25）．
④柱脚を固定として考える場合，基礎ばりの剛度を最下階の中柱の剛度の2.5〜3倍以上とし，柱

(a) 開口部のひび割れ

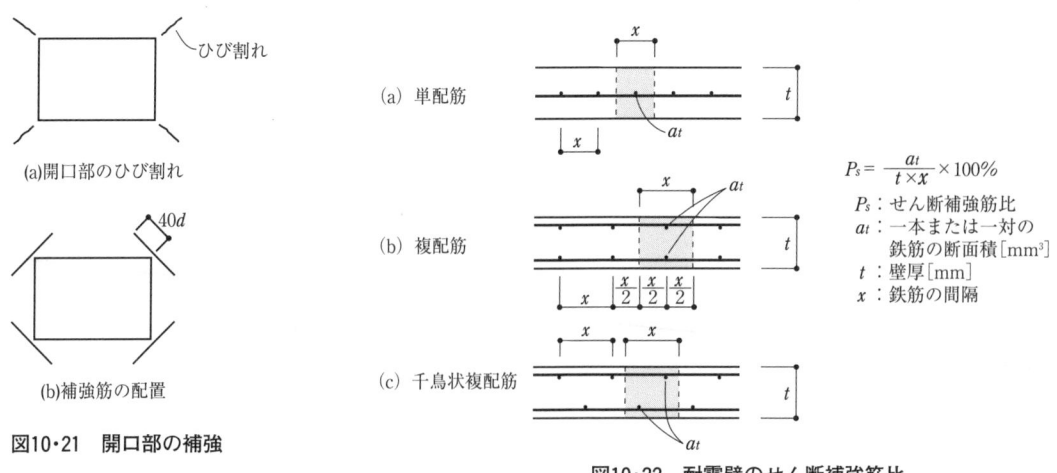

(b) 補強筋の配置

図10・21 開口部の補強

(a) 単配筋

(b) 複配筋

(c) 千鳥状複配筋

$$P_s = \frac{a_t}{t \times x} \times 100\%$$

P_s：せん断補強筋比
a_t：一本または一対の鉄筋の断面積[mm³]
t：壁厚[mm]
x：鉄筋の間隔

図10・22 耐震壁のせん断補強筋比

(a) 側桁式階段

(b) 傾斜スラブ式階段

(c) 片持ばり式階段

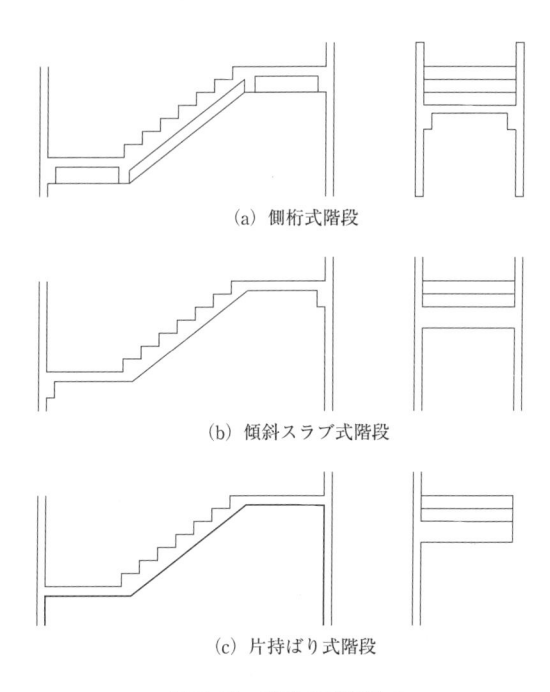

図10・23 階段の構造形式

図10・24 基礎の形状

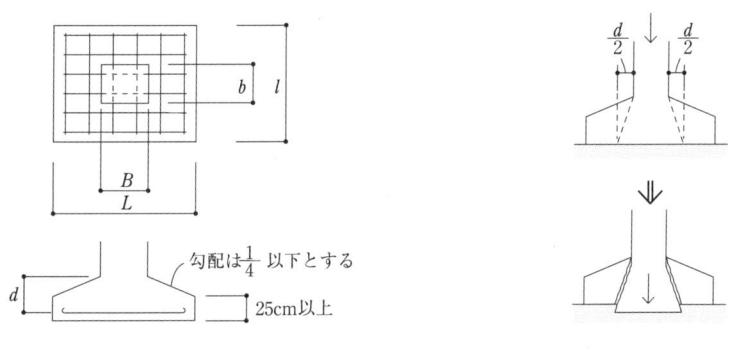

図10・25 パンチングシャー

脚に作用する曲げモーメントは基礎ばりに負担させ、独立基礎には鉛直方向の圧縮力のみを負担させるように考えることが多い．

(10) 擁壁

擁壁とは地面に段差があり、上の方の地盤が崩れないようにする構造物で、無筋コンクリート造・鉄筋コンクリート造・石積造・コンクリートブロック造などがある（図10・26）．なお、一般に用いられている鉄筋コンクリート造の擁壁は、次のようなものがある．

①重力式擁壁：擁壁高4～5m程度まで
②半重力式擁壁
③L形式擁壁：擁壁高8m程度まで
④控え壁付擁壁：擁壁高8m以上

なお，擁壁に作用する荷重と，その荷重に対しての配筋の例を図10・27に示す．
擁壁の設計上，表10・4のような注意が必要である．

10・3 定着及び継手

鉄筋コンクリート構造に用いる鉄筋は，1本物とするのが理想的であるが，加工・運搬・組立など施工の都合上，適当な長さの鉄筋を現場で継いだり配置したりする．

鉄筋コンクリート造のはりや柱などの部材は，剛で接合される前提であるので，はり端の鉄筋は柱の中へのばし，柱から抜け出さないようにする必要がある．このように，一方の鉄筋を接合する部材の中にのばして抜けないようにすることを，定着という．定着長さは，図10・28のようにとる．

一方，柱の途中，はりの途中などで鉄筋を継ぐ場合は，応力がそこで伝わらなくならないように鉄筋に継手を設ける．この継手には，鉄筋径の小さいものには重ね継手を主に用いているが，重ね長さは図10・29のようにとり，図10・28の継手の位置に注意して配置する．また，この重ね継手の長さは，鉄筋の種別・応力・付着強度によって定まる．

鉄筋径の大きいものには，圧接継手や溶接継手，機械継手などがある（図10・30）．

丸鋼を使用する場合，丸鋼の末端部にはすべてフック（図10・31のように鉄筋の末端をかぎ状に折り曲げたもの）を設けなければならない．また，異形鉄筋を使用する場合は，付着力が大きいので原則として設けなくて良いが，あばら筋及び帯筋，柱・はり（基礎ばりを除く）の出隅の鉄筋，煙突の鉄筋，片持ばり，片持スラブ先端の上端筋には，フックを設けなければならない．

定着長さを表10・5に，重ね継手長さを表10・6にそれぞれ示す．いずれも，鉄筋径や呼び名に用いた数値に乗じた値以上の長さを確保しなければならない．

なお，定着・継手に関して，次のような注意点がある．

①直径が28mm以上の丸鋼，またはD29以上の異形鉄筋には，通常は重ね継手を用いない．
②フックの内法半径，及び折り曲げの場合の内法半径は，JASS5の定めによる．
③フックの長さは，定着長さ・重ね継手長さに含まない．
④直径の異なる重ね継手長さは，細い方のdによる．
⑤鉄筋の継手は，部材応力及び鉄筋応力の小さい箇所に設け，1カ所付近に集中させない．

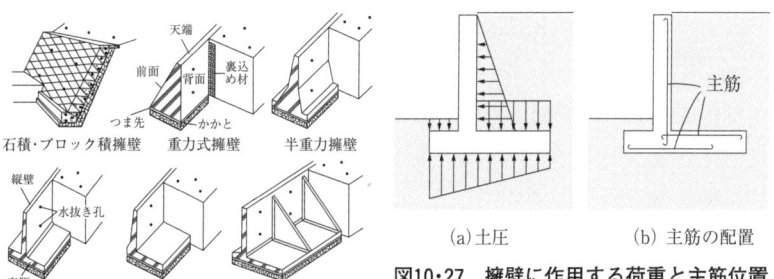

図10・26 擁壁の種類[*3]

図10・27 擁壁に作用する荷重と主筋位置
(a) 土圧
(b) 主筋の配置

表10・4 擁壁の設計上の注意点

① 土圧・水圧によって転倒しないこと.
② 土圧・水圧によって移動しないこと.
③ 擁壁底盤下部の土が沈下しないこと.
④ 擁壁の壁・底盤部分が崩壊しないこと.
⑤ 長い擁壁には, 30m 以内ごとに伸縮継手を設けること.
⑥ 擁壁裏面の排水をとるため, 壁面の面積 3 m² 以内ごとに少なくとも内径 7.5cm 以上の水抜き穴を 1 カ所設け, 水抜き穴周辺その他必要な場所は砂利層などの透水層を設ける.

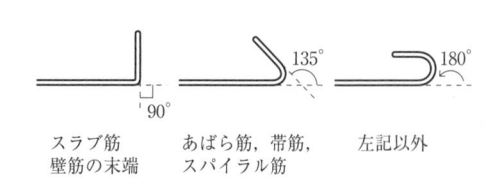

図10・28 定着長さと継手位置

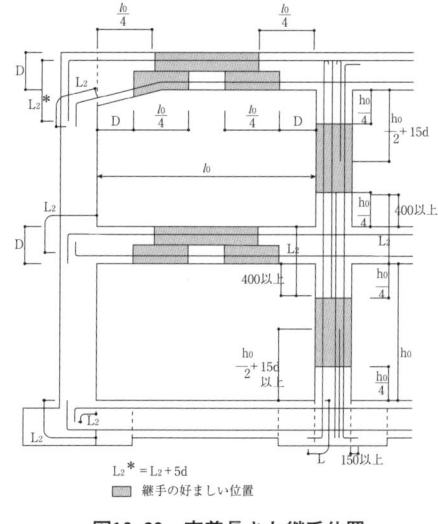

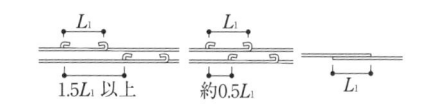

図10・29 重ね継手の長さ
L_1: 重ね継手の長さ

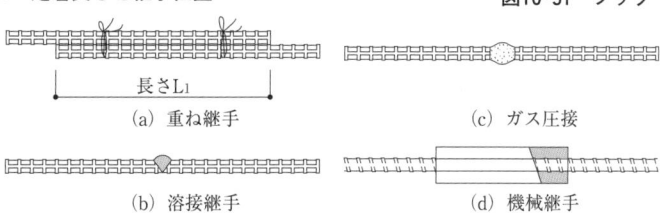

図10・31 フック
90° スラブ筋 壁筋の末端
135° あばら筋, 帯筋, スパイラル筋
180° 左記以外

図10・30 継手の種類
(a) 重ね継手 長さL_1
(b) 溶接継手
(c) ガス圧接
(d) 機械継手

表10・5 鉄筋の定着長さ (L_2, L_3)

鉄筋の種類	コンクリートの設計基準強度 〔N/mm²〕 普通コンクリート	定着長さ 一般 (L_2)	下端筋 (L_3) 小梁	下端筋 (L_3) 床・屋根スラブ
SD295A SD295B SDR295 SD345 SDR345	15〜18	40dまたは30dフック付き	25dまたは15dフック付き	10dかつ150mm以上
	21〜24	35dまたは25dフック付き		
	27〜36	30dまたは20dフック付き		
SD390	21〜24	40dまたは30dフック付き	25dフック付き	150mmフック付き
	27〜36	35dまたは25dフック付き		
SR235 SRR235	15〜18	45dフック付き		
	21〜24	35dフック付き		

注 1 末端のフックは, 定着長さに含まない.
  2 dは, 丸鋼では径, 異形鉄筋では呼び名に用いた数値とする.
  3 梁および小梁筋の定着のための中間折曲げにあっては, 表中の定着長さにかかわらず, 柱および梁の中心を超えてから折り曲げる.
  4 耐圧スラブの下端筋の定着長さは, 一般定着 (L_2) とする.

表10・6 鉄筋の重ね継手の長さ (L_1)

鉄筋の種類	コンクリートの設計基準強度 〔N/mm²〕 普通コンクリート	重ね継手長さ (L_1)
SD295A SD295B SDR295 SD345 SDR345	15〜18	45dまたは35dフック付き
	21〜24	40dまたは30dフック付き
	27〜36	35dまたは25dフック付き
SD390	21〜24	45dまたは35dフック付き
	27〜36	40dまたは30dフック付き
SR235 SRR235	15〜18	45dフック付き
	21〜24	35dフック付き

注 1 dは, 丸鋼では径, 異形鉄筋では呼び名に用いた数値とする.
  2 径の異なる鉄筋の重ね継手の長さは, 細い方のdによる.
  3 特記のないかぎり, D29以上の異形鉄筋には, 原則として重ね継手を設けてならない.

10·4 鉄筋のあきとかぶり厚さ

鉄筋コンクリート構造の部材の中にある鉄筋同士の距離をあき，部材表面から鉄筋までの距離をかぶりという．あき・かぶりには，施工性・耐久性・耐火性・付着性能の観点から，それぞれ一定の制限がある．

(a) 鉄筋のあき

鉄筋のあきは，施工時のコンクリートの流れをよくするため，また，構造上付着の応力を十分伝達するため，表10·7のようにとる．

(b) 鉄筋のかぶり

鉄筋のかぶりは，施工時コンクリートの流れをよくすると共に，付着強度・耐火性・耐久性の確保のため，鉄筋のかぶり厚さが必要となり，表10·8のように最小値が規定されている．

10·5 ひび割れ

コンクリートのひび割れは，その発生場所・ひび割れの形状など複雑な要因で発生し，すべてを把握することは困難であるが，その代表的なものは以下のようになる．

(a) 曲げひび割れ（図10·32）

荷重・外力などにより生じた曲げモーメントにより，柱・はり材の材軸に対して直角に生じるひび割れである．

(b) せん断ひび割れ（図10·33）

柱・はり・耐力壁に，斜め方向に生じるひび割れである．

(c) 付着ひび割れ（図10·34）

コンクリートのかぶり厚の不足・付着耐力の不足等により，主筋やあばら筋・帯筋に沿って生じるひび割れである．

(d) 収縮ひび割れ（図10·35）

コンクリートの急激な乾燥収縮によって生じるひび割れである．

10·6 壁式鉄筋コンクリート構造

壁式鉄筋コンクリート構造の建築物の構造方法は，平成13年国土交通省告示第1026号により規定されている．以下にその概要を記す．

(1) 建築物の規模

地階を除く階数が5以下で，かつ，軒の高さが20m以下とする．また，階高は3.5m以下とする．

(2) コンクリートの強度

構造耐力上主要な部分に使用するコンクリートの設計基準強度は，18〔N/mm²〕以上とする．

(3) 基礎及び基礎ばり

基礎及び基礎ばりは，一体の鉄筋コンクリート構造とする．

表10・7 鉄筋のあきとかぶり*3　〔単位：mm〕

		間　隔	あ　き
異形鉄筋	間隔 ○○ D あき D	・呼び名の数値の1.5倍＋最外径 ・粗骨材最大寸法の1.25倍＋最外径 ・25mm＋最外径 のうち大きいほうの数値	・呼び名の数値の1.5倍 ・粗骨材最大寸法の1.25倍 ・25mm のうち大きいほうの数値
丸鋼	間隔 ○○ d あき d	・鉄筋径の2.5倍 ・粗骨材最大寸法の1.25倍＋鉄筋径 ・25mm＋鉄筋径 のうち大きいほうの数値	・鉄筋径の1.5倍 ・粗骨材最大寸法の1.25倍 ・25mm のうち大きいほうの数値

D：異形鉄筋の呼び名，d：鉄筋径

表10・8 鉄筋のかぶり厚さ*3　〔単位：mm〕

部　位			設計被り厚さ	最小被り厚さ		建築基準法施行令
				仕上げなし	仕上げあり	
土に接しない部分	屋根スラブ 床スラブ 非耐力壁	屋　内	30	20	20	20
		屋　外	40*1	30	20	
	柱 梁 耐力壁	屋　内	40	30	30	30
		屋　外	50*2	40	30	
	擁　壁		50*3	40*4	40*4	—
土に接する部分	柱・梁・床スラブ・耐力壁		50*5	40*5	40*5	40
	基礎・擁壁		70*5	60*5	60*5	60

＊1　耐久性上有効な仕上げがある場合，30mmとすることができる．
＊2　耐久性上有効な仕上げがある場合，40mmとすることができる．
＊3　コンクリートの品質および施工方法に応じ，40mmとすることができる．
＊4　コンクリートの品質および施工方法に応じて，30mmとすることができる．
＊5　軽量コンクリートの場合は，10mm増しの値とする．

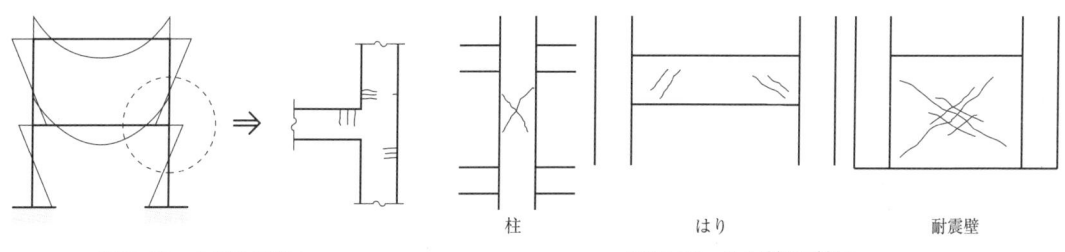

図10・32　曲げひび割れ

図10・33　せん断ひび割れ
柱　　　　はり　　　　耐震壁

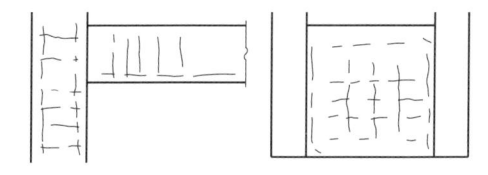

図10・34　付着ひび割れ

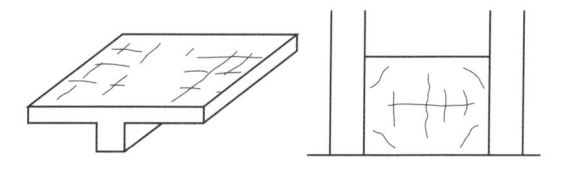

図10・35　収縮ひび割れ

表10・9　壁式鉄筋コンクリート構造の最小の耐力壁の厚さ

階		t_0（cm）
地上階	平　屋	12かつ$h/25$
	2階建の各階 3，4，5階建の最上階	15かつ$h/22$
	その他の階	18かつ$h/22$
地　下　階		18かつ$h/18$

h：構造耐力上主要な鉛直支点間の距離（右図）

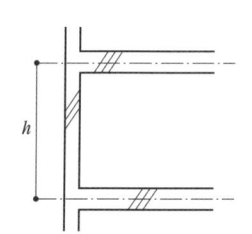

(4) 耐力壁

(a) 耐力壁の配置・厚さ

耐力壁は，平面上・立面上ともにつり合いよく配置する．また，その厚みは表10·9に示す数値以上とする．

(b) 壁量

各階のはり間方向及び桁行き方向それぞれに配置する耐力壁の長さは，その階の床面積に表10·10に掲げる数値を乗じた値以上必要となる．また，耐力壁の実長は，45cm以上で，かつ，同一の実長を有する部分の高さの30%以上とする（図10·36）．

(c) 構造

① 耐力壁の補強筋は，D10以上の異形鉄筋を用い，壁の見付面に関する間隔は縦筋・横筋とも30cm以下とする．なお，複配筋とした場合は，片面の壁の見付面に関する間隔を45cm以下とすることができる．

② 耐力壁の端部及び取り合いの部分，開口部周辺部は，D13以上の異形鉄筋を用いて補強する．

(5) 壁ばり

壁ばりは，開口部の上部に設けられるもので，次のような規定がある．

① 幅は耐力壁の厚さ以上，せいは原則として45cm以上とする．

② 壁ばりの曲げ補強筋は，D13×1本（幅18cm以上の場合は，D13×2本を複配筋）以上の配筋とする．

③ せん断補強筋の間隔は，壁ばりせいの1/2以下とする．

(6) 屋根版

屋根版は構造耐力上主要な部分であり，水平力によって生じる力を構造耐力上有効に耐力壁及び壁ばりに伝えなければならないので，鉄筋コンクリート構造とし，十分な剛性をもった構造とする．

【問題1】 鉄筋コンクリート構造に関する用語の説明で，誤っているものは，次のうちどれか．
1．はりの主筋——はりに生ずる曲げモーメントに抵抗する．
2．帯　　筋——柱に帯状に入れ曲げモーメントに抵抗する．
3．配　力　筋——スラブの長辺方向の曲げモーメントに抵抗する．
4．折り曲げ筋——はりの反曲点付近に入れ，せん断力に抵抗する．
5．あばら筋——はりに生ずるせん断力に抵抗する．

【問題2】 次の図のような荷重を受ける鉄筋コンクリート造のはりの主筋のうち，最も不適当なものはどれか．

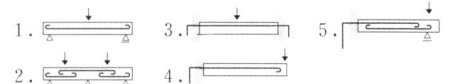

1. 2. 3. 4. 5.

【問題3】 鉄筋コンクリート構造に関する次の記述のうち，最も不適当なものはどれか．
1．床スラブには，床の荷重をはりに伝達する働きとともに，水平荷重をラーメンや耐震壁に伝達する働きもある．
2．太くて短い柱は，曲げ耐力を増す必要があり，主筋を多く配置する．
3．コンクリートのかぶり部分は，鉄筋を保護して部材に耐久性と耐火性を与える．
4．耐震壁が適切に配置された建築物では，一般に，水平力によって生じる変形は小さい．
5．部材のせん断破壊は，曲げ破壊に比べて粘りのない破壊形式であり，構造物の決定的な崩壊をもたらすおそれがある．

表10・10 耐力壁の壁量

階		単位床面積あたりの壁量（単位：cm/m²）
地上階	最上階より数え1～3つ目の階	12
	最上階より数え4以上の階	15
地階		20

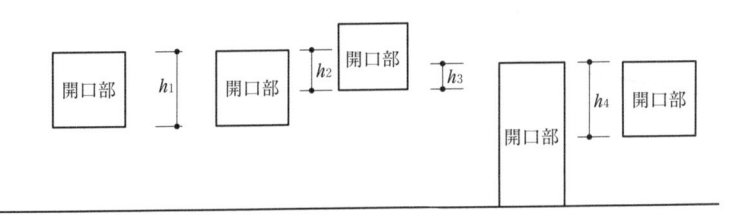

h_1, h_2, h_3, h_4：同一の実長を有する部分の高さ

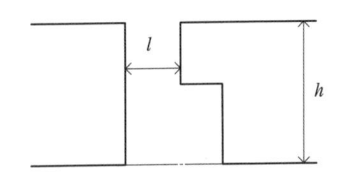

l：耐力壁の長さが変化する場合，耐力壁の実長
h：同一の実長を有する部分の高さ

図10・36　耐力壁の実長

【問題4】 鉄筋コンクリート造に関する次の記述のうち，最も不適当なものはどれか．
1．耐震壁の壁板のせん断補強筋比は，直交する各方向に関し，それぞれ0.25％以上とする．
2．柱の主筋は，4本以上とし，帯筋と緊結する．
3．柱の帯筋比は，0.2％以上とする．
4．柱の主筋の断面積の和は，コンクリートの断面積の0.8％以上とする．
5．はりのあばら筋比は，0.1％以上とする．

【問題5】 鉄筋コンクリート造の鉄筋の継手に関する次の記述のうち，最も不適当なものはどれか．
1．D29以上の異形鉄筋には，原則として，重ね継手を設けてはならない．
2．径の異なる鉄筋の重ね継手の長さは，細い方の鉄筋を基準として算出する．
3．柱の鉄筋をガス圧接する場合，各鉄筋の継手位置は，できるだけ同じ高さとする．
4．同一種類の鉄筋で，圧接の性能に支障がなければ，製造会社の異なる鉄筋相互であってもガス圧接継手を設けてもよい．
5．鉄筋の継手は，原則として，部材応力の小さい箇所で，かつ，常時はコンクリートに圧縮応力が生じている部分に設ける．

【問題6】 鉄筋コンクリート造の建築物に発生したひび割れの事例A～Dとその原因イ～ホの組合せとして，最も適当なものは，次のうちどれか．
A コンクリートを打設した翌日，はりやスラブの表面各所に，鉄筋に沿って直線上のひび割れが発生した．
B コンクリートを打設した1週間後，大断面の地中ばりの側面に数m間隔で鉛直にひび割れが発生していた．
C 竣工後2年を経過した建築物の室内の耐震壁に，斜めの著しいひび割れが発生し，徐々に進行し始めた．
D 竣工後3年を経過した5階建てのマンションのはりやスラブの下端鉄筋に沿ってひび割れが発生した．

イ 鉄筋のかぶり不足
ロ 不同沈下
ハ セメントの水和熱
ニ ブリージング
ホ 乾燥収縮

	A	B	C	D
1.	イ	ニ	ハ	ホ
2.	ロ	ホ	ニ	ハ
3.	ハ	イ	ホ	ロ
4.	ニ	ハ	ロ	イ
5.	ホ	ロ	イ	ニ

11　鉄骨構造

11・1　鉄骨構造の特徴

　鉄骨構造は，各種の形鋼や鋼板をボルトや溶接などで接合し，組み立てた構造である．鉄骨構造は，鋼材のもつ優れた強度と靭性により，耐震性・耐風性が強く，高層建築から中低層の建築物のほか，超高層建築物や大スパン建築物など広く用いられている．

(a) 鉄骨構造の長所と短所

　鉄骨構造の長所として，以下のような点があげられる．

① ほかの構造材料に比べて強度が大きく，部材断面を小さくすることができる．
② 部材断面が小さいため，鉄筋コンクリート構造に比べて自重が軽い．
③ 靭性が高い（鋼材は粘りが強く，引っ張って破断するまでに 20～30％伸びる）．
④ 施工性がよく，工期が短縮できる．
⑤ 工場生産された鋼材を使用するため，安定した材料の強度や性能が得られ，また，プレハブ化も可能である．

　一方，短所として，以下のような点があげられる．

① 熱に弱い（構造部材が火災を受けると，耐力も剛性も低下し，崩壊する危険もある）．
② さびやすい（さびることにより，有効断面積が減少する）．
③ 部材の断面形状が小さいため，圧縮部材には座屈が起こりやすくなり，横架材にはたわみが起こりやすくなる．

(b) 構造形式

　鉄骨構造では，ラーメン構造およびトラス構造と，それらを合成した構造に分けられる．

① ラーメン構造

　柱・はりなどの鉄骨部材同士を剛に接合し，各部材が一体となるように構成した構造．低層の建築物から高層の建築物まで，広く用いられている．なお，使用する柱を角形鋼管とした場合，部材断面の強軸・弱軸がなく，純ラーメン構造となり（図11・1(a)），H形鋼を柱に使用した場合，部材断面に強軸方向・弱軸方向が発生し，弱軸方向に関しては筋かいが必要となる（図11・1(b)）．また，H形鋼を用いて山形とした山形ラーメンなどがある（図11・1(c)）．

② トラス構造

　細い部材で三角形となるように組み立て，各節点を，モーメントを伝達しない滑節点で接合し，部材に軸方向力のみが作用するように構成した構造である．図11・2 は，平面トラスによる骨組み構成を示したものである．平面トラスはこの他に，図11・3 のようなものがある．

11・2　部材の設計

(1) 許容応力度

　鋼材の応力度−ひずみ度曲線は，図11・4 のようになる．鋼材の許容応力度は，応力度ひずみ度曲線上の σ_y と，引張強度 σ_B の 70％の，2つの値の小さい方の値を基準強度 F とする．建築の構造部材として用いられる鋼材の，代表的なものとその基準強度 F を表11・1 に示す．

　部材の許容応力度は，表11・1 の基準強度 F をもとに，表11・2 のようになる．

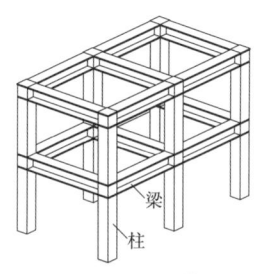

(a) 純ラーメン構造

(b) ラーメン＋筋かい

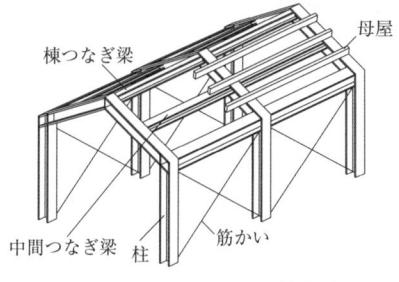

(c) 山形ラーメン（ラーメン＋筋かい）

図11・1　ラーメン構造

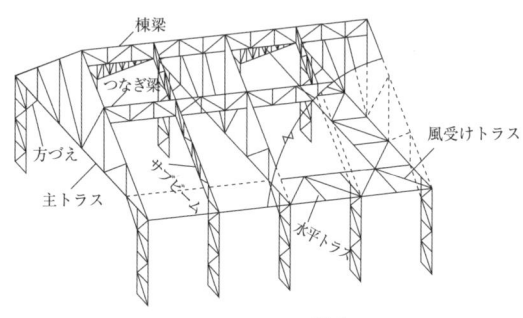

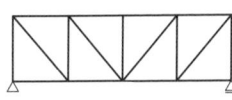

図11・2　トラス構造

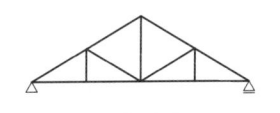

図11・3　トラス

図11・4　鋼材の応力度―ひずみ曲線

σ_y：降伏強度
σ_B：引張強度
σ_p：比例限度

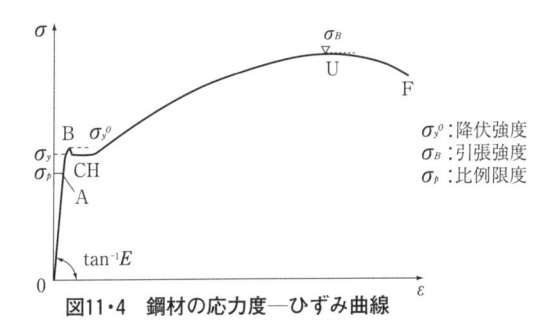

表11・1　鋼材の基準強度 F　　〔N/mm²〕

	一般構造用圧延鋼材			建築構造用圧延鋼材		溶接構造用圧延鋼材等			一般構造用鋼管 一般構造用角形鋼管	
	SS400	SS490	SS540	SN400	SN490	SM400 SMA400	SN490 SMA490	SM520	STK400 STKR400	STK490 STKR490
厚さ40mm以下	235	275	375	235	325	235	325	355	235	325
厚さ40mmを超え100mm以下	215	255	—	215	295	215	295	335※	215	295

※75mmを超えるものは325

(2) 引張材

(a) 引張材の設計

主として引張応力を受ける部材を引張材といい，式11・1 によって設計する．

(b) 有効断面積

有効断面積は，部材の接合部にボルト穴などにより断面欠損した場合の面積で，図11・5 のようになる．また，溶接接合のように断面欠損を生じない場合は，A_n のかわりに全断面積 A_g を用いる．

断面形状に偏心のある形鋼を使用する場合，材端接合部において片側だけで接合すると，偏心引張材となるので，図11・6 のように，突出部の 1/2 を無効とした断面を有効断面積として設計する．なお，図11・7 のように２つの形鋼を，両側に背中合わせに使用した場合は，偏心による影響は小さくなるので，考慮しなくてもよい．

引張材は，鋼材の強度が強いため，部材の断面が細くなる．座屈について考慮する必要はないが，細いために自重による垂れ下がりや振動を起こさないようにするため，細長比をある程度，考慮する必要がある．

(3) 圧縮材

(a) 圧縮材の設計

主として圧縮応力を受ける部材をいう．圧縮力が作用すると，座屈により，材料が許容応力度に到達する前に部材が崩壊することがあるので，その材の拘束条件，断面性能を考慮して設計する必要がある．圧縮材については式11・2 によって設計する．

(b) 許容圧縮応力度

許容圧縮応力度は，鋼材そのものの許容圧縮応力度ではなく，座屈しやすい部材ほど，許容圧縮応力度は小さくなるので，座屈の影響を考慮した許容圧縮応力度とする．座屈しやすい部材とは，細長比 λ（$\lambda = \frac{l_k}{i}$）が大きい部材で，座屈長さが長いほど，あるいは断面２次半径が小さいものほど座屈しやすくなる．

図11・8 のように，座屈する方向に直角な断面の軸を座屈軸という．通常，断面２次モーメントの小さい軸（Y 軸）に関して座屈するので，細長比は弱軸について検討する．ただし，図11・9 のように，断面の X 軸，Y 軸方向で座屈長さが異なる場合は，強軸についての細長比も検討する．

なお，細長比は 250 以下（柱材は 200 以下）と規定されている．

(c) 局部座屈

図11・10 のような材が圧縮材となる場合，板要素の幅 b あるいは d と，厚さ t との比（これを幅厚比という）が大きいと，薄い板の部材が材料の許容圧縮応力度に到達する前に降伏する（この部分的な座屈を局部座屈という，図11・11）．この座屈を防ぐために，幅厚比には表11・3 のような制限が規定されている．

(4) はり材

はり材に生ずる応力は，主として曲げモーメントとせん断力であり，鉄骨造の場合，一般的に曲げ性能のよい I 形断面材が用いられる．

I 形断面には，圧延 H 形鋼や溶接 H 形鋼などがあり，比較的軽微なものでは，ラチスばりなどの組立てばりも用いられる（図11・12）．

表11・2 鋼材の許容応力度[*3]

許容応力度 種類		長期に生ずる力に対する許容応力度〔N/mm²〕				短期に生ずる力に対する許容応力度〔N/mm²〕			
		圧縮	引張	曲げ	せん断	圧縮	引張	曲げ	せん断
炭素鋼	構造用鋼材	$\dfrac{F}{1.5}$	$\dfrac{F}{1.5}$	$\dfrac{F}{1.5}$	$\dfrac{F}{1.5\sqrt{3}}$	長期に生ずる力に対する圧縮,引張,曲げ,せん断の許容応力度のそれぞれの数値の1.5倍とする			
	ボルト 黒皮	—	$\dfrac{F}{1.5}$	—	—				
	ボルト 仕上げ	—	$\dfrac{F}{1.5}$	—	$\dfrac{F}{2}$ [注]				
	構造用ケーブル	—	$\dfrac{F}{1.5}$	—	—				
	リベット鋼	—	$\dfrac{F}{1.5}$	—	$\dfrac{F}{2}$				
	鋳鋼	$\dfrac{F}{1.5}$	$\dfrac{F}{1.5}$	$\dfrac{F}{1.5}$	$\dfrac{F}{1.5\sqrt{3}}$				
鋳鉄		$\dfrac{F}{1.5}$	—	—	—				

F:鋼材などの種類および品質に応じて国土交通大臣が定める基準強度〔N/mm²〕
(注) Fが240を超えるボルトについて,国土交通大臣がこれと異なる数値を定めた場合は,その定めた数値.

式11・1 引張材の設計

$$\sigma_t = \dfrac{N_t}{A_n} \leq f_t$$

σ_t:部材に生ずる引張応力度〔N/mm²〕
N_t:引張力〔N〕
A_n:有効断面積〔mm²〕
f_t:許容引張応力度〔N/mm²〕

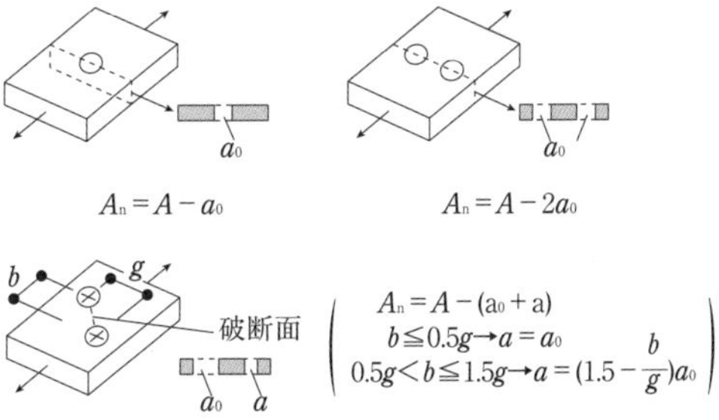

$A_n = A - a_0$

$A_n = A - 2a_0$

$$A_n = A - (a_0 + a)$$
$$b \leq 0.5g \rightarrow a = a_0$$
$$0.5g < b \leq 1.5g \rightarrow a = \left(1.5 - \dfrac{b}{g}\right)a_0$$

図11・5 有効断面積

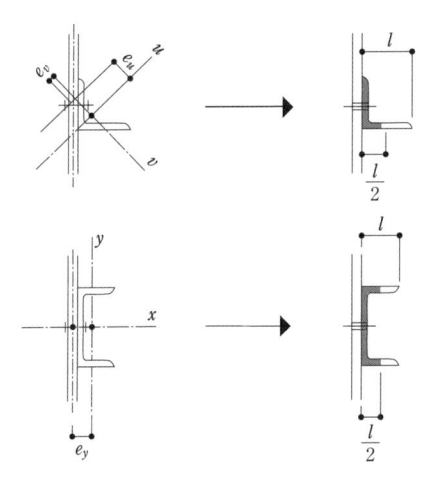

図11・6 偏心引張材[*3]

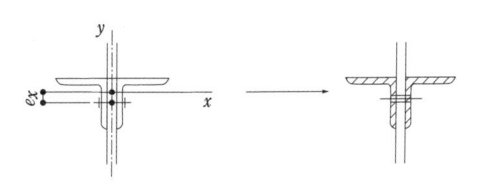

図11・7 偏心の小さい引張材[*3]

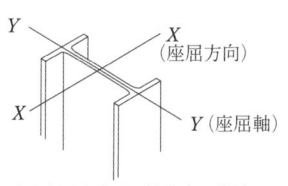

式11・2 圧縮材の設計

$$\sigma_c = \dfrac{N_c}{A} \leq f_c$$

σ_c:部材に生ずる圧縮応力度〔N/mm²〕
N_c:圧縮力〔N〕
A:全断面積〔mm²〕
f_c:許容圧縮応力度〔N/mm²〕

(a) 座屈方向がX軸方向の場合 座屈軸はY軸

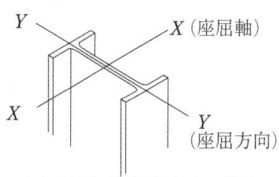

(b) 座屈方向がY軸方向の場合 座屈軸はX軸

図11・8 座屈軸[*3]

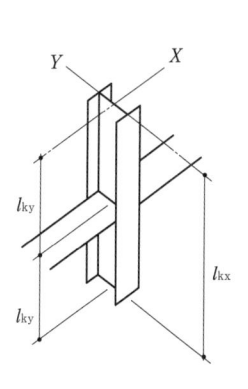

l_{ky}:Y軸に関する座屈長さ
l_{kx}:X軸に関する座屈長さ

図11・9 X軸・Y軸に関して座屈長さが異なる場合

はりの設計は，曲げモーメントやせん断力に対しての安全性の検討のほか，鋼材の特性上荷重による変形や振動による障害が生じる場合があるので，たわみについても検討する．

一般的に，はりせいは，スパンの1/30～1/15程度になる．

(a) 形鋼ばり

鉄骨造のはりには，一般にI形鋼，H形鋼が用いられる．それらの断面の形状と名称を，図11·13に，また，各部の役割を以下に示す．

①フランジ

主として曲げモーメントを負担する．部材断面に曲げモーメントが生じると，引張側に引張応力，圧縮側に圧縮応力が生じるが，圧縮応力を受けるフランジについては，横座屈が生じるので，許容圧縮応力度を考慮する必要がある（図11·14）．また，耐力不足やたわみが大きくなる場合は，カバープレートをあてたり，プレートを溶接するなどの補強をする．

②ウェブ

主として，せん断力を負担する．板幅に比べ，板厚が薄いと局部座屈を生じる場合があるので，幅厚比に制限がある．

③スチフナー

ウェブプレートの局部座屈を防止する目的で，取り付ける部材である．

(b) トラスばり・ラチスばり

トラスばりは，形鋼ばりのウェブプレートのかわりに，山形鋼で斜材・垂直材をトラス状に組立てたはりで，応力の大きいはりに用いられる（図11·15(a)）．

ラチスばりは，山形鋼のかわりに平鋼を用いて斜材・垂直材をトラス状に組み立てたはりで，比較適応力の小さいはりに用いられる（図11·15(b)）．

また，図11·15(c) の格子ばりは，変形が大きいので，小規模の曲げ材や，鉄骨鉄筋コンクリート造として用いられる．

H形鋼をはりに用いた場合と同様，H形鋼のフランジにあたる上弦材・下弦材がはり全体の曲げモーメントにより生じた軸方向力（引張応力・圧縮応力）に抵抗し，H形鋼のウェブにあたるラチスがはり全体のせん断力により生じた軸方向力（引張応力・圧縮応力）に抵抗する．

なお，形鋼ばりなどのように，ウェブが鋼板でみたされているはりを充腹ばり，トラスばりやラチスばりのように，ウェブの部分がみたされていないものを非充腹ばりという．

(c) 曲げモーメントに対しての設計

曲げモーメントに対しては，曲げ応力度 σ_b を求め，横座屈を考慮した許容曲げ応力度 f_b 以下となるように，式11·3によって設計する．

(d) せん断力に対しての設計

せん断力に対しては，通常，最大せん断力を断面積で除し，断面形状係数を乗じて最大せん断応力度を算出するが，H形断面のはりを使用したとき，せん断応力度の分布は図11·16のようになり，平均せん断応力度よりもわずかしか大きくないので，実用的には式11·4によって設計する．

(e) たわみの検討

長期荷重によるはりの最大たわみ量は，両端支持のはりで 1/300 以下，片持ばりで 1/250 以下とする．

$\dfrac{b}{t} \leq 13$

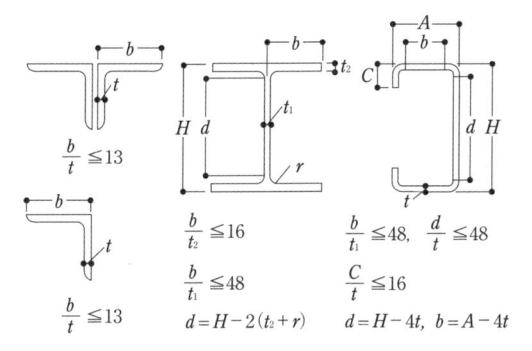

$\dfrac{b}{t_2} \leq 16$

$\dfrac{b}{t} \leq 13$

$\dfrac{b}{t_1} \leq 48$

$d = H - 2(t_2 + r)$

$\dfrac{b}{t_1} \leq 48, \ \dfrac{d}{t} \leq 48$

$\dfrac{C}{t} \leq 16$

$d = H - 4t, \ b = A - 4t$

図11・10　圧縮材の幅厚比の制限（SS400）[3]

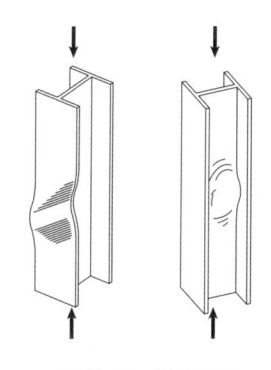

図11・11　局部座屈

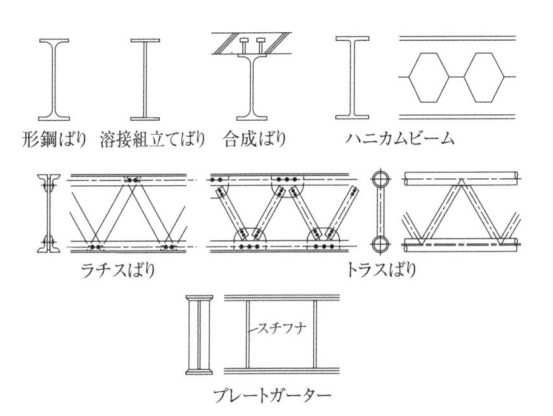

図11・12　はりの種類[3]

表11・3　幅厚比の制限（SS400）

他縁自由	山　形　鋼	12.9
一縁支持	フ ラ ン ジ	15.5
両縁支持	せん断(曲げ)	71.0
	圧　　　縮	47.7

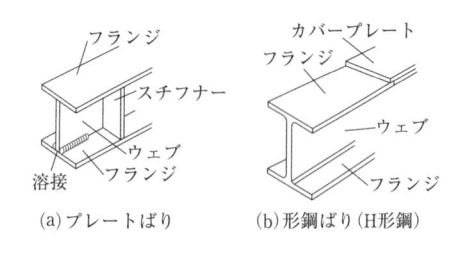

図11・13　形鋼ばりの各部名称[3]

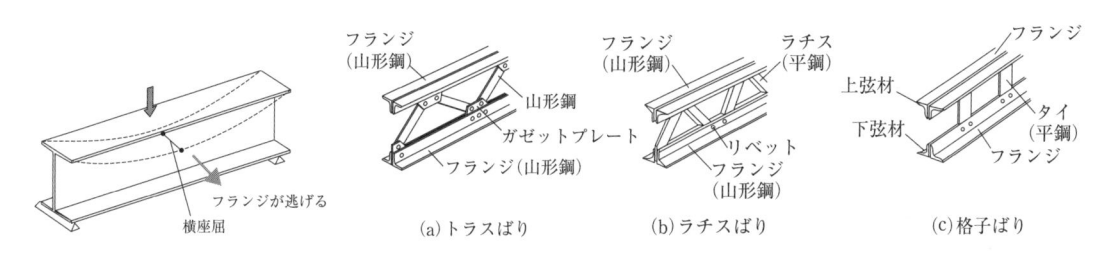

図11・14　横座屈

図11・15　トラス・ラチス・格子ばりの各部名称

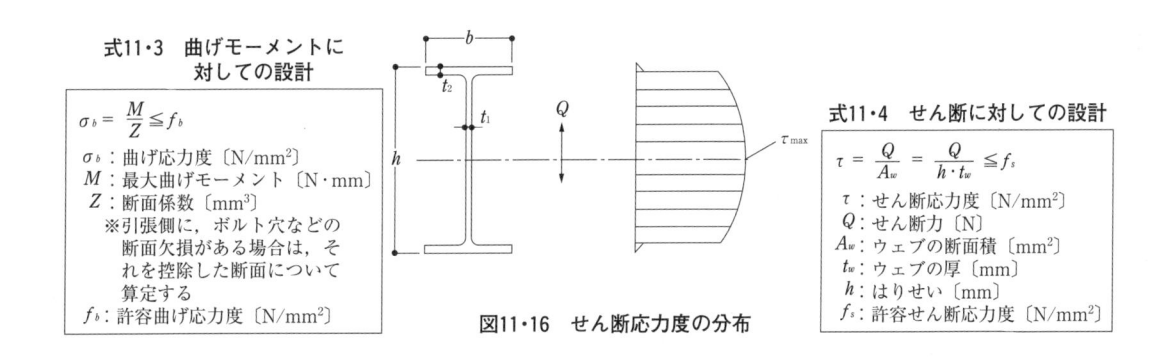

式11・3　曲げモーメントに対しての設計

$\sigma_b = \dfrac{M}{Z} \leq f_b$

σ_b：曲げ応力度〔N/mm²〕
M：最大曲げモーメント〔N・mm〕
Z：断面係数〔mm³〕
※引張側に，ボルト穴などの断面欠損がある場合は，それを控除した断面について算定する
f_b：許容曲げ応力度〔N/mm²〕

図11・16　せん断応力度の分布

式11・4　せん断に対しての設計

$\tau = \dfrac{Q}{A_w} = \dfrac{Q}{h \cdot t_w} \leq f_s$

τ：せん断応力度〔N/mm²〕
Q：せん断力〔N〕
A_w：ウェブの断面積〔mm²〕
t_w：ウェブの厚〔mm〕
h：はりせい〔mm〕
f_s：許容せん断応力度〔N/mm²〕

(f) 幅厚比の検討

はり材についても圧縮材と同様，局部座屈を防止するために幅厚比の制限があり，できるだけ小さい値の部材を用いる．

(5) 柱

鉄骨構造の柱としては，H形鋼の柱のほか，角形鋼管，円形鋼管などの単一材による柱や，鋼板や形鋼などを組み合わせて構成する組立て柱がある（図11・17）．

柱には，自重などによる軸方向力のほかに，曲げモーメント，せん断力を受ける．曲げモーメントが作用している柱に圧縮の軸方向力が作用した場合，柱は曲がりやすくなるが，引張の軸方向力が作用すると柱の曲がりは抑制されるといったように，柱の挙動は非常に複雑になるが，一般に，柱は，曲げ応力と軸方向力を組み合わせ，式11・5によって設計する．

なお，部材の引張側にボルト穴等などの断面欠損がある場合の断面係数は，はりと同様に欠損部分の断面を控除して求める．

(6) 柱脚

柱脚は，柱に作用する力を基礎に伝える部分である．基礎は通常，鉄筋コンクリート造であり，コンクリートの強度は鋼材に比べて小さいため，応力を伝達するためには，広い面積で接触させねばならない．鉄骨造の柱脚には，固定柱脚とピン柱脚がある．

(a) 固定柱脚（図11・18）

構造力学でいう固定支点に相当するもので，柱からの軸方向力・せん断力・曲げモーメントを伝達することができる柱脚である．種類としては，①露出柱脚，②根巻き柱脚，③埋込柱脚があり，柱脚の固定度は露出柱脚が最も小さく，埋込柱脚が最も大きくなる．

(b) ピン柱脚（図11・19）

構造力学でいうピン支点（回転支点）に相当するもので，柱からの軸方向力・せん断力を伝達することができる柱脚である（曲げモーメントは原則，伝達しないと考える）．

(7) 筋かい

主として水平荷重に抵抗する部材で，鉄骨造の場合，ほとんどが引張材として使用している．筋かいを用いた場合の注意点として，以下のようなことがあげられる．

①筋かいの端部・接合部は，十分な強度を持たせ，筋かい部材が降伏する前に破断しないようにする．

②筋かいを有する階の設計用応力は，筋かいが負担する水平力の割合に応じて割り増す．

③筋かいの取り付けにおいて，各筋かい部材の中心線またはゲージラインは1点で交わるようにする（図11・20）．

(8) 仕口・継手

柱とはりの仕口は，剛接合の場合，柱またははりが塑性変形を生じるため，破断しないように設計する．図11・21に柱・はりの仕口の例を示す．また，継手は応力の小さいところに設ける．

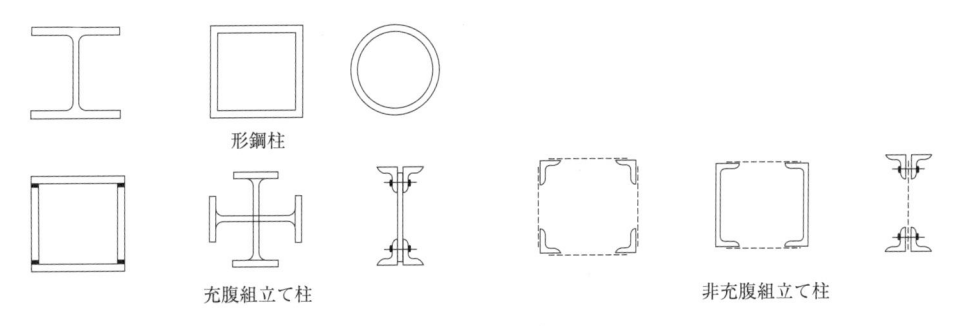

図11・17 柱の断面形[*3]

式11・5 柱の設計

(a) 圧縮力と曲げモーメントが作用する場合（図a）

$$\frac{\sigma_c}{f_c} + \frac{{}_c\sigma_b}{f_b} \leq 1.0 \qquad \frac{{}_t\sigma_b - \sigma_c}{f_t} \leq 1.0$$

(b) 引張力と曲げモーメントが作用する場合（図b）

$$\frac{\sigma_t + {}_t\sigma_b}{f_t} \leq 1.0 \qquad \frac{{}_c\sigma_b - \sigma_t}{f_b} \leq 1.0$$

$\sigma_c = \dfrac{N}{A}$：平均圧縮応力度〔N/mm²〕　　A：全断面積〔mm²〕

$\sigma_t = \dfrac{N}{A_c}$：平均引張応力度〔N/mm²〕　　A_c：有効断面積〔mm²〕

${}_c\sigma_b = \dfrac{M}{Z_c}$：圧縮曲げ応力度〔N/mm²〕　　Z_c：圧縮側断面係数〔mm³〕

${}_t\sigma_b = \dfrac{M}{Z_t}$：引張曲げ応力度〔N/mm²〕　　Z_t：引張側断面係数〔mm³〕

f_t：許容引張応力度〔N/mm²〕
f_c：許容圧縮応力度〔N/mm²〕
f_b：許容曲げ応力度〔N/mm²〕

図a　圧縮と1軸曲げを受ける柱材

図b　引張と1軸曲げを受ける柱材

(a) 露出型柱脚　　(b) 根巻き柱脚　　(c) 埋込み型柱脚

図11・18　固定柱脚[*3]

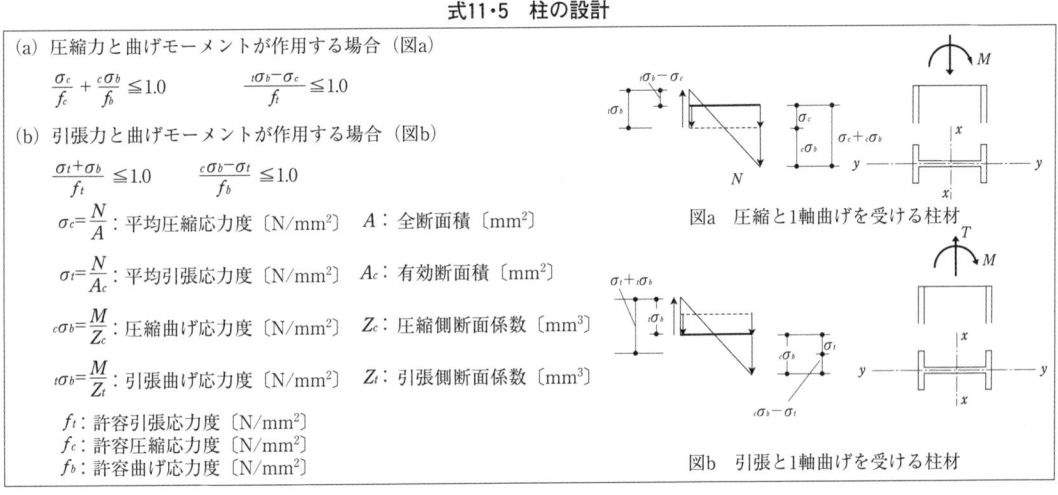

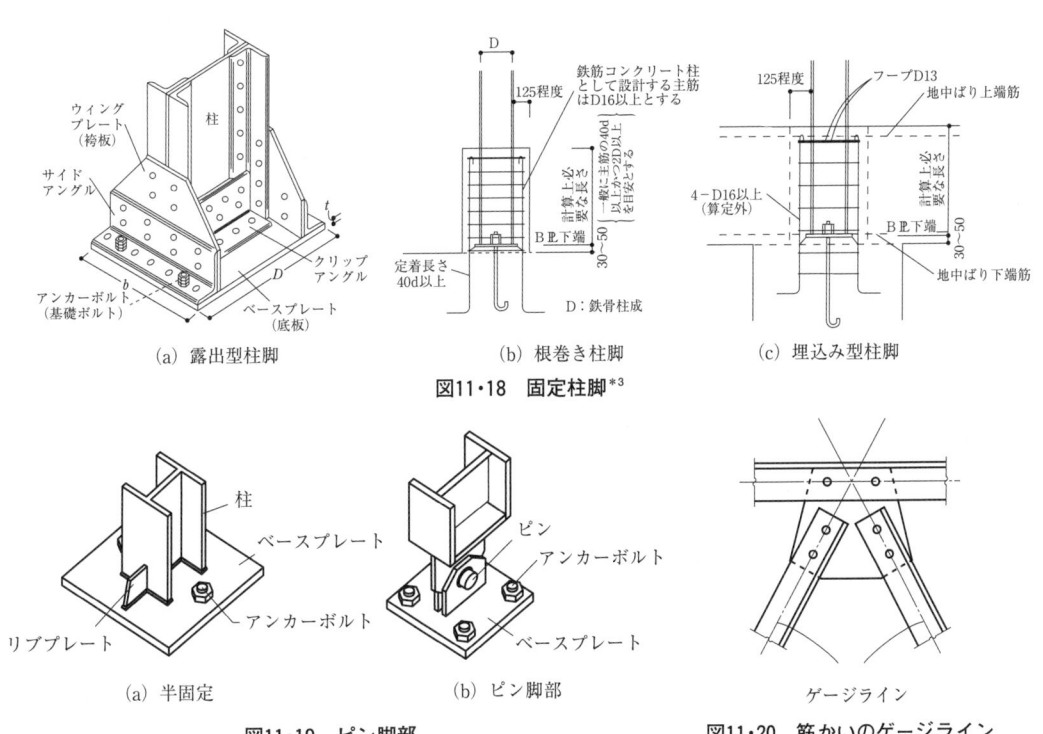

(a) 半固定　　(b) ピン脚部

図11・19　ピン脚部

図11・20　筋かいのゲージライン

11・3 部材の接合部

鉄骨構造の部材も一体物とするのが理想であるが，運搬・加工・組み立ての都合上，工場でおおむね加工され，現場で組み立てることになる．そのため，部材を接合する部分の強度がそのまま構造物の強度につながるので，接合方法はきわめて重要である．

接合方法には大きく分けて，リベット・ボルト・高力ボルトなどファスナーによる接合と，溶接による接合がある．一般的に，工場における接合には溶接接合が，現場における接合には高力ボルトと溶接が多く用いられている．

ファスナー接合による接合部の名称を，図11・22 に示す．

(1) リベット接合

リベット接合は，赤熱（約800℃）したリベットを，接合部材の穴に差し込んで，リベットの頭を当て盤で押さえて，反対側からリベッターでたたいてつぶし，固める接合方である．施工の良否の影響が少なく，信頼性が高いものの，施工時の騒音が大きく，あまり使用されなくなった．

(a) リベット接合の形式

リベット接合による接合形式は，図11・23 のように，リベットのせん断力によって力を伝える方法（リベットがせん断を受ける部分が1カ所の場合，1面せん断（図11・23(a)），2カ所の場合2面（図11・23(b)）せん断という）と，引張力によって力を伝える（引張リベット（図11・23(c)）方法がある．

(b) リベット本数の算出

接合部に使用するリベットの本数は，式11・6 によって算出する．

(c) リベットの許容耐力

①せん断リベット

リベットのせん断耐力は，式11・7①によりリベット本体の許容せん断力 R_s と，許容支圧力 R_l（図11・26）のうち，どちらか小さい値とする．

②引張リベット

中心引張を受ける引張リベットの許容耐力 R_t は，式11・7②により算出する．

(2) ボルト接合

ボルト接合は，図11・25 のようにボルトのせん断力によって，応力を伝える構造である．施工上，ボルトと穴の間に隙間（表11・4）があるため，接合部の剛性が劣り，振動・衝撃または繰り返し応力を受けるような箇所に，使用することはできない．また，軒の高さが9m を超えるもの，またははり間が13m を超える鉄骨造建築物の構造耐力上主要な部分には使えないといったように，小規模な建築物や軽微な部分に使用が限られる．

使用ボルトは，4T ないし5T といわれる中ボルトを使用する（4T は引張強さ約400〔N/mm²〕のボルトである）．

(3) 高力ボルト接合

高力ボルト接合には，摩擦接合と引張接合があるが，一般には摩擦接合が広く用いられている．

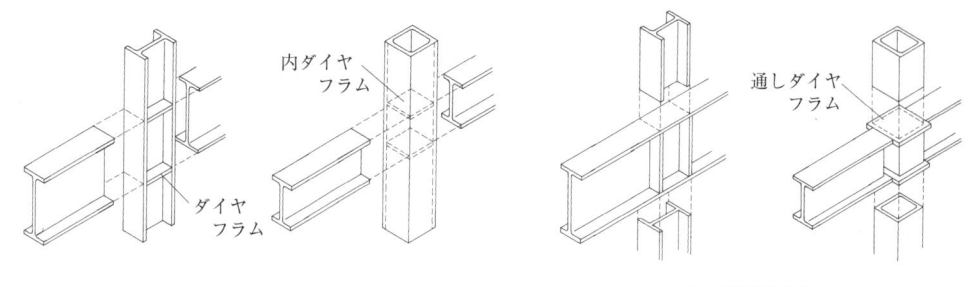

(a) 柱貫通方式　　　　　　　　　　　　(b) 梁貫通方式

図11・21　柱・はりの仕口

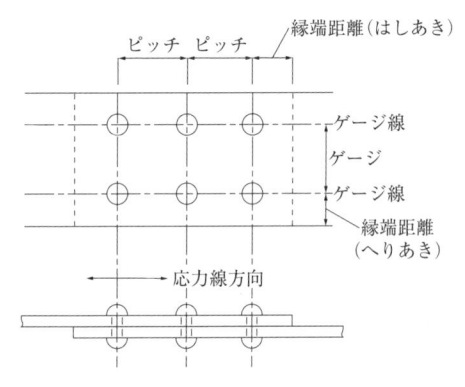

図11・22　接合部の名称[*3]

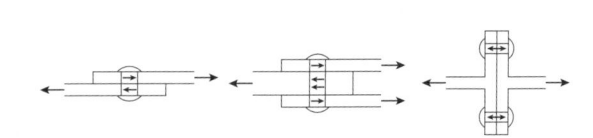

(a) 1面せん断　　(b) 2面せん断　　(c) 引張リベット

図11・23　リベット接合の形式

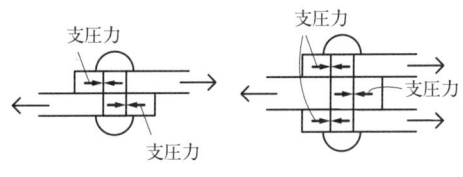

図11・24　支圧力

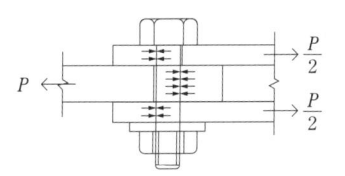

図11・25　普通ボルト接合

式11・6　リベットの本数の算出

$$n \geq \frac{N}{R}$$

n：本数〔本〕
N：接合部に生じる力〔N〕
R：リベット1本の耐力〔N〕

式11・7①　せん断リベットの許容耐力

1面せん断：$R_s = A \cdot f_s$
2面せん断：$R_s = 2 \times A \cdot f_s$
許容支圧力：$R_l = d \cdot t \cdot f_l$

A：リベットの軸断面積〔mm²〕
d：リベット軸径〔mm〕
t：1面せん断では薄い方の板厚，2面せん断では上下の板厚の和と中央の板厚の薄い方の板厚〔mm〕
f_s：リベットの許容せん断応力度〔N/mm²〕
f_l：リベット接合のときの継手板の許容支圧応力度〔N/mm²〕

式11・7②　引張リベットの許容耐力

$R_t = A \cdot f_t$
f_t：リベットの許容引張応力度〔N/mm²〕

摩擦接合の原理は図11・26 のように，ボルトで接合部を強い力で締め付けて，締め付けられた鋼材間に摩擦力を生じさせ，この摩擦力によって，応力を伝達させる．そのため，ボルトには高い引張力が要求され，F 8 T，F10T，F11T の 3 種類があるが，F10T が最も一般的に使用されている（F10T："F" は摩擦を意味し，引張強さ約1000〔N/mm^2〕のボルトである）．

(a) 高力ボルト接合の特徴

　①伝達する面積が，その構法上広くなるので，応力集中が生じにくい．

　②接合強度・継手の剛性ともに強い．

　③施工上，騒音も少ないので，現在，多く用いられている接合方法である．

(b) 許容耐力

　許容耐力は，摩擦接合の場合，ボルトの種類と径，および摩擦の形式（1 面摩擦，2 面摩擦，図11・27）によって決められる．表11・5 に高力ボルトの長期応力に対する許容耐力，及び短期応力に対する許容耐力を示す．

　また，せん断力のみを受ける高力ボルトの締め付け力は，繰り返し応力によっての影響を受けず，許容応力度の低減を考慮しなくてもよい．

(c) 施工上の注意点

　①ボルト・ナット・座金はセットで用いる．

　②接合部材の接触面（摩擦面）の黒皮・塗装・ゴミ・油・浮き錆などは，摩擦力を小さくするので，取り除く．

　③部材接合面に 1 mm 以上を超えるはだすきが生じた場合は，フィラープレートを挿入する（図11・28）．

　④ボルトの締め付けは，トルクコントロール法，ナット回転法などにより，決められたボルト張力が得られるようにし，締めすぎないようにする．

　⑤構造上主要な部材の接合部に用いる場合，原則として 2 本以上配置する．

(4) 溶接接合

　溶接には，多くの方法があり，現場や溶接精度を要求しない部分においては，被覆アーク溶接（手溶接），鉄骨加工工場などにおいては，炭酸ガスアーク溶接（半自動溶接），サブマージアーク溶接・エレクトロスラグ溶接（自動溶接）などがある（図11・29）．

(a) 溶接接合の特徴

　①ファスナー接合に比べて，断面欠損がなく，添え板などが不要で，自由な接合形式がとれる．

　②接合の連続性・剛性が得られる．

　③施工時の騒音が少ない．

　④施工不良による欠陥が生じやすい．また，接合箇所の検査も難しい．

　⑤溶接時に部材が高温になり，熱によるひずみや応力が生じる．

(b) 溶接継手の形式と溶接の種類

　溶接継手の形式には，図11・30 のようなものがあり，溶接の種類には，図11・31 のようなものがある．特によく用いられる溶接の種類は，すみ肉溶接と突合せ溶接の 2 種類で，すみ肉溶接には溶接線と荷重方向との角度によって，側面すみ肉・全面すみ肉・斜方すみ肉溶接などがある．また，突合せ溶接は，板厚にわたって，十分な溶け込みが得られるように，図11・32 のような開先を設ける．

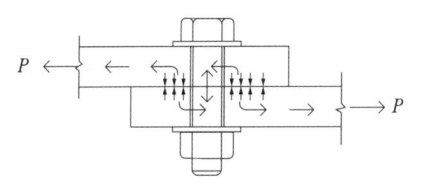

図11・26 高力ボルト接合

表11・4 ボルト・高力ボルトの穴経

種類 \ 公称軸径	$d<20$	$20 \leq d<27$	$27 \leq d$	備　考
ボルト	$d+1.0$	$d+1.5^{*1}$		建築基準法施行令第68条
	$d+0.5$			日本建築学会鋼構造設計規準
高力ボルト	$d+2.0$		$d+3.0^{*1}$	建築基準法施行令第68
				日本建築学会鋼構造設計規準

＊1 構造耐力上支障がない場合
（注）ボルトの間隔は$2.5d$以上，構造上主要な部材の接合は2本以上とする．

表11・5 高力ボルトの許容耐力

(a) 長期応力に対する許容耐力

高力ボルトの種類	ボルトの呼び	ボルト軸径(mm)	ボルト孔径(mm)	ボルト軸断面積(mm²)	ボルト有効断面積(mm²)	設計ボルト張力(kN)	許容せん断力(kN) 1面摩擦	許容せん断力(kN) 2面摩擦	許容引張力(kN)
F10T	M12	12	14.0	113	84	56.5	17.0	33.9	35.1
	M16	16	18.0	201	157	101	30.2	60.3	62.3
	M20	20	22.0	314	245	157	47.1	94.2	97.4
	M22	22	24.0	380	303	190	57.0	114	118
	M24	24	26.0	452	353	226	67.9	136	140

2面は1面の2倍

(b) 短期応力に対する許容耐力

高力ボルトの種類	ボルトの呼び	許容せん断力(kN) 1面摩擦	許容せん断力(kN) 2面摩擦	許容引張力(kN)
F10T	M12	25.4	50.9	52.6
	M16	45.2	90.5	93.5
	M20	70.7	141	146
	M22	85.5	171	177
	M24	102	204	210

長期の1.5倍

（日本建築学会「鋼構造設計規準」より抜粋）

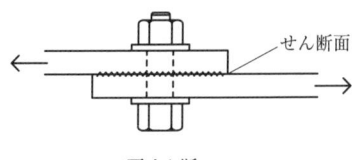

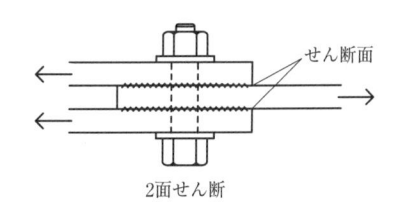

図11・27　1面摩擦と2面摩擦

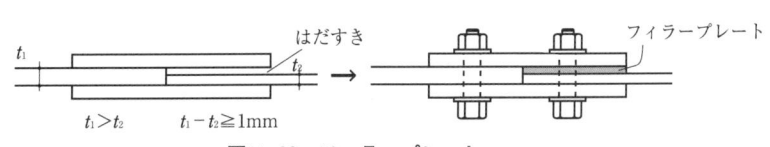

図11・28　フィラープレート

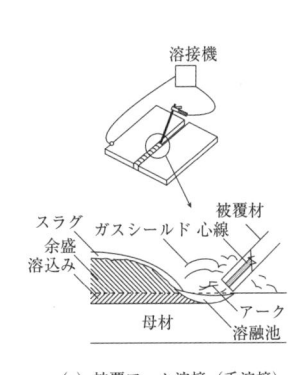

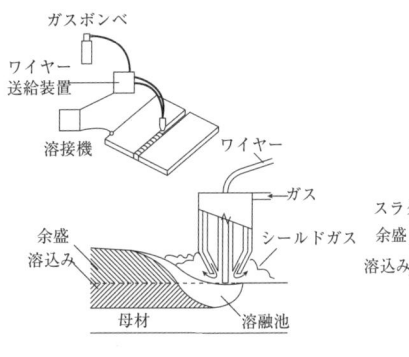

(a) 被覆アーク溶接（手溶接）　(b) 炭酸ガスアーク溶接（半自動溶接）　(c) サブマージ溶接（自動溶接）

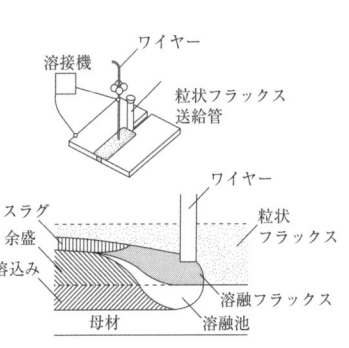

図11・29　溶接

(c) 溶接記号

設計した溶接継手の種類は，設計者の意図を施工者に伝えるために，溶接記号で表示する．溶接記号によって，継手の形式，開先の形状，すみ肉のサイズ，工場溶接と現場溶接の区別などを指示することができ，その表示方法は，JISZ3021によって定められている（図11・33，図11・34）．

(d) 溶接継目の許容応力度

溶接継目の許容応力度は一般に，母材のそれと同等とすることができる．しかし，溶接設備の整った工場で，常に下向きで溶接できるような場合は母材と同等とできるが，現場溶接などのように，必ずしもよい条件（下向きで溶接できる状態など）で溶接できるとは限らないので，その場合は90%の値を用いている．なお，溶接継目の許容応力度は，表11・6のようになる．

(e) 溶接継目の計算

応力を伝達する溶接継目の耐力は，のど厚に有効長さを乗じた面積（有効断面）が，応力を伝達するものとして考え，式11・8によって検討する．

①突合せ溶接

突合せ溶接ののど厚は，母材の厚さに等しく，有効長さは材軸に直角にはかった接合部の長さとする．溶接の始端・終端は，溶接不良が発生する場合が多いので，有効長さを確実にするために，エンドタブを用いる（図11・35）．

また，接合する部材の板厚が異なる場合は，薄い方の値をのど厚とし，T継手の場合はつきあわせる母材の厚さ以下とする（図11・36）．

なお，突合せ溶接は断続溶接としてはならない．したがって，突合わせ溶接の交差部にはスカラップを設ける（図11・37）．

②すみ肉溶接

すみ肉溶接ののど厚は，溶接サイズ（S）の0.7倍とし，有効長さは，溶接の始端と終端において十分なのど厚がとれないので，溶接の全長からすみ肉サイズの2倍を差し引く（図11・38）．

また，接合する部材の板厚が異なる場合は，薄い方の値をのど厚とする（図11・39）．

ただし，溶接有効長さはすみ肉溶接のサイズの10倍以上かつ40mm以上とし，30倍を超える場合は許容応力度を低減し，接合しようとする部材のなす角度が60°以下または120°以上のときには，応力を負担させることはできない．

すみ肉溶接には，溶接部が連続する連続溶接と，溶接部が断続する断続溶接がある．

③部分溶け込み溶接

突合せ溶接（部分溶け込み溶接に対して完全溶け込み溶接ともいう）と比べて，溶け込みが少ない溶接で引張力・曲げが作用する箇所，繰り返し応力を受ける箇所に用いることはできない．

(f) 溶接欠陥

溶接欠陥の主なものの形状と原因を，表11・7に示す．その他に，母材不良・不良溶接棒・溶接部の高度の拘束・過大電流などにより発生する溶接部のクラック，運棒不適・電流過小によりスラグ（溶接棒の被覆材）が溶接部に混じってしまうスラグ巻き込み，余盛過大・脚長不足などがある．このような溶接欠陥は強度を著しく落とすので，超音波探傷試験などによって検査する．

(5) 各種接合の併用

溶接とボルト，リベットとボルトなど，1つの接合部において，異なる接合方法を用いる場合，

図11・30 溶接継手形式[*3]

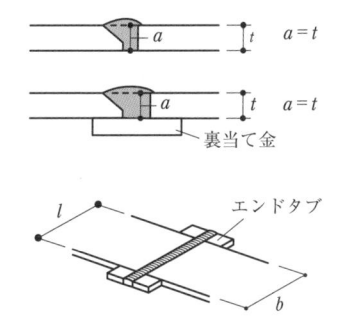

図11・31 溶接の種類[*3]

図11・32 突合せ溶接の種類（完全溶込み溶接）

(a) 突合せ溶接の記号

(b) すみ肉溶接の記号

図11・34 溶接記号

図11・33 溶接記号と溶接形状

表11・6 溶接継目の許容応力度

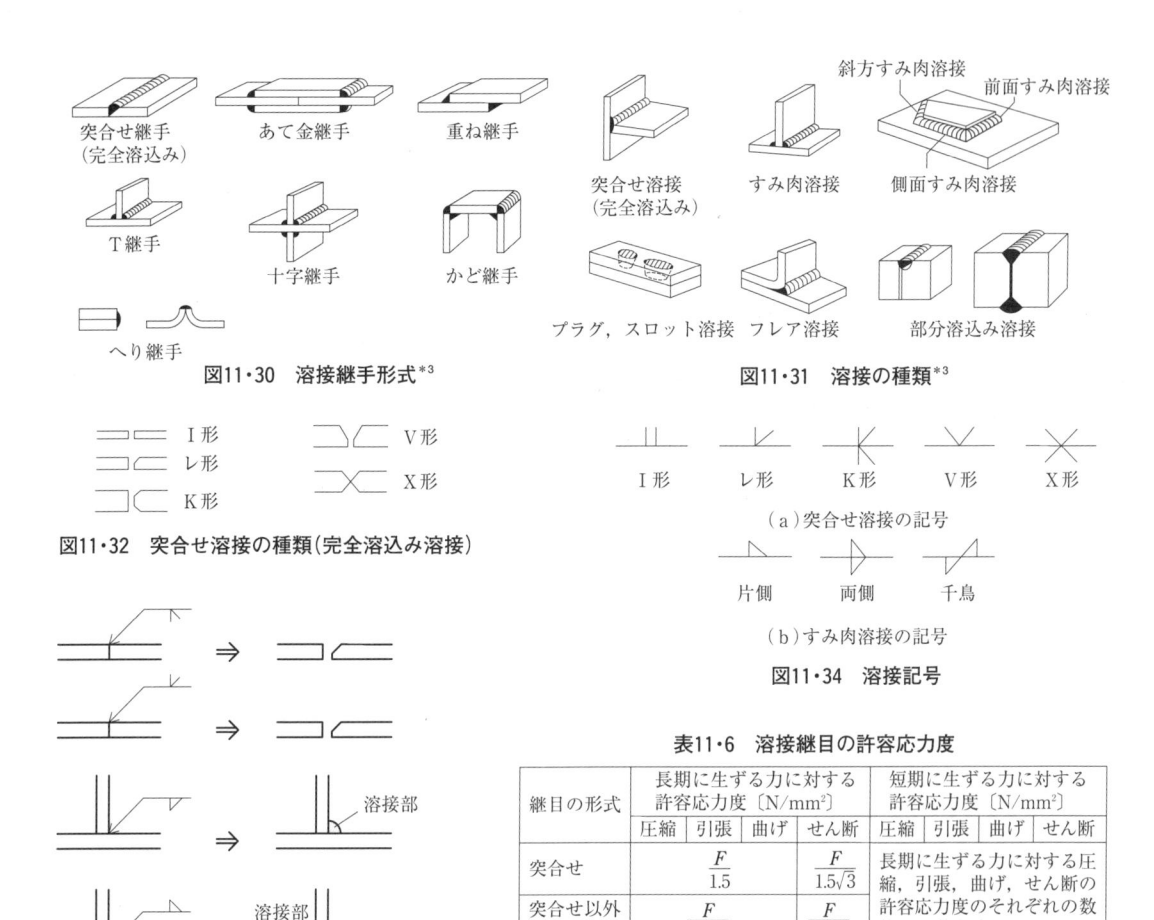

継目の形式	長期に生ずる力に対する許容応力度〔N/mm²〕				短期に生ずる力に対する許容応力度〔N/mm²〕			
	圧縮	引張	曲げ	せん断	圧縮	引張	曲げ	せん断
突合せ	$\dfrac{F}{1.5}$			$\dfrac{F}{1.5\sqrt{3}}$	長期に生ずる力に対する圧縮，引張，曲げ，せん断の許容応力度のそれぞれの数値の1.5倍とする			
突合せ以外のもの	$\dfrac{F}{1.5\sqrt{3}}$			$\dfrac{F}{1.5\sqrt{3}}$				

F：溶接される鋼材の種類及び品質に応じて，国土交通大臣が定める溶接部の基準強度〔N/mm²〕．
※国土交通大臣認定の条件以外では，上記数値に0.9を乗ずる．

式11・8 溶接継目の計算

$$\rho = \dfrac{P}{a \times l} \leq f_w$$

ρ：のど断面に生ずる応力度（溶接継目の応力度）〔N/mm²〕
a：のど厚〔mm〕
l：溶接長さ〔mm〕
f_w：溶接継ぎ目の許容応力度〔N/mm²〕
P：溶接継目に作用する引張力，圧縮力またはせん断力〔N〕

図11・35 突合せ溶接ののど厚・有効長さ

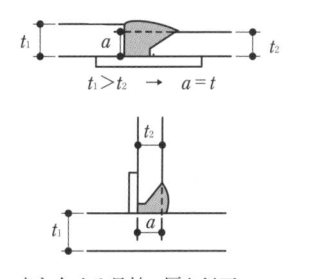

a：突き合せる母材の厚さ以下 → $a = t_2$

図11・36 板厚の異なる突合せ溶接

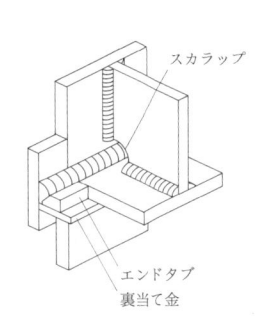

図11・37 スカラップ

接合の種類によって，接合の剛性と変形能力に差があるため，原則として，接合部の耐力を合計することはできず，耐力の大きい接合形式だけで，全応力を負担させる．ただし，接合の剛性と変形能力が近いものは耐力を合計することができる．表11·8 に，接合形式の組み合わせと応力の負担の方法を示す．

11·4　その他の鉄骨構造

(1) 軽量鉄骨構造

　主として，厚さ6 mm 以下の軽量形鋼を用いた鉄骨構造を軽量鉄骨造という．軽量鉄骨は，図11·40 のように薄い板を折り曲げたもので，断面積の割に断面性能がよく，小規模な建築物では，通常の鋼材と比べて経済設計が可能である．

　使用する鋼材厚さは，構造耐力上主要な部分に用いる場合は 2.3mm 以上の形鋼を用い，1.6mm 以下の形鋼に荷重を支持させてはならない．

　以下に，軽量鉄骨構造の特徴を示す．
①使用形鋼が小さいため，集中する力に弱く，局部座屈のおそれがあり，接合部や荷重の作用点が弱点となりやすく，また，ねじれやすい．
②腐食しやすい．
③溶接や塗装が困難である．

(2) 鋼管構造

　骨組に鋼管を用いた鉄骨構造を鋼管構造という．初期の頃は工場建築・体育館・鉄塔などのトラス構造として用いられていたが，近年は高層建築物の柱材として使用されている．

　鋼管構造の特徴として，座屈・局部座屈・ねじれに対して有利であるが，接合に関して高度の技術が必要で，形鋼に比べて経済的に不利になる．

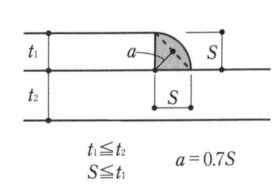

S : サイズ
t : 脚長 $S \geqq t$ $a = 0.7S$

$l = l_0 - 2 \cdot S$

$t_1 \leqq t_2$
$S \leqq t_1$ $a = 0.7S$

図11・39　板厚の異なるすみ肉溶接

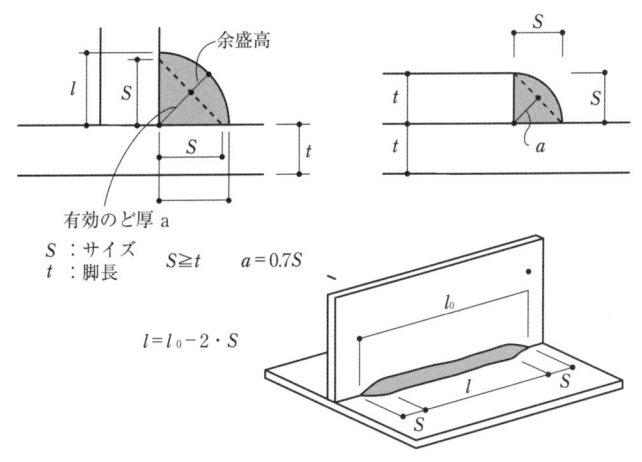

図11・38　すみ肉溶接のサイズ・のど厚・有効長さ

表11・7　溶接欠陥

名称	模式図	現象	原因
アンダーカット	アンダーカット	溶接の上端に沿って掘られた上，溶着金属に満たされないで，みぞとして残っている部分	溶接電流の過大 運棒，溶接棒の選択が不適
オーバーラップ	オーバーラップ	溶着金属が上端で母材と融合せず重なった部分	溶接電流不適 運棒不適
ピット (クレーター)	ピット	溶着金属表面に生じた小さいくぼみ穴	水分，さび，母材中の化学成分
ブローホール	ブローホール	溶着金属の中部にガス・水分が入込み発生した空洞	溶着金属内の水素・炭酸ガスの凝固 溶接電流・アーク長の不適
溶込み不良 (融合不良)		溶込みが十分にできていないもの	溶接電流不足 運棒不適 開先角度が狭い
割れ	クラック（割れ）	溶着金属の表面・内部にクラックが生じること	母材，溶接棒の不良 溶接電流の過大 溶接時の母材同士の拘束が大

表11・8　併用接合の応力の分担

溶接＋ ┌ ボ ル ト → 全応力を溶接が負担
　　　 │ リ ベ ッ ト → 全応力を溶接が負担
　　　 └ 高力ボルト ┌ 溶接が先の場合
　　　　　　　　　　│　→全応力を溶接が負担
　　　　　　　　　　└ 溶接が後の場合
　　　　　　　　　　　　→分担

高力ボルト＋ ┌ リベット → 分担
　　　　　　└ ボ ル ト → 全応力を高力
　　　　　　　　　　　　ボルトが負担

リベット＋ボルト → 全応力をリベットが負担

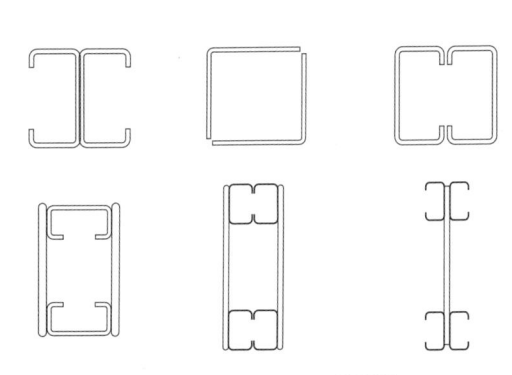

図11・40　軽量型鋼のはり・柱材[3]

【問題1】 鉄骨構造に関する次の記述のうち，最も不適当なものはどれか．
1．粘り強いから耐震性が高い．
2．不燃材料であるから耐火性が高い．
3．強度が高いので，部材の断面が小さくなる．
4．高層建築に適する構造である．
5．大はり間構造に適している．

【問題2】 鉄骨造のはりに関する各部の名称と主な働きとの組合せとして，最も不適当なものは次のうちどれか．
1．スチフナー──ウェブの座屈を防止する．
2．フィラー──引張力に抵抗する．
3．ラ チ ス──せん断力による軸方向力に抵抗する．
4．フランジ──曲げに抵抗する．
5．ウ ェ ブ──せん断力に抵抗する．

【問題3】 鉄骨造に関する次の用語のうち，座屈現象と最も関係の少ないものはどれか．
1．引張材の有効断面積
2．圧縮材の支点の補剛
3．柱の細長比
4．鋼管の径厚比
5．平板要素の幅厚比

【問題4】 鉄骨構造に関する次の記述のうち，最も不適当なものはどれか．
1．主要なはり材のたわみは，通常の場合は，スパンの1/300以下とする．
2．鋳鉄は，引張応力が存在する箇所には，使用してはならない．
3．圧縮材の許容圧縮応力度は，細長比が大きいものほど大きい．
4．引張材の有効断面積は，ボルト孔などの断面欠損を考慮して算出する．
5．柱脚の接合形式のうち，根巻型及び埋込型は，一般に，固定柱脚として設計される．

【問題5】 鉄骨造に関する次の記述のうち，最も不適当なものはどれか．
1．一つの継手に，高力ボルト又はリベットとボルトを併用した場合，それぞれの許容力に応じて応力を分担させることができる．
2．トラスの接点は，ピン接合とみなし，特別の場合を除き，二次応力の影響を無視してよい．
3．アンダカットとは，溶接の止端において母材が掘られて，溶着金属が満たされないでみぞとして残っている部分をいう．
4．接合部は，接合される部材の存在応力を十分に伝えるように設計する．
5．はりには，横座屈が生じないように，必要に応じて横補剛材を設ける．

【問題6】 鉄骨構造の溶接に関する次の記述のうち，最も不適当なものはどれか．
1．溶接継目ののど断面に対する許容応力度は，溶接作業の方法に応じて異なる値を用いた．
2．側面すみ肉溶接の有効長さが，すみ肉溶接のサイズの30倍を超える場合は，許容応力度を低減した．
3．溶接継目の交差を避けるため，片方の部材にスカラップを設けた．
4．応力を伝達するすみ肉溶接の有効長さを，すみ肉溶接のサイズの5倍とした．
5．構造計算に用いるすみ肉溶接のサイズは，薄い方の母材の厚さ以下とした．

12　その他の構造

12・1　補強コンクリートブロック構造

　補強コンクリートブロック構造は，図12・1 のようなコンクリートブロックを積み上げ，ブロックの空洞部分に鉄筋を配し，モルタルを充填させて一体化させた壁を耐力壁とし，一定の総長さ以上の耐力壁をつり合いよく配置して，外力に抵抗するように構成した構造形式をいう．

　使用されるコンクリートブロックの強度は表12・1 のようになり，使用するブロックの種類によって表12・2 のような適用範囲がある．

(1) 構造規定（図12・2）

(a) 耐力壁

　耐力壁の長さは 55cm 以上，かつ，その両側の開口部の高さの 30％以上とする．また，耐力壁の厚さは表 12・3 のようになる．また，耐力壁の端部・開口部及び交差部の周囲の補強は，図12・3 のように現場打ちのコンクリートで固めることが原則となっている．

(b) 耐力壁の配置

　①建築物の外周隅角部の耐力壁は，できるだけ L 形または T 形に配置する．
　②上下の耐力壁は，連続するように同じ位置に設ける．
　③対隣壁の中心間距離は，耐力壁の厚さの 50倍以下とし，耐力壁で囲まれる平面の面積は，60m^2 以下とする．

(c) 壁量

　ある階の単位床面積あたりの耐力壁の所用長さを壁量といい，建築物の梁間方向・桁行き方向それぞれにおいて，表12・4に示す数値以上の耐力壁を設けなければならない．

(d) がりょう

　水平力に対して建築物を一体化して抵抗させるために設ける，各階の耐力壁の頂部に連続にまわした鉄筋コンクリート造のはりを，がりょう（臥梁）という．がりょうのせいは耐力壁の厚さの 1.5 倍以上で，かつ，30cm（平屋の場合 25cm）以上が必要である．

　なお，平屋建てで鉄筋コンクリート造の屋根スラブがある場合，がりょうは設けなくてもよい．

(e) 基礎

　最下層の耐力壁の下部には，一体の鉄筋コンクリート造の布基礎，または基礎ばりを設けなければならない．布基礎または基礎ばりの構造は，4 本以上の鉄筋を設け，複筋ばりとする．また，布基礎または基礎ばりの幅は，これに接する耐力壁の厚さ以上とし，せいは軒の高さの 1/12 以上で，かつ，60cm（平屋の場合 45cm）以上が必要である．

(f) 配筋

　縦筋は溶接する場合を除き，コンクリートブロックの空洞部内で継いではならない．また，丸鋼を使用する場合は，すべてフック付きとし，異形鉄筋においても，①耐力壁の端部及び交差部の縦補強筋に結合する横筋，②開口部の縦補強筋に結合する横筋，③開口部の横補強筋に結合する縦筋についてはフックを設ける．また，鉄筋のかぶり厚さは，ブロックの厚さを除き 2 cm 以上とする．

　配筋の規定を表12・5 及び表12・6 に，各部鉄筋の定着及び継手の要領を図12・4 に，それぞれ示す．

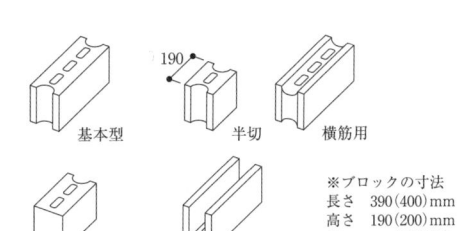

図12・1 コンクリートブロック

※ブロックの寸法
- 長さ 390(400)mm
- 高さ 190(200)mm
- 幅 100(帳壁用),150,190 mm
( )内は目地芯寸法

図12・2 耐力壁の規定

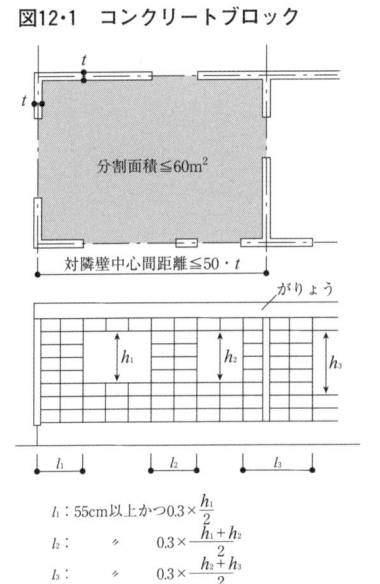

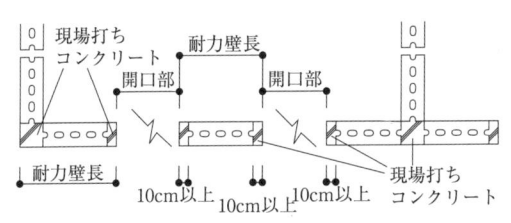

l_1 : 55cm以上かつ $0.3 \times \dfrac{h_1}{2}$
l_2 : 〃 $0.3 \times \dfrac{h_1+h_2}{2}$
l_3 : 〃 $0.3 \times \dfrac{h_2+h_3}{2}$

図12・3 開口部等の補強

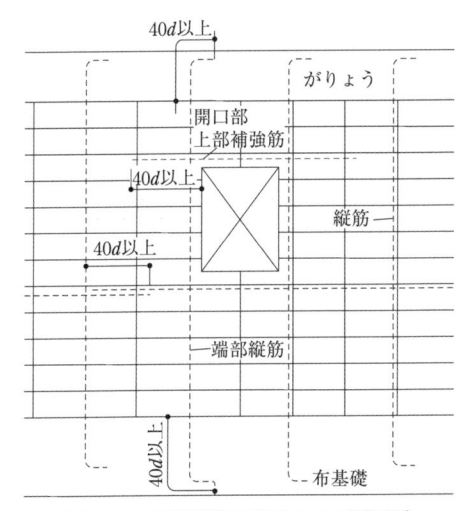

図12・4 各部鉄筋の定着および継手[*3]

表12・1 コンクリートブロックの強度[*3] [N/mm²]

ブロックの種類	全断面に対する圧縮強さ
A種	4
B種	6
C種	8

表12・2 適応範囲[*3]

補強ブロック造の種別	階数	軒の高さ [m]
A種ブロック造	2	7.5
B種ブロック造	3	11
C種ブロック造	3	11

注 パラペットがある場合は、その高さは1.2m以下とし、軒の高さには算入しない。なお、各階の階高は3.5m以内とし、平屋にあっては軒の高さは4.0m以下とする。

表12・3 耐力壁の厚さ[*3]

階	壁の厚さ [cm]
平屋、最上階	15かつ$h/20$
最上階から数えて2つめの階	19かつ$h/16$
最上階から数えて3つめの階	19かつ$h/16$

h : ブロック積み部分の高さ

表12・4 壁量[*3]

補強ブロック造の種別	壁量注 [cm/m²]		
	平屋 最上階	最上階から数えて2つめの階	最上階から数えて3つめの階
A種ブロック造	15	21	—
B種ブロック造	15	18	27
C種ブロック造	15	18	21

注 広い壁のなかにある換気孔程度の開口部を有する耐力壁は、無開口の耐力壁として壁量を計算することができる。

表12・5 縦筋・横筋の規定[*3]

階	縦筋		横筋	
	呼び名	間隔	呼び名	間隔
平屋 2階建の2階	D10以上	80以下	D10以上	80以下かつ$3/4l$以下
2階建の1階 3階建の3階	D10以上 D13以上	40以下 80以下	D10以上 D13以上	60以下かつ$3/4l$以下 80以下かつ$3/4l$以下
3階建の2階	D10以上 D13以上	40以下 80以下	D10以上 D13以上	40以下かつ$3/4l$以下 60以下かつ$3/4l$以下
3階建の1階	D13以上	40以下	D10以上 D13以上	40以下かつ$3/4l$以下 60以下かつ$3/4l$以下

(単位:cm)

注 横筋の間隔は$\dfrac{3}{4}l$にかかわらず、最低60cmとすることができる。

表12・6[*3]

階	耐力壁の端部、交差部注1の縦筋			開口部の上縁および下縁の横筋
	$h_0 \leq 1.5$m	1.5m$< h_0 \leq 2.4$m	2.4m$\leq h_0$	
平屋、最上階	1-D13	1-D13	1-D13[注2]	1-D13
最上階から数えて2つめの階	1-D16	1-D16	1-D19	1-D16
最上階から数えて3つ目の階	1-D16	1-D19	1-D19	1-D16

注1 十形交差部の場合は1-D13とする。
注2 3階建の最上階の場合は1-D16とする。
注3 h_0[m]:その壁の両端にある開口部の高さ(開口部の上部または下部の小壁が耐力壁と同等以上の構造でない場合は、その部分の高さを加算した高さとする)。
注4 換気孔程度の開口部にあっては、開口部の周囲をD13以上の鉄筋で補強すること。

(2) 補強コンクリートブロック塀

コンクリートブロックを積み上げ，鉄筋で補強した塀を補強コンクリートブロック塀といい，以下のような規定がある．

①高さは，2.2m 以下とする．

②壁の厚さは，15cm 以上（高さ 2 m 以下の塀にあっては 10cm 以上）とする．

③塀の下部には，連続する鉄筋コンクリート造の布基礎を設ける．塀の高さが 1.2m を超える場合は，根入れ深さ 30cm 以上，基礎のせい 35cm 以上の布基礎とする．

④塀の高さが 1.2m を超える塀は，塀の長さ 3.4m 以下ごとに，基礎ならびにブロック塀に接続する控え壁を設けなければならない．

⑤ブロック塀に挿入する縦筋及び横筋は，径 9 mm 以上の鉄筋とし，間隔 80cm 以下で挿入する．また，壁頂部及び基礎には横に，壁の端部及び隅角部には縦にそれぞれ径 9 mm 以上の鉄筋を設ける．

⑥縦筋は，ブロックの空洞部内で継いではならない（溶接による継手は除く）．

⑦縦筋は壁頂部及び基礎の横筋に，横筋は端部の鉄筋に，それぞれかぎ状に折り曲げてかぎ掛けして定着する．ただし，縦筋に異形鉄筋を使用し，その呼び径の 40 倍以上定着させる場合，鉄筋の末端はかぎ折りしてひっかけなくてもよい．

12・2 鉄骨鉄筋コンクリート構造

鉄骨鉄筋コンクリート構造（Steel Reinforced Concrete Construction）は，鉄筋コンクリート構造の性質と鉄骨構造の性質の両方を併せもった構造である（図12・5）．構造的には鉄骨と鉄筋をコンクリートで被覆した形となり，コンクリートが鋼材の耐火被覆をし，防錆効果も発揮するので，耐久性・耐火性に優れた構造となる．

この構造は，骨組全体を鉄骨鉄筋コンクリート構造とするほかに，図12・6(a) のように柱を鉄骨鉄筋コンクリート造，はりを鉄骨造としたり，図12・6(b)，(c) のように鉄骨鉄筋コンクリート造と鉄筋コンクリート造をスパンや層によって使い分けるなど，両者の長所を使い分けながら組み合わせることが可能な構造である．

12・3 プレストレストコンクリート構造

プレストレストコンクリート構造は，構造上主要な部分にプレストレストコンクリートを用いた構造で，工法により，場所打ち一体式工法と，プレキャスト組み立て工法などがある．

コンクリートは圧縮に強いが，引張には弱いといった，特性を改善するため，コンクリートの引張応力が生じる部分に圧縮応力（プレストレス）を与えて，引張応力と打ち消し合うようにしたコンクリートをプレストレストコンクリートという．

このプレストレスにより，部材断面を小さくすることが可能で，建築物が軽量となり，また大スパンも可能となるなどの利点がある．

部材にプレストレスを与える方法は，現場でコンクリートを打設する場合に用いるポストテンション方式（図12・7）と，工場でプレキャスト部材としてプレストレスを与えるプレテンション方式（図12・8）がある．

使用材料は，通常の鉄筋コンクリート構造とは異なり，コンクリートにプレストレスを与えるた

(a) 梁の形状と断面

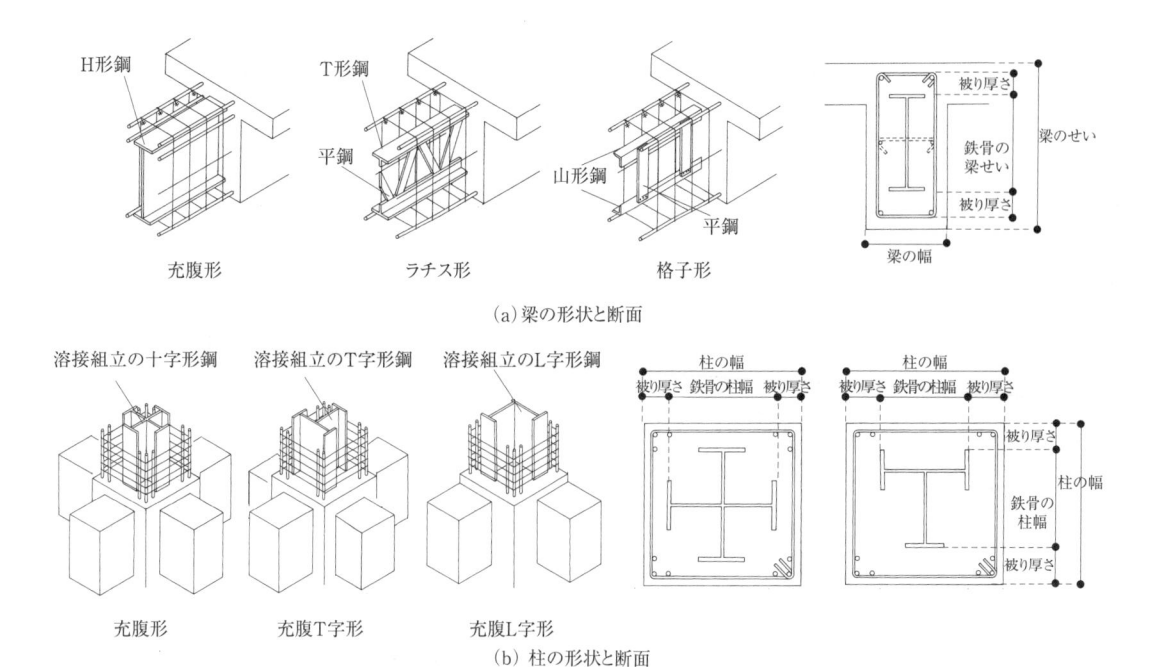

充腹形　　　ラチス形　　　格子形

H形鋼　　T形鋼　　　山形鋼
　　　　平鋼　　　　平鋼

被り厚さ　梁のせい　鉄骨の梁せい　被り厚さ　梁の幅

(b) 柱の形状と断面

溶接組立の十字形鋼　溶接組立のT字形鋼　溶接組立のL字形鋼

充腹形　　充腹T字形　　充腹L字形

柱の幅　被り厚さ　鉄骨の柱幅　被り厚さ　鉄骨の柱幅　柱の幅

図12・5　鉄骨鉄筋コンクリート構造

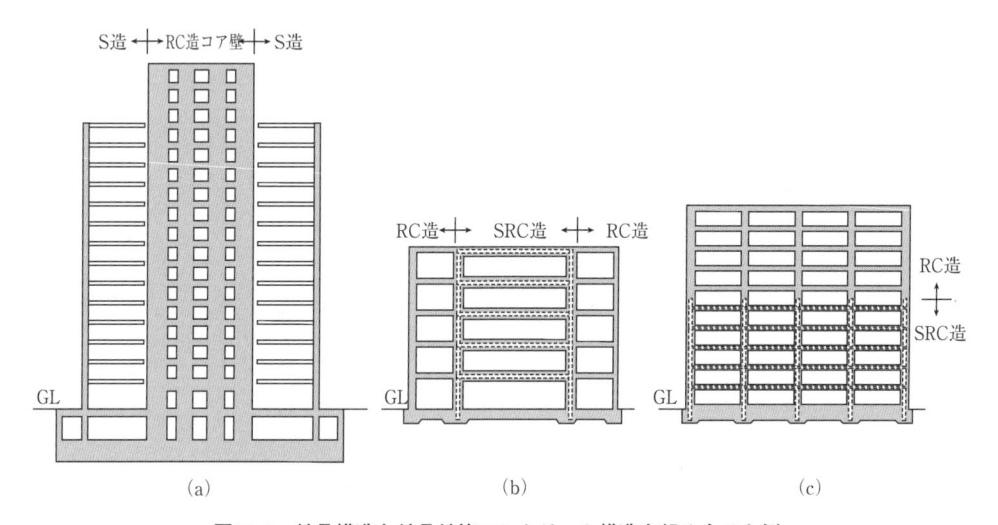

(a) S造 ← RC造コア壁 → S造

(b) RC造 ← SRC造 → RC造

(c) RC造 / SRC造

図12・6　鉄骨構造と鉄骨鉄筋コンクリート構造を組み合せた例

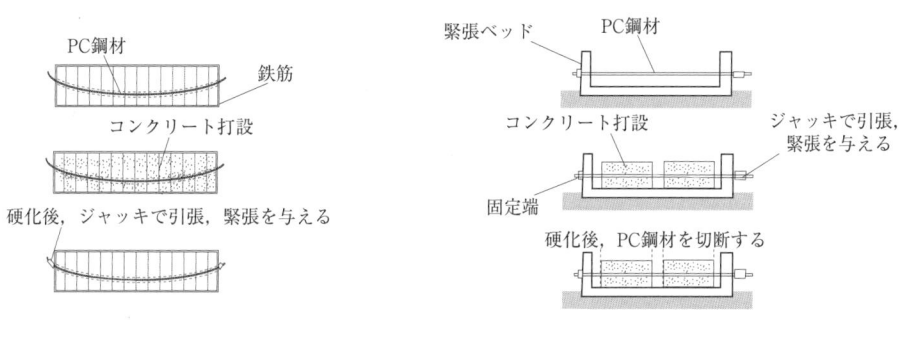

PC鋼材　鉄筋
コンクリート打設
硬化後, ジャッキで引張, 緊張を与える

緊張ベッド　PC鋼材
コンクリート打設　ジャッキで引張, 緊張を与える
固定端
硬化後, PC鋼材を切断する

図12・7　ポストテンション工法　　**図12・8　プレテンション工法**

めに，鉄筋にはPC鋼材とよばれる高強度の鋼材が用いられる．その際，コンクリートには，与えられたプレストレスを長期間維持するために，クリープ特性のすぐれた高強度コンクリートを使用する．ポストテンション方式では20〔N/mm²〕以上，プレテンション方式では30〔N/mm²〕以上のコンクリートを使用する．

プレストレストコンクリート構造の工法には，場所打ち一体式工法とプレキャスト組み立て工法などがある．場所打ち一体式工法はプレストレスを導入する部分にPC鋼材を配置し，ポストテンション方式によりプレストレスを与える以外は鉄筋コンクリート構造の施工方法とほとんど変わらない．しかし，プレテンション方式により作成されたプレキャスト部材は，その部材同士の接合が建物の強度に影響するため非常に重要であり，次の2つの方式が主に用いられている．

①ドライジョイント
　PC部材に取り付けられた鉄筋や接合金物を高力ボルト接合や溶接接合によって接合する方式．
②ウェットジョイント
　接合部にコンクリート又はモルタルを充てんして接合する方式．

12・4　組積造

組積造は，レンガ，石，コンクリートブロック（鉄筋では補強しない）などを積み上げて建てる建築物をいう．この構造は，建築物に作用する鉛直荷重と自重を圧縮力のみで地盤に伝える構造であるため，地震などの水平荷重に対しては抵抗することは困難である．そのため，元来この構造は地震などの少ない国々において発達した構造で，ひとたび地震が起こるとその対策がなされていないため，被害が大きくなることが多い．したがって，この構造を採用する場合は，耐震性を確保することが必要条件である．以下に，簡単に構造規定について記す．

(1) 構造規定

組積造の規模は，建築基準法施行令により，以下のように規定されている．

高　　さ：高さ13m以下かつ軒の高さが9m以下（左記の規模を超える場合は鉄筋，鉄骨又は鉄筋コンクリートで補強しなければならない）

壁の長さ：10m以下

壁の厚さ：平屋で200mm以上，2階建て・3階建ての各階300mm以上（壁の長さ5m以下）
　　　　　（5mを超え10m以下の場合は上記の数値に100mm加算する）

がりょう：各階の壁頂に鉄骨造又は鉄筋コンクリート造のがりょうを設けなければならない．

開　口　部：各階の対隣壁によって区画された部分の開口部の幅の総和は，その壁の長さの1/2以下とし，各階における開口部の幅の総和はその階における壁の長さの総和の1/3以下としなければならない．

その他，積み方については芋目地は地震に弱いので，一般的には破れ目地とする．

(2) 組積造の塀

塀の高さは1.2m以下，各部分の壁の厚さが，その部分から壁頂までの垂直距離の1/10以上，塀の長さ4m以下ごとに壁面からその部分における壁の厚さの1.5倍以上突出した控え壁を設け，基礎の根入の深さは200mm以上とする．

【問題1】 鉄筋コンクリート構造に関する次の記述のうち，最も不適当なものはどれか．
1．柱が鉄筋コンクリート造であっても，スパンが大きい場合には，はりを鉄骨造とすることがある．
2．耐震壁は，地震時において，主に水平力に抵抗する．
3．部材の曲げ破壊は，せん断破壊に比べて粘りのない脆性的な破壊形式であり，構造物の決定的な崩壊をもたらすおそれがある．
4．鉄筋コンクリート構造は，コンクリートが引張力に対して弱いため，部材断面の主として引張力の働く部分に鉄筋を入れて補強した構造である．
5．構造形式としてはラーメン構造，壁式構造がよく用いられるが，シェル構造にも適用される場合がある．

【問題2】 壁式鉄筋コンクリート造の住宅に関する次の記述のうち，最も不適当なものはどれか．
1．壁ばりのせいを，20cmとした．
2．地上2階建てなので，耐力壁の厚さを，15cmとした．
3．軒の高さを，7mとした．
4．耐力壁を，つり合いよく配置した．
5．平面形状が整形でないので，構造計算によって構造耐力上安全であることを確かめた．

【問題3】 補強コンクリートブロック造に関する次の記述のうち，最も不適当なものはどれか．
1．コンクリートブロックは，品質によってA種，B種，C種に区分されるが，その圧縮強さは，C種のものが最も小さい．
2．耐力壁の構造耐力上有効な厚さには，仕上げ部分の厚さを含めない．
3．建築物の外周隅角部には，原則として，耐力壁をL形又はT型に配置する．
4．上階の耐力壁は，原則として，下階の耐力壁の上に配置する．
5．2階建の建築物においては，耐力壁と耐力壁とを剛な床スラブで連結し，かつ，臥梁を設ける．

【問題4】 補強コンクリートブロック造の耐力壁に関する次の記述のうち，最も不適当なものはどれか．
1．耐力壁の長さは，55cm以上，かつ，両側に開口部がある場合は，原則として，その高さの平均値の30％以上とする．
2．ある階の所要壁量は，コンクリートブロックの種別，建築物の階数及びその階が何階であるかによって異なる．
3．対隣壁（耐力壁に直交して接着する2つの隣り合う耐力壁等）の中心線間の距離は，耐力壁の厚さの70倍以下とする．
4．各階の耐力壁の頂部には，鉄筋コンクリート造の臥梁（がりょう）を設ける．
5．臥梁及び布基礎の幅は，これに接する耐力壁の厚さ以上とする．

【問題5】 補強コンクリートブロック造の塀に関する次の記述のうち，最も不適当なものはどれか．
1．縦筋の末端は，壁頂及び基礎の横筋に，原則として，かぎ掛けして定着する．
2．塀の高さが2mを超える場合，壁の厚さは，15cm以上とする．
3．塀の高さは，2.2m以下とする．
4．塀の高さが1.2mを超える場合，基礎の丈は，35cm以上とする．
5．塀の高さが1.2mを超える場合，基礎の根入れの深さは，10cm以上とする．

【問題6】 組積造に関する次の記述のうち，最も不適当なものはどれか．ただし，補強コンクリートブロック造及びそれと同等の補強をされたものを除く．
1．れんがを，芋目地が出来ないように組積した．
2．壁の基礎を，一体の鉄筋コンクリート造の布基礎とした．
3．塀の高さを，1.2mとした．
4．壁の長さ（対隣壁の中心線間の距離）を，10m以下とした．
5．塀の基礎の根入れの深さを，10cmとした．

13 建築材料

13・1 木材

(1) 木材の特徴
木材は，古来より多種多様な用途に広く用いられ，現在でも鋼やコンクリートとならぶ代表的な建築材料である．表13・1に木材の長所と短所を示す．

(2) 木材の分類と用途
表13・2のように，樹木は外表樹と内表樹に大別される．外表樹はスギのように，繊維方向に伸びるとともに半径方向にも成長する樹木をいい，内表樹はタケのように，主に繊維方向が成長し，半径方向は繊維方向に比べて成長が著しく遅い樹木をいう．外表樹はさらに，針葉樹と広葉樹に分けられる．

針葉樹は，材質が柔らかく軟木類といわれ，加工が容易で構造用材料のほかに，板材，小割材，内法材など広く用いられる．一方，広葉樹は材質が硬く硬木類といわれ，主として仕上げ材として用いられるが，建具，家具などに用いられることが多い．

(3) 木材の組織
(a) 春材と秋材

春から夏にかけて成長した部分で，比較的柔らかく淡い色調を呈する部分を春材といい，夏の終わりから秋にかけて成長した部分で，硬くて色調の濃い部分を秋材という．

(b) 年輪

樹木は，春材と秋材が交互に同心円を描きながら1年で成長するが，この同心円を年輪といい，年輪の疎密は，樹木の強度に大きな影響を与える．また，樹心に近い部分で赤みを帯びている部分を心材（赤味材），心材の周辺で淡い色調を呈している部分を辺材（白太材）という（図13・1）．心材と辺材の特徴を表13・3に示す．

(4) 木材の物理的特性
(a) 含水率

生木中の水分は，細胞と細胞の間に含まれている自由水と細胞膜の中に含まれている吸着水とがある（図13・2）．生木を乾燥するとまず自由水がなくなり，続いて吸着水がなくなる．木材は，生木のときに40〜100%の水分を含んでおり，含水率の変化によって著しく伸縮する性質を持っている（図13・3）．

なお，繊維飽和点以上では，含水率の変化による膨張・伸縮はないが，これ以下の含水率においては含水率の変化により膨張・伸縮する．また，心材より辺材の方が伸縮が大きい．

(b) 比重（気乾比重）

木材の比重は，一般に含水率が15%のときの気乾比重で表される．同じ樹種でも，測定部位によってその値が多少異なるが，主要木材の比重は0.3〜1.0程度となっている（表13・4）．

表13・1 木材の特徴[*3]

長所	・外観が美しい ・加工が容易である ・比強度が大きい ・熱伝導率が小さい
短所	・含水率の変化により変形しやすい ・燃えやすい ・虫害を受けやすい ・腐朽しやすい

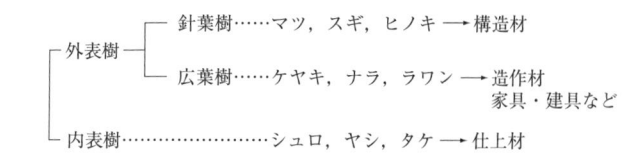

```
          ┌─ 針葉樹 …… マツ，スギ，ヒノキ → 構造材
     ┌外表樹┤
     │    └─ 広葉樹 …… ケヤキ，ナラ，ラワン → 造作材
 ────┤                                      家具・建具など
     │
     └内表樹 ……………… シュロ，ヤシ，タケ → 仕上材
```

表13・2 樹木の分類

表13・3 心材と辺材の特徴[*3]

心材 (赤味材)	・樹脂が多い ・材質が硬い ・伸縮が小さい
辺材 (白太材)	・樹液が多い ・材質が軟らかい ・乾燥にともなう変形が大きい ・虫害を受けやすい ・腐朽しやすい

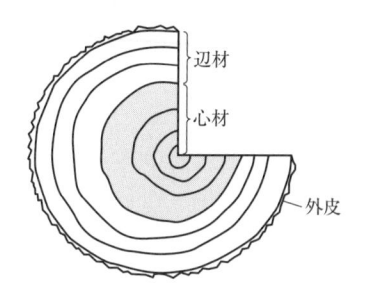

図13・1 樹幹と断面と名称

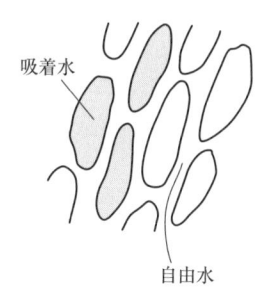

図13・2 吸着水と自由水

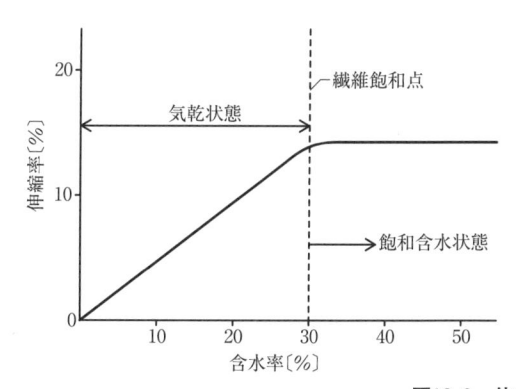

$$含水率 = \frac{W_1 - W_0}{W_0} \times 100 \, [\%]$$

W_1：含水率を求めようとする木材の重量
W_0：全乾（含水率0%）重量

図13・3 伸縮率と含水率

表13・4 木材の気乾比重[*3]

気乾比重	樹　種
0.3～0.5	サワラ，スギ，キリ，シナ，ヒバ，ヒノキ
0.5～0.8	アカマツ，クロマツ，ツガ，センシオジ，ブナ，ナラ，ケヤキ，シロラワン，チーク，マホガニー
0.8～1.0	シロガシ，アカガシ，カリン
1.0以上	シタン，コクタン

(c) 強度

木材の強度は樹種によって，またその樹齢や比重・含水率によって異なる．以下，強度に影響する点を記す．

①一般に，針葉樹に比べて広葉樹の方が強度が大きい（表13・5）．

②含水率が同じであれば，比重が大きいほど強度が大きい．

③よく乾燥した（含水率の小さい）木材ほど，強度が大きく，気乾状態の強度は，生木の状態の強度の約1.5倍程となる．

④繊維方向に直角な方向の横圧縮強度は，繊維方向の縦圧縮強度の10～20%程度である．

⑤木材の繊維方向の許容応力度は，表13・6のようになり，その大小関係は，以下の順となる．

　　　曲げ強度＞圧縮強度＞引張強度＞せん断強度

(d) 木材の乾燥

木材は，含水率の変化により，その強度・重量・収縮率などが変化する性質がある．そのため，建築物に使用された後に含水率が極端に変化すると，強度の増大・収縮に伴う変形や割れなどが生じるため，使用に先立ち，あらかじめ木材を気乾状態に乾燥させる必要がある．

乾燥させる方法には天然乾燥と人工乾燥があり，天然乾燥は大気中に長期間放置して乾燥させるため，通常数ヶ月の期間を要するが，人工乾燥は乾燥期間を大幅に短縮できる利点がある．

(e) 木材の収縮

木材の収縮は，その含水率，木の部位によって異なる．図13・4のように，一般に板目方向が最も大きく，繊維方向が最も小さくなる．また，辺材と心材では，辺材の方が収縮率が大きくなり，図13・5(a)のように木取りした場合，木表と木裏では木表の方が収縮が大きく図13・5(b)のように変形する．

(f) 熱

木材は可燃性で，約260℃（火災危険温度）で着火する．また，400～500℃になると口火なしで発火する．なお，木材が燃えて炭化する速さは，1分間に0.6mm程度である．

(g) 腐朽・虫害

木材は腐朽菌により分解され，やがて腐朽する．木材を腐朽させる菌類の生育条件は，養分・湿気・適当な温度・空気であるので，これらの条件の1つでも欠けると菌類による腐朽は生じない．したがって，雨じまいをよくし，適当な換気口を設けて通風を確保すれば，木材は腐朽しにくくなる．

また，木材はシロアリなどにより食害を受ける．特に，イエシロアリによる食害は，きわめてはなはだしく，建築物全体に及ぶ場合がある．虫害を防ぐ方法として，クレオソートなどの防蟻剤を木材の表面に塗布するか，木材に注入するなど，木質部分を有害化する方法が一般的である．表13・7に，主な生物劣化因子の種類と被害の特徴，表13・8に，建築用木材の防腐・防虫対策を示す．

(5) 木質系材料

木質系材料とは，木材を原料とした加工材の総称で，合板，集成材，木質系ボードなどがある．

(a) 合板

合板は，図13・6のように単板の繊維方向を直交するように接着し加熱圧縮したもので，表13・9のような種類・用途・品番・区分がある．

表13・5 主要木材の強度とヤング係数[*3]

	樹種	圧縮	引張	曲げ	せん断	ヤング係数
針葉樹	スギ	40.2	44.1	56.9	4.9	7.4
	ヒノキ	51.0	56.9	78.4	6.9	8.8
	アカマツ	51.0	58.8	72.6	7.8	11.3
広葉樹	ケヤキ	52.0	86.3	85.3	8.8	11.8
	カシ	58.8	76.5	88.8	8.8	13.7

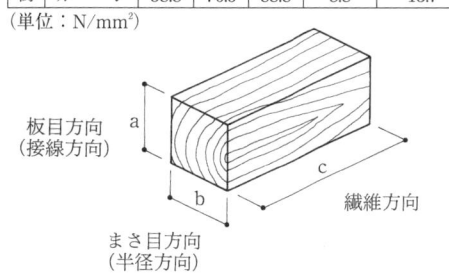

(単位：N/mm²)

図13・4 収縮の割合
$a : b : c = 10 : 5～6 : 0.3～1$
板目方向（接線方向）／まさ目方向（半径方向）／繊維方向

表13・6 木材の繊維方向の許容応力度[*3]

種類		長期応力に対する許容応力度〔N/mm²〕				短期応力に対する許容応力度〔N/mm²〕
		圧縮	引張	曲げ	せん断	圧縮 引張 曲げ せん断
針葉樹	アカマツ、クロマツ、ベイマツ	7.4	5.9	9.3	0.78	長期応力に対する圧縮、引張曲げ、またはせん断の許容応力度のそれぞれの数値の2倍とする
	カラマツ、ヒバ、ヒノキ、ベイヒ	6.9	5.4	8.8	0.69	
	ツガ、ベイツガ	6.4	4.9	8.3	0.69	
	モミ、エゾマツ、トドマツ、ベニマツ、スギ、ベイスギ、スプルース	5.9	4.4	7.4	0.59	
広葉樹	カシ	8.8	7.8	12.7	1.4	
	クリ、ナラ、ブナ、ケヤキ	6.9	5.9	9.8	0.98	

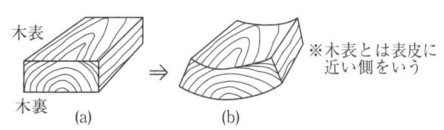

図13・5 木表・木裏のある材の収縮
※木表とは表皮に近い側をいう

表13・7 主な生物劣化因子の種類と被害の特徴[*3]

劣化因子	主な因子の名称	主な被害地域	被害の特徴	被害を受けやすい樹種・部材	被害を受けやすい部位
腐朽菌	ワタグサレタケなど	日本全土	菌による分解緩慢な被害	主に針葉樹、構造材、高含水材[注]	水のかかりやすい軸組下部、床組など
	ナミダタケなど	北海道、東北地方	菌による分解局部的に激甚な被害	主に針葉樹、構造材、気乾材	通気のない1階床組など
シロアリ	ヤマトシロアリ	ほぼ日本全土	食害、晩（夏）材・心材を残す緩慢な被害	主に針葉樹、構造材、高含水材	水のかかりやすい軸組下部、床組など
	イエシロアリ	静岡以西の沿岸地帯	食害、晩（夏）材・心材を残し局部的に激甚な被害	主に針葉樹、構造材、気乾材	1階床組、小屋組など
キクイムシ	ヒラタキクイムシ	ほぼ日本全土	食害、材表面に穴をあけ、内部が粉状になる	広葉樹（特に辺材）、造作材、気乾材	枠材、床仕上げ材など

注　一般に、繊維飽和点以上含水率40～50%くらいが適当といわれる。

表13・8 建築用木材の腐朽菌・シロアリ被害の防止対策[*3]

劣化因子	主な因子の名称	材料的対策	構造的対策	薬剤処理法	備考
腐朽菌	ワタグサレタケなど	耐朽性のある樹種、心材の選定	部材を高含水にしない構法、防水、通風など	木材に表面処理または加圧注入処理	薬剤処理は高含水になる部材に行う
	ナミダタケなど		床下の通風をよくする構法	木材に表面処理、一部で土壌処理	床下の通風を常時確保する構法が有効な対策
シロアリ	ヤマトシロアリ	耐蟻性のある樹種、心材の選定	部材を高含水にしない構法、地表面と木部を離す構法など	木材に表面処理または加圧注入処理、一部で土壌処理	薬剤処理は高含水になるような部材に行う
	イエシロアリ		地表面と木部を離す、遮断する構法など	床下に土壌処理、木材に表面処理または加圧注入処理	床下の土壌処理が必要な対策
キクイムシ	ヒラタキクイムシ	耐虫性のある樹種、心材の選定	特になし	木材に表面処理拡散または加圧注入処理	部材の取付け前に薬剤処理をすることが有効

表13・9 合板の種類・用途・品等・区分[*3]　（JAS抜粋）

種類			品等・区分（用途）	種類・用途		品等・区分
普通合板	一般合板		耐火性1, 2, 3類 板面の程度1, 2等	コンクリート型枠用合板	コンクリート型枠に使用	1種（打放し用） 2種（二次仕上げ用）
	品質	1類	長期間の外気および湿潤露出に耐え、完全耐水性を有する接着面をもつもの	構造用合板	構造耐力上主要な部分に使用（2×4構法・壁・床・屋根など）	耐水性能（特殊[注1]・1類） 強度性能[注2] 1級（A, B, C） 2級、板面の程度（a, b, c, d）
		2類	通常の外気および湿潤露出に耐えうる接着面を有するもの	難燃合板	難燃処理合板（内装）	耐水性能1, 2類 板面の程度（合格品）
		3類	通常の耐湿性を有するもの			
特殊合板	天然木化粧板		普通合板の表面に美観を目的とした単板を張ったもの		内装、天井板、家具、建具	
	特殊加工化粧合板		普通合板の表面にプリント、塗装合成樹脂オーバーレイなどを加工した合板（メラミン合板、プリント合板）	防炎合板	消防法の制限に合致する舞台、展示会などの大道具、設備用	基準に合格したもの
			Fタイプ（テーブルカウンター用） FWタイプ（耐久家具用） Wタイプ（一般壁用） SWタイプ（特殊壁用）	防火戸用合板	防火処理の合板	基準に合格したもの（現在ほとんど使われていない）
				足場用合板	労働安全規制に合致する工事足場用	基準に合格したもの（踏板）
				パレット用合板	荷役機械にかかわるパレットに使用	基準に合格したもの

図13・6 普通合板の構成

繊維方向／奇数枚

注1　湿潤状態の場所でも使用可能
注2　強度規定（1級―曲げ強度、曲げヤング係数、2級―曲げヤング係数）

(b) 集成材

集成材は，図13・7のような，ひき板または小角材を，その繊維方向が互いに平行となるように接着し積層圧着したもので，節などの欠点が除去でき，強度のばらつきが少なく，使用される環境や用途に応じて，構造用集成材と造作用集成材のほか，任意の大断面材やわん曲材の制作も可能で，幅広く用いられている．

(c) 木質系ボード

木材，そのほかの破片や削りかすを主原料として接着剤などで固めて，板状に成型したものを木質系ボードという．

その製品には，主に木材や植物の繊維を原料にして加圧成型した繊維板，木材の小片を原料にして加圧成型したパーティクルボード，松材などを削りだした木毛とセメントを混合して圧縮成型した木毛セメント板などがある．表13・10に，木質系ボードの種類を示す．

13・2 コンクリート

コンクリートとは，セメント・水・骨材（砂及び砂利）を練り混ぜたもので，鋼材とならんで広く用いられている建築構造用材料である．

(1) セメント

(a) セメントの種類

セメントは，空気中及び水中で硬化する水硬性セメントと，空気中において乾燥することによって硬化する気硬性セメントに大別される（表13・11）．水硬セメントには，ポルトランドセメント・混合セメント等があるが，建築用に使用されているのは主に水硬性セメントである．

主に使用されているセメントの特性と用途を，表13・12に示す．

(b) セメントの製法（図13・8）

ポルトランドセメントの主原料である石灰石・粘土（約4：1），それにケイ石・鉱宰などを乾燥し，調合して微粉砕し，均一に混合する．続いてそれを1450℃の温度で焼成し，クリンカーを得て，さらに凝結調整材として石こう（3％以下）を加え，再び微粉砕したものがセメントとなる．

(c) セメントの性質

セメントの性質には，以下のようなものがあげられる．

①ポルトランドセメントに水を加えると，強度を発現するが，この現象を水和反応という．

②水和反応に伴って生じる熱を水和熱といい，水との反応速度が早いものほど発熱量も大きい．

③普通ポルトランドセメントの比重は，3.15である．

④粉末度が高いと，セメント粒子の表面積が大きくなるため，水との反応が早くなり，強度が早く出るが，乾燥収縮が大きくなる，風化が早くなるといった弊害もある．

⑤セメントの凝結は，セメントが新鮮なものほど，粉末度が高いもの，凝結できる水量の範囲内で水量の少ないもの，温度が高いものほど早い．

⑥風化したコンクリート（空気中の湿気や炭酸ガスによって硬くなったコンクリート）は，強度が低下する．

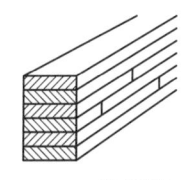

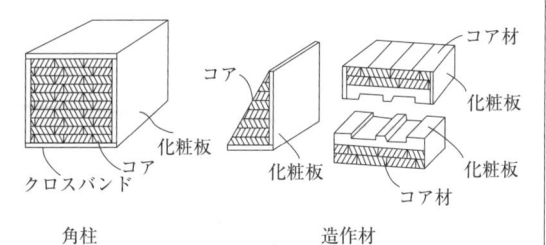

図13・7 集成材

集成ばり / 角柱（化粧板、コア、クロスバンド）/ 造作材（コア材、化粧板）

表13・10 木質系ボードの種類

種類		主な用途	主原料
繊維板製品	軟質繊維板（インシュレーションボード） A級インシュレーションボード T級インシュレーションボード シージングインシュレーションボード	内装材 畳床用 外装下地	木片 B級—綿くず，のこくず など シージング—アスファルト処理
	中質繊維板（MDF）	内装材 下地材 家具	植物繊維（主に木材）
	硬質繊維板（ハードボード）	内装材 下地材 外装下地 （処理板）	植物繊維（主に木材）
	化粧硬質繊維板	内装材 下地材 外装下地 （処理板）	植物繊維（主に木材）
	外装用化粧硬質繊維板	外装材	硬質繊維板
	炭酸マグネシウム板	内装材	塩基性炭酸マグネシウム，無機・有機質繊維
	吸音用軟質繊維板	内装材	A級インシュレーションボード
パーティクルボード製品	パーティクルボード	内装下地 屋根下地 家具	木材片 接着剤
	化粧パーティクルボード	内装材 家具	木材片 接着剤

表13・11 水硬性セメント・気硬性セメント[*3]

- 水硬性セメント…空気中および水中で硬化するもの
  1) ポルトランドセメント
     - 普通ポルトランドセメント
     - 早強ポルトランドセメント
     - 超早強ポルトランドセメント
     - 中庸熱ポルトランドセメント
     - 耐硫酸塩ポルトランドセメント
  2) 混合セメント
     - 高炉セメント（A，B，C種）
     - シリカセメント（A，B，C種）
     - フライアッシュセメント（A，B，C種）
  3) 特殊セメント
     - 白色ポルトランドセメント
     - アルミナセメント
     - 超速硬セメント
     - 膨張セメント

- 気硬性セメント…空気中においてのみ硬化するもの
  - 消石灰およびドロマイトプラスター
  - マグネシアセメント

表13・12 各種セメントの特徴と用途

種類	特徴	用途	備考
普通ポルトランドセメント	一般的なセメント	一般のコンクリート工事	セメント全生産量の80%
早強ポルトランドセメント	・普通セメントの7日強度を3日，28日強度を7日で発揮する ・低温でも強度を発揮する ・水和熱が大	緊急工事・冬期工事・コンクリート二次製品	ひび割れが発生しやすい
超早強ポルトランドセメント	・早強セメントの3日強度を1日で発揮する ・低温でも強度を発揮する	緊急工事・冬期工事・コンクリート二次製品・グラウト	
中庸熱ポルトランドセメント	・水和熱が低い ・乾燥収縮が小さい	マスコンクリート・水密コンクリート・遮蔽用コンクリート・ダム工事	
高炉セメント（A種，B種）	・初期強度はやや小さいが長期材齢強度は大きい ・水和熱が低い ・化学抵抗性が大きい	普通セメントとほぼ同様に用いられる．マスコンクリート，海水・硫酸塩・熱の作用を受けるコンクリート	ポルトランドセメント＋高炉スラグ
フライアッシュセメント（A種，B種）	・透水性が小さい ・長期強度が大きい ・乾燥収縮が小さい ・水和熱が低い ・化学抵抗性が大きい	普通セメントとほぼ同様に用いられるマスコンクリート，水中コンクリート，コンクリート二次製品	ポルトランドセメント＋フライアッシュ
シリカセメント（A種，B種，C種）	・長期強度が大きい ・耐久性・水密性が高い ・化学抵抗性が大きい	コンクリート二次製品，左官工事	ポルトランドセメント＋ポゾラン（シリカ質材料）
アルミナセメント	・強度発現が早い ・水和熱が大 ・加水後6～8時間で普通ポルトランドセメントの28日強度 ・鉄筋を腐食させる危険性がある	緊急工事	

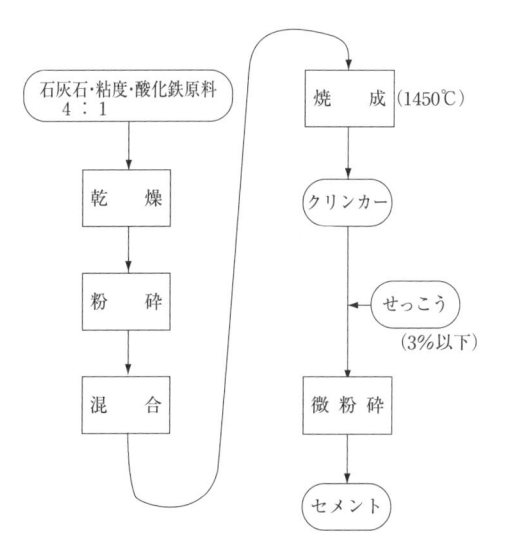

図13・8 セメントの製造工程

石灰石・粘土・酸化鉄原料 4：1 → 乾燥 → 粉砕 → 混合 → 焼成（1450℃）→ クリンカー → せっこう（3%以下）→ 微粉砕 → セメント

（2）骨材

骨材とは，コンクリートを練り混ぜる際に混合する，砂・砂利・砕石の総称で，粒径によって，以下のように細骨材と粗骨材に分けられる．

細骨材：10mm ふるいをすべて通り，5 mm ふるいを重量で 85％以上通過する骨材

粗骨材：5 mm ふるいを重量で 85％とどまる骨材

（a）骨材の種類

骨材は，以前は川砂，川砂利が主流であったが，近年は砕石などの人工骨材の使用が増加している．表13・13 に，骨材の種類を示す．

（b）骨材の品質

乾いた骨材はセメントペーストの水分を吸収し，硬化を早めてしまい，濡れている骨材は水分量が計画より多くなって，強度が低下するので，骨材は表乾状態（図13・9）で使用する．

その他の骨材には，表13・14のような品質が要求される．

（3）水

水質は，コンクリートの強度や耐久性等に影響する，きわめて重要なものである．

コンクリート用の練り混ぜ水は，一般に上水道水，工業用水，地下水，河川水，湖沼水など淡水が用いられるが，必要に応じて水質検査を行い，酸・塩類・有機物・そのほかコンクリート及び鋼材に影響を及ぼす物質を，表13・15のように，有害量含んでいないことを確認する必要がある．

（4）コンクリート

コンクリートの模式図を，図13・10 に示す．コンクリートは，セメントペーストのこう着力によって，骨材を結合させたもので，空気はコンクリートを構成する直接の材料ではないが，その量は強度のほか，コンクリートの性質に大きく影響する．

（a）コンクリートの強度

コンクリートの強度は，材齢4週（28日）の圧縮強度で表し，練り混ぜ時の水セメント比，コンクリート中の空気量のほか，コンクリートの打設後の養生などによって，大きな影響を受ける．

①水セメント比

水セメント比は次式によって表される．

$$水セメント比(x) = \frac{水の質量（w）}{セメントの質量（c）} \times 100 \,〔\%〕$$

この水セメント比が大きくなると，圧縮強度は小さくなり，中性化が早くなる．そのほか，透水性が大きくなる，乾燥収縮が大きくなる，クリープなどが大きくなるといったような影響がある．

②空気量

空気量が1％多くなると，4〜6％の割合で強度が低下するので，空気量はあまり多くできず，通常は4〜5％とする．

③混和剤

混和剤とは少量用いられ，その容積を無視できるもので，コンクリートに混入する混和剤には，AE 剤，減水剤，AE 減水剤などがある（表13・16）．

表13·13 骨材の種類（比重による分類）[*3]

●普通骨材…岩石からできた砂，砂利または砕石，砕砂 　　　　絶乾比重2.5程度	
・天然骨材	川砂，川砂利，海砂，海砂利，山砂，山砂利
・人工骨材	砕石，砕砂
・副産骨材	高炉スラグ粗骨材，高炉スラグ細骨材
●軽量骨材…普通骨材より比重の小さい骨材	
・天然骨材	大島，浅間などの火山砂利およびその加工品
・人工骨材	膨張けつ岩など
・副産骨材	膨張スラグなど
●重量骨材…普通骨材より比重の大きい骨材 　　　　放射線遮へいコンクリート	
・天然骨材	重晶石，鉄鉱石など

表13·14 骨材に要求される品質

- 十分な強度を有していること（セメントペーストの強度より大きくなければならない）．
- 粒径が丸みを帯びて，扁平形ではなく，適当な粒度分布をしていること（ワーカビリチーをよくするため）．
- 吸水率が少ないこと（吸水率の大きい骨材は，凍結溶融作用に対する抵抗性が少ない）．
- 泥分や，有害な有機不純物，塩化物を含まないこと（海砂など塩分を含むものは，鉄筋コンクリートに使用すると鋼材の腐食が進行する）．
- 反応性シリカを含む骨材は，使用しない（反応性シリカを含む骨材と，セメントに含まれるアルカリとが反応して生成した物質が膨張して，コンクリートにひび割れを生じさせる）．

表13·15 水の品質規定[*3]（JASS 5による）

項　目	品　質
懸濁物質の量	2 g/l以下
溶解性蒸発残留物の量	1 g/l以下
塩素イオン	200ppm以下
セメントの凝結時間の差	始発は30分以内，終結は60分以内
モルタルの圧縮強度の比率	材齢7日および材齢28日で90%以上

表13·16 混和材

AE剤	コンクリート中に微少な気泡を連行し，コンクリートのワーカビリチーを向上させる．また，固まったコンクリートの凍結融解に対する抵抗性を増大させる．
減水剤	所定の流動性を得るのに必要な単位水量を減少させ，コンクリートのワーカビリチーを向上させる．
AE減水剤	減水剤のうち，微少な気泡を連行するAE効果を与える混和剤である．

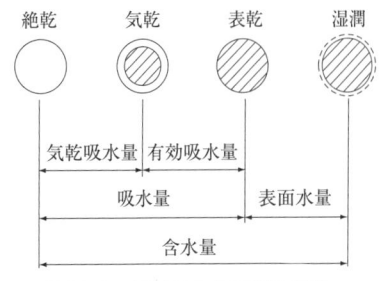

図13·9 骨材の含水状態の変化

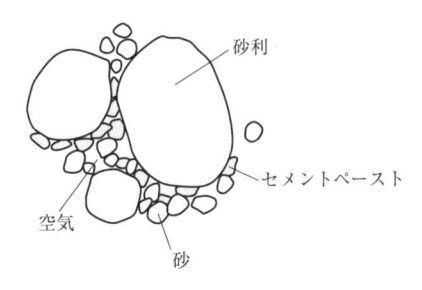

図13·10 コンクリートの構成

④混和材

混和材とは使用量が比較的多く，その容積を無視できないもので，ポゾラン，フライアッシュ，高炉スラグなどがある（表13・17）．

⑤養生

コンクリートは水硬性であるので，水分の補給をやめると強度の増進は停止してしまう．したがって，空気中養生よりも水中養生の方がコンクリートの圧縮強度の発現・増進がよい．また，養生温度が高いほど水和反応が促進され，圧縮強度の発現が早くなる．

(5) フレッシュコンクリート（まだ固まらないコンクリート）の性質

(a) ワーカビリチー

ワーカビリチーとは，フレッシュコンクリートの運搬・打ち込みなどの作業の容易さの程度，ならびに材料分離に対する抵抗性の程度をいい，その程度を測定する方法として代表的なものに，スランプ試験がある．

そのほか，ワーカビリチーのほかに，フレッシュコンクリートの性質を表現する用語として，①主に水量によって決まる流動性の程度を表すコンシステンシー，②整形の容易さや変形に対する抵抗の程度を表すプラスチシティー，③仕上げの容易さの程度を表すフィニッシャビリティーなどがある．

(b) スランプ値

スランプ試験によって測定されるワーカビリチーの値で，図13・11の手順で行う．なお，スランプが過大な場合，コンクリートが分離しやすくなるため，スランプ値の限度は以下のようになる．

- 品質基準強度が33〔N/mm^2〕未満→18cm以下
- 品質基準強度が33〔N/mm^2〕以上，軽量コンクリート→21cm以下

(c) 単位水量，単位セメント量

コンクリートの流動性は，単位水量（打ち込み直後のコンクリート1m^3中に含まれる水の量），単位セメント量（打ち込み直後のコンクリート1m^3中に含まれるセメントの重量）に影響され，単位水量，単位セメント量を増やすと流動性がよくなるが，単位水量が増えると強度が低下し，単位セメント量が増えるとコンクリートの分離，付着強度の低下，乾燥収縮の増大等，コンクリートの耐久性に影響を与える．

(d) 細骨材率

細骨材率は次式によって表される．

$$細骨材率 = \frac{細骨材の絶対容積}{粗骨材の絶対容積 + 細骨材の絶対容積} \times 100 〔\%〕$$

この細骨材率が低すぎる場合は，砂利に比べて砂が少ない状態となり，粗骨材とモルタル分が分離しやすくなる．また，細骨材率が高すぎる場合は，砂利に比べて砂が多くなり，流動性が悪く，セメントペーストが多くなりやすいため，乾燥収縮などをまねく．

(e) 材料の分離

コンクリート中のセメントペーストや骨材は，比重の大小や粒子の形状・大小などが異なる材料が混ざり合っているので，各材料同士が分離しやすい．分離が著しいと，その部分が欠陥となる．コンクリートは，①微粒子の少ない骨材を用いた場合，②細骨材の少ない骨材を用いた場合，③練

表13・17 混和材

ポゾラン	活性シリカ質の微粉末で，コンクリート中の水酸化カルシウムと反応し，安定で不溶性の化合物を生成する．
フライアッシュ	ポゾランの一種で，火力発電所のボイラーから出る排ガス中に含まれる微粒子を集めたもの．セメント中でボールベアリング効果を発揮して，減水効果を向上させる．
高炉スラグ	溶鉱炉から出るスラグを冷水などで急冷したもので，コンクリートのワーカビリチーを向上させ，水和熱を低減し，アルカリ骨材反応を抑制する．

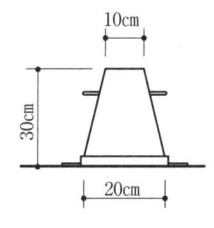

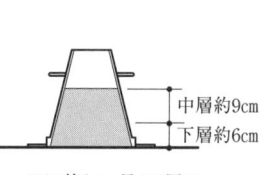

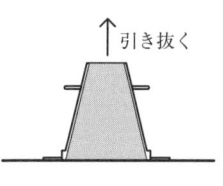

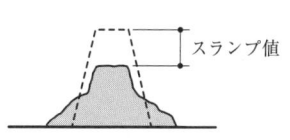

ほぼ等しい量の3層に分けて詰める．
1層ごとにϕ16mm,長さ50cmの丸鋼で25回突く

図13・11 スランプ試験

り混ぜ時間の少ない場合，④バイブレーターをかけすぎた場合，などで分離を起こしやすくなるので注意する．

(f) ブリージング

コンクリートを打設した後，そのままにしておくと個体粒子は沈下し，水の一部は空気，粉末を含んで浮き上がってくる．この浮き上がりをブリージングといい，適度なブリージングはコンクリートのフィニッシャビリティーに不可欠であるが，過度なブリージングは上部のコンクリートが多孔質となり，強度，耐久性，水密性が悪くなる．また，ブリージングに伴って，硬化後，その表面に残る微細な物質をレイタンスといい，この物質には硬化作用がない．したがって，これを残したままコンクリートを打ち継ぐと打ち継ぎ面が不連続となり，構造的な欠陥となるので，レイタンスは取り除く必要がある．

(g) 沈下

ブリージングの経過の概要を図13・12 に，それに伴う沈み亀裂の概要を図13・13 に示す．ブリージングによって，打ち込まれたコンクリートが沈んでいくが，水平鉄筋の下部のコンクリートも沈み込み，鉄筋はそのまま残るので，鉄筋の下部に隙間が生じ，また，コンクリートの上部は鉄筋に沿って沈み亀裂が生じる．ブリージングは約2時間でほぼ停止するので，コンクリートの表面をたたく（タンピングという）と，沈み亀裂や空隙を取り除くことができる．

(6) 固まったコンクリートの性質

(a) 乾燥収縮

乾燥収縮は単位水量，単位セメント量，混和材などに大きく影響される．単位水量を少なくする，または，単位セメント量を少なくすると，乾燥収縮は減少し，粉末度が高いと乾燥収縮は増大する．

(b) 中性化

コンクリートは大気中の二酸化炭素と結合してアルカリ性を失い中性化する．中性化することによって，鉄筋の防錆効果が減少するため，建築物の耐久性に大きく影響する．中性化の早さは表13・18 の要因によって左右される．

(c) 熱特性

コンクリートの熱膨張係数は，使用骨材の種類によっても多少異なるが，約 1×10^{-5}〔/℃〕前後であり，この値は鉄筋の熱膨張係数にほぼ等しい．

また，コンクリートは不燃材料であるものの，高温にさらされると強度が低下する．500℃で加熱前の40％の強度になり，700℃を超えるとさらに強度低下が著しくなる．

(7) セメント・コンクリート製品

建築材料用のセメント及びコンクリート製品の種類は，その材料の特性から多種多様である．図13・14 にコンクリート製品の例を，表13・19 に主な製品の概要を示す．

13・3　金属材料

(1) 鋼材

鋼材は，構造用に広く用いられている炭素鋼と合金鋼（一部構造用合金あり）に大別される．

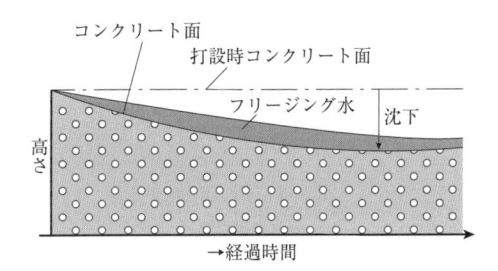

図13・12 コンクリートの沈下

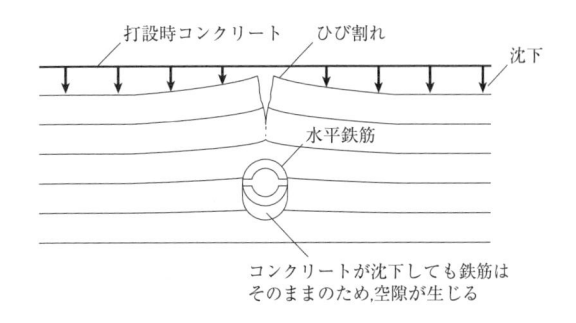

図13・13 コンクリートの沈下による水平鉄筋上端のひび割れを下端の空隙の発生原因

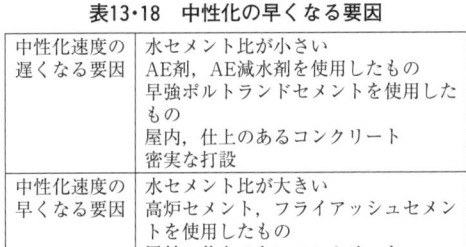

表13・18 中性化の早くなる要因

中性化速度の遅くなる要因	水セメント比が小さい AE剤，AE減水剤を使用したもの 早強ポルトランドセメントを使用したもの 屋内，仕上のあるコンクリート 密実な打設
中性化速度の早くなる要因	水セメント比が大きい 高炉セメント，フライアッシュセメントを使用したもの 屋外，仕上のないコンクリート

図13・14 コンクリートの製品の例[*3]

表13・19 コンクリート製品の概要

コンクリート空洞ブロック	コンクリート空洞ブロックは水セメント比が40％以下の固練りコンクリートを用いて，加圧成型し加熱養生をしたものである。
ALC	石灰，セメント，ケイ石，スラグなどに水と発泡剤を加えて練り混ぜ，オートクレーブ養生をして製作した板状の製品である。ALCは不燃材料で，気泡を連行しているため，軽量で断熱性にも優れており，外壁や床など，広く使用されている。

表13・20 炭素鋼の種類[*3]

鋼の種類		炭素含有量〔％〕	製品の例
炭素鋼	極軟鋼	<0.12	自動車，冷蔵庫，洗濯機などの薄い鉄板，電信線，ブリキ板，溶融亜鉛めっき鋼板
	軟鋼	0.12〜0.30	船舶，建物，客車，鉄橋などの棒鋼，形鋼，鋼板，ガス・水道の管，針金，釘
	硬鋼	0.30〜0.50	汽車，電車の車輪，車軸，歯車などの機械部品，ばね
	最硬鋼	0.50〜0.90	機関車の車軸，レール，ワイヤーロープ，ばね
	炭素工具鋼	0.60〜1.50	かみそりの刃，刃物類，やすり，バイト，ゼンマイ，ペン先，削岩機の刃先

(a) 炭素鋼

炭素鋼は，炭素の含有量によって力学的性質が異なり，表13·20 のような種類がある．建築で用いられている鋼材は，炭素の含有量が 0.15～0.28％の軟鋼である．

(b) 炭素鋼の応力度とひずみ度の関係

炭素鋼の応力度とひずみ度の関係は，図13·15(a) のようになる．また，ヤング係数は同図の弾性範囲の部分の勾配であるが，鋼材は強度に関係なくヤング係数が一定となる．そのため，強度の大きい鋼材を使用しても，たわみに対してはあまり有効ではない．なお，高炭素鋼での応力度とひずみ度の関係は図13·15(b) のようになり，明確な降伏点が現れないので，0.2％ひずみの時点の応力を降伏点とみなす．

(c) 炭素の含有量

炭素の含有量と鋼材の強度の変化を，図13·16 に示す．

(d) 熱

鋼材は，熱による強度の影響が大きい．図13·17 に示すように，鋼の引張強さは 250～300℃で最大となり，500℃で通常の半分程度，1000℃になるとほとんど強度はなくなる．

(e) 熱処理

鋼材に熱処理をして，鋼材の性質を変える方法で，表13·21 に示すような方法がある．

(f) 鋼材の規格

鋼材の代表的な規格には，表13·22 のようなものがある．なお，同表における数字は引張強さを表し 400 であれば，引張強さ 400 〔N/mm^2〕である．鉄筋における数字（SD295，SR235 などの数字）は降伏点を表し，295で あれば，降伏点が 295 〔N/mm^2〕であることを表す．

(g) 合金鋼

合金鋼は，炭素鋼にニッケル（Ni），クロム（Cr），マンガン（Mn）など，一種類以上を少量加え，改善したものである．主なものに，ステンレス鋼，銅鋼などがある．

①ステンレス鋼

鋼，クロム，ニッケルの合金でクロム18％程度，ニッケル８％程度のニッケルクロム鋼を特に18-8ステンレスという．ステンレス鋼は，大気中，水中，化学薬品による耐腐食性に優れるので，化学薬品を扱う器具，流し等に広く用いられている．

②銅鋼（耐候性鋼）

鋼に 0.2～0.4％の銅を加えた合金で，耐腐食性に優れ，鋼矢板などに使用される．

(2) 非鉄金属

鉄鋼以外の金属を非鉄金属といい，主な非鉄金属には銅，亜鉛，すず，鉛，アルミニウムなどがある．それら非鉄金属の，特徴の一覧を表13·23 に，用途を表13·24 に示す．

(3) 腐食

金属は一般に鉄，非鉄金属を問わず，腐食する特性がある．特に，異種の金属が湿度の高いときや，水中などで接触すると電気分解が起こり，イオン化傾向が大きい方の金属が先に腐食する．金属をイオン化傾向の大きい順に並べると，以下のようになる．

アルミニウム＞クロム＞マンガン亜鉛＞鉄＞鉛＞銅

(a) 軟鋼

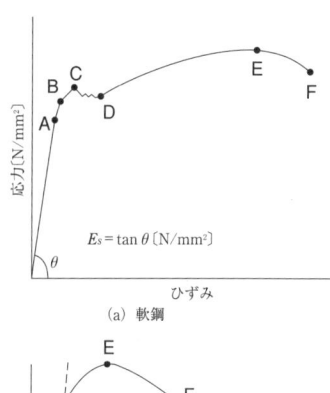

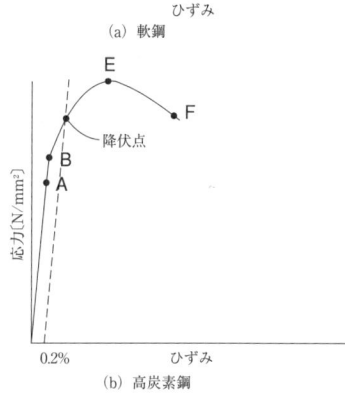

$E_s = \tan\theta$ [N/mm²]

(b) 高圧素鋼

荷重載荷後Aまでは，応力とひずみが比例範囲にあり，Aを過ぎると完全な比例関係はなくなる．

Bまでは荷重を取り除くとひずみは残らない．

C点に達すると，応力は増大せず，ひずみだけが進行する．
C点を上位降伏点D点を下位降伏点という．この範囲で荷重を取り除いても残留ひずみが残る．

D点を過ぎると再び応力が増大してEの最大応力度に達する．E点を引張強さという．

その後，応力が減少しながら伸びが進行し，破断する．Fを破断点という．

※鋼材のヤング係数
= 約 2.05×10^5 [N/mm²]

図13・15 鋼材の応力度・ひずみ度線図

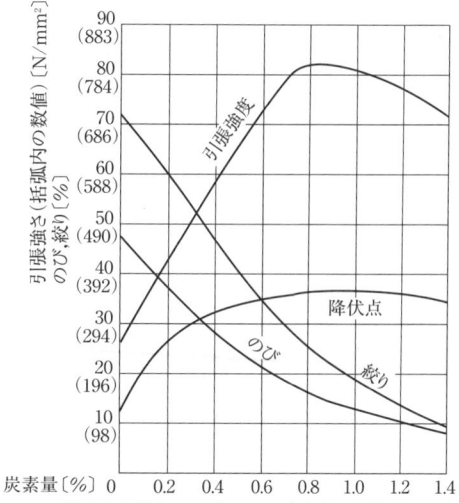

- 炭素含有量が0.8%までは，含有量が増加すると，引張強さ，降伏点とも大きくなる．
- 炭素含有量の増加とともに，伸びは減少する．
- 炭素含有量の増加とともに，硬くなる（炭素含有量が0.9%を超えると，一定となる）．
- 比重が，減少する．
- 熱膨張係数・熱伝導率が，小さくなる．

図13・16 鋼の特性に及ぼす炭素量の影響

表13・21 鋼材の熱処理

焼きならし	鋼を800〜1000℃で熱した後，空中で冷却する方法で，加工により乱れた組織が改善され，もろかったものが強くなる．
焼きなまし	焼きならしと同様，加熱した後，炉内で冷却する方法で，残留応力が除去され，引張強度は低下するが軟らかくなる．
焼き入れ	鋼を所定の温度で熱した後，水や油の中に入れて急冷する方法で，強さ，硬さが増大するが，もろくなる．
焼き戻し	焼き入れした鋼を再び200〜600℃の比較的低温で熱した後，空気中で冷却すると，強度は低下するが，靭性を増大させることができる．

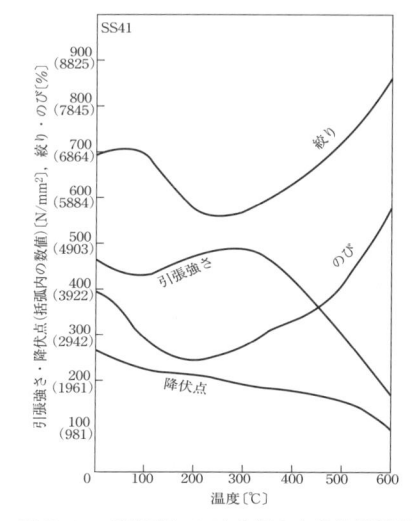

図13・17 高温度における鋼の力学的性質[*3]

表13・22 鋼材の規格

SN（SN400Aなど）	建築構造用圧延鋼材
SS（SS400など）	一般構造用圧延鋼材
SM（SM400など）	溶接構造用圧延鋼材
SMA（SMA400など）	溶接構造用耐候性熱間圧延鋼材
STK	一般構造用炭素鋼鋼管
STKR	一般構造用角形鋼管
SSC	一般構造用軽量形鋼
SD（SD295など）	鉄筋コンクリート用異形棒鋼
SR（SR295など）	鉄筋コンクリート用丸鋼

表13・23 非鉄金属の特徴[*3]

材料 ＼ 特性	力学的性質	軽量性	耐食性	耐熱性	加工性	遮音性	装飾性
純アルミニウム		◎	◎		○		○
高力アルミニウム合金	◎	○			○		
耐食アルミニウム合金		○	◎		○		
耐熱アルミニウム合金		○		◎	○		
チタンとその合金	◎		◎				○
銅とその合金			○		○		◎
亜鉛			○				
鉛とその合金			○		◎	○	
金			◎				◎
銀			○				◎
ステンレス鋼	○		◎	○	○		

◎優，○良

表13・24 非鉄金属の用途[*3]

材料 ＼ 用途	構造	屋根	とい	外壁	看板・表札	間仕切	天井	床	建具	造作金物	建具金物	収納	設備	接合金物	装飾・美術	めっき塗装
アルミニウムとその合金	○	○		◎	○	○	○		◎	○	○	○	○		○	
銅とその合金		○	◎	○	○				○	○	○		○		○	
亜鉛		○	○		○											◎
鉛													○			
金，銀															◎	○
ステンレス鋼	○	○	○	○	○	○	○	○	○	○	○	○	○	○	○	
チタン	◎	◎		○	○								○		○	

◎適，○ほぼ適

この他，銅はアンモニアに弱い，など，各金属において腐食しやすい物質があるので，金属の使用場所には注意を払う必要がある．金属の防食法には，①表面に防食性の皮膜を設ける（ペイントやほうろうなどの塗装，亜鉛やすずによるメッキ等），②アルミニウムに対するアルマイト処理，③異なった金属を接触させない，のような方法があげられる．

13・4 その他の材料

(1) 石材

石材は，その成因によりさまざまな材があり，それぞれ独特の外観を備えているので，それらの特長を生かして，建築物の外装材や内装材に広く用いられている．石材は，自然石と人造石に分類され，自然石の種類を表13・25，人造石の種類を表13・26に示す．

なお，花崗岩，安山岩などは，耐久性に優れているが，砂岩や凝灰岩を外装材として用いる場合，吸水性や強度が劣るものもあるので，硬質のものを選定する必要がある．また，石灰石や大理石は雨水に溶け込んだ酸に侵されるため，外装材としては不適といったように，石材そのものの性質を把握して，使用箇所を選定する必要がある．

(2) ガラス

ガラスは，ケイ酸，ホウ酸などの酸性分と苛性ソーダ，苛性カリ，石灰などの塩基性分を含む原料を混合して 1400～1600℃の高温で溶融し，結晶が生じないように徐々に冷却して固化させたものである．ガラスの種類と用途を表13・27に示す．

(a) 性質

ガラスの強度は，その成分のほかに，厚さや熱処理，温度などにより変化する．普通板ガラスにおいて，比重は 2.5，圧縮強度は常温で約 600～1200〔N/mm^2〕程度，引張あるいは曲げ強度は約 50〔N/mm^2〕程度となっている．

(b) 製品

主なガラス製品の名称と特徴を，表13・28に示す．

(c) ガラス加工品

主なガラス加工品の名称と特徴を，表13・29に示す．

(d) 成形品ガラス，ガラス繊維

成形品ガラス，ガラス繊維の特徴を，表13・30に示す．

(3) 陶磁器類

陶磁器類は，粘土類を原料として水を混ぜて練り，成形した後乾燥させ焼成したもので，その原料や種類，焼成温度により，表13・31に示すように土器・陶器・せっ器・磁器の4種類に分類される．

(a) タイル

タイルは，耐火性，耐久性，耐水性のある材料で，その原料と焼成温度により，陶器質タイル，せっ器質タイル，磁器質タイルに分けられる．それらの特徴を表13・32に示す．

(b) かわら

かわらは表面の焼成仕上げの方法によって，表13・33のように，いぶしがわら，ゆう薬がわら，

表13・25　自然石の種類*3

種類	成因	名称
火成岩	地球内部の岩しょうが火山作用によって地表へ噴出し，地中または地表近くで固まったもの	流紋岩，安山岩，玄武岩，花崗岩，はんれい岩
堆積岩	砂，粘土層などが堆積し，上部から圧力を受けて固まったもの	凝灰岩，砂岩，粘板岩，石灰岩，せっこう
変成岩	火成岩，堆積岩が地殻変動によって熱，圧力を受けて変質したもの	大理石，じゃ紋岩，石綿

表13・26　人造石の分類

種類	生成方法と特徴	使用場所
テラゾー	大理石の砕石に着石セメントを加える　耐久性に劣り外装材には不適	内装材　内装仕上材
凝岩	花崗岩や安山岩の砕石に着色セメントを加える　天然石材に似てある	
結晶化ガラス	薄い板状のガラス質の結晶　強度大，耐水性，耐薬品性に優れる	床材　外装材

表13・27　ガラスの種類と用途

種類（別称）	成分例注1（％）		特徴注2	用途
ソーダ石灰ガラス　板ガラス　びんガラス	SiO₂ Na₂O CaO Al₂O₃ Fe₂O₃ MgO	70.4 15.8 13.3 0.3 0.2 0.1	最も広く使われている．一般に酸よりもアルカリに弱い．CaOやAl₂O₃は耐酸・耐水性を向上し，MgOは熱膨張を小さくする働きがある．	各種建築用ガラス　一般器具　びんガラス
カリ石灰ガラス　カリガラス　ボヘミアガラス	SiO₂ K₂O CaO Al₂O₃ MgO	71.6 15.0 10.0 2.2 1.2	K₂Oは透明度を増し，光沢をだし，色調を美しくする働きがある．	ステンドグラス　プリズム　化学器具
カリ鉛ガラス　フリントガラス　クリスタルガラス	SiO₂ PbO K₂O	53.2 33.3 13.9	PbOは屈折率を大にする働きがあり，比重も大となる．	光学レンズ　高級食器　人造宝石
ホウケイ酸ガラス　クラウン系，フリント系など他種類がある	SiO₂ Na₂O MgO ZnO Al₂O₃ B₂O₃	67.5 14.0 7.0 7.0 2.5 2.0	ZnOは膨張係数にあまり影響を与えず，化学的耐久性を向上させ，B₂O₃は低膨脹・耐久・耐熱性に著しい効果をもつ．	温度計　耐熱食器　化学器具
高ケイ酸ガラス　シリカガラス　石英ガラス	SiO₂ B₂O₃ Al₂O₃	96.3 2.9 0.4	B₂O₃の働きにより，比較的低温で形成加工でき，製品は高温耐熱性・低膨脹性に富む．	化学器具

注1　ガラスとは，ケイ酸・ホウ酸などを主成分とする高温の液状体が結晶化することなく，常温まで冷却凍結されたものである．すなわち，非晶質（アモルファス）固体である．
注2　固体ではないが，上表以外に水ガラスと称する溶融ガラス状の物質もある．

表13・28　ガラス製品

普通板ガラス	最も一般的に用いられているガラスで，透明板ガラスと，光線は通すが視線は遮ることのできる摺り板ガラスの2種類がある．また，厚みは2mmと3mmの2種類がある．
フロート板ガラス（磨き板ガラス）	溶融金属の上にガラス素地を浮かべて精製したガラスで，表面の平滑度が高く，ゆがみが少ないガラスであり，現在ではこのガラスが生産の中心となりつつある．
型板ガラス	片面に型板によって模様を付けたガラスで，縞，ダイヤ，モールなど各種の形模様がある．このガラスは光線は通すが，視線を遮ることができる．
網板ガラス	板ガラスの中に金属の網なたは線を封入したガラスで，ガラスが破損しても封入された金属の網または線がガラスの飛散を防止するため，火災の侵入を防ぎ，防火性がある．
熱線吸収ガラス	通常のガラスの原料に微量のコバルトを添加したもので，可視光線及び太陽輻射熱を吸収するガラスである．吸熱性が大きいため，熱割れをしやすくするので注意が必要である．
熱線反射ガラス	ガラスの表面に金属酸化物の薄い膜を焼き付けたガラスで，可視光線及び太陽輻射熱を反射するガラスであり，優れた断熱性を発揮する．

表13・29　ガラス加工品

合わせガラス	2枚の板ガラスの間にポリビニルブチラール樹脂などの中間膜をはさみ，加熱圧着したもので，ガラスが破損しても破片が飛散しない．
強化ガラス	板ガラスを軟化点近くまで加熱した後，常温の空気を吹き付けて急冷したガラスで，フロート板ガラスと比べて3～5倍の強度があり，ガラスが割れても，破片が細粒状になるので安全である．
複層ガラス（ペアガラス）	2枚以上のガラスを一定間隔で保ち，その間に乾燥空気を封入したもので，断熱性に優れ，結露しにくく，遮音性も優れているガラスである．

表13・30　成形品ガラス・ガラス繊維の特徴

ガラスブロック	プレス成形された2つの角形ガラスを接合し，中空部を減圧した成形品で，透過光に指向性を持たせることができ，断熱性，遮音性に優れたものとなる．
プリズムガラス	プリズムの理論を応用して透過光に指向性をもたせた塊状のガラス成型品で，地下室の採光窓などに用いられる．
ガラス繊維	高温の溶けたガラスを，圧縮空気を用いて小穴から噴射して細かい繊維状にしたもので，断熱材料や吸音材料などに用いられる．

表13・31　陶磁器類の分類と製品

分類	主な原料	焼熱温度〔℃〕	吸水性	強度	製品
土器	普通粘土	800～1000	大	小	粘土かわら，れんが，土管
陶器	木節粘土　蛙目粘土	1100～1300	小	中	外装タイル，内装タイル，衛生陶器
せっ器	有機物を含まない良質粘土	1000～3000	小	大	テラコッタ，舗道れんが，陶管　外装タイル，内装タイル，床タイル
磁器	良質粘土　長石粉末	1300～1450	無	大	外装タイル，内装タイル，床タイル，モザイクタイル，衛生陶器

表13・32　タイルの分類

区分	吸水率(％)	焼成温度	特徴	用途
陶器質	10～20	1200～1300℃	素地が多孔質なため吸水性が大きい．たたくと濁音がする．	内装タイル　模様タイル　レリーフタイル
せっき質	1.0～10	1000～1300℃	素地はかたく，吸水性はかなり小さい．一般に有色でたたくと澄んだ音がする．	外装タイル　内装タイル　陶管　床タイル
磁器質	0～1.0	1200℃以上	素地は十分焼き締って磁化し吸水性はほとんどない．強度は大きくたたくと金属音がする．	外装タイル　内装タイル　擬石タイル　モザイクタイル　レリーフタイル　床タイル

表13・33　かわらの分類

いぶしがわら	焼き上がり直前に，最後の仕上げとして，半枯れの松葉をいぶし，発生した炭素をかわらの表面に定着させた黒褐色のかわらをいう．
ゆう薬がわら	乾燥した素地または素焼き後に，ゆう薬（うわぐすり）を塗って焼成した瓦をいい，ゆう薬中の金属酸化物の種類によって，赤褐色，青，緑などの色調を得たかわらをいう．
塩焼きがわら	焼成中に食塩を投入して蒸気を発生させ，粘土中の成分と結合させ，かわらの表面にガラス層の膜をつくったかわらをいい，含水率が小さく，凍害を受けにくいが，その製法が公害の発生源となるので現在では生産されていない．

塩焼きがわらに分類される．

(4) 高分子系材料

建築材料として一般に用いられている高分子系材料には，プラスチック，アスファルト，ゴムなどがある．高分子系材料の分類を，表13・34に示す．

(a) プラスチック

塩化ビニル，メラミン樹脂などは，有機系の高分子材料であるが，一般にはプラスチックといわれ，その特徴として①軽量である，②弾性係数が小さく，変形が大きい，③耐水性，耐食性，電気絶縁性に優れている，④耐火性，耐熱性に劣り，火災時に有毒ガスを発生する，⑤紫外線によって劣化する場合がある，⑥成形，加工，色調が自由に制御できる，というようなことがあげられる．

表13・35に代表的な樹脂の特徴を，表13・36に主なプラスチック製品の例をそれぞれ示す．

(b) アスファルト

アスファルトは大きな粘性を有する物質で，天然に産出される天然アスファルトと石油を分留する際に副産物として得られる石油アスファルトがあるが，現在供給されているのはほとんどが石油アスファルトである．表13・37にアスファルトの主な性質を，表13・38に主なアスファルトの名称と特徴を示す．

(5) 塗料

塗料は，建築物の装飾を目的として使用される場合と，防腐・防虫・防錆など，耐久性の向上を目的として使用される場合がある．表13・39に塗料の種類と特徴を示す．

(a) 塗料の構成

塗料は，図13・18に示すように塗膜形成要素（塗膜となる成分）と塗膜形成助要素（塗膜とならず揮発する成分）によって構成されている．

それら各要素の原料などにより，塗料の種類，性能とも多種多様である．したがって，塗料の選択には要求性能（美装性，耐摩耗性，耐水性，耐酸性，耐アルカリ性，耐食性）などのほかに，塗装する素地の種類（木部，モルタル・コンクリート面，金属面，プラスチック面等）との適合性も十分に考慮する必要がある．

(6) 接着剤

接着剤の構成の概要を図13・19に，主結合材の種類による分類を図13・20にそれぞれ示す．

近年，耐水性，耐久性，作業性に優れた合成樹脂系接着剤の開発がめざましく，さまざまな建築用製品の生産や内外装工事に使用され，特に酢酸ビニル樹脂とエポキシ樹脂は，建築工事によく用いられている．

酢酸ビニル樹脂は，安価で作業性がよく，木工用をはじめ，内装工事用の接着剤として広く用いられ，エポキシ樹脂はあらゆる材料に使用でき，耐水性，耐久性ともに優れた接着剤である．

(7) シーリング材

コーキング材など，水密性，気密性を必要とする目地部などへの充填材の総称を，シーリング材という．シーリング材の分類を，図13・21に示す．

表13・34 高分子系材料の分類

天然高分子	天然ゴム,でんぷんセルロース,たん白質
合成高分子	プラスチック,アスファルト,合成ゴム

表13・35 代表的な樹脂と特徴*3

塩ビ樹脂	・低温ではもろい ・約60℃で軟化する ・耐薬品性が大きい ・安価である
アクリル樹脂	・板状成形品,塗料に用いられる ・耐光性が大きい ・光学的な特性に優れている
メラミン樹脂	・接着剤,板状成形品,塗料に用いられる ・耐水性に優れている
ポリエステル樹脂	・板状成形品,塗料,浴槽に用いられる ・吸水性が小さい ・耐候性に優れている ・電気絶縁性に優れている

表13・36 主なプラスチック製品の例*3

成形方法	製品
圧縮成形品	キャビネット,建具,照明器具
圧延成形品	床用タイル,床用シート,壁シート
押出し成形品	水道管,パイプ,雨どい,波板
積層成形品	合板類,化粧ボード類,建具

表13・37 アスファルトの主な性質

色	比重〔20℃〕	針入度	軟化点〔℃〕	引火点〔℃〕
黒または黒褐色	1.00～1.04	0～200	30～80	200～250

※針入度…アスファルトの軟かさの度合いを示す指標
※軟化点…ある一定の軟かさになるときの温度

表13・38 主なアスファルト

ストレートアスファルト	石油から分留されて残った得られたアスファルトをいう.
ロックアスファルト	岩石にアスファルトをしみ込ませたもので,道路の舗装ライニング材や舗装材に用いられている.
ブローンアスファルト	ストレートアスファルトになる以前の状態で熱風を吹き込み,水分や蒸発分が残らないようにしたもので,屋根防水材などに用いられている.
ゴムアスファルト	ブローンアスファルトにゴムラテックスを混入して,低温時の伸び性能を改善したアスファルトをいう.
アスファルト製品	●アスファルトフェルト:有機繊維でつくった厚紙にストレートアスファルトをしみ込ませたもので,アスファルト防水層の中間層や防水下地材として用いられる. ●アスファルトルーフィング:アスファルトフェルトの両面をブローンアスファルトで被覆したもの.防水下地に用いられる. ●砂付きルーフィング:表面に鉱物粒子などの細砂を圧着したもので,保護層のない露出防水の最上層に用いられる.

表13・39 塗料の種類と特徴*3

油性ペイント（OP）	・未乾燥のモルタルやしっくいなどのアルカリ性の下地では劣化する
合成樹脂ペイント	・耐アルカリ性,耐酸性,耐久性などに優れている ・セメント,コンクリートの下地に適する ・ビニルペイント（VP）のほかに,アクリル系,メラミン系,エポキシ系,ポリウレタン系などの塗料がある
水性ペイント	・使用に際して,水に溶かせて用いるもの ・光沢がない ・主として室内装飾に用いられる ・合成樹脂エマルションペイント（EP）が主流である
特殊ペイント	・錆止め塗料,アルミニウムペイント,防火塗料など

●塗膜形成要素 ─┬─ 塗膜主要素(油脂,樹脂)
　　　　　　　　├─ 塗膜副要素(乾燥剤,可塑剤)
　　　　　　　　└─ 顔料
●塗膜形成助要素 ── 希釈剤,水,有機溶剤

図13・18 塗料の構成

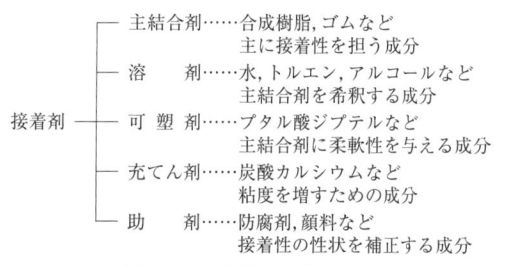

接着剤 ─┬─ 主結合剤……合成樹脂,ゴムなど
　　　　　　　　　　　主に接着性を担う成分
　　　　├─ 溶　剤……水,トルエン,アルコールなど
　　　　　　　　　　　主結合剤を希釈する成分
　　　　├─ 可塑剤……ブタル酸ジブチルなど
　　　　　　　　　　　主結合剤に柔軟性を与える成分
　　　　├─ 充てん剤……炭酸カルシウムなど
　　　　　　　　　　　粘度を増すための成分
　　　　└─ 助　剤……防腐剤,顔料など
　　　　　　　　　　　接着性の性状を補正する成分

図13・19 接着剤の構成概要

●ゴム質接着剤……天然ゴム,合成ゴム
●動物質接着剤……獣にかわ,カゼイン
●植物質接着剤……大豆にかわ,デンプン
●鉱物質接着剤……アスファルト,ケイ酸ソーダ
●樹脂系接着剤…┬ 熱可塑性樹脂(アクリル,ビニル系)
　　　　　　　　└ 熱硬化性樹脂(フェノール系,エポキシ系
　　　　　　　　　　尿素系,ポリエステル系)

図13・20 接着剤の分類*3

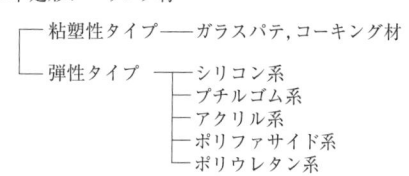

●不定形シーリング材
　┬─ 粘塑性タイプ ── ガラスパテ,コーキング材
　└─ 弾性タイプ ─┬─ シリコン系
　　　　　　　　　├─ ブチルゴム系
　　　　　　　　　├─ アクリル系
　　　　　　　　　├─ ポリファサイド系
　　　　　　　　　└─ ポリウレタン系
●成形シーリング材 ── ガスケット

図13・21 シーリング材の分類

(8) 左官材料

セメントモルタル，ドロマイトプラスター，しっくい，せっこうなどを総称して，左官材料という．

左官材料の特色を表13・40に，しっくいとせっこうの特徴を表13・41にそれぞれ示す．また，主な左官材料の名称と特徴を表13・42に示す．

(9) ボード類

建築施工の合理化を前提として，工場で生産された板状の材料を総称してボード類といい，使用材料により，せっこうボード，セメント系ボード，木質系ボード，複合パネルなどに分類される．

(a) せっこうボード

焼せっこうに混和剤と水を加えて練り混ぜたものを芯材として，表面に厚紙を貼ったボードである．火災時に結合水が蒸発して熱を奪うので，防火性が優れているほか，遮音性，断熱性が高いが，水に弱く，耐水性に難があり，また，衝撃に弱いという欠点がある．

せっこうボードには，表13・43のような製品がある．

(b) セメント系ボード類

セメント系ボードには表13・44のようなものがある．特に，セメントに補強材として石綿を混合し，加圧成形した製品を総称して石綿スレートといい，広く用いられていたが，近年，石綿が人体の健康に障害を与えることから，ガラス繊維やカーボン繊維などを使用した，無石綿（ノンアスベスト）の製品が多くなっている．

(c) 木質系ボード，その他のボード

- センチュリーボード

  化学的に処理した木片とセメントを混合し，圧縮成形したもの．不燃材料となり，強度が大きく，耐候性に優れている．

- 複合パネル

  木毛及び木片セメント板，せっこうボード，グラスウールなどを芯材に用いたもので，サンドイッチパネルともいわれ，耐火パネルとして間仕切壁や外壁に使用されている．

- ケイ酸カルシウム板

  セメント，繊維類（ガラス繊維，カーボン繊維など），石灰及びケイ酸カルシウムを原料にした成形板で，ケイカル板ともいわれている．

- インシュレーションボード

  軟質繊維板ともいい，比重が0.35の繊維板で，断熱材，吸音材として用いる．内壁の下地，畳床などに用いられる．

  その他のボードには，表13・45のようなものがある．

(10) その他

- ポリスチレンフォーム

  ポリスチレン樹脂に発泡剤，難燃化材を添加して，発泡成形したものである．主に断熱材として使用されるが，耐火性に劣る．

- 硬質ウレタンフォーム

表13・40　左官材料の特色*3

長所	・耐火性，遮音性が優れている ・調湿性に優れている ・曲面など複雑な仕上げに対応できる
短所	・乾燥収縮によるひび割れが生じやすい ・施工に熟練を要する ・養成期間が必要で，工期が長い ・現場が汚れやすい

表13・41　しっくいとせっこうの特徴*3

しっくい	・気硬性である ・乾燥により収縮する ・当初はアルカリ性を呈し，中性化するまでに約1年を要する
せっこう	・水硬性である ・硬化にともない膨脹し，伸縮が小さい ・弱酸性を呈する

表13・42　主な左官材料の名称と特徴

セメントモルタル	普通ポルトランドセメントを1，砂を3の割合で混ぜ合わせ，水を加えて練ったもので，最も一般的な塗り材である．
しっくい	消石灰に，乾燥収縮に伴うひび割れを防ぐために入れるすさ，のりなどを混ぜ合わせ，水を加えて練ったものをしっくいといい，壁の仕上げ材によく用いられる．しっくいは気硬性の材料で，空気中の炭酸ガスと反応して硬化する．
ドロマイトプラスター	ドロマイトプラスターはドロマイト（石灰岩を焼成し，水で消化したもの）を水で練ったもので，しっくいと同様に気硬性の材料である．
せっこう	せっこうは水硬性の材料であるが，純粋なせっこうの硬化時間は非常に短く，建築工事にはあまり利用されない．
せっこうプラスター	せっこうに硬化時間を調整する目的で，消石灰，ドロマイトプラスター，粘土，凝結遅延材などを加えたものが石こうプラスターである．初期は水硬性であるが，やがて気硬性となる材料で，強度が大きい．また，乾燥収縮は小さい材料である．

表13・43　せっこうボード*3

分類	主な用途	主原料
せっこうボード	内装下地（塗装・ビニル・紙・クロス張り仕上げ）	半水せっこうボード用原紙
化粧せっこうボード	内装材	半水せっこうボード用原紙
無機繊維強化せっこうボード	防・耐火構造の構成材	半水せっこうボード用原紙 無機繊維
せっこうラスボード	内装下地（和室壁下地）	半水せっこうボード用原紙
吸音用孔あきせっこうボード	内装材	厚紙 せっこうボード
シージングせっこうボード	外装下地 多湿箇所	半水せっこう シージングボード用原紙（添加剤）
せっこう複合金属サイディング	外装材	鋼板 せっこうボード （難燃2級以上）

表13・44　セメント系ボードの分類

分類	主な用途	主原料
波形スレート	屋根・外装材 内装材	繊維類（有機繊維の一部使用可）セメント
スレートボード{平板，軟質板，フレキシブル板，軟質フレキシブル板}	外装材 内装材	
パーライト板	外装材 内装材	繊維類・セメント・パーライト
ケイ酸カルシウム板	内装材	繊維類・石灰・ケイ酸質材料
パルプセメント板	内装材	セメント・パルプ・無機質繊維・無機質混合材
スラグ・せっこう系セメント板	外装材 内装材	スラグ・せっこう・繊維類
窯業系サイディング	外装材	繊維類・セメント・石灰・ケイ酸質スラグ・せっこう
木毛セメント	屋根下地・外装材・内装材	木毛セメント
住宅屋根葺き用スレート	屋根（野地下地）	繊維類・セメント

表13・45　そのほかのボード類*3

種類	概要	用途など
結晶化ガラス板	ケイ石，長石，炭酸カルシウム，炭酸バリウムなどを水砕・乾燥したザラメ状ガラスを高温で焼成（結晶化）したもの．曲面加工も可．主に表面研磨仕上げ．着色可	外装 内装
繊維混入ケイ酸カルシウム板	ケイ酸質，石灰質，無機質繊維（ガラス繊維）を主原料として抄造・高温高圧蒸気養生したもの	耐火被覆材 外装，耐火間仕切，遮音間仕切
ロックウールシージング板 (JIS A 5451-80)	ロックウールを熱硬化性樹脂（耐水性あり）などで抄造成形したもの．表面研削と非研削がある．厚さ12, 15, 20mm．難燃2級品．	内・外装下地材（断熱・防火材）
ロックウール吸音板 (JIS A 6303-86)	ロックウール保温材と接着剤にて板状成形したもの．密度〔kg/m³〕：1号・20〜100，2号・110〜160，3号・170〜300	吸音材
ロックウール化粧吸音板 (JIS A 6307-80)	ロックウール保温材と接着剤にて板状成形したもの．厚さ区分：9, 12, 15, 18mm．吸音率区分：0.2, 0.3, 0.4, 0.6．密度：500kg/m³以下．難燃1級	主に天井仕上げ材（防火，断熱材） 化粧の例 凹凸，灰華石，印刷
グラスウール吸音板 (JIS A 6306-85)	グラスウール（繊維太さ20μm程度以下）と接着剤で板状成形したもの．密度：32〜120kg/m³（7種類）．厚さ：12〜40mm（5種類）．吸音率区分：0.4, 0.6, 0.8	吸音材

細かい気泡で構成された発泡成形品である．主に断熱材として使用されるが，耐火性に劣る．
- ●ロックウール（岩綿）

安山岩や玄武岩などの岩石を溶かし，高圧空気を吹き付けて急冷し，繊維状にしたものである．断熱性や防音性に優れているが，吸湿しやすく，吸湿すると，断熱性能が低下する．
- ●グラスウール

ガラスを繊維化したもので，断熱性，吸音性がよいが，吸湿しやすく，吸湿すると断熱性能が低下する．
- ●ポリエチレンフィルム

結露，凍害などが生じるおそれのある材料を保護するために，壁内部や床下に防湿剤として用いる材である．

【問題1】 木材に関する次の記述のうち，最も不適当なものはどれか．
1．節は，一般に，強度上の弱点となる．
2．繊維方向の圧縮強度は，せん断強度より大きい．
3．木材の強度は，一般に，含水率が30％のときより，15％のときの方が大きい．
4．膨張・収縮は，繊維方向より繊維に直角方向のほうが大きい．
5．木材は，260～270℃程度に加熱すると口火なしで発火する．

【問題2】 木材が乾燥して収縮する場合，収縮率についての次の記述のうち，正しいものはどれか．
1．Aの方向が最大で，Cの方向が最小
2．Bの方向が最大で，Cの方向が最小
3．Cの方向が最大で，Aの方向が最小
4．A，Bの方向がほぼ同じで，Cの方向が最小
5．どの方向もほぼ同じ

【問題3】 表は，コンクリートの調合表の一部である．この表によって求められる事項と計算式との組合せとして，最も不適当なものは，次のうちどれか．

単位水量	絶対容積（l/m³）			質量（kg/m³）		
(kg/m³)	セメント	細骨材	粗骨材	セメント	細骨材	粗骨材
160	92	265	438	291	684	1,161

(注) 質量における細骨材及び粗骨材は，表面乾燥飽水状態とする．

	事項	計算式
1．	セメントの比重	$\frac{291}{92} \approx 3.16$
2．	コンクリートの空気量(％)	$\{1,000-(160+92+265+438)\} \times \frac{100}{1,000} = 4.5(\%)$
3．	細骨材率(％)	$\frac{265}{265+438} \times 100 \approx 37.7(\%)$
4．	練上がりコンクリートの単位容積質量(kg/m³)	$160+291+684+1,161=2,296(kg/m^3)$
5．	セメント水比	$\frac{160}{291} \approx 0.55$

【問題4】 コンクリートの強度に関する次の記述のうち，最も不適当なものはどれか．
1．一般に，鉄筋との付着強度は，コンクリートの圧縮強度が大きいほど大きくなる．
2．コンクリートのヤング係数は，圧縮強度には関係なく，ほぼ一定である．
3．長期間貯蔵したセメントを用いたコンクリートの圧縮強度は，一般に，低下する．
4．セメント水比の値が大きいほど，圧縮強度は大きくなる．
5．コンクリートは，養生温度が低くなると，強度発現は遅くなる．

【問題5】 日本工業規格（JIS）による鋼材等の種類の記号の説明として，最も不適当なものは，次のうちどれか．
1．SM490A——一般構造用角形鋼管の一種
2．SSC400——一般構造用軽量形鋼の一種
3．SS400——一般構造用圧延鋼材の一種
4．SD345——鉄筋コンクリート用の異形棒鋼の一種
5．SR295——鉄筋コンクリート用の丸鋼の一種

【問題6】 鋼材に関する記述のうち，最も不適当なものはどれか．
1．鋼材の引張強さは，炭素含有量が0.8％前後のときに最大になる．
2．建築構造用耐火鋼（FR鋼）は，一般の鋼材と比べて，温度上昇に伴う強度の低下が少ない．
3．異形棒鋼のようこう分析値による化学成分の比率は，棒鋼の種類によって，その上限値が異なる場合がある．
4．鋼材を焼入れすると，強さ・硬さ・耐摩耗性が減少するが，粘り強くなる．
5．常温において，鋼材のヤング係数は，約 $2.1 \times 10^5 N/mm^2$ である．

【問題7】 ガラスに関する次の記述のうち，最も不適当なものはどれか．
1．合わせガラスは，破損による脱落や飛散を防ぐことができる．
2．強化ガラスは，同じ厚さの一般の板ガラスに比べて，衝撃力や風圧力などの外力などに対して強い．
3．網入り板ガラスは，割れても破片が落ちにくいので，防火性を必要とする窓などに用いられる．
4．熱線吸収板ガラスは，ガラスの原料に微量のコバルト・鉄などの金属を添加したもので，可視光線や太陽ふく射熱を吸収する目的で用いられる．
5．フロート板ガラスは，同じ厚さの熱線吸収ガラスより光の透過率が低い．

【問題8】 建築材料に関する次の記述のうち，最も不適当なものはどれか．
1．ALCパネルは，軽量で，耐火性，及び断熱性を有するが，吸水性が大きく凍害を受けるおそれがある．
2．花こう岩は，磨くと光沢が得られ，耐火性に優れている．
3．大理石は，磨くと光沢が得られるが，耐酸性に劣る．
4．磁器質タイルは，吸水率が小さく，凍害が生じにくい．
5．ロックウールは，断熱性及び耐熱性に優れている．

【問題9】 建築用塗料の性質・用途に関する次の記述のうち，最も不適当なものはどれか．
1．合成樹脂エマルジョンペイントは，油性なので，コンクリート面やモルタル面の塗装に適さない．
2．エポキシ樹脂塗料は，耐水性・耐油性・耐薬品性に優れているので，金属やコンクリートの塗装に広く用いられている．
3．鉛丹は，錆止めペイントとして，鋼材の下塗りに用いられる．
4．セラックニスは，速乾性であり，木材の節止めなどに用いられる．
5．油性調合ペイントは，アルカリに弱いので，モルタルやコンクリート面の塗装には適さない．

【問題10】 建築材料に関する次の記述のうち，最も不適当なものはどれか．
1．酢酸ビニル樹脂系の接着剤は，木質系下地材にプラスチック床材を接着する場合に用いられる．
2．アスファルト防水層，シート防水層及び塗膜防水層のうち，地上の外壁には，一般に，塗膜防水層が適用される．
3．石こうボードは，耐衝撃性に優れているので，階段室や廊下の床仕上げ材として用いられる．
4．磁器質タイルは，吸水率が小さく，外装材としても用いられる．
5．大理石は，耐酸性・耐火性に乏しいので，外壁よりも内壁の装飾用石材に適している．

[問題]の解答編

1 力

【問題1】 正解　4
　バリニオンの定理により，
$$P_2^{kN} \times 6^m = R^{kN} \times x^m$$
$$3^{kN} \times 6^m = 5^{kN} \times x^m$$
$$x = \frac{18}{5} = 3.6^m$$

【問題2】 正解　5
　P_1 と P_2 の合力を求めると，右図のようになり，その合力は P_3 と平行になる．したがって，合力 R の大きさは，
$$R = 3 + 5 = 8^{kN}$$ 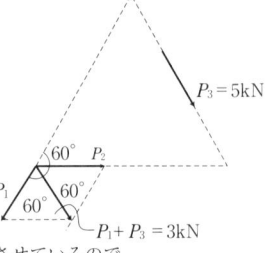
また，O点に対してのモーメントは，P_1，P_2 は反時計回り，P_3 が時計回りのモーメントを発生させているので，
$$M_O = -P_1^{kN} \times 3^m - P_2^{kN} \times 3^m + P_3 \times 3^m$$
$$= -3 \times 3 - 3 \times 3 + 5 \times 3 = -9 - 9 + 15$$
$$= -3 kN \cdot m$$

【問題3】 正解　2
　P_1 とO点との距離は右図のように
$l = 1.5m$ となる． 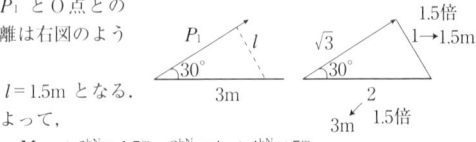
よって，
$$M_O = +6^{kN} \times 1.5^m - 2^{kN} \times 4^m + 4^{kN} \times 5^m$$
$$= +9^{kN \cdot m} - 8^{kN \cdot m} + 20^{kN \cdot m}$$
$$= +21 kN \cdot m$$

【問題4】 正解　1
　$P_1 \sim P_3$，P_A，P_B の5つの力でつりあうと，つりあい条件の移動しない条件より，
$$\Sigma Y = 0$$
$$\therefore -3 + P_A - 4 + P_B - 2 = 0：上向きを（+）と仮定$$
$$P_A + P_B = 9 \quad \cdots\cdots ①$$
また，回転しない条件より，$\Sigma M = 0$，
A線上に任意の点Aをとると，
$$\Sigma M_A = 0：-3^{kN} \times 2^m + 4^{kN} \times 3^m - P_B \times 5^m + 2^{kN} \times 7^m = 0$$
$$-6 + 12 - 5P_B + 14 = 0$$
$$5P_B = 20$$
$$P_B = +4^{kN} \quad 上向き$$
①式に代入して，$P_A + 4 = 9$　$P_A = +5^{kN}$　上向き

【問題5】 正解　2
　P_1，P_2 は，平行で大きさが同じ，向きが反対な一対の力（偶力）であるから，
$$M_A = M_B = M_C = -3^{kN} \times 4.5^m = -13.5^{kN \cdot m}$$
なお，各点に対するモーメントを算出してもよい．
$$M_A = -3^{kN} \times 4.5^m = -13.5^{kN \cdot m}$$
$$M_B = -3^{kN} \times 1.5^m - 3^{kN} \times 3^m = -13.5^{kN \cdot m}$$
$$M_C = -3^{kN} \times 6.5^m + 3^{kN} \times 2^m = -13.5^{kN \cdot m}$$

【問題6】 正解　4
　4つの力 $P_1 \sim P_4$ がつりあっているときは，任意の点 i に対しても $\Sigma M_i = 0$ が成立している（つりあい条件式より）．したがって P_3 の作用線と，P_4 の作用線の交点を A とす

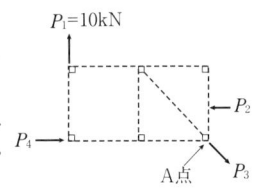

ると，$\Sigma M_A=0$ も成立する．
$$\Sigma M_A=+10^{kN}\times 4^m-P_2\times 1^m=0$$
$$\therefore P_2=+40^{kN}$$

2 構造物

【問題1】 正解 3

下図のように分布荷重を3つの部分に分け，それぞれを集中荷重に置きかえる．

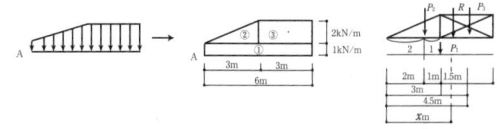

①の部分の合力 P_1
$$P_1=1^{kN/m}\times 6^m=6^{kN}$$
作用点はA点より3mの位置

②の部分の合力 P_2
$$P_2=2^{kN/m}\times 3^m\times \frac{1}{2}=3^{kN}$$
作用点はA点より2mの位置

③の部分の合力 P_3
$$P_3=2^{kN/m}\times 3^m=6^{kN}$$
作用点はA点より $3m+3m\div 2=4.5m$ の位置

合力 R がA点より x^m 離れたところに作用していると考えると，
$$R=6+3+6=15^{kN}$$
バリニオンの定理より，
$$+R\cdot x=6^{kN}\times 3^m+3^{kN}\times 2^m+6^{kN}\times 4.5^m$$
$$15\cdot x=+18+6+27=51$$
$$\therefore x=\frac{51}{15}=\frac{17}{5}=3.4^m$$

【問題2】 正解 5

支点Bにおける反力を上向きに V_B と仮定すると，
$$\Sigma M_A=0:+4^{kN}\times 1^m-3^{kN}\times 4^m-V_B\times 5^m=0$$
$$+4-12-5\cdot V_B=0$$
$$5\cdot V_B=-8$$
$$V_B=-1.6^{kN} \quad \therefore 下向きに\ 1.6^{kN}$$

【問題3】 正解 3

$P_1:P_2=5:4$ とあるので，この比を満たす値を直接代入しても解ける．
$P_1=5,P_2=4$ を代入して，つりあい条件式をたてる．
$$\Sigma Y=0:-V_A+5+V_B-4=0$$
$$V_A-V_B=1 \quad\cdots\cdots①$$
$$\Sigma M_A=0:-5\times 2^m-V_B\times 3^m+4\times 4^m=0$$
$$-10-3\cdot V_B+16=0$$
$$3\cdot V_B=6 \quad \therefore V_B=2$$
①に代入して
$$V_A-2=1 \quad \therefore V_A=3$$
$$\therefore V_A:V_B=3:2$$

【問題4】 正解 2

つりあい条件式をたてて反力を求める．水平反力は要求されていないので，$\Sigma X=0$ は省略する．
$$\Sigma Y=0:R_A-3^{kN}+R_B=0 \quad \therefore R_A+R_B=3^{kN}\cdots\cdots①$$
$$\Sigma M_A=0:+3^{kN}\times 3^m+3^{kN}\times 6^m-R_B\times 9^m=0$$
$$+9+18-9R_B=0$$
$$9\cdot R_B=27 \quad \therefore R_B=+3^{kN}（上向き）$$
①式に代入して
$$R_A+3=3 \quad \therefore R_A=0^{kN}$$

【問題5】 正解 4

支点Aの垂直反力を V_A（上向き）に仮定して，つりあい条件式をたてる．
$$\Sigma M_B=0:+V_A\times l+P\times l-P\times \frac{l}{2}=0$$
$$V_A+\frac{P}{2}=0 \quad \therefore V_A=-0.5P（下向き）$$

【問題6】 正解 4

支点が2つ共ピンで，骨組中に1ヶ所ピン節点があるので，3ピンラーメンである．

このような骨組を解く場合には，骨組中のピン節点で，ピンより右側か左側の骨組でつりあいを考える．

右側のつりあいで考える．
$$\Sigma M_{E（右）}=0:+H_D\times 3^m-V_D\times 2.5^m=0$$
$$3\cdot H_D=2.5V_D$$
$$\frac{H_D}{V_D}=\frac{2.5}{3}=\frac{5}{6} \quad \therefore H_D:V_D=5:6$$

3 静定構造物の応力

【問題1】 正解 5

A点に曲げモーメントが生じない，ということは，A点における外力によるモーメントの和が0ということである．
$$+P_1\times 5^m-P_2\times 3^m=0$$
$$5P_1=3\times P_2$$
$$\therefore P_1:P_2=3:5 \quad (P_1=3,P_2=5 を代入すると共に15となり等しい．)$$

【問題2】 正解 4

曲げモーメントは，左右どちらから求めても同じ値となる．よって，反力を求めねばならないが，片方が求められればよい．

支点Bの垂直反力として上向きに V_B を仮定する．外力 6^{kN} は材と30°の角度をなしているので，垂直成分，水平成分にわけると，右上図のようになる．
$$\Sigma M_A=0:+3^{kN}\times 4^m-V_B\times 6^m=0$$
$$6V_B=12$$
$$V_B=+2^{kN}（上向き）$$

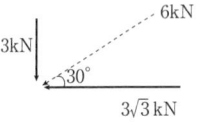

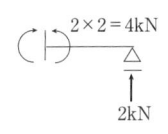

よって，C点の曲げモーメントは，$2^{kN}\times 2^m=4^{kN\cdot m}$（下側引張）

【問題3】 正解 1

集中荷重と等分布荷重を分けて考え，重ね合せの原理を利用する．

左右対称な荷重であるので，両支点の反力は等しい．

集中荷重による反力 　　　　　　　　　$\frac{P}{2}$

集中荷重によるC点の曲げモーメント 　$\frac{P}{2}\times \frac{l}{2}=\frac{P\cdot l}{4}$

等分布荷重による反力 　　　　　　　　$\frac{wl}{2}$

等分布荷重によるC点の曲げモーメント
$$\frac{wl}{2}\times \frac{l}{2}-\frac{wl}{2}\times \frac{l}{4}=\frac{wl^2}{8}$$

よってC点の曲げモーメントは，
$$\frac{Pl}{4}+\frac{wl^2}{8}$$

【問題4】 正解 3
つりあい条件式をたてる．
$\Sigma M_A = 0: +5^{kN} \times 4^m - R_B \times 5^m = 0 \quad \therefore R_B = +4^{kN}$
よって，C点の曲げモーメントは支点Bから考えて，
$4^{kN} \times 2.5^m = 10^{kN \cdot m}$（下側引張）

【問題5】 正解 4 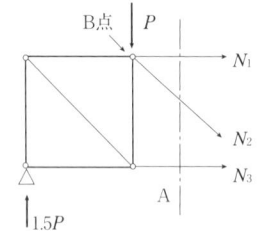
切断法によって解く．左右対称であるので，反力は両支点共同じ値となり，その値は $1.5P$（上向き）となる．右図のように部材Aを含む線で切断し，応力を仮定する．右図のB点に対するモーメントの和が0という条件を利用して，
$\Sigma M_B = 0: +1.5P \times l - N_3 \times l = 0$
$\therefore N_3 = +1.5P$（引張）

【問題6】 正解 3
図解法で解く．

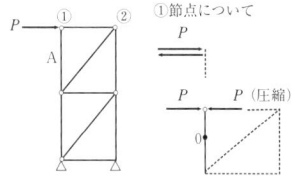

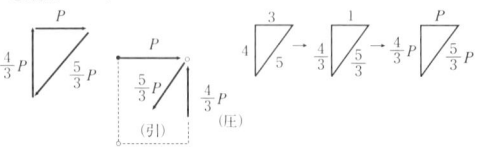

4 断面の性質

【問題1】 正解 3
断面係数は，断面2次モーメントを X 軸から縁まで距離 $\dfrac{D}{2}$ で除した値である．

【問題2】 正解 5
$$I_X = \dfrac{2 \times l(4l)^3}{12} = \dfrac{2 \times 4 \times 4 \times 4 \times l^4}{12\ 6\ 3} = \dfrac{32}{3}l^4$$

$$I_Y = \dfrac{4 \times l(2l)^3}{12} = \dfrac{4 \times 2 \times 2 \times 2 \times l^4}{12\ 3} = \dfrac{8}{3}l^4$$

$$\therefore I_X : I_Y = \dfrac{32}{3}l^4 : \dfrac{8}{3}l^4 = 4 : 1$$

【問題3】 正解 4
下図のように全体から差引いて求める．

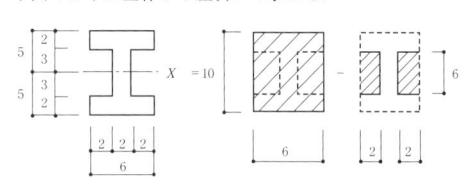

$$\therefore I_X = \dfrac{6 \times 10^3}{12} - 2 \times \dfrac{2 \times 6^3}{12} = 500 - 2 \times 36 = 428 \ [\text{cm}^4]$$

【問題4】 正解 4
$I_X = I_x + A \cdot y_0^2$ を利用する．
$$I_X = \dfrac{6 \times 10^3}{12} + 6 \times 10 \times 5^2 = 500 + 1500 = 2000 \ [\text{cm}^4]$$

【問題5】 正解 3
断面2次モーメントは下図のように差し引いて求める．

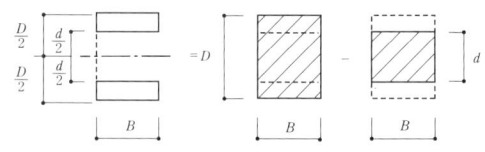

$$\therefore I_X = \dfrac{B \cdot D^3}{12} - \dfrac{B \cdot d^3}{12} = \dfrac{B}{12}(D^3 - d^3)$$

また断面係数は，断面2次モーメントを縁までの距離 $\dfrac{D}{2}$ で除した値なので，

$$Z_X = I_X \div \dfrac{D}{2} = \dfrac{B}{12}(D^3 - d^3) \times \dfrac{1}{D} = \dfrac{B(D^3 - d^3)}{6D}$$

【問題6】 正解 2
下図のように重心回りの断面2次モーメントを差引いて求め，$I_X = I_x + A \cdot y_0^2$ を利用する．

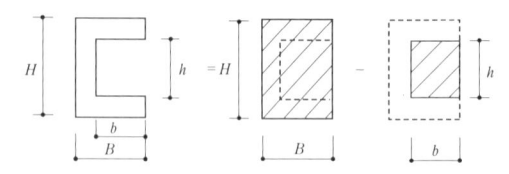

$$I_x = \dfrac{B \cdot H^3}{12} - \dfrac{b \cdot h^3}{12} = \dfrac{B \cdot H^3 - b \cdot h^3}{12}$$

$A = B \cdot H - b \cdot h$

$y_0 = \dfrac{H}{2}$

$$\therefore I_X = \dfrac{B \cdot H^3 - b \cdot h^3}{12} + (B \cdot H - b \cdot h)\left(\dfrac{H}{2}\right)^2$$

5 応力度

【問題1】 正解 1
断面係数は $Z = \dfrac{b \cdot d^2}{6} \ [\text{cm}^3]$ である．以下に式と単位を示す．

1．剛度 $K = \dfrac{I(\text{部材の断面2次モーメント}[\text{cm}^4])}{l(\text{部材の長さ}[\text{cm}])} \ [\text{cm}^3]$

2．曲げモーメント $M = P(\text{力}[\text{N}]) \times l(\text{距離}[\text{cm}]) \ [\text{N} \cdot \text{cm}]$

3．ヤング係数 $E = \dfrac{\sigma(\text{垂直応力度}[\text{N/cm}^2])}{\varepsilon(\text{ひずみ度}[\text{なし}])} \ [\text{N/cm}^2]$

4．せん断応力度 $\tau = \dfrac{Q(\text{せん断力}[\text{N}])}{A(\text{断面積}[\text{cm}^2])} \ [\text{N/cm}^2]$

5．断面2次モーメント $I = \dfrac{b \cdot d^3}{12} \ [\text{cm}^4]$

【問題2】 正解 1
最大曲げモーメント M_{max} は，支点に生じ，その大きさは，
$M_{max} = 1^{kN} \times l^{cm} = 1,000 l \ [\text{N} \cdot \text{cm}]$

曲げ応力度 $\sigma_b = \dfrac{M}{Z} \quad Z = \dfrac{b \cdot d}{6}$ に代入する．

$$Z = \dfrac{b \cdot d^2}{6} = \dfrac{12 \times 20^2}{6} = 2 \times 400 = 800 \text{cm}^2$$

$\sigma_{b\ max} = 100 \text{N/cm}^2$

$$\therefore 100 = \frac{1000 \cdot l}{800}$$
$$800 = 10 \cdot l$$
$$l = 80 \text{ [cm]}$$

【問題3】 正解 2

最大曲げ応力度は，最大曲げモーメントの点に生じる．反力を求め，最大曲げモーメントを求める．ローラー支点の反力をVとして，ピン支点におけるつりあいを考えて，
$$\Sigma M = 0 : +5000 \times 300 - V \times 500 = 0$$
$$\therefore V = 3000$$

最大曲げモーメントは，荷重の作用点に生じるので，
$$M_{max} = 3000^N \times 200^{cm} = 600000^{N \cdot cm}$$
$$\sigma_b = \frac{M}{Z} \quad Z = \frac{b \cdot d^2}{6} \text{ より,}$$
$$Z = \frac{12 \times 20^2}{6} = 2 \times 400 = 800$$
$$\sigma_b = \frac{600000}{800} = 750 \text{N/cm}^2$$

【問題4】 正解 5

左右対称であるので反力は両支点とも$\frac{P}{2}$となり，最大曲げモーメントは荷重の作用点に生じ，$\frac{P}{2} \times 200 = 100P$ N・cmとなる．
$$\therefore \sigma_b = \frac{M}{Z} \quad Z = \frac{b \cdot d^2}{6} = \frac{20 \times 30^2}{6} = 3000 \text{ [cm}^3\text{]}$$
$\sigma_b = 1000$ [N/cm²]を代入して，
$$1000 = \frac{100P}{3000}$$
$$P = 30000 \text{ [N]}$$

よって，このはりはPが30000Nまで耐えられるということになる．

【問題5】 正解 3

A部材の断面係数 $Z_A = \frac{b \cdot d^2}{6} = \frac{8 \times 30^2}{6} = 1200$ [cm³]

B部材の断面係数 $Z_B = \frac{b \cdot d^2}{6} = \frac{x \times 20^2}{6} = \frac{200}{3} \cdot x$ [cm³]

許容曲げモーメントが等しくするためには，
$$\frac{M}{Z_A} = \frac{M}{Z_B}$$

でなければならない．Mは同じ値となるので，
$$Z_A = Z_B$$
$$1200 = \frac{200}{3} \cdot x \quad \therefore x = 1200 \times \frac{3}{200} = 18 \text{ [cm]}$$

【問題6】 正解 2

弾性座屈荷重は次式で表わされる．
$$N_k = \frac{\pi^2 \cdot E \cdot I}{l_k^2}$$

E：ヤング係数
I：断面2次モーメント この種$E \cdot I$を曲げ剛性という．
l_k：座屈長さ

したがって，N_kは曲げ剛性に比例し，座屈長さの2乗に反比例する．

【問題7】 正解 4

座屈長さは p.74, 表5・3 のようになる．したがって，
A: $l_k = 0.7 \cdot l \times 2 = 1.4l$
B: $l_k = 1.5 \cdot l \times 1 = 1.5l$
C: $l_k = 2 \cdot l \times 0.5 = l$

座屈荷重は，座屈長さの2乗に反比例する．材質及び断面はすべて同一であるので，座屈長さだけで，P_A, P_B, P_Cの大小の判断はできる．
$$P_A' = \frac{1}{(1.4l)^2} \quad P_B' = \frac{1}{(1.5l)^2} \quad P_C' = \frac{1}{l^2}$$

よって，分母が大きいもの程，座屈荷重は小さくなるので，
$P_C > P_A > P_B$

【問題8】 正解 3

$$P_k = \frac{\pi^2 E \cdot I}{l_k^2} \text{ より,}$$

材質は同じであるので，

$P_k' = \frac{I}{l_k^2}$ で比較すればよい．$l_k = 0.5 \cdot l$ である．

1. $P_k' = \frac{1000}{(100 \times 0.5)^2} = \frac{1000}{2500} = \frac{2}{5} = 0.4$

2.と3.はlが同じであるので，Iが大きい方がP_kは大きくなる．よって，2は省略する．

3. $P_k' = \frac{5000}{(200 \times 0.5)^2} = \frac{5000}{10000} = \frac{1}{2} = 0.5$

4. $P_k' = \frac{5000}{(250 \times 0.5)^2} = \frac{5000}{125 \times 125} = \frac{40}{125} = \frac{8}{25} = 0.32$

5. $P_k' = \frac{9000}{(300 \times 0.5)^2} = \frac{9000}{150 \times 150} = \frac{60}{150} = 0.4$

よって，これらのP_k'の最大のものが，P_kが最大となる．

【問題9】 正解 2

【問題8】と同様，同一材料であるので，$P_k' = \frac{I}{l_k^2}$を比較すればよい．
$$P_k' = \frac{I}{l_k^2} = \frac{I}{(2l)^2} = \frac{I}{4l^2}$$

1.と2.はlが同じであるので，Iのみ比較すればよい．よって，1.は省略．

2. $P_k' = \frac{4000}{4 \cdot (100)^2} = \frac{4000}{4 \cdot 10000} = \frac{1}{10}$

3.と4.も1.，2.と同様に比較する．よって3.は省略．

4. $P_k' = \frac{4000}{4 \times 150^2} = \frac{1}{22.5}$

5. $P_k' = \frac{4000}{4 \times (200)^2} = \frac{4000}{4 \times 40000} = \frac{1}{40}$

よって，分母が小さいものほどP_k'は大きくなる．

6 不静定構造物の応力

【問題1】 正解 4

反力は右図のようになる．$\Sigma X = 0$より，ピン支点の水平反力は生じない．ローラー支点も水平反力は発生しないため，柱の材軸に直角な方向の力はなく，曲げモーメントは共に0となる．

はりは，単純ばりの曲げモーメント図と同様に，荷重の作用点が最大で，下側引張となる．

【問題2】 正解 5

反力は右図のようになる．A～E間はピン支点に水平反力Pが生じるため，E点まで増加する（内側引張）．E～C間は，外力Pと水平反力Pの偶力モーメントが与えられるので，一定（内側引張）．C～D間は，外力Pと反力Pによって与えられたモーメントがV_Aによって

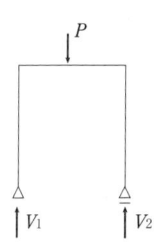

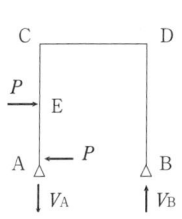

D点に近づくほど小さくなり，D点で0となる．

【問題3】 正解　5

ローラー支点にモーメント荷重が作用しない限り，曲げモーメントは生じない．

【問題4】 正解　2

柱Aとはり B の断面2次モーメントは等しいので，それぞれの剛度は，

$$K_A = \frac{I}{3} \quad K_B = \frac{I}{6}$$

となる．柱Aの剛度を基準（標準剛度）とするので，はりの剛比 K_B は，

$$K_B = \frac{\frac{I}{6}}{\frac{I}{3}} = \frac{1}{6} \times 3 = 0.5$$

【問題5】 正解　4

柱の軸方向力は，はりのせん断力と等しい．

$$\therefore N = \frac{12 + 12}{6} = 4^{kN}$$

柱のせん断力は，

$$Q = \frac{-12 - 16}{4} = \frac{28}{4} = 7^{kN}$$

【問題6】 正解　4

分割モーメントは剛比によって配分される．断面2次モーメントは等しいので，

$$K_{AO} = \frac{I}{1} = I \quad K_{BO} = \frac{I}{2} \quad K_{CO} = \frac{I}{2}$$

よって，剛比は K_{CO} を標準剛度とすると，

$$K_{AO} = 2 \quad K_{BO} = 1 \quad K_{CO} = 1$$

よって，分割モーメントは，

$$M_{OA} = \frac{2}{2+1+1} \times 12 = \frac{1}{2} \times 12 = +6^{kN \cdot m}$$

$$M_{OB} = M_{OC} = \frac{1}{2+1+1} \times 12 = 3^{kN \cdot m}$$

到達モーメント，分割モーメントの $\frac{1}{2}$ であるので，

$$M_{AO} = +6 \times \frac{1}{2} = +3^{kN \cdot m}$$

$$M_{BO} = M_{CO} = +3 \times \frac{1}{2} = 1.5^{kN \cdot m}$$

7 構造設計

【問題1】 正解　1

建築基準法施行令82条2号の表より，多雪区域の地震力は $G + P + 0.35S + K$ となる．積雪荷重は長期においては $0.7S$，短期においては $0.35S$ を加えることになる．

【問題2】 正解　3

建築物の地上部分に作用する地震力は，次式のように表わされる．

$$Q_i = W_i \cdot C_i$$

　C_i：i 階の地震層せん断力係数
　W_i：i 階より上の建築物の重量

したがって，設問の場合，1階より上の建築物の重量は，

$$W_1 = W_R + W_2$$

$C_i = 0.2$ であるから，

$$Q_1 = 0.2 \times (W_R + W_2)$$

【問題3】 正解　2

応力算定において，地震力と風圧力は同時に作用しないものと考える．

【問題4】 正解　2

地震層せん断力係数 C_i は次式のように表わされる．

$$C_i = Z \cdot R_t \cdot A_i \cdot C_0$$

この式で，Z，R_t，C_0，は，どこの階かは無関係であるが，A_i は上階にいくほど大きくなる．したがって，C_i も大きくなる．

【問題5】 正解　1

住宅の床の積載荷重を$1800N/m^2$，事務室の床の積載荷重は$2900N/m^2$となり，事務所の積載荷重の方が大きい．

【問題6】 正解　3

3階建ての建築物の2階部分の設計地震力に，2階の地震層せん断力係数に，2階より上部の重量を乗じたもので計算する．

8 地盤と基礎

【問題1】 正解　2

N 値とは，直径 5 cm，長さ約 80cm の土質試料採取用のチューブを，高さ 75cm から 63.5kg の重りを自由落下させて，打ち込み 30cm 算入するのに要する打撃回数のことである．

【問題2】 正解　4

土の粒子の大きさは，礫 2mm 以上，砂が 2～0.074mm，シルトが 0.074～0.005mm，粘土が 0.005～0.001mm となり，砂＞シルト＞粘土が正しい順である．

【問題3】 正解　3

直接基礎の場合，一般的に根入れ深さが深いほど，地盤の支持力は大きくなる．

【問題4】 正解　5

一つの建築物において異なる基礎を用いると，不同沈下の原因となる．したがって，異なる基礎形式は避けるべきである．

【問題5】 正解　2

同一の建築物において異なる杭を用いると，不同沈下の原因となる．したがって，異なる杭形式の使用は避けるべきである．

【問題6】 正解　1

現場打ちコンクリート杭の外面は，杭の全長にわたって，設計断面面積以上必要である．

9 木構造

【問題1】 正解　3

各設問の名称と使用部位は，以下のようになる．

1．木ずり
　－塗り壁の下地

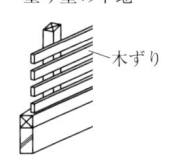

2．合掌
　－洋小屋のトラス部材

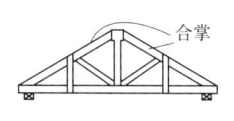

3．側げた
　－階段を構成する部材

4．，5．面戸板・広小舞
　－軒先を構成する部材

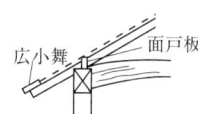

【問題2】正解 3

平屋建の建築物と、2階建の建築物の2階部分の、風圧力に対しての必要な耐力壁の有効長さを算出する見付面積に乗ずる値は、同じである。

4．地震に対して必要な耐力壁の有効長さは、床面積より算出する。

【問題3】正解 5

5．片面に同じボードを2枚重ねて取付けても、壁の倍率は2倍とはならない。

2倍になるのは、両面に1枚ずつ取付けた場合である（ただし、壁倍率の上限は5.0倍である）。

【問題4】正解 2

2階建の建築物における隅柱又はこれに準ずる柱は、通し柱とする。ただし管柱で通し柱と同等以上となるよう、接合部を補強した場合、この限りでない。

【問題5】正解 1

釘とボルトを併用する接合部の許容耐力は、いずれか大きい方の耐力で決定する。

【問題6】正解 1

枠組壁工法の床根太相互及び床根太と側根太の間隔は、65cm以下とする。

10 鉄筋コンクリート構造

【問題1】正解 2

柱に帯状に入れる帯筋は、柱に生じるせん断力に抵抗する。また、柱の主筋の座屈を防止する効果もあわせて持つ。

【問題2】正解 3

主筋は引張応力の生ずる位置に配置する。軸方向力以外の引張応力は曲げモーメント図より判断する。

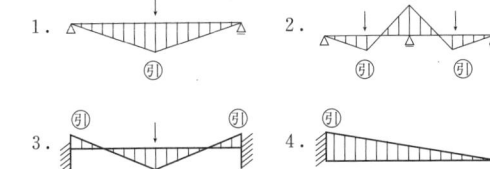

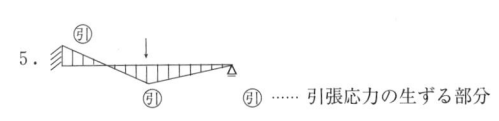

（引）……引張応力の生ずる部分

【問題3】正解 2

太くて短い柱は、剛性が高くなり、より大きな応力を負担する。特にせん断力に対しては、柱の脆性破壊を防ぐために、せん断耐力を増す方が重要で、そのためには帯筋をより多く配置しなければならない。

【問題4】正解 5

はりのあばら筋比も、0.2%以上必要である。

【問題5】正解 3

鉄筋の継手位置は、できるだけ応力の小さいところへ設け、一箇所に集中しないように（400mm以上離す）配置する。

【問題6】正解 4

A　ブリージングによるひび割れは、打設したコンクリートが沈むことによって発生する。

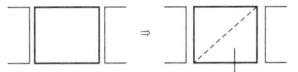

C　沈むことによって発生　壁がせん断力を受けてひび割れた場合

11 鉄骨構造

【問題1】正解 2

不燃材料ではあるが、熱には弱い（500℃で強度半分、1000℃でほぼ0）。

【問題2】正解 2

2．フィラーは、リベットボルト接合部において、接合板厚が異なる場合にそのすき間を埋める調整材である。

3．ラチス

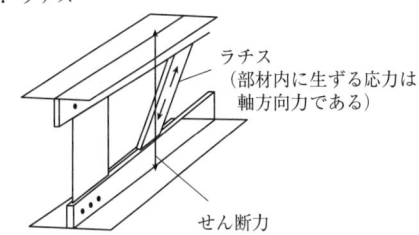

ラチス（部材内に生ずる応力は軸方向力である）

せん断力

【問題3】正解 1

座屈現象は、圧縮応力が生じる部分に発生する現象で、引張材には起こらない。なお、有効断面積は、ボルト穴などの欠損を減じた断面積である。

【問題4】正解 3

細長比は、次式で表わされるものである。

$$\lambda = \frac{l_k}{i}$$

l_k：座屈長さ
i：断面2次半径

l_k が長い場合、あるいは、断面2次半径が小さい場合、細長比 λ が大きくなるが、圧縮材は座屈を考慮しなければならず、λ が大きくなると座屈しやすくなる。したがって、圧縮材の許容応力度は、細長比が大きくなると小さくなる。

【問題5】正解 1

1つの継手に高力ボルト又はリベットとボルトを併用した場合、応力を分担させることができず、高力ボルト又はリベットに全応力を負担させなくてはならない。

【問題6】正解 4

応力を伝達するすみ肉溶接の有効の長さは、原則サイズの10倍以上、かつ40mm以上である。

12 その他の構造

【問題1】正解 3

部材のせん断破壊が、構造物の崩壊をもたらず脆性的な破壊形式である。

【問題2】正解 1

壁式鉄筋コンクリート造の壁ばりのせいは、原則として45cm以上必要である。

【問題3】正解 1

コンクリートブロックの圧縮強さは、A種 4N/mm²、B種 6N/mm²、C種 8N/mm²で、C種の圧縮強さが一番大きくなる。

【問題4】正解 3

対隣壁の中心線間の距離は、耐力壁の厚さの50倍以下と

する．
【問題5】正解　5

塀の高さが 1.2m を超える場合は，基礎の根入れ深さは 30cm 以上必要である．

【問題6】正解　5

組積造の塀の場合，基礎の根入れ深さは 20cm 以上必要である．

13　建築材料

【問題1】正解　5

口火なしで発火する発火点は，390℃～480℃である．260℃～270℃は，口火を近づけると持続する炎を生じる着火温度である．

【問題2】正解　2

木材の収縮は，繊維方向が最も小さく，半径方向は繊維方向の 5～10 倍，年輪の接続方向は最も大きく，半径方向の 1.5～3 倍である．

【問題3】正解　5

$$\text{セメント水比} = \frac{\text{セメントの質量}}{\text{水の質量}} = \frac{291}{160} \fallingdotseq 1.82$$

【問題4】正解　2

コンクリートのヤング係数は，圧縮強度が大きいほど大きくなる．

【問題5】正解　1

SM490A の SM は，溶接構造用圧延鋼材である．一般構造用炭素鋼管が STK となる．

【問題6】正解　4

鋼材を焼き入れすると，強さ・硬さ・耐摩耗性が増大するが，粘り強さがなくなり，もろくなる．

【問題7】正解　5

熱線吸収板ガラスは，可視光線や赤外線を吸収する特性があるため，フロート板ガラスより透過率は低くなる．

【問題8】正解　2

花こう岩は，石質が硬く圧縮強さも大であるが，耐火性が乏しく，600℃前後で，強度低下を起こしたり，破壊したりする．

【問題9】正解　1

合成樹脂エマルジョンペイントは，水性であるが，耐アルカリ性に優れており，コンクリート面やモルタル面に塗装することはできる．

【問題10】正解　3

石こうボードは，耐衝撃性に劣り，床仕上げ材として使用することはできない．主に，天井や内壁に用い，クロス貼りや塗装仕上げとする．

■引用参考文献

稲葉繁夫・太田和彦・辻幸二／著『図解テキスト二級建築士〔学科Ⅲ〕建築構造』学芸出版社（図表出典＊3と表記）
岡野謙治・佐野暢紀／著『図解・建築構造』学芸出版社
斎藤謙次／著『建築構造力学』理工図書
榎並昭／著『建築材料力学』彰国社
日本建築センター『建築物の構造規定－建築基準法施行令第3章の解説と運用』
『木造住宅工事共通仕様書』（財）住宅金融普及協会発行
守屋喜久夫／著『地震災害と地盤・基礎』鹿島出版会
〈建築のテキスト〉編集委員会編『初めての建築一般構造』学芸出版社
上野嘉久／著『実務から見た基礎構造設計』学芸出版社
（社）日本建築学会『鉄筋コンクリート構造　計算規準・同解説』
（社）日本建築学会『壁式構造関係設計規準集・同解説（壁式鉄筋コンクリート造編）』
本田順二郎／著『コンクリート構造』彰国社
鯉田和夫／著『最新建築施工』技報堂出版
（社）日本建築学会『鋼構造設計基準』
（社）鋼材倶楽部『わかりやすい鉄骨の構造設計』技報堂出版
（社）日本建築学会『建築材料用教材』
（社）日本建築学会『建築材料実験用教材』
建築実験技術研究会『建築実験法』彰国社
彰国社編『建築大辞典』
建築資格試験研究会編『二級建築士試験　出題キーワード別問題集』学芸出版社

◆執筆者紹介

＊福田健策

1948年生まれ，工学院大学専門学校建築科卒業，一級建築士，スペースデザインカレッジ所長，株式会社KAI代表取締役．住宅設計，店舗デザイン，家具デザインなど数多くの設計・デザイン業務を手がけるとともに，建築士・インテリアデザイナーを養成する学校を主宰する．著書に『二級建築士製計製図の基本』『〈専門士課程〉建築計画』『〈専門士課程〉建築法規』『〈専門士課程〉建築施工』などがある．

＊小杉哲也

1969年生まれ，日本大学理工学部建築学科卒業，工学院大学専門学校建築科（夜間）卒業，一級建築士，スペースデザインカレッジ講師，コスギ建築設計室主宰．建築物の構造設計・計算業務の他，住宅建築の設計施工，増改築にも携わる．

〈専門士課程〉建築構造

2003年12月20日	第1版第1刷発行
2005年3月20日	改訂版第1刷発行
2008年4月20日	第3版第1刷発行
2010年1月20日	第4版第1刷発行
2021年3月20日	第4版第5刷発行

著　者　福田健策・小杉哲也
発行者　前田裕資
発行所　株式会社　学芸出版社
　　　　京都市下京区木津屋橋通西洞院東入　〒600-8216
　　　　tel 075-343-0811　　fax 075-343-0810
　　　　http://www.gakugei-pub.jp
　　　　イチダ写真製版／山崎紙工
　　　　装丁　前田俊平

ⒸＣ福田健策・小杉哲也　2003
Printed in Japan　ISBN 978-4-7615-2325-1

JCOPY 〈(社)出版者著作権管理機構委託出版物〉
本書の無断複写（電子化を含む）は著作権法上での例外を除き禁じられています．複写される場合は，そのつど事前に，(社)出版者著作権管理機構（電話 03-5244-5088, FAX 03-5244-5089, e-mail: info@jcopy.or.jp）の許諾を得てください．
また本書を代行業者等の第三者に依頼してスキャンやデジタル化することは，たとえ個人や家庭内での利用でも著作権法違反です．